作　者

亨德里克・威廉・房龍（Hendrik Willem van Loon）

1882年出生於荷蘭鹿特丹，1902年隻身前往美國，是享譽世界的大眾史學作家。房龍曾先後在美國康乃爾大學和德國慕尼黑大學就讀，並獲得博士學位。在人類歷史、地理、文化、藝術、科學等方面的精深學識，賦予了他開闊、溫文儒雅、自由飄逸的文字風格。另作《聖經的故事》、《寬容》、《房龍地理》等書，亦充滿幽默、迷人的特殊風格。

譯　者

鄧嘉宛

專職譯者，英國新堡大學社會語言學碩士。從事文學與基督教神學翻譯工作二十餘年，譯有《魔戒》、《精靈寶鑽》、《胡林的子女》等五十餘種作品。喜歡一個人有書有貓做伴的生活。

THE STORY

人類的故事

房龍傳世經典巨著，掌握領略九千年的全球通史

名家重譯精裝珍藏版

OF MANKIND

亨德里克．威廉．房龍——著　鄧嘉宛——譯

Hendrik Willem Van Loon

人類的故事

房龍傳世經典巨著，掌握領略九千年的全球通史
名家重譯精裝珍藏版

亨德里克・威廉・房龍——著
鄧嘉宛——譯

目次

獻給吉米

「如果一本書沒有圖，那還有什麼用呢？」

愛麗斯說。

前言

給漢斯和威廉

我有一個使我愛上閱讀和繪畫的叔叔，在我十二、三歲的時候，答應帶我進行一場永生難忘的冒險。我要跟他一起爬上鹿特丹老聖勞倫斯（Old Saint Lawrence）教堂的塔頂。

於是，在一個晴朗的日子裡，教堂的執事拿著一把巨大如聖彼得開啟奧祕之門的鑰匙[1]，對我們說：「等你們下來要出來的時候，拉拉這個鈴。」隨著生銹老舊鉸鏈發出巨大的嘎嘎響，我們被鎖進一個有著嶄新、奇異體驗的世界裡，和忙碌街道的喧囂完全隔絕開來。

生平第一次，我體驗到「能聽見寂靜」的現象。當我們爬完第一段樓梯，我對自然現象的有限理解又增加了一種——有實體可觸摸的黑暗。火柴照出我們繼續往上爬的路。我們上了一層樓，接著又一層，再一層，直到我記不清楚到底爬了多少層，而眼前還要再往上爬。突然間，我們置身於一片光亮中。這層樓和教堂的屋頂一樣高，被當做儲藏室使用。裡面堆放著各種被棄置的、神聖信仰的象徵物品，是這城的善良百姓多年前就不要的東西，全都積了好幾寸厚的灰塵。這些我們的祖宗視為攸關生死之物，在此淪為廢物和垃圾。勤奮的老鼠在雕刻的聖像之間築窩，向來警戒的蜘蛛在一尊慈祥的聖像張開的雙臂間，張網獵捕。

再往上一層樓，我們才知道光線是怎麼來的。安裝了粗鐵柵欄的巨大窗戶開敞著，這個高而空洞的房間變成了幾百隻鴿子的棲息處。風從鐵條之間刮進來，空氣中充滿著一種奇特的聲音。那是我們下方城鎮的喧囂，距離把嘈雜給過濾和淨化成了悅耳的音樂。載重馬車的轆轆聲，馬蹄的噠噠聲，吊車和滑輪的滾動聲，並那以千百種方式耐心為人效力的蒸氣機的嘶嘶聲——全部交織成一股柔和的沙沙低語，給滿屋鴿子震顫的咕咕聲提供了一個美妙的背景。

階梯式的樓梯到這一層為止，接下去是攀爬的梯子。在爬上第一道梯子（這老東西滑不溜丟，讓人爬起來膽戰心驚）後，照眼是全新的、更大的驚奇——這個城鎮的大時鐘。我看見了時間的心臟。我聽見秒針急速沉重的脈搏：一秒、兩秒、三秒，一直到六十秒。接著突然哢嚓一顫，所有的齒輪似乎停頓了一下，永恆又被切掉了一分鐘。大時鐘沒停，它再次一秒、兩秒、三秒——最後，我們上方高處發出一種示警般的轆轆低鳴和眾多齒輪的摩擦聲，接著，一聲如雷巨響向世界宣告正午的來臨。

再往上一層樓裡是各式各樣的鐘。既有精緻可愛的小鐘，也有令人生畏的大鐘。中央那座大警鐘，我每次在半夜聽見它響，就嚇得渾身緊繃，因它告知眾人城裡發生了火災或洪災。它孤寂宏偉的身姿，像是反映出自己和鹿特丹的良民們一同經歷了過去六百年裡無數的歡喜悲愁。大警鐘的周圍懸掛著一圈精心排列的小鐘，它們看起來像老藥房裡的藍色藥罐子。這些小

1 此處房龍用的典故是《聖經．新約》馬太福音十六章十九節，耶穌對彼得說：「我要把天國的鑰匙給你……」這把鑰匙代表一種能力或權力，可開啟常人不得看見的世界。（說明：本書註釋皆為譯註。）

鐘每週奏響兩次，讓進城來趕集做買賣的鄉下人，在歡樂的鐘聲裡交流和聆聽大千世界各種消息。不過，角落裡還有一口黑色大鐘，孤零零的，其他的鐘好像都在躲著它，那就是沉默又肅穆的喪鐘。

再往上爬，黑暗又包圍了我們，這些梯子甚至比我們之前爬的都更陡峭也更危險。突然間，開闊天際的清新空氣撲面而來，我們終於爬到了塔頂。在我們上方是天空。在我們底下是城市——玩具般的城市，小如螞蟻的人忙碌地來來去去，每個人都忙著自己的營生，越過那道混雜堆砌的石牆，便是開闊的翠綠鄉野。

那是我第一次看見這廣闊的大千世界。

從此以後，無論何時，只要有機會，我就會去到塔頂，自得其樂一番。爬上去真的很累，不過，一旦上去，就覺得花點體力爬幾層樓梯是完全值得的。

此外，我知道自己能獲得什麼回報。我會看見天空和大地，還能從我親切的朋友——鐘塔看守人——那兒聽到許多故事，他就住在頂樓角落搭建的一間小屋裡。他負責維護那座時鐘，同時照管那些大大小小的鐘，火災時要敲鐘示警。但他享有大量的空閒時光，就抽著煙斗，安靜地沉思冥想。他大概在五十年前上過學，幾乎不讀書，但他住在塔樓頂上這麼多年了，已從四面八方包圍著他的廣闊世界裡汲取了智慧。

他對歷史可熟了。對他來講，那都是活生生的事。「那邊，」他會指著河的彎道說：「小子，你看到那邊那些樹嗎？奧蘭治親王[2]挖開那裡的堤防，讓大水淹沒田地，救了萊頓（Leyden）。」要不就是跟我講老馬士河[3]的故事，這條寬闊的河流從便利的避風港變成航運樞紐，德．魯伊特[4]和川普[5]的艦隊就是從這裡展開著名的最後一次出征，他們獻出自己的生命，為眾人爭取了公海的航行權。

然後，還有那些圍繞在這座教堂四周的小村莊，這座教堂保護著那些小村莊，守護村莊的聖徒曾以此為家。再往遠處眺望，我們可以看見德爾夫特（Delft）的斜塔。沉默者威廉（William the Silent）被刺殺的現場可望見斜塔高高的拱門，並且，格勞秀斯[6]是在那裡學會寫他的第一句拉丁文。再遠一點，是豪達鎮（Gouda）那棟長而矮的大教堂（Sint Janskerk），它曾經收留過一個男孩，這男孩日後成為舉世知名的智者，他的智慧比許多帝王的軍隊更強大有力，他就是伊拉斯謨[7]。

---

2 奧蘭治親王（Prince of Orange）是一個與奧蘭治公國有關的頭銜，最初為該公國的統治者所用。此處指的是威廉一世（1533-1584年），也稱沉默者威廉、奧蘭治的威廉。奧蘭治的威廉是尼德蘭革命中反抗西班牙哈布斯堡王朝統治的主要領導者，出兵解救萊頓的圍城，在一五八四年遭西班牙間諜刺殺身亡。他是荷蘭共和國第一任執政。在荷蘭，人們通常稱其為「國父」。荷蘭國歌《威廉頌》所詠唱的就是這個威廉。

3 馬士河（Meuse River）也稱馬斯河，發源於法國香檳－阿登大區上馬恩省朗格勒高原，流經比利時，最終在荷蘭注入北海，和萊茵河口連成三角洲，全長九百二十五公里，是歐洲的主要河流。

4 米希爾·德·魯伊特（Michiel de Ruyter，1607-1676年）是荷蘭歷史上最著名且最優秀的海軍上將。德·魯伊特因他在十七世紀英荷戰爭中優異的表現而聞名，因此被許多人認為是當時代最偉大的海軍將領。

5 川普（Cornelis Tromp，1629-1691年），也是荷蘭著名的海軍將領。

6 胡果·格勞秀斯（Hugo Grotius，1583-1645年），出生於荷蘭，基督教護教學者，亦為國際法及海洋法鼻祖，其《海洋自由論》主張公海是可以自由航行，為當時新興的海權國家如荷蘭、英國提供了相關法律原則的基礎，以突破當時西班牙和葡萄牙對海洋貿易的壟斷，並反對炮艦外交。

7 德西德里烏斯·伊拉斯謨（Desiderius Erasmus von Rotterdam，史學界俗稱鹿特丹的伊拉斯謨，1466 -1536年）是中世紀尼德蘭（今荷蘭和比利時）著名的人文主義思想家和神學家，為北方文藝復興的代表人物。伊拉斯謨是一個「純正」拉丁文寫作的古典學者。他對宗教改革領袖馬丁·路德的思想有巨大的影響。他整理翻譯了《聖經新約全書》新拉丁文版和希臘文版。他創作的作品有《愚人頌》，《基督教騎士手冊》（*Handbook of a Christian Knight*）和《論兒童的教養》（*On Civility in Children*）等等。他在二〇〇四年票選最偉大的荷蘭人當中，排名第五。

遠眺的終點是一條銀閃閃海平面，無邊無際的大海，跟我們眼前腳下這斑駁的屋頂、煙囪、房子、花園、醫院、學校和鐵路，也就是我們所說的家園，形成了強烈的對比。但是這座高塔讓我以嶄新的眼光去看這個古舊的家園。那些雜亂無章的街道和市場、工廠和作坊，在俯瞰之下，有條不紊地呈現出了人類的能量和目的。最棒的是，光榮的過去從四面八方圍繞著我們，在寬闊的視野下給了我們嶄新的勇氣，讓我們在回到日常工作時能面對未來的困難。

歷史是一座經驗的巨塔，是時間在過往歲月的無盡原野中堆建起來的。想要登上這座古老建築的頂端，獲得飽覽全景的優勢，並非易事。這座巨塔沒有電梯，但年輕的雙腳只要有力，總能爬得上去。

現在，我將打開歷史巨塔之門的鑰匙交給你們。

等你們回來的時候，你們就會明白我如此充滿熱情的原因何在。

亨德里克・威廉・房龍

在遙遠的北方，有個名叫斯維斯約德（Svithjod）的地方，有一塊高一百英里，寬也一百英里的巨石。每一千年，會有一隻小鳥飛來在這塊巨石上磨喙子。

等到這塊巨石被磨平，永恆的時光就過了一天。

1 舞臺的場景

我們活在一個巨大問號的陰影下。

我們是誰？

我們從哪裡來？

我們往哪裡去？

我們抱著堅持不懈的勇氣，將這問號一步步推向遠方的邊界，我們希望在越過地平線後，能在那邊找到我們的答案。

我們走得還不夠遠。

我們知道的仍然很少，但我們已經到達那個可以猜測許多事物的關鍵點（還經常猜得很準確）。

在本章中，我將（根據我們最可信的看法）告訴你，人類首次登場時，舞臺的場景是什麼樣子。

如果我們用這條長線來代表動物出現在這星球上至今的時間，那麼，底下這條短線則指明人類（或任何與人類相似的動物）在地球上生活的時間。

人類最晚出現，卻是第一個使用大腦去征服大自然的力量的動物。這是為什麼我們要研究人類，而不是研究貓、狗、馬或任何其他動物的原因，這些動物，各自背後也都具有非常有趣的歷史發展過程。

起初，我們所生活的這顆行星（據我們目前所知）是一團燃燒物質構成的大火球，是浩瀚無垠之空間海洋中的一點煙塵。經過數百萬年之後，行星表面的可燃物質逐漸燃燒殆盡，被一層薄薄的岩石覆蓋著。沒完沒了的傾盆大雨降落在這些毫無生命的岩石上，沖蝕著堅硬的花崗岩，將塵土帶向高崖絕壁之間的山谷，那些山崖深谷都隱藏在地球冒出的蒸氣裡。

終於，時候到了，太陽破雲而出，看見這個小小的行星上覆蓋著一些小水塘，這些水塘隨後發展成了覆蓋東西兩大半球的海洋。

有一天，偉大神奇的事發生了。一片死寂之地誕生了生命。

第一個有生命的細胞在海水中漂浮。

它漫無目的地隨波漂流了幾百萬年。不過，它在這些歲月裡逐漸發展出了特定的習性，讓自己可以在這個不適於生存的世界上更容易存活下來。這些細胞中有些覺得待在漆黑的湖泊和池塘的深處最愉快。它們在水底那些黏糊糊的、由山頂沖刷下來的沉積物上生根固定，成了植物。另一些細胞偏好四處移動，它們長出像蠍子那樣奇怪的節肢，開始在海底那些植物和一些看起來像水母一樣的淡綠色生物當中爬行。還有其他一些細胞（身上覆蓋鱗片），靠著游水的動作到處遊

動尋找它們的食物，漸漸地，它們成了遍布在海洋裡的無數魚類。

與此同時，植物的數量不斷增加，海底已經沒有空間給它們生長了，它們必須找尋新的居住地。儘管不情不願，它們離開水底，在沼澤和大山腳下的泥岸上扎根安家。大海的潮汐每天兩次帶來鹽水淹沒它們。其餘的時間，這些植物只能儘量去適應這不舒適的環境，設法在包圍行星表面的稀薄空氣中存活。經過了數百年的鍛煉，它們學會了如何在

不停地下雨

空氣中過得像在水中一樣舒服。它們的體型變大了，變成灌木和樹木，最後它們學會如何開出可愛的花朵來吸引忙碌的大黃蜂和小鳥，幫它們把種子帶向四面八方，直到大地全部覆滿綠草，或被遮蔽在大樹的陰影之下。還有些魚也開始離開海洋，它們學會如何用肺呼吸，就像以前用鰓一樣。我們把這種動物叫做兩棲動物，意思是，它們在陸地和在水中都能活得一樣輕鬆。你遇見的第一隻青蛙，就能告訴你一切關於兩棲生活的雙重樂趣。

這些動物一旦離開了水，就逐漸讓自己越來越適應陸地上的生活。有些成了爬蟲類（這些動物像蜥蜴那樣爬行），它們和昆蟲共用森林的寂靜。為了在鬆軟的泥地上移動得更快，它們的四肢演化了，體型也相應變大，直到全世界住滿了這些身長三十到四十英尺的龐然大物（各種生物學手冊將它們列在魚龍、斑龍和雷龍的條目底下），它們若跟大象玩耍，會像成貓逗弄自己的幼崽一樣。

這支爬蟲類家族中的一些成員，開始在樹頂上生活，那些樹的高度經常超過一百英尺。它們不再需要靠四肢來行走，卻需要在樹枝和樹枝間迅速移動。於是，它們將身體兩側到前肢小指之間的一部分皮膚，變成了可展開如降落傘一類的皮膜，這薄薄的皮膜又漸漸長出了羽毛，它們的尾巴也變成了方向舵。它們在樹和樹之間飛行，最後演化成了真正的鳥類。

接著，奇怪的事發生了。所有的巨型爬蟲類在短時間內全部死亡。我們不知道原因何在。也許是因為突然劇變的氣候。也許是因為它們長得實在太大，既無法游泳也無法行走或爬行，即使蕨類和樹木就在目光所及之處，

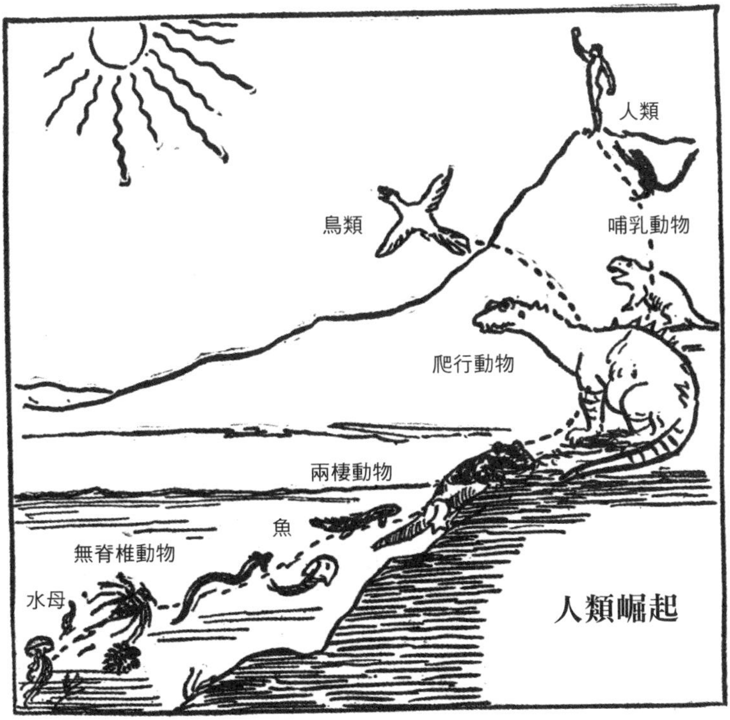

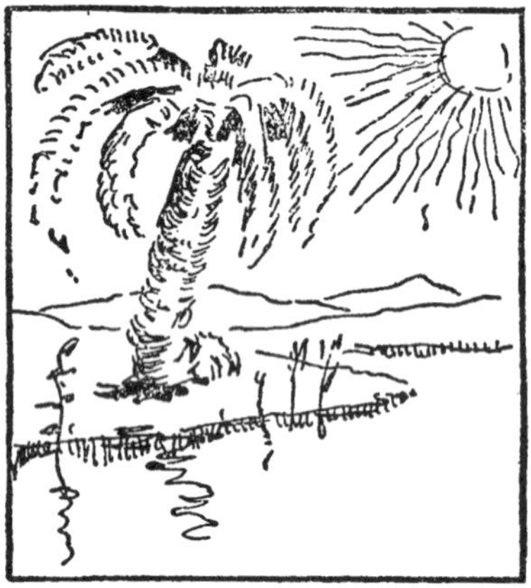

植物離開海洋

卻看得到吃不到，因此活活餓死。無論原因為何，過去百萬年來遍布世界的巨型爬蟲類帝國，就此結束。

現在，占據世界的是非常不同的動物。它們是爬蟲類的後裔，但是跟爬蟲類非常不一樣，因為它們用母親的乳房來「哺育」自己的幼崽，因此，現代科學家稱這些動物是「哺乳類動物」。它們脫下了魚類的鱗片，但沒有採用鳥類的羽毛，而是使用毛髮來覆蓋自己的身體。不過，哺乳類動物發展出其他的習性，讓它們的種族獲得比其他動物更強大的優勢。哺乳類的雌性是在自己體內懷著受精卵，直到孵化出來為止；彼時所有其他的動物還是將它們的孩子暴露在寒冷或炎熱的環境裡，並有受到野獸攻擊的危險。哺乳類動物會將它們的幼崽留在身邊很長一段時間，在它們還太弱小無法對抗各種敵人的時候，保護它們。這樣，哺乳動物的幼崽獲得了比較好的生存機會，因為它們從母親那裡學習了許多事物；如果你觀看過母貓如何教導幼貓照顧自己，怎麼洗臉和怎麼抓老鼠，你就明白我的意思。

不過，我不需要跟你多說這些哺乳動物，因為你對它們很熟悉了。它們就環繞在你四周，是你每天在街上或家中的同伴，你還可以在動物園的柵欄後面，看見那些你比較不熟悉的遠房表親。

現在，我們來到了演化的分水嶺，人類突然脫離了生物那默默生死的無盡過程，開始運用他的理智來塑造自己物種的命運。

特別有一種哺乳動物，在尋找食物和棲身之所的能力上遠超過其他種類。它學會使用前肢來抓握獵物，藉由不斷重複操作，它發展出了像手一樣的爪子。在經過無數次嘗試之後，它還學會如何用後腿平衡地撐起整個身體。（這是個非常困難的動作，雖然人類已經直立行走上百萬年，每一個人類小孩還是得從頭學起。）

這個半猿半猴但遠比這兩者優秀的動物，變成了最傑出的獵手，可以在任何氣候和地帶中生存。為了更安全，它通常成群結伴行動。它學會如何發出奇特的咕嚕聲來警告自己的孩子有危險逼近，經過了幾十萬年的發展之後，它開始使用這些喉音來交談。

雖然，你可能很難相信，但這種動物就是你的第一位「類似人類」的祖先。

2 我們的始祖

我們對第一個「真正」的人類所知甚少。我們從未見過他們的圖像。我們有時候會在古老土壤的最深層發現幾片他們的骨頭。這些骨頭和一些早已從地球表面消失的其他動物的碎骨埋在一起。人類學家（知識淵博的科學家，畢生致力於把人類當作動物王國的一份子來研究）取得這些骨頭，他們已經能以相當精確的方式重建出我們始祖的模樣。

人類的遠祖是一種非常醜又毫無魅力的哺乳動物。他的個頭很小，比現代人矮小得多。酷熱的太陽和冬天的刺骨寒風使他的皮膚變成深棕色。他的頭和大部分身體，還有兩條手臂和雙腿，全都覆蓋著又長又粗的毛髮。他的手指很細，但強而有力，這使得他的雙手看起來像猴子的手。他的額頭低平，他的下顎如同野獸的下顎，他把牙齒當刀叉使用。他不穿衣服。除了轟隆作響、用煙塵和岩漿充滿地表的火山的烈焰，他沒有見過火。

他住在潮濕黑暗的廣大森林裡，就像當今非洲的俾格米人[1]一樣。當他感覺飢餓難忍時，他吃樹葉和植物的根莖，或從憤怒的鳥兒那裡取走鳥蛋來餵他自己的孩子。偶爾，在漫長和耐心的追獵之後，他能捕捉到一隻麻雀、小野狗或兔子。他會生吃這些動物，因為他還沒發現食物烹煮過後會更好吃。

整個白晝，這個原始人就是一直四處尋覓可吃的東西。

當夜幕降臨大地，他將自己的妻兒藏在樹洞裡或巨石後面，因為他四周都是兇猛的動物，天一黑這些動物就開始四處遊蕩，給自己的同伴和幼崽找東西吃，而且，它們非常喜歡人肉的滋味。那是一個吃野獸或被野獸吃的世界，生活充滿了恐懼和悲慘，非常不快樂。

在夏天，人曝曬在灼熱的烈日底下，在冬天，他的孩子卻可能在他懷中凍死。當他弄傷自己的時候（獵捕野獸總免不了弄斷骨頭或扭傷腳踝），沒有人照顧他，他必然死得悲慘。

就像動物園裡會充滿各種動物奇怪的聲音，早期的人類喜歡發出咿咿呀呀的聲音。可以說，他不斷重複同樣毫無意義、無法理解的聲音，是因為聽見自己的聲音讓他感到高興。有一天，他意識到無論何時有危險逼近，

1 俾格米人（Pygmies，單數作 Pygmy）並不是一個種族，而是泛指所有全族成年男子平均高度都少於一百五十公分或一百五十五公分的種族。

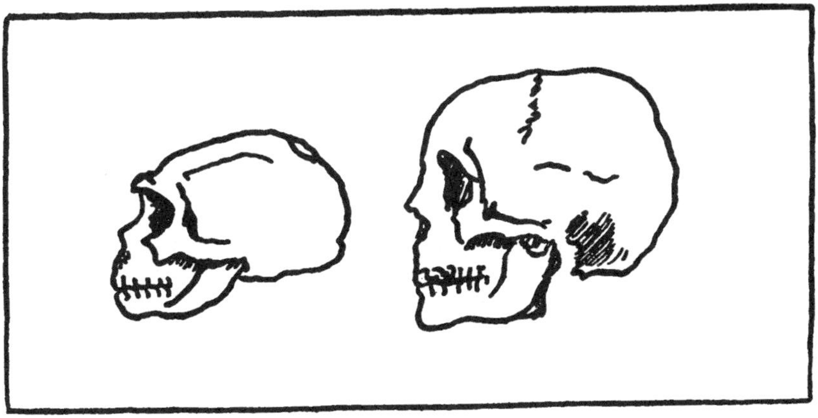

人類頭骨的成長

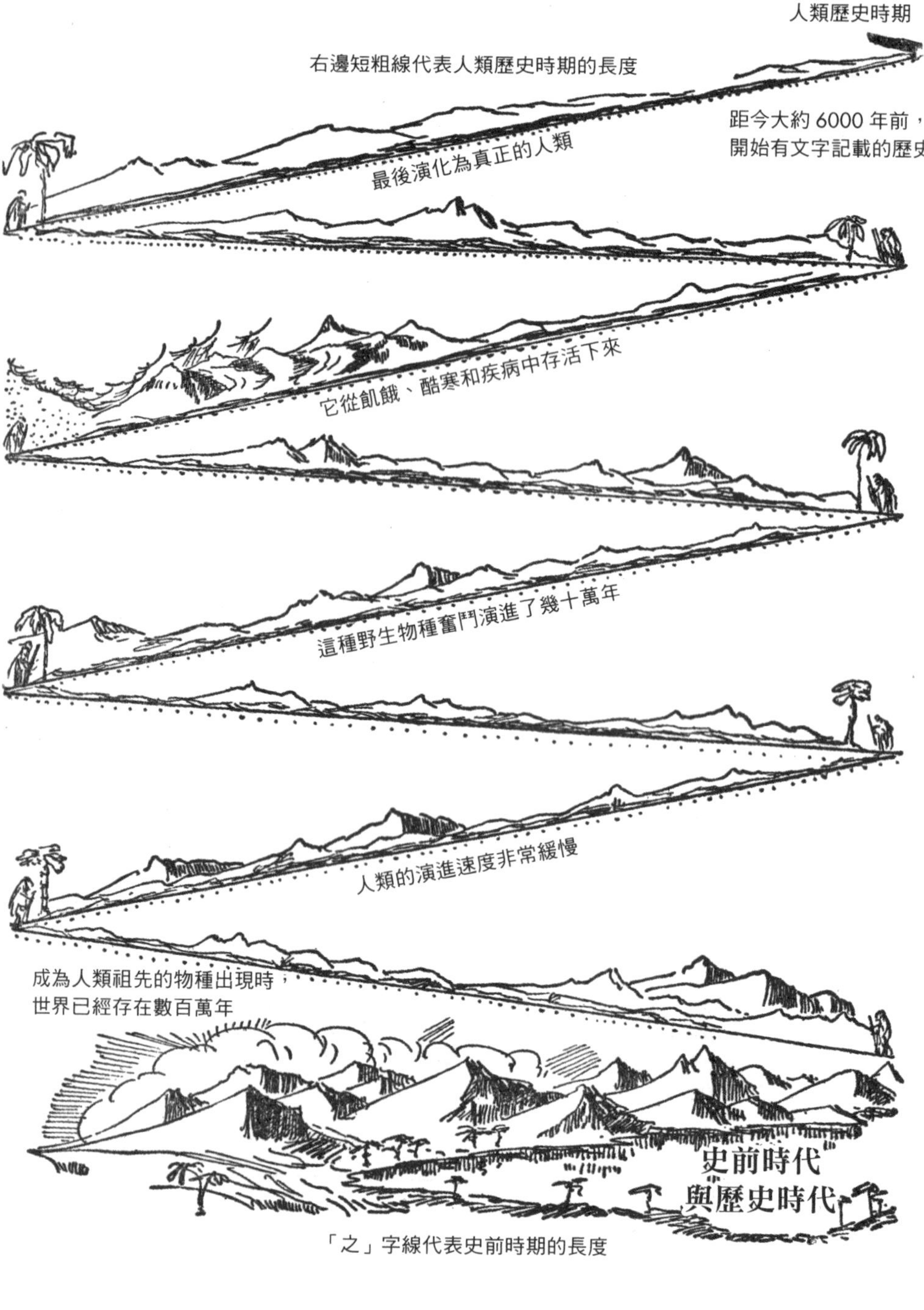
人類歷史時期
右邊短粗線代表人類歷史時期的長度
距今大約 6000 年前，
開始有文字記載的歷史
最後演化為真正的人類
它從飢餓、酷寒和疾病中存活下來
這種野生物種奮鬥演進了幾十萬年
人類的演進速度非常緩慢
成為人類祖先的物種出現時，
世界已經存在數百萬年
史前時代
與歷史時代
「之」字線代表史前時期的長度

他都可以用喉嚨發出的響聲來警告他的同伴，他可以發出某種短促的尖叫來表示「那裡有一隻老虎！」或「有五隻大象過來了。」然後其他人會發出某種呼吼聲回應，他們咆哮的意思是「我看見它們了。」或「我們趕快跑去躲起來吧。」很可能這就是所有語言的起源。

但是，正如我之前所說的，我們對這些起源所知極少。早期的人類沒有工具，他不會給自己建造房屋。他活過然後死了，除了幾塊鎖骨和幾片頭骨，他的存在無跡可尋。這些骨頭告訴我們，在幾百萬年前，世界上曾經存在過某種與所有其他的動物都不一樣的哺乳動物——它們很可能是從另外一種沒有人知道的、會用後腿走路並會把前掌當做手來使用的「類猿生物」演化而來——它們最有可能和成為我們直系祖先的那些動物有關聯。

我們知道的就只有這麼一點點，其餘的都不得而知。

3 史前人類

史前人類開始為自己製作東西。

早期的人類不知道什麼叫做「時間」。他不會記下生日、結婚紀念日或祭日，也沒有幾日、幾周、幾年的概念。不過，大體上他記下了四季的變化，他注意到寒冬之後一定緊接著和煦的春天——當果實成熟，野生穀類的穗實差不多可吃時，就是由春天進入夏天了，當突如其來的強風把葉子從樹上掃落，許多動物開始準備漫長的冬眠時，夏天就結束了。

不過，現在發生了很不尋常，甚至可說非常可怕的事。一件和氣候有關的事。溫暖的夏天來得很遲。果實都沒成熟。通常綠茵遍布的山頂如今全深藏在厚重的積雪底下。

接著，有一天早晨，有一群跟居住在鄰近地區的其他人不一樣的野人，從高山地區遊蕩下來。他們看起來又瘦又飢餓。他們口中發出的聲音沒有人能懂。他們似乎在說自己很餓。但現有的食物不足以讓原住民和新來者都吃飽。當新來者想多待幾天不走，雙方發生了可怕的戰鬥，彼此用獸爪一般的手和腳互相攻擊，有整個家族都被殺害的。其他活著的逃回他們的山坡上，在下一場暴風雪中死亡。

但是森林中的人受到了極大的驚嚇。一直以來，白晝不斷在縮短，黑夜變得前所未有的寒冷。

最後，在兩座高山之間的隘口，出現了一丁點綠色的冰。那塊冰逐漸增大。一條巨大的冰川從山上滑了下來。巨大的岩石被推落到山谷裡。隨著比雷雨還大十幾倍的巨響，成堆的冰塊、泥漿和花崗岩石瞬間翻滾衝入森林，將熟睡中的人輾壓斃命。百年老樹都被砸成燒柴的碎屑。然後，天空開始降雪。

大雪持續下了一個月又一個月。所有的植物都死了，動物也都逃往南方找尋陽光。人類將孩子背在背上，跟著動物走。但是他行動的速度沒有野生動物那麼快，他被迫在迅速想出辦法和迅速死亡之間做出選擇。看來他比較喜歡第一個選項，因為他設法從可怕的冰河時期裡生存下來，這種威脅著要消滅地球表面所有人類的冰河時期，總共發生過四次。

人必須做的第一件事是給自己穿上衣服，以免凍死。他學會怎麼挖洞，並在洞穴上覆蓋枝葉，用這樣的陷阱捕捉熊和土狼，再用大石頭打死它們，將它們的皮剝下來給自己和家人做衣服。

接下來是住的問題。這個問題簡單。許多動物都有睡在黑暗洞穴裡的習性。現在人類有樣學樣，將動物驅趕出它們溫暖的窩，然後將洞穴占為己有。

即便如此，這氣候對大多數人而言還是太嚴酷了，老人和小孩的死亡率特別高。隨後，有個天才想起了拿火來用。他曾經在外出打獵時，被森林大火困住。他記得自己差點被大火烤死。到那時為止，火一直是敵人。現在，火成了朋友。他把一棵枯樹拖到洞裡，再從一棵正在燃燒的樹上取下悶燒的樹枝作為火引。這使得洞穴變成了一個舒適的小房間。

後來，有一天晚上，有一隻死雞掉進了火裡。它沒被及時撿起來，就這麼待在火裡直到被

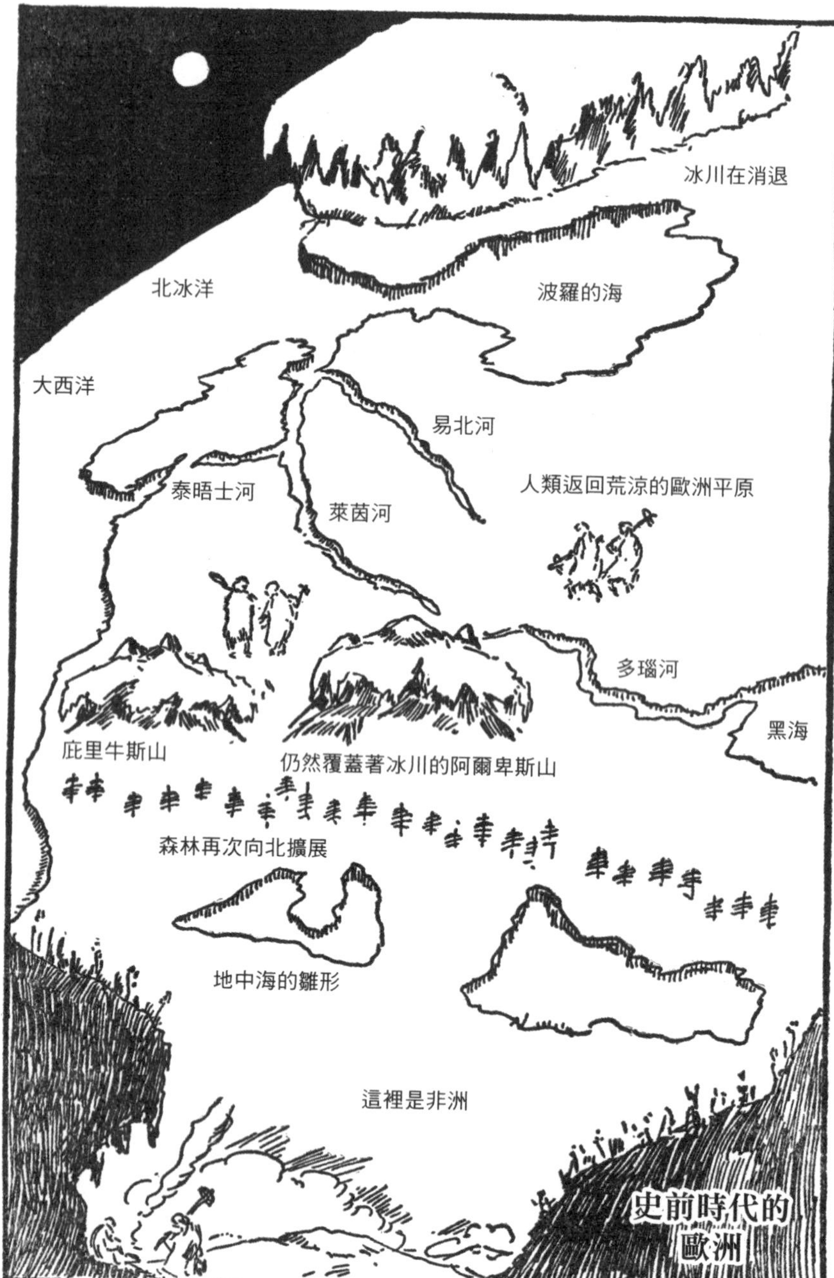
冰川在消退
北冰洋
波羅的海
大西洋
易北河
泰晤士河
萊茵河
人類返回荒涼的歐洲平原
多瑙河
黑海
庇里牛斯山
仍然覆蓋著冰川的阿爾卑斯山
森林再次向北擴展
地中海的雛形
這裡是非洲
史前時代的
歐洲

烤熟。人類發現肉被燒烤過後更好吃，他隨即拋棄了從前和其他動物共同享有的生食習慣，開始燒烤他的食物。

就這樣，幾千年過去了。只有那些頭腦最聰明的人活了下來。他們必須日夜掙扎，對抗寒冷和飢餓。他們被迫發明了工具。他們學會如何把石塊磨利成斧頭，如何製作錘子。他們被逼儲存大量的食物來應付永無止境的寒冬，並發現黏土可以做成碗和罐子，再放到太陽底下曬硬。於是，威脅著要毀滅人類的冰河時期，變成人類最偉大的老師，因為它逼迫人使用自己的頭腦去思考。

4 象形文字

埃及人發明了書寫的技藝，於是歷史開始有了記載。

我們這些居住在遼闊歐洲荒原上的最早的祖先，很快學會了許多新事物。我們可以有把握地說，他們會在一段時日之後放棄野蠻原始人的生活，發展出自己的文明。但是，他們封閉孤立的狀態突然結束了。他們被發現了。

一個來自未知的南方大地的旅人，大膽橫渡過大海，又翻越崇山峻嶺的各個隘口，尋路來到歐洲大陸的原始人面前。他來自非洲。他的家鄉在埃及。

早在西方人夢想出叉子、輪子或房屋之前，尼羅河流域的高度文明已經發展了好幾千年了。因此，我們應該先把我們的遠祖留在他們的洞穴裡，先去參觀地中海的南岸和東岸，那裡有人類最早期的「學校」。

埃及人教了我們許多事。他們是傑出的農夫，精通所有的灌溉技術。他們建造了神廟，日後被希臘人仿效，而希臘神廟則是我們現今做禮拜的教堂的原型。埃及人發明了一種被證明在計算時間上非常有用的曆法，在稍加修改之後一直沿用至今。但最重要的是，埃及人學會了如何將話語保存下來，使後世子孫受益。他們發明了書寫的技藝。

我們對報紙、書籍和雜誌如此習以為常，理所當然地認為，自古以來世界上的人就能讀能寫。事實上，人類所有發明中最重的要一項——書寫，是相當晚近才有的。如果沒有寫下的文獻，我們無異於貓狗，只能教導自己的幼崽一些最簡單的事，因為貓狗不會書寫，無法將世世代代無數貓狗前輩的經驗，累積下來加以運用。

當羅馬人在西元前一世紀來到埃及時，發現尼羅河流域遍布一種奇怪的、似乎和這個國家的歷史有關的小圖案。但是羅馬人對任何「異國事物」都不感興趣，因此並未探查那些布滿在神廟和宮殿的牆壁，在無數疊用紙莎草做成的平整紙張上的奇怪圖案是什麼。最後一批懂得這種神聖技藝、會繪製這些圖案的祭司，已經在好幾年前就去世了。喪失了獨立性的埃及，變成一個裝滿了重要歷史文獻的倉庫，這些文獻沒有人能解讀，無論對人還是動物都沒有用處。

整整十七個世紀過去了，埃及依舊是個神祕的國度。不過，西元一七九八年，一位名叫拿破崙．波拿巴（Napoléon Bonaparte）的法國將軍碰巧來到非洲，準備攻擊英國的印度殖民地。他沒越過尼羅河，他的這場戰役失敗了。不過，很巧的是，法國這場著名的遠征，解決了古埃及圖畫語言的難題。

有一天，有個年輕的法國軍官厭倦了自己位在羅塞塔河（Rosetta river，尼羅河口的一處河口）的窄小碉堡裡沉悶乏味的生活，決定拿幾個無所事事的鐘頭去尼羅河三角洲的廢墟裡尋個寶。看啊！他找到一塊讓他大為困惑的岩石。就像埃及的每一樣東西，這塊岩石上也布滿了小圖案。不過，這塊特別的黑色玄武岩石版，跟曾經在埃及發現的任何東西都不一樣。這塊岩石上刻有三種碑文，其中一種是希臘文。而希臘文是已知的文字。他心裡想：「我只需要比對希臘文和那些埃及的圖形，馬上就可以解開它們的祕密了。」

這計畫聽起來很簡單，卻花了二十多年才解開謎題。一八〇二年，法國教授商博良（Champollion）開始比對著名的羅塞塔石碑上的希臘文和埃及文。到了一八二三年，他宣布自己已經破解了十四個小圖形的意思。不久之後，他就因積勞成疾而去世了，但是埃及文字的主要原則已為世人所知。今天，我們對古代尼羅河流域的故事，知道得比密西西比河的故事還多。我們擁有一份涵蓋四千年的編年史的書寫記錄。

古埃及的象形文字（hieroglyphics，這個字的意思是「神聖的書寫」），在歷史上扮演著一個異常重要的角色，（其中一些經過演進之後甚至延續進入了我們的字母系統裡，）因此我認為你應該要知道一點這個聰明精巧的書寫系統，它在五千年前就被用來保存口述的話語，為了造福後代子孫。

當然，你知道什麼是「表意符號」。每個我們西部平原的印地安人的故事，都會有一章專門描述一些小圖案所記載的奇怪訊息，圖案告訴我們有多少水牛被殺，有多少獵人參與了狩獵隊伍。一般來說，要看懂這些訊息的意思並不難。

不過，古埃及文不是「表意符號」。聰明的尼羅河人民老早就超越了這個階段。他們的圖案所蘊含的意思，遠遠超過圖畫本身所表達的。現在，我試著給你解釋一下。

假設你就是商博良，正在細看一疊寫滿了古埃及象形文字的紙莎草紙。突然，你看見一個圖案，畫著一個男人拿一把鋸子。你會說：「很好，這表示有個農夫出門去砍樹。」然後你拿起另一張紙莎草紙，它講述一個女王在八十二歲高齡去世的故事。其中有個句子出現了一個男人拿把鋸子的圖案。八十二歲的女王不會去伐木。因此，那個圖案一定有別的意思。但是，會是什麼呢？

這就是法國教授商博良最終解開的謎題。他發現，埃及人是第一個使用我們現在稱為「表音書寫」（phonetic writing）的民族——這種文字系統複製的是口語敘述的「聲音」（語音），這個系統讓我們只要在圖案上加一些表示發音的點、線、勾線，就能把所有我們的口語敘述轉換成書寫形式記錄下來。

讓我們暫時回到那個拿鋸子的小傢伙。「saw」這個單詞既是你在木匠的店裡看見的某種工具[1]，也是「to see」（看見）這個動詞的過去式。

這是這個單詞在幾百年的過程中所發生的變化。起初，它的意思只是它所代表的那種特定的工具。接著，這個原始的意思逐漸消失，它變成一個動詞的過去式。經過了幾百年之後，這兩種意思埃及人都不知道了，而這個圖案變成了單獨一個字母——S。我用一個短句來說明我的意思。這是一個現代的英文句子用象形文字寫下來的樣子：

這個既可表示你臉上那一雙圓滾滾的、讓你視物的眼睛[2]，也可以是「I」（我）[3]，也就是說話的人。

既可表示採集蜂蜜的昆蟲[4]，也可表示動詞「to be」（存在）。還有，它也可能是

1 也就是鋸子。
2 英文是 eye。
3 讀音和 eye 相同。
4 蜜蜂的英文是 bee。

其他動詞比如「be-come」或「be-have」首碼的那個「be」。在這個例子裡，緊接著的是「leaf」或「leave」[5]或「lieve」，這三個單詞的讀音都一樣。

接下來的「eye」（眼睛）你已經知道了。

最後，你看到這個圖。這是一隻長頸鹿。這是古老的表意符號中的一個，象形文字就是從這種表意符號發展出來的。

現在，你可以毫不費力的讀出這個句子了。

「I believe I saw a giraffe.」（我相信我看見了一隻長頸鹿。）

埃及人發明了這套系統之後，在數千年的時光中將它發展到他們可以隨心所欲書寫任何事物的地步。他們用這種「錄音文字」給朋友傳遞消息，記錄商業交易帳目，記載保存自己國家的歷史，好讓後代子孫從過去的錯誤中汲取教訓。

5 這兩個單詞的意思都是「葉子」。

5 尼羅河谷

文明始於尼羅河谷。

人類的歷史，是一部飢餓的動物搜尋食物的記錄。哪裡糧食充足，人就遷到哪裡安家。

尼羅河谷一定在很早以前就聲名遠播。人們從非洲內陸、阿拉伯沙漠和西亞地區成群湧入埃及，宣稱自己擁有此處肥沃的農田。這些入侵者一同組成了一個新民族，自稱「瑞米」（Remi），意思就是「人」（the Men），正如我們有時候稱美國是「上帝自己的國家」。這些人真該好好感謝命運，將他們帶到這片狹長的谷地。每年夏天，氾濫的尼羅河都會把河谷淹成一個淺湖，等水退之後，所有的農田和牧草地都會覆滿好幾英寸厚的肥沃黏土。

在埃及，這條仁慈的河流做了一件需要百萬人才能做到的工作，養活了有史以來第一座大城市中的芸芸眾生。當然，不是所有的可耕地都在尼羅河谷。但是複雜的支流和杠杆式吊水設備構成的提水系統，可以將河水從河面調引到堤岸的最高處，再經過一個更錯綜複雜的灌溉管道系統，將水輸送到全地。

史前時代的人類在每二十四小時當中，必須花費十六小時來為自己和部族的成員採集食物，埃及的農民或城市中的居民卻發現自己擁有不少的閒暇時間。他用這些閒暇時間給自己做

埃及的河谷

了許多毫無實際用處的裝飾品。

事情不只是這樣而已。有一天，他發現自己的頭腦竟能思索所有和吃飯、睡覺、給小孩找住處等問題無關的各種想法。埃及人開始深思許多他遭遇到的奇怪問題。星星是從哪來的？把他嚇得要死的雷聲是誰弄出來的？是誰讓尼羅河如此規律地氾濫，以致於每年洪水的漲退可以作為制定曆法的基礎？而他自己又是誰？他是一個被死亡和疾病四面圍繞，卻又快樂充滿歡笑的動物嗎？

他問了許多這類問題，有些人親切地走上前來，盡他們所能的回答這些問題。埃及人把這些人叫做「祭司」，他們變成他的思想的守護者，並在社會群體中獲得了極大的尊重。祭司都是飽學之士，群眾將保存文字紀錄這項神聖的工作託付給他們。他們明白，人不該只思考眼前這個世界的利益，他們把人的注意力引到未來的年日，屆時人的靈魂將會居住在西方群山再過去的地方，並且必須將自己生前的所有事蹟，向偉大的神明歐西里斯[1]交帳，因為他是人世與陰間的統治者。歐西里斯將根據人在世間的功過，對人的所作所為做出審判。事實上，祭司們太過強調未來在伊希斯[2]和歐西里斯的國度中的日子，以致於埃及人開始把今生僅僅視為一場前往來世的短暫預備，並將繁榮的尼羅河河谷變成一片獻給死亡之地。

埃及人開始以一種奇怪的方式相信，靈魂離開它在塵世所居住的身體後，這身體若不好好保存，靈魂就不能進入歐西里斯的國度。於是，人一死，親人就會將其屍體拿去做防腐處理。屍體會先在碳酸鈉溶液中浸泡數星期，再填滿樹脂。這種樹脂在波斯文裡讀做「木米艾」（Mumiai），於是經過這樣防腐處理的屍體叫做「木乃伊」（Mummy）。木乃伊會用特製的亞麻布層層包裹起來，然後放進特製的棺木中，準備好送入它最後的家。埃及人的墳墓是一個貨真價實的家，屍體周圍有各種傢俱和樂器（用以打發無聊的等待時光），還有廚師、製餅師、理髮師的小塑像（如此一來，這漆黑的家的居住者就能享有像樣的餐點，也不用擔心出門走動時無人打理頭髮而蓬頭垢面）。

起初，埃及人是挖鑿西邊山脈的岩石，鑿出石洞來做墳墓，但隨著他們往北遷移，他們

1 歐西里斯（Osiris），古埃及的主神之一，掌管陰間冥府。

2 伊希斯（Isis），古埃及掌管生育和繁殖的女神。

建造金字塔

被迫在沙漠中建立墓地。然而，沙漠中充滿了各種野獸，同樣還有無法無天的盜墓賊，他們闖入墓室，弄亂木乃伊，或偷走那些陪葬的珠寶。為了防止如此不敬的褻瀆行為，埃及人開始在墳墓上方堆築起一座座的小石丘。這些石丘逐漸越堆越大，因為富人會把石丘建得比窮人高，富人之間又互相攀比競爭，要看誰能堆建出最高的石丘。這項記錄的保持者是古夫國王（King Khufu），希臘人稱呼他為基奧普斯（Cheops），他活在距今三千年前。希臘人將他的石丘稱為「pyramid」（金字塔），因為「高」這個字的埃及文是pir-em-us。古夫金字塔的高度超過了五百英尺。

古夫金字塔占地十三英畝，比基督教世界裡最大的建築物——聖彼得大教堂，還要大三倍。

在建造古夫金字塔的二十年當中，超過十萬人忙碌地用船將所需的石頭從尼羅河對岸搬運過來（我們不知道埃及人是怎麼辦到這件事的），再拖著這些岩石走上很長一段距離，穿過沙漠，最後將它們吊起，安放在正確的位置上。古夫國王的建築師和工程師把自己的工作做得太好了，那條通往這座岩石怪獸的心臟地帶、也就是皇家墓室所在位置的狹窄通道，雖然承受著來自四面八方幾千噸岩石的擠壓，卻始終完好，從未變形。

6 埃及的故事

埃及的興衰。

尼羅河是個親切的朋友，但它偶爾也是個嚴厲的主人。它教會了沿河兩岸居住的百姓一項高貴的技藝——「團隊合作」。他們必須依靠彼此合作來建造灌溉管道，保持好堤壩的維修工作。如此一來，他們學會了如何敦親睦鄰，而這種互利互惠的聯合，很容易就發展成為一個有組織的國家。

隨後，有某個人變得比他周遭的鄰人都更有權力，他成了整個社群的領袖，當他們西亞的鄰居因為嫉妒而入侵這繁榮的河谷時，他也成為他們的軍事統帥。經過一段時間之後，他變成了他們的國王，統治著從地中海到西方山脈之間的所有土地。

不過，那些在田野中辛勤耕作的農人，對古代法老[1]（法老一詞的意思是「住在大房子裡

1 法老（Pharaoh）是古埃及君主的尊稱。是埃及語的希伯來文音譯。在古王國時代僅指王宮，從新王國第十八王朝圖特摩斯三世（Thutmose III）起作為頌詞開始用於國王自身，並逐漸演變成對國王的一種尊稱。第二十二王朝以後，成為國王的正式頭銜。習慣上將古埃及的國王通稱為法老。法老是國家政權的最高代表，掌握軍、政、神權。法老自稱是太陽神阿蒙（Amun 或 Amon）之子，是神在地上的代理人和化身。

的人」）的種種政治冒險並不感興趣。農人只要不被強征超過他認為合理的稅交給國王，他就願意像接受強大的歐西里斯神的統治一樣，接受法老的統治。

然而，當有外來的侵略者前來搶奪他的財產時，情況就不同了。埃及人在經過了兩千年的獨立生活之後，一支野蠻的阿拉伯遊牧部族「西克索人」（Hyksos）攻擊了埃及，並統治了尼羅河谷長達五百年之久。西克索人極其不受歡迎，同樣遭恨的還有希伯來人。希伯來人經過了漫長的遊蕩，穿過沙漠之後，來到歌珊地（the land of Goshen）定居，他們幫助外來入侵的西克索人，擔任統治者的稅吏和官員，因此埃及人也憎恨希伯來人。

但是，西元前一七○○年過了沒多久，底比斯的人民發動了一場革命，經過漫長的鬥爭之後，西克索人被逐出了這個國家，埃及重新恢復了自由。

一千年後，當亞述征服了整個西亞，埃及也淪為薩丹納帕勒斯帝國（the empire of Sardanapalus）一部分。在西元前第七世紀，埃及再度成為一個獨立國家，國王居住在尼羅河三角洲上的薩伊斯城，埃及人都服從他的統治。但在西元前五二五年，波斯國王岡比西斯（Cambyses）占領了埃及，到了西元前四世紀，亞歷山大大帝征服了波斯之後，埃及也變成了馬其頓的一個省。後來，亞歷山大的一個將軍自立為新埃及的國王，開創了托勒密王朝（the dynasty of the Ptolemies），定都於新建立的亞歷山卓城（Alexandria），埃及重新獲得了表面上的獨立。

最後，在西元前三九年，羅馬人來了。埃及的最後一任君主克麗奧佩脫拉（Cleopatra）女王，竭盡全力拯救她的國家。對羅馬的將軍來說，她的美貌和魅力比六個埃及兵團更危險。她兩次成功攻克了羅馬征服者的心。但是，在西元前三○年，凱撒的侄子與繼承人奧古斯都

（Augustus）踏上了亞歷山卓城。他沒有像已故的叔叔一樣對這位美麗的女王傾心愛慕。他殲滅了埃及的軍隊，不過饒了她一命，想把她當作一件戰利品，在自己凱旋而歸時讓她走在遊行的隊伍當中。克麗奧佩脫拉得知這個計畫後，就服毒自殺了。埃及從此成為羅馬的一個省。

7 美索不達米亞

東方文明的第二個中心——美索不達米亞。

我將帶你去到金字塔的頂端，我還要求你想像自己擁有老鷹的眼睛。在非常、非常遙遠的地方，在越過沙漠的滾滾黃沙之後，你會看見一片閃著微光的綠地。那是一片座落在兩條河流之間的河谷，是《聖經．舊約》中所描述的樂園。這片神祕又令人驚奇的大地，希臘人稱之為美索不達米亞——「兩河之間的鄉野」。

那兩條河的名字是幼發拉底河（巴比倫人稱之為普拉圖河）和底格里斯河（又被稱為迪克拉特河）。它們發源於亞美尼亞（Armenia）覆滿白雪的群山當中，挪亞的方舟最後就停在亞美尼亞的山上。這兩條河緩緩流過南部的平原，直到抵達泥濘的波斯灣海岸。這兩條河將西亞的不毛之地變成一座肥沃的花園，給人帶來極大的幫助。

尼羅河谷之所以吸引人，是因為它讓人能以相當輕鬆的方式獲得食物。「兩河之間的大地」也因為同樣的原因而備受青睞。這是一片充滿希望的鄉野，無論是住在北方山脈中的居民，還是遊蕩在南邊沙漠中的各個部族，都試圖把這片領土據為己有，而且是徹底獨占。山嶺的居民和沙漠遊牧民族的持續敵對競爭，導致了無窮無盡的戰爭。只有最強壯和最勇敢的人能夠指望

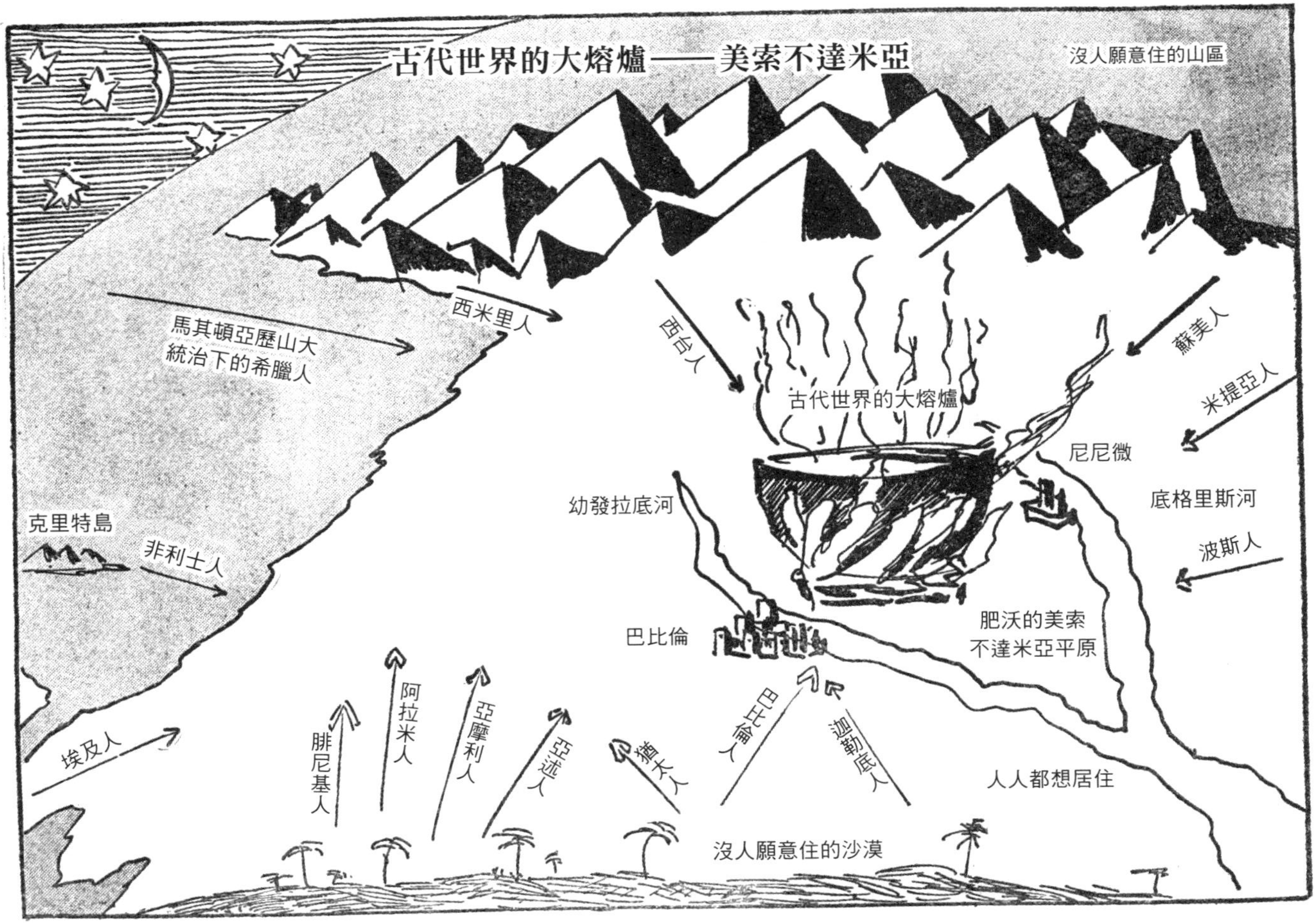
古代世界的大熔爐——美索不達米亞
沒人願意住的山區
西米里人
馬其頓亞歷山大
統治下的希臘人
西台人
古代世界的大熔爐
蘇美人
米提亞人
尼尼微
底格里斯河
幼發拉底河
克里特島
非利士人
波斯人
巴比倫
肥沃的美索
不達米亞平原
埃及人
腓尼基人
阿拉米人
亞摩利人
亞述人
猶太人
巴比倫人
迦勒底人
人人都想居住
沒人願意住的沙漠

生存下來，這也解釋了為什麼美索不達米亞成為人類一支非常強壯的種族的家鄉，他們有本事創造出一個在各方面都和埃及一樣重要的文明。

8 蘇美人

蘇美人的楔形文作者所刻下的泥板，告訴我們閃族的大熔爐——亞述和巴比倫的故事。

十五世紀是個大發現時代。哥倫布試圖找到一條通往震旦島[1]的航線，卻誤打誤撞發現了一片未知的新大陸。奧地利一位主教組織了一支探險隊，向東去尋找莫斯科大公的家園，這趟行程徹底失敗了，要再過一代人之後，才有西方人抵達了莫斯科。與此同時，有一位名叫巴貝羅（Barbero）的威尼斯人探勘了數處西亞遺址，回來後報告說他發現了一種最奇怪的語言，他發現在設拉子[2]許多神廟的岩石上，還有無數焙乾的泥版上，刻有這種語言。

但是，歐洲當時忙於許多其他的事，要一直等到十八世紀末，第一批「楔形文字」（cuneiform inscriptions，之所以如此稱呼，是因為文字的形狀像楔子，而楔子一詞的拉丁文是Cuneus）的泥板，才被丹麥的測量員尼布林（Niebuhr）帶回了歐洲。三十年後，才有一個極富耐心的德國校長，名叫格羅特芬德（Grotefend），破譯了頭四個字：D、A、R和SH，也就是波斯王大流士（Darius）的名字。又過了二十年，一名英國軍官亨利．羅

1 震旦島（island of Kathay），也就是哥倫布心目中的中國。
2 設拉子（Shiraz）位於伊朗西南部，是法爾斯省的首府。

巴別塔

林森（Henry Rawlinson）發現了著名的貝希斯敦（Behistun）銘文，給了我們一把可用的鑰匙來解開西亞的這種楔形書寫。

與破解這些楔形文字的困難相比，商博良的工作可說相當容易。埃及人使用圖案。但是美索不達米亞最早的居民蘇美人，卻想到了一個主意——把他們的文字刻在黏土板上。他們完全拋棄了圖案，逐漸發展出一種和過去的圖案系統幾乎沒有任何關係的V形文字系統。我舉幾個簡單的例子跟你說明。一開始，用釘子在磚塊上畫出的星星是這樣子：。但是這個符號太累贅了，於是過了一陣子之後，當把「天」的意思加到星星的圖案裡，就簡化成了這樣，這使得它更令人費解。同樣的，公牛的符號從變成了，魚從變成了。太陽原本是個單純的圓圈，卻變成了。如果我們今天還在使用蘇美人的書寫法，就會把寫成這樣。這種將我們的想法書寫下來的系統看似複雜，但是在長達三千年的時間裡，蘇美人、巴比倫人、亞述人、波斯人和所有硬闖進這片肥沃河谷的不同種族，都使用這種書寫系統。

美索不達米亞的故事，是一個永無止盡的戰爭和征服的故事。首先是來自北方的蘇美人，他們是一支住在山上的白種人，習慣在山頂上祭祀他們的神明。他們進入平原之後，開始建造人工的山丘，好在山丘頂上建他們的祭壇。他們不知道怎麼建造樓梯，因此他們繞著那些高塔修築有坡度的走道。我們的工程師借用了這個創意，你可以在我們的大型火車站裡，看見這種從一層樓往上通向另一層樓的上坡走廊。我們可能還借用了蘇美人的其他創意，只是我們不知道罷了。蘇美人被日後占領這片肥沃河谷的其他種族完全同化了，不過他們建造的高塔仍然聳立在美索不達米亞的遺跡當中。猶太人在流亡到巴比倫的境內時看見這些高塔，便稱它們為「巴比利塔」（towers of Babilli）或「巴別塔」（towers of Babel）。

尼尼微

西元前四千年，蘇美人已經進入美索不達米亞地區。他們隨即被阿卡德人（Akkadians）征服，阿卡德人是阿拉伯沙漠的眾多部族之一，這些部族說一種共同的方言，他們都被稱為「閃族」（Semites），因為古代的人相信他們是「閃」（Shem）的直系後裔，閃是挪亞的三個兒子中的一個。一千年後，阿卡德人被迫臣服於另一支閃族的沙漠部族「亞摩利人」（Amorites）。亞摩利人的偉大國王漢摩拉比（Hammurabi）在神聖的城市巴比倫給自己建造了一座華麗的宮殿，又為他的百姓

巴比倫

制定了一套法律，使巴比倫成為古代世界中治理得最好的帝國。

接著，你在《舊約聖經》中讀到的西台人（Hittites）侵占了這片沃土，並摧毀了所有他們不能帶走的東西。接下來輪到他們被偉大的沙漠之神阿舒爾（Ashur）的信徒所擊敗，這些人自稱亞述人，並將尼尼微城建造成龐大又令人畏懼的帝國的中心；亞述帝國征服了整個西亞和埃及，向無數臣服於它的種族收取稅金。直到西元前七世紀末，同樣屬於閃族部族的迦勒底人，重建了巴比倫，並使該城成為彼時最重要的首都。迦勒底人最為人所熟知的國王尼布甲尼撒（Nebuchadnezzar）鼓勵科學研究，我們現代的天文學和數學知識，都建立在迦勒底人率先發現的基礎原理上。西元前五三八年，一支粗鄙野蠻的波斯遊牧部族入侵了這塊古老的土地，推翻了迦勒底帝國。兩百年後，亞歷山大大帝擊潰了波斯帝國，將這片肥沃的谷地，這個彙聚眾多閃族的古老大熔爐，變成了希臘的一個省。在這之後來的是羅馬人，羅馬人之後是土耳其人，而美索不達米亞，這個世界文明的第二中心，變成一片遼闊的荒原，只剩一座座巨大的土丘述說著古老的光榮故事。

9 摩西

猶太人的領袖摩西的故事。

在西元前兩千年左右，有一支小小的、不起眼的遊牧部族閃族，離開了位於幼發拉底河河口，名為烏爾[1]的家鄉，想在巴比倫王國的範圍內找到新的牧場。他們遭到巴比倫皇家士兵的驅趕，只得向西遷移，希望能找到一小塊無主之地，讓他們可以安搭帳篷。

這支遊牧部族就是眾所周知的希伯來人，我們稱他們猶太人。他們四處流浪，經過多年苦悶的漂泊之後，終於在埃及獲得了庇護。他們在埃及人當中居住了五百多年，當他們寄居的國家被西克索人劫掠占領（我在第 6 章〈埃及的故事〉中對你提到過），他們設法讓自己變得對外來的侵略者有點用處，因此保住他們放牧領域不受侵擾。但是，在經過漫長的獨立戰爭之後，埃及人將西克索人逐出了尼羅河谷，接著，猶太人倒楣受苦的日子就來了。他們被貶為奴隸，被迫為埃及人修築皇家大道和金字塔。由於埃及士兵把守著邊界，猶太人也不可能逃跑。

1 烏爾（Ur），又稱吾珥，是美索不達米亞的一座古城。彼時位於底格里斯河與幼發拉底河注入波斯灣的入海口，今天它的遺址位於伊拉克的內地，巴格達以南納西里耶附近，幼發拉底河的南部。中譯本《聖經》將其譯為「吾珥」，是猶太人祖先亞伯拉罕的故鄉。

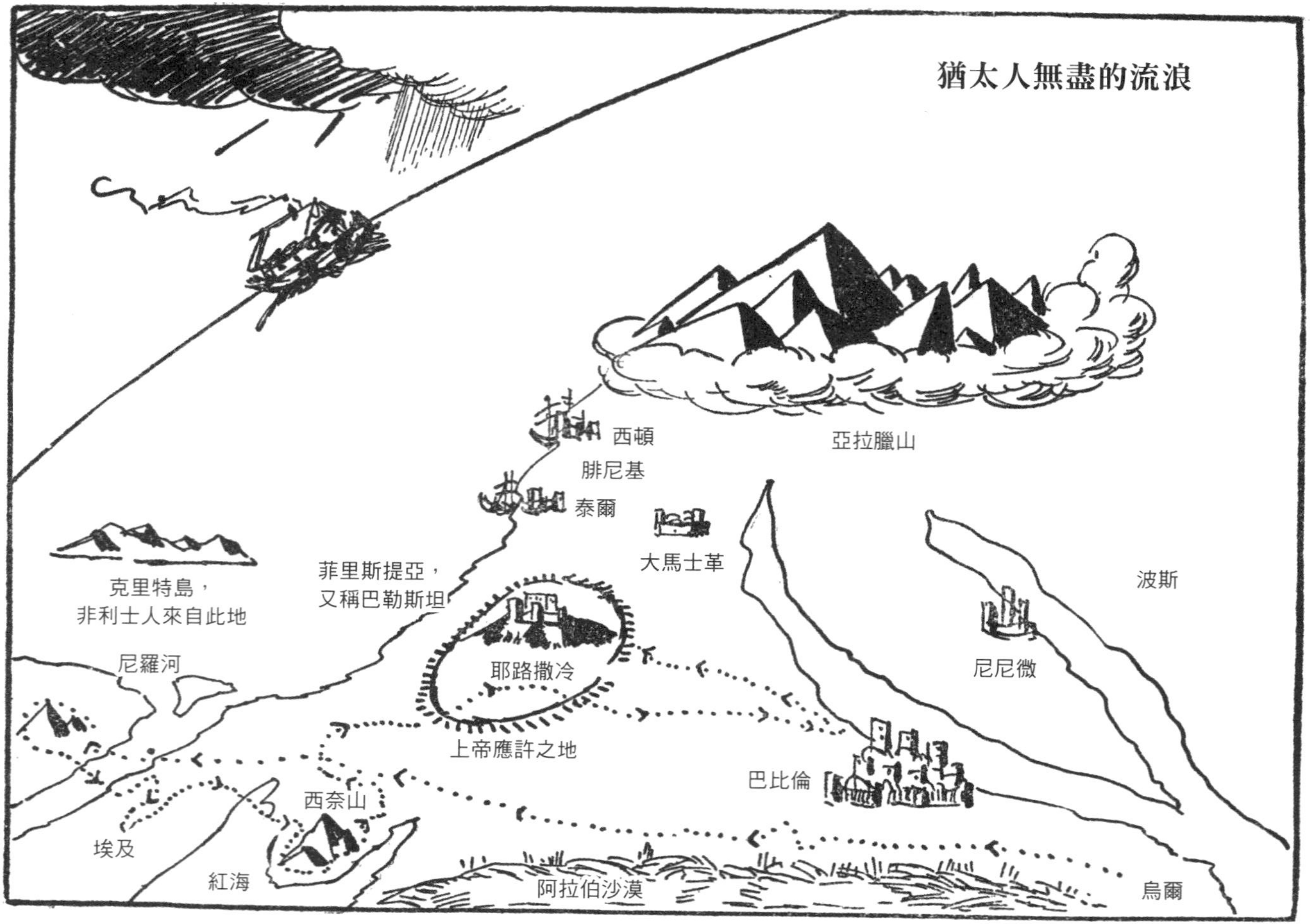
猶太人無盡的流浪
西頓
亞拉臘山
腓尼基
泰爾
大馬士革
菲里斯提亞，
又稱巴勒斯坦
克里特島，
非利士人來自此地
波斯
耶路撒冷
尼羅河
尼尼微
上帝應許之地
巴比倫
西奈山
埃及
紅海
阿拉伯沙漠
烏爾

經過多年的苦難後，有一個名叫摩西的猶太青年，將他們從悲慘的命運中拯救出來。摩西曾長時間居住在沙漠中，並在沙漠中學會讚賞祖先的純樸美德，祖先們遠離城市和城市生活，拒絕讓自己被異國文明的安逸和奢侈所腐化。

摩西決定把他的百姓帶回古代族長們所熱愛的生活方式裡。他成功避開了埃及派來的追兵，帶領族人進入西奈山（Mount Sinai）腳下平原的中心。摩西在從前漫長孤獨的沙漠生活中，學會了敬畏偉大的雷電和暴風雨之神的力量，這神統治高處的諸天，牧人的生命、光明和呼吸，都仰賴他。這位神名叫耶和華，在西亞諸神中是廣受崇拜的一位，透過摩西的教導，他變成希伯來民族的唯一主人。

有一天，摩西突然離開猶太人的營地不見了。眾人竊竊私語，說他離開的時候帶了兩塊粗糙的石板。那天下午，烏雲密布，可怕的風暴籠罩了西奈山頂，沒有人能看見山頂的情

摩西看著應許之地

況。不過，當摩西回來時，看哪！兩塊石板已經刻上了文字，是耶和華在閃電雷轟中對以色列百姓說的話。從那一刻起，所有的猶太人認定耶和華是他們的命運的最高主宰，獨一的真神，他命令他們遵守「十誡」的睿智教導，怎麼過聖潔的生活。

他們跟隨摩西，聽從摩西的吩咐繼續穿過沙漠前進。當他告訴百姓該吃什麼喝什麼和避開什麼，好讓他們在炎熱的氣候中保持身體健康，他們都聽從他的吩咐。最後，在經過多年的漂泊之後，他們來到一塊看起來舒適又繁盛的土地。這地叫做巴勒斯坦（Palestine），意思是「非利士人（Philistines）的國度」，非利士人是克里特島的一支小部族，他們被驅趕離開自己的島嶼之後，來到這片濱海地區定居。不幸的是，巴勒斯坦的內陸已經住著另外一支閃族，叫做迦南人（Canaanites）。但是猶太人強行進入這片谷地，給自己建立了許多城鎮，並在一個他們稱為耶路撒冷（Jerusalem）——和平的家園——的小城建造了一座巨大的神殿。

至於摩西，那時他已經不是百姓的領袖了。他獲准從遠處觀看巴勒斯坦的綿延山脊，然後就永遠閉上了他疲憊的雙眼[2]。他忠實又勤勉地工作，以此取悅耶和華。他不只是帶領他的同胞脫離異族的奴役，還引領他們進入一個新的家園，過上自由和獨立的生活。同時，他也讓猶太人成為天下萬族當中，第一個崇拜單一神祉的民族。

2　按照《聖經·舊約》申命記第三十四章的記載，摩西在摩押平原登上尼波山，耶和華將整個巴勒斯坦指給他看，說：「這就是我向亞伯拉罕、以撒、雅各起誓應許之地，說：『我必將這地賜給你的後裔，現在我使你眼睛看見了，你卻不得過到那裡去。』於是耶和華的僕人摩西死在摩押地，正如耶和華所說的。耶和華將他埋葬在摩押地、伯·毗珥對面的谷中，只是到今日沒有人知道他的墳墓。」

10 腓尼基人

腓尼基人發明了我們的字母表。

腓尼基人（Phoenicians）是閃族的一支，很早就在地中海沿岸定居下來，因此是猶太人的鄰居。他們建造了兩座有堅固防衛工事的城市：泰爾（Tyre）和西頓（Sidon），並在短時間內壟斷了西邊海域的貿易。他們的船隻定期往返希臘、義大利和西班牙等地，他們甚至穿越了直布羅陀海峽，遠達西西里群島採買當地的錫。無論他們去到哪裡，都給自己建立小型的貿易據點，他們把這些據點稱為「殖民地」。有不少的現代都市起源於這些小據點，比如加的斯（Cadiz）和馬賽（Marseilles）。

只要有利可圖，腓尼基人什麼都能買賣。他們沒有良心困擾的問題。如果我們相信所有腓尼基人的鄰居對他們的評語，那麼，腓尼基人確實不知道誠實和正直意謂著什麼。他們認為，把錢箱裝滿是所有好公民該有的最高理想。他們確實是非常不討人喜歡的民族，連一個朋友也沒有。但是，他們卻給所有的後人留下了一筆最有價值的遺產。腓尼基人給了我們字母表。

腓尼基人很熟悉蘇美人所發明的書寫技藝。但是他們認為這些楔形文寫起來極其浪費時間。他們是務實的生意人，不可能花好幾小時去刻兩三個字。他們下定決心做好這事，遂發明了一套新的書寫系統，大大優於舊有系統。他們借用了幾幅埃及人的圖案，又簡化了好些蘇美人的楔形文字。為了提高書寫的速度，他們犧牲了舊系統的美麗外表，並將數千個不同的圖像縮減成簡短又方便的二十二個字母。

隨著時間的推移，這些字母渡過了愛琴海，傳到了希臘。希臘人加上了幾個他們自己的字母，再把這個改良的系統帶到了義大利。羅馬人也把字母作了一些修改，隨後教會了西歐的野蠻人使用。那些野蠻人便是我們的祖先，而這也是為什麼這本書是用腓尼基人的文字寫成，而不是用埃及的象形文字或蘇美人的楔形文字來寫的原因。

腓尼基商人

11 印歐民族

屬於印歐民族的波斯人征服了閃族和埃及人的世界。

埃及、巴比倫、亞述和腓尼基人的世界存在了將近三千年，這些居住在肥沃河谷的古老民族逐漸變得老邁而疲憊。當一支更有活力的新種族出現在地平線上時，這些老邁民族的末日就確定了。我們稱這支新興的種族為印歐民族，因為它不僅征服了歐洲，還讓自己的統治領域遠達如今稱為「英屬印度」的地區。

這些印歐人和閃族一樣，都是白人，但所說的語言完全不同。印歐人的語言被認為是所有歐洲語言的共同祖先，只有匈牙利文、芬蘭文和西班牙北部的巴斯克（Basque）方言是例外。

在我們得知有印歐民族之前，他們已經在裡海沿岸居住了好幾世紀了。但是，有一天，他們收起帳篷，決定往前遷移，找尋新的家園。他們當中有些人遷移進入中亞山區，在伊朗高原周圍的高山上居住了好幾世紀，這是為什麼我們稱他們為雅利安人（Aryans）[1]。其他人則朝日落的方向前進，隨後占據了歐洲的平原，等我告訴你希臘和羅馬的故事的時候，再說明這段

1 雅利安人（aryan）源於梵語的 âryâ，意為光榮的，可敬的、高尚的。在古波斯的阿維斯陀語經典《阿維斯陀》（*Avesta*）中明確使用 airya/airyan 作為族群名稱，其含義就是伊朗人。

歷史。

此刻我們得緊跟著雅利安人的腳步。他們在偉大的導師查拉圖斯特拉（Zarathustra，也稱為瑣羅亞斯德〔Zoroaster〕）的率領下，離開他們在高山上的家園，跟著奔騰的印度河向大海的方向前進。

其餘的雅利安人寧可留在西亞的山嶺中，並在那裡建立了兩個被稱為米底亞人（Medes）和波斯人的半獨立社群，這兩個民族的名字，我們是從希臘的史書上抄下來的。西元前第七世紀，米底亞人建立了自己的米底亞王國。但是，當安善氏族的領袖居

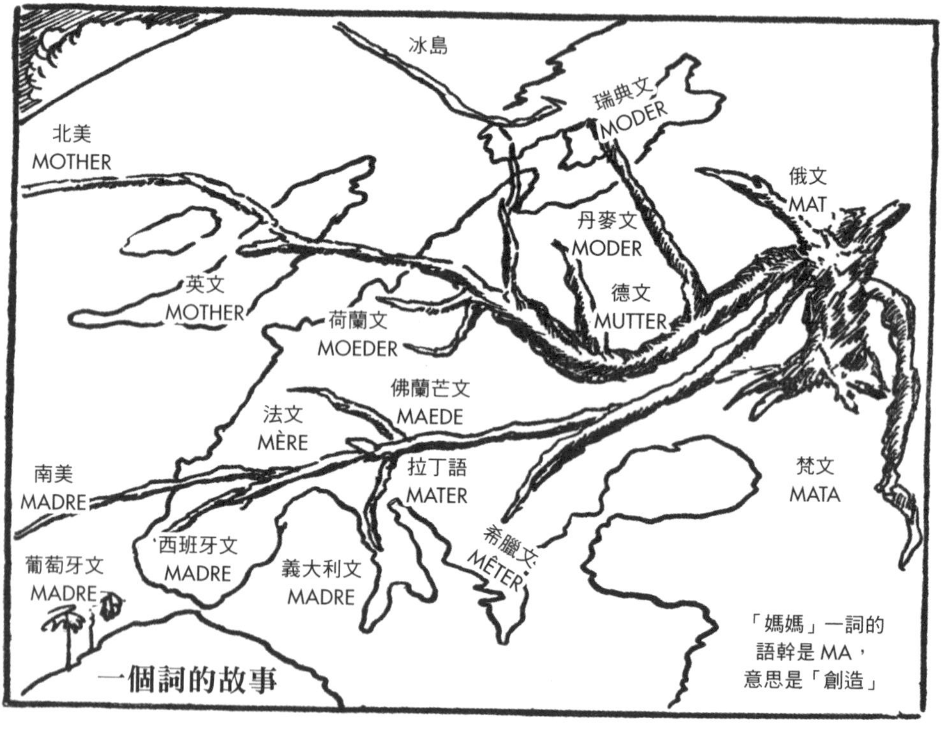

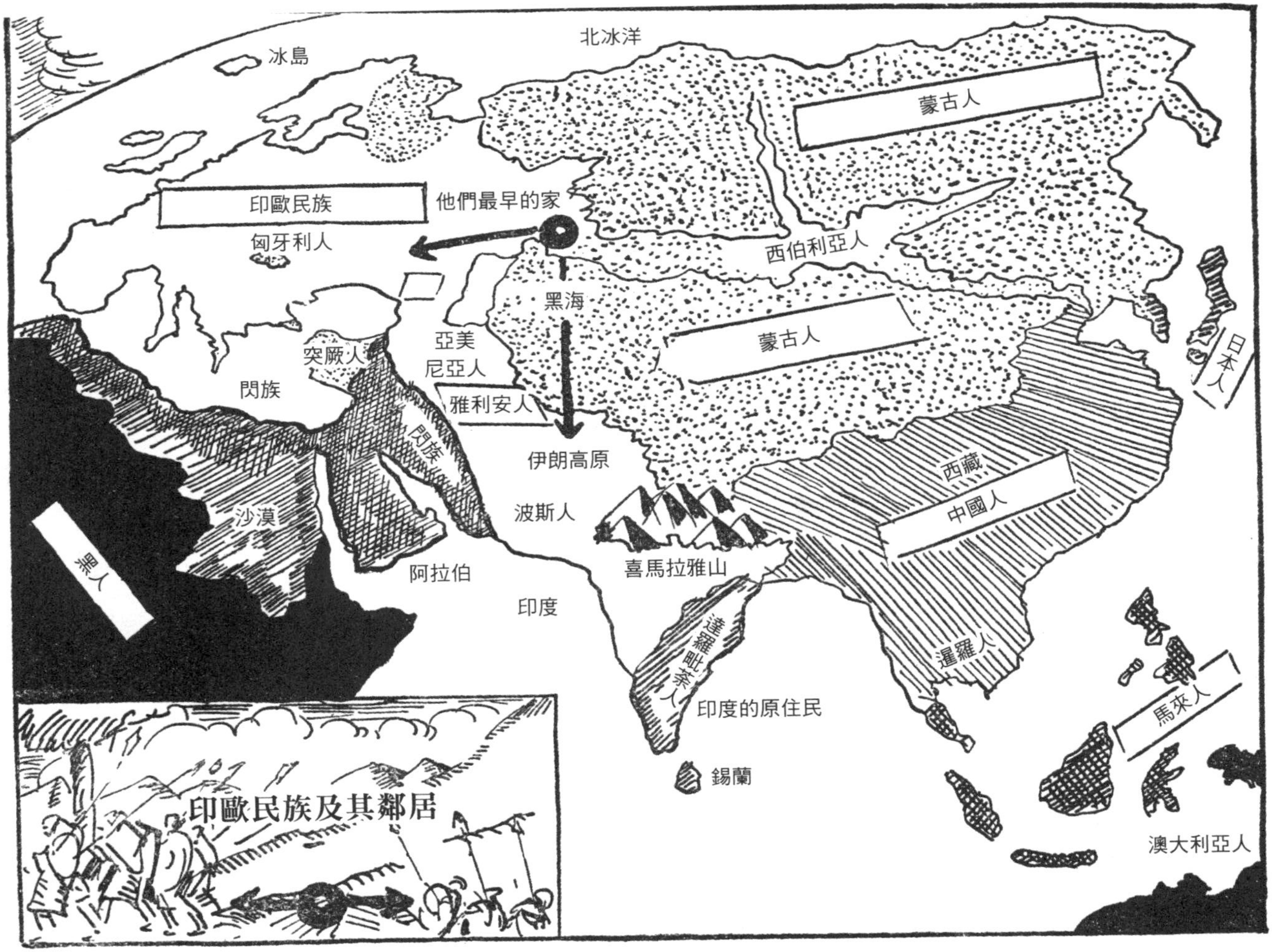
北冰洋
冰島
蒙古人
印歐民族
他們最早的家
匈牙利人
西伯利亞人
黑海
蒙古人
日本人
亞美
尼亞人
突厥人
閃族
雅利安人
閃族
伊朗高原
西藏
中國人
沙漠
波斯人
黑人
阿拉伯
喜馬拉雅山
印度
達羅毗荼人
暹羅人
馬來人
印度的原住民
錫蘭
印歐民族及其鄰居
澳大利亞人

魯士（Cyrus）[2]成為所有波斯部族的國王之後，他展開了他的征服大業，首先滅了米底亞王國，隨後他和他的子孫很快就成為整個西亞和埃及的霸主。

事實上，這些源自印歐民族的波斯人帶著這樣的精力，將他們的征戰向西推進，不斷取得勝利，但他們很快就遇上了大麻煩，有另外一些印歐人的部族已經在幾個世紀前就遷移進入了歐洲，占據了希臘半島和愛琴海諸島。

這些麻煩導致了三場著名的，波斯和希臘之間「波希戰爭」，在戰爭期間，波斯的大流士王和薛西斯王（King Xerxes）都曾率兵侵入希臘半島的北部，大肆劫掠了希臘的領土，竭盡所能要在歐洲大陸取得一個立足點。

但是他們始終沒有成功。沒有人能打敗雅典的海軍。藉由切斷波斯大軍的補給線，希臘水兵每次都把亞洲的霸主趕回他們的老家去。

波希戰爭，是亞洲這個古老的教師和歐洲這個年輕氣盛的學生的第一次交鋒。本書還有許多章節會告訴你，東西雙方之間的鬥爭較勁，如何持續到今天都未平息。

2　埃蘭（Elam）是伊朗的最早文明，起源於伊朗高原以外的埃蘭地區，是亞洲西南部的古老君主制城邦國家，安善（Anshan）為其中之一。安善在鐵伊斯佩斯（Teïspes）在位時期成為一個獨立於埃蘭，波斯人自己的小王國，鐵伊斯佩斯自稱為「安善國王」。鐵伊斯佩斯之後，安善國王由居魯士一世及其後代擔任，直到居魯士一世的孫子居魯士二世（居魯士大帝）崛起，安善成為統一的波斯帝國的核心城市。居魯士二世隨後開始擴張領土。他首先公開反叛米底亞王國，在西元前五五三至五五〇年之間將其推翻。

12 愛琴海

愛琴海的居民將古老亞洲的文明帶進了蠻荒的歐洲。

當海因里希．施里曼（Heinrich Schliemann）還是個小孩的時候，他父親給他講了特洛伊（Troy）的故事。他喜歡這個故事超過任何其他故事，以致於他下了決心，等他長大離家之後，他要去「找尋特洛伊」。雖然他只是梅克倫堡（Mecklenburg）村一個窮牧師的兒子，但這一點也不困擾他。他知道自己需要錢，也決定先賺到一大筆錢之後再去進行挖掘。事實上，他在短時間內就積攢了一大筆財富。等他有了足夠裝備一支遠征探險隊的錢，就立刻出發去了小亞細亞的西北角，他推測那裡就是特洛伊的所在地。

特洛伊木馬

在古老的小亞細亞的某個偏僻角落裡，聳立著一個長滿莊稼的山丘。根據當地傳說，那就是特洛伊王普里阿摩斯（Priamus）的故居所在。施里曼是個熱情遠大過專業知識的人，他不想浪費時間做初步探勘，而是立刻開挖。他挖得無比狂熱又迅速，以致於挖掘穿過了他想找的特洛伊城的中心，直接挖到了埋在更底下的一座城鎮的遺址，一座比荷馬筆下的特洛伊至少早了一千年的古城。接著，一件有趣的事情發生了。如果施里曼只是發現了一些打磨過的石槌或粗陶碎片，不會有人感到驚訝。一般來說，人們會把這類東西和希臘人來到之前就住在這些地區的史前人類聯繫在一起，但是施里曼發現的卻不是這樣，他發現的是美麗的小雕像、非常昂貴的珠寶，以及畫有花紋的花瓶，那些花紋是希臘人不知道、沒用過的。

施里曼大膽推測，在特洛伊戰爭發生整整一千年前，已經有一支神祕的民族居住在愛琴海沿岸，他們在許

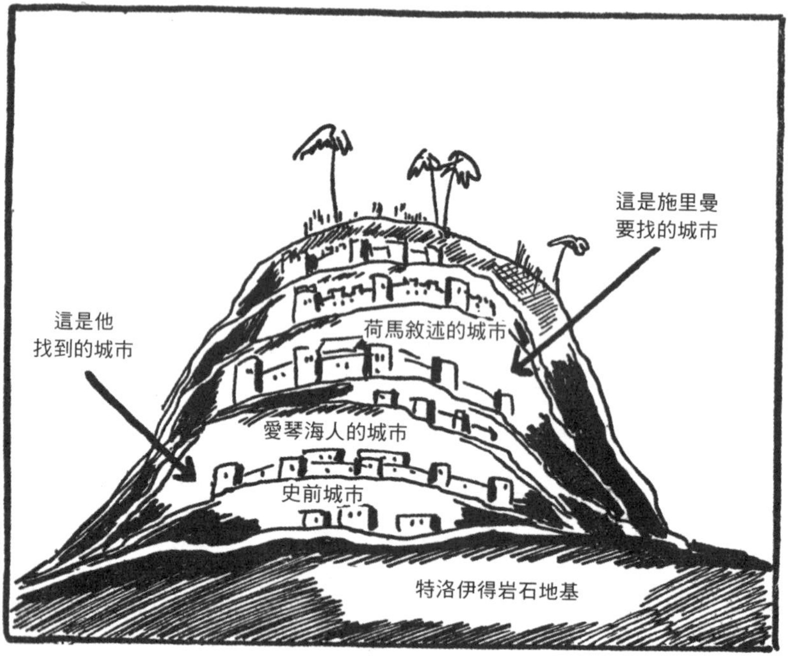

施里曼挖掘特洛伊

多方面都比野蠻的希臘部族優秀，這些希臘部族入侵了他們的家園，摧毀或吸收了他們的文明，直到它所有獨特的原貌都消失殆盡。施里曼的推測後來被證實了。一八七〇年代末期，施里曼勘查了邁錫尼（Mycenae）的遺址，其古老的程度連羅馬的旅遊指南都讚歎不已。在一道小小圓形圍牆的平坦石版下方，施里曼再次意外發現了一個奇妙的藏寶庫，同樣是那支神祕的民族遺留下來的。他們的城市曾經遍布希臘沿海，他們還修築了巨大、厚重又堅固的城牆，以致於希臘人稱這些城牆是「泰坦（Titans）的傑作」。泰坦是像神一樣的巨人，在遠古時期曾把山峰拿來當球玩。

這許多的遺跡在經過一番審慎的考據之後，故事被褪去了部分的浪漫色彩。這些年代久遠的藝術傑作的製造者，以及那些堅固堡壘的建造者，不是什麼魔法師，而是平凡的水手和貿易商人。他們居住在克里特島和愛琴海的眾多小島上，是一群吃苦耐勞的水手，他們將愛琴海變成貿易中心，讓文明高度發展的東方世界和緩慢發展中的歐陸蠻荒世界，可以在這裡交換他們的貨物。

一千多年來，他們維持著這個島嶼帝國，並發展出非常高的藝術形式。事實上，他們最重要的城市位於克里特島北邊海岸的克諾索斯（Cnossians）。克諾索斯所堅持的衛生條件和

邁錫尼位於阿爾戈利斯

愛琴海

舒適程度，與現代標準相比毫不遜色。克諾索斯的王宮有妥善的排水系統，每間屋子都配有火爐，克諾索斯人也是第一個每天使用澡盆的人，此前沒人知道什麼是澡盆。克諾索斯王的王宮以其旋轉樓梯和大型宴會廳聞名。宮殿底下的地窖用來儲藏美酒、穀物和橄欖油，地窖的面積巨大廣闊，讓古希臘的第一批訪客印象深刻，以致於他們想出了「迷宮」的故事。我們用「迷宮」來指一座有許多複雜通道的建築物，一旦我們被關在裡面，在驚恐中幾乎不可能找到出來的路。

不過，這個偉大的愛琴海帝國最後怎麼樣了？是什麼原因造成它突然滅亡？我也不知道。

克里特人也嫻熟書寫藝術，但是至今沒有人能破譯他們的碑文[1]。因此，我們無法知道他們的歷史。我們只能從愛琴海人留下的遺跡當中去重建他們的冒險經歷。這些遺跡清楚表明，愛琴海人的世界是被一支文化較低、近期從歐洲北部平原過來的種族在突然之間征服了。除非我們錯得離譜，否則，這支要為克里特島和愛琴海文明的毀滅負責的野蠻人，這支剛剛占領了亞得里

1　邁錫尼文明所使用的文字，已經在作者房龍寫成這書的三十年後，也就是一九五〇年代，被破譯了。

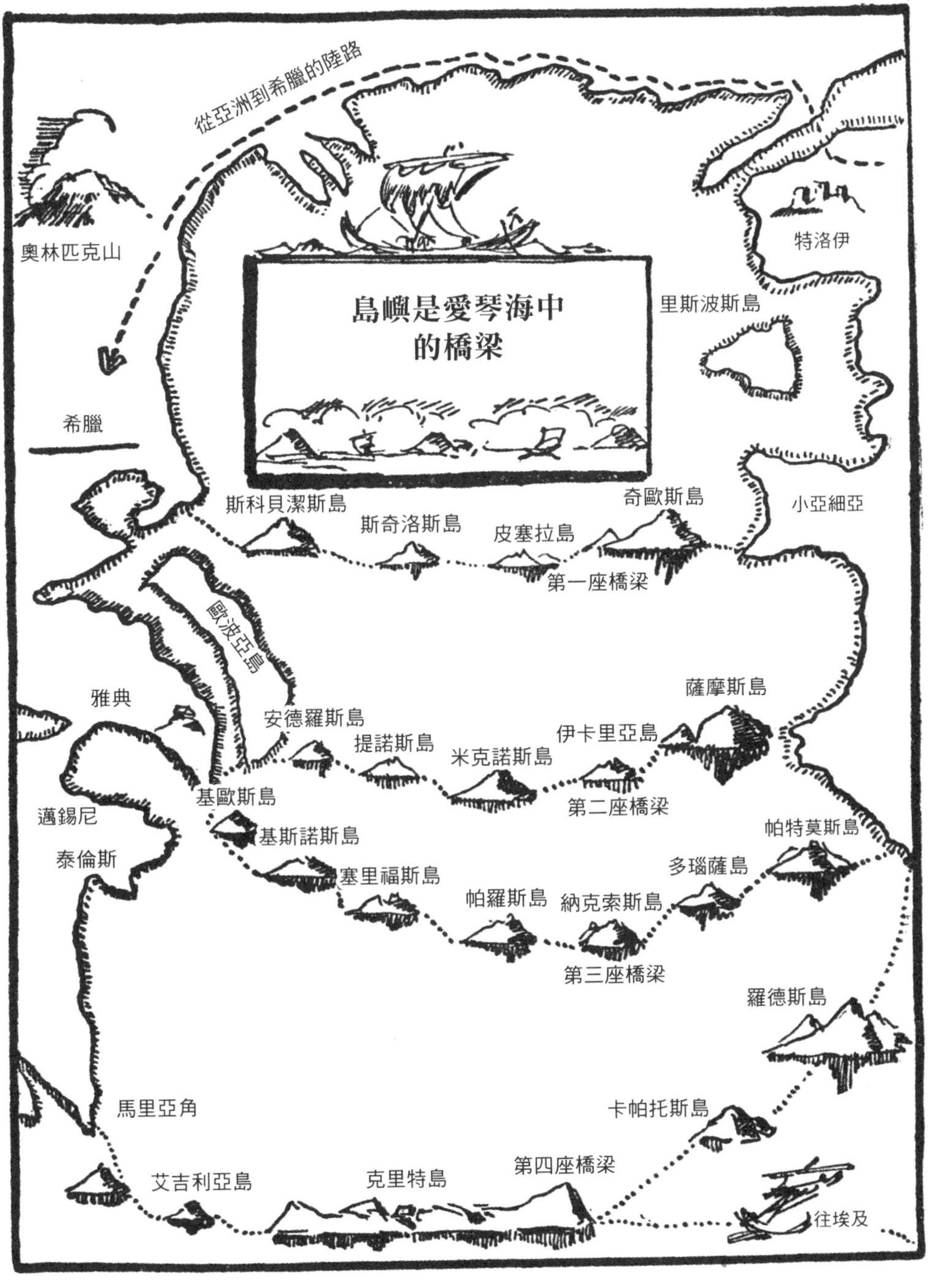
島嶼是愛琴海中的橋梁
從亞洲到希臘的陸路
奧林匹克山
特洛伊
里斯波斯島
希臘
小亞細亞
斯科貝潔斯島
斯奇洛斯島
皮塞拉島
奇歐斯島
第一座橋梁
歐波亞島
雅典
安德羅斯島
提諾斯島
米克諾斯島
伊卡里亞島
薩摩斯島
基歐斯島
第二座橋梁
邁錫尼
基斯諾斯島
泰倫斯
塞里福斯島
帕羅斯島
納克索斯島
多瑙薩島
帕特莫斯島
第三座橋梁
羅德斯島
馬里亞角
卡帕托斯島
艾吉利亞島
克里特島
第四座橋梁
往埃及

亞海和愛琴海之間那個岩石半島的遊牧民族，不是別人，正是我們所熟知的希臘人。

13 古希臘人

印歐部族中的赫楞人，在此時占領了希臘半島。

彼時金字塔已經存在一千年，並且開始出現損壞的跡象，而睿智的巴比倫王漢摩拉比也已經去世入土好幾百年了。有一支小小的遊牧部族離開了他們位於多瑙河沿岸的家鄉，為找尋新鮮的牧草而往南遷移。他們自稱「希臘人」（Hellenes），是狄優克里安（Deucalion）和妻子皮拉（Pyrrha）的兒子赫楞（Hellen）的後裔。根據古老的神話，人類因為過於邪惡，居住在奧林匹斯山上的大神宙斯厭惡他們，於是降下持續了不知多少年的大洪水來毀滅全世界的人類，唯獨狄優克里安和皮拉二人

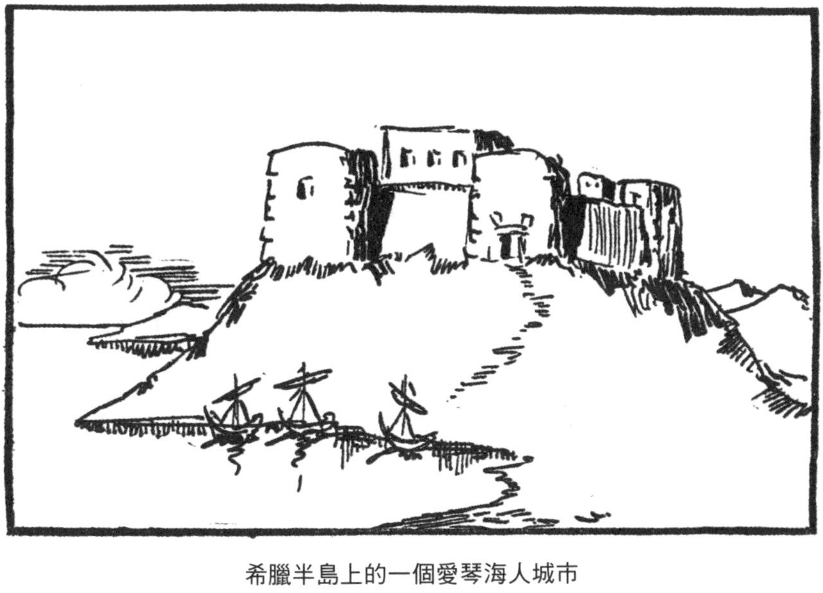

希臘半島上的一個愛琴海人城市

逃過此劫。

我們對這些早期希臘人一無所知。撰述雅典之陷落的古希臘歷史學家修昔底德（Thucydides）在描述到自己最早的祖先時，說他們「不值一提」，這話大概不假。他們非常野蠻，活得像豬一樣，會把敵人的屍體丟給牧羊的野狗吃。他們不尊重其他民族的權利，屠戮希臘半島上被稱為佩拉斯吉人（Pelasgians）的原住民，侵占人家的農場，掠奪人家的牲口，逼迫人家的妻女為奴，還寫了無數歌曲讚美亞該亞[1]部族的英勇，因為是亞該亞部族率領希臘人的先鋒部隊進入塞薩利（Thessaly）和伯羅奔泥撒（Peloponnesus）的山區。

這些古希臘人看見各處山頂上都有愛琴海人的城堡，他們不敢攻擊那些城堡，因為懼怕愛琴海人士兵持有的金屬利劍和長矛，知道自己憑著粗糙的石斧是沒有希望打敗愛琴海人的。

亞該亞部族占領愛琴海人城市

隨後數百年，他們繼續在一個又一個的谷地和山巒中遊蕩，直到占領了整個希臘半島，遷移才告結束。

古希臘文明從這一刻開始。這希臘農夫每天望見愛琴海人的殖民地，終於在好奇心的驅使之下拜訪了那些高傲的鄰居。他發現自己可以從這些居住在邁錫尼和提林斯（Tiryns）的高大石牆後方的人那裡，學到許多有用的事物。

希臘人是很聰明的學生，在很短的時間內就掌握了打造那些奇怪鐵製兵器的技藝，那些武器是愛琴海人從巴比倫和底比斯買來的。希臘人還了解了航海的祕密，並開始為自己打造小船來用。

當希臘人學會了愛琴海人教給他的一切之後，便翻臉不認人，把老師們驅趕回他們的小島上。不久之後，希臘人展開航海冒險，征服了所有愛琴海人的城市。最後，在西元前十五世紀，希臘人掠奪

1 亞該亞人（Achaean）是古希臘大陸上四個主要的部族之一（另三個為愛奧尼亞人、埃雷特里亞人和多利安人）。《荷馬史詩》中常用這名稱來泛指希臘人。

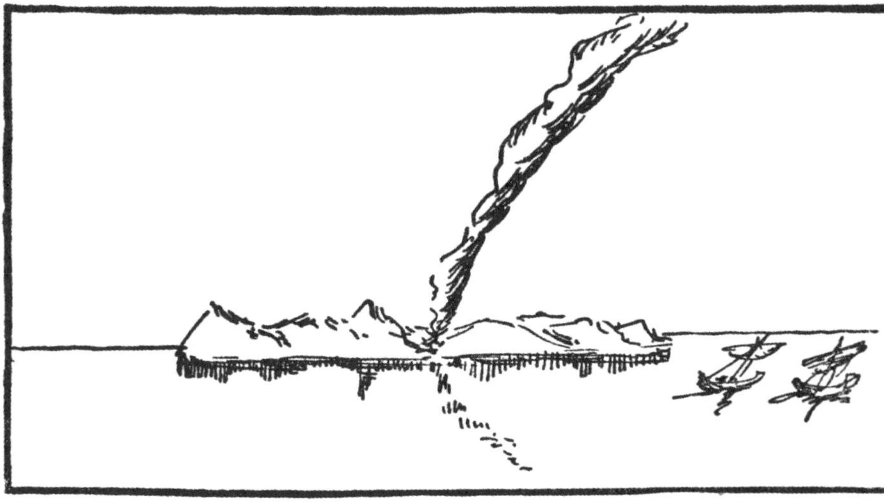

克諾索斯陷落

並毀滅了克諾索斯。就這樣，在登上歷史舞臺一千年後，希臘人成為希臘半島、愛琴海和小亞細亞沿海地區的絕對統治者。西元前十一世紀，屬於更古老文明的最後一個商業堡壘特洛伊，也被毀滅了，歐洲歷史就此正式展開。

14 古希臘的城邦

古希臘的城邦實際上就是國家。

我們現代人喜歡「大」這個字。我們傲於這樣的事實：我們屬於世界上「最大」的國家，擁有「最大」的海軍，種植出「最大」的橘子和馬鈴薯，我們喜愛生活在擁有「數百萬」居民的城市，等我們死了以後要葬在「全國最大的公墓」。

如果有個古希臘時代的公民聽見我們這麼說，他一定不懂我們這話是什麼意思。「中庸之道」是他的生活的理想，單單只有「大」是打動不了他的。這種對中庸之道的熱愛，不是用在特殊場合的空洞說詞，它影響希臘人的一生，從他們出生之日直到死亡之時。中庸之道也是他們的文學的一部分，它讓希臘人建造小而完美的神殿。在男人的穿著和他們妻子所戴的戒指和手鐲上，也體現出這種精神。中庸之道也伴隨著走入劇場的觀眾，讓他們把任何膽敢違反明智和良好的品味這兩條鐵律的劇作家，都噓下臺。

希臘人甚至堅持他們的政治家和最受歡迎的運動員都要具有這種優良的素質。當一位強壯有力的跑者來到斯巴達並吹噓自己是所有希臘人中能以單腳站立最久的，斯巴達人會把他趕出城去，因為任何一隻鵝都能打敗他這項引以為傲的成就。「那很好啊，」你會說：「注重中庸之道和完美，毫無疑問是一種偉大的美德，但是，為什麼在古代只有希臘人發展出這樣的素質？」為了回答你這個問題，我得說明一下古希臘人的生活方式。

埃及或美索不達米亞的人一直都是「臣服」在一個神祕至高的統治者之下，這位統治者住在遙遠的黑暗宮殿裡，廣大的人民群眾很少見到他。希臘人正好相反，他們是上百個小「城邦」裡的「自由公民」，其中最大的城邦的人口，還沒現代大型村莊的人口多。當一個住在烏爾的農夫說自己是巴比倫人，他的意思是，他是數百萬向當時正好統治西亞的國王納稅進貢的廣大群眾當中的一個。但是，當一個希臘人驕傲地說自己是雅典人或底比斯人時，他說的是個既是他的家又是他的國的小城邦，那裡不接受任何最高的統治者，只遵循公民在市集上展現的意願來行事。

對希臘人來說，祖國是自己的出生地；是他在童年時溜到禁止進入的雅典衛城石堆中玩

眾神居住的奧林帕斯山

捉迷藏的地方；是他跟上千男孩女孩一起長大成人，熟知他們的綽號如同你熟知自己同學的綽號一樣的地方。祖國也是他父母埋骨的聖地，是高大的城牆內那棟他妻兒在其中安全生活的小屋的所在地。這個完整世界的面積不過是四、五英畝的岩石地。你難道看不出來，這樣的環境會對一個希臘人的所做、所說和所想帶來怎樣的影響？巴比倫、亞述和埃及的人民都是廣闊帝國的一份子，他們都被淹沒在群體之中。相反的，希臘人從未失去與他周圍環境的緊密聯繫。他始終是這個人人相識相熟的小城邦的一份子。他覺得自己那些聰明的鄰居老在看著他，無論他做什麼，寫戲劇也好，用大理石刻雕像也好，創作歌曲也好，他都會牢記一件事——他的努力將受到家鄉所有生來自由、精於此道的公民的評判。這項認知迫使他追求完美，而他從小所受的教育是，如果沒有中庸之道，不可能達到完美。

在這種嚴格的環境裡，希臘人學會了在許多事上精益求精。他們創造了全新的政治體制、文學形式和藝術典範，我們至今都無法超越。他們在占地不到四、五個現代城市街區的小城邦中完成了這些奇蹟。

瞧，最終發生了什麼事！

西元前四世紀，來自馬其頓王國的亞歷山大征服了世界。戰爭一結束，亞歷山大就決定自己一定要把真正的希臘精神的好處帶給全人類。他把這精神從小村莊和小城邦帶出去，設法讓它在自己新建立的帝國中，在這片廣闊的王土上開花結果。然而，希臘人一離開自己家鄉天天見到的神廟，離開自己家鄉那彎曲街道上熟悉的聲音和氣味之後，就立刻失去了中庸之道給予他們的欣喜歡快和奇妙的感覺。在他們為自己的古老城邦的榮耀努力工作時，中庸之道啟發了他們大腦和雙手的靈感。現在，他們變成了低俗的工匠，滿足於次等的作品。當古老的希臘小城邦失去其獨立性，被迫成為一個大國的一部分的那一天，古希臘的精神就死亡了，從此永遠不復存在了。

15 古希臘的自治

希臘人是第一個嘗試困難的自治政體之實驗的民族。

起初，所有的希臘人彼此之間沒有貧富差距。每個人都擁有一定數量的牛羊。他的泥土小屋就是他的城堡。他可隨意自由來去。每當有重要的公共事務要商討，所有的村民就會聚集在市集上，選一個村裡比較年長的人擔任主席，他的責任是確保每一個人都有機會表達自己的觀點。如果遇到戰爭，某個精力充沛並有自信的村民會被選為統帥，同樣這群村民會自願交出權利，讓他做他們的領袖，一旦危險過去，村民也有同樣的權利免去他領袖的職務。

然而，這村莊逐漸發展成了一個城邦。有些人辛勤工作，有些人好吃懶做。有些人運氣不佳，還有一些人純粹靠著跟鄰居做買賣不誠實而聚積了大筆財富。結果，城邦不再是由財力相當的一群人所組成。相反的，它形成了少數的富人階級和眾多的貧民階級。

這過程還產生了另一種改變。過去那個知道怎麼率領自己的人取得戰爭勝利，被眾人自願認可為「領袖」或「國王」的統帥，從場景上消失了。他的位置被「貴族」取代了。所謂貴族，就是在這期間逐漸獲取了大量田地和房產的有錢人。

這些貴族享有遠勝過普通自由公民的眾多優勢。他們能購買最好的武器，這些武器只能在地中海東岸的市集上找到。他們還擁有許多空閒的時間，可以用來練習戰鬥的技藝。他們住在堅固的房子裡，還能雇用士兵為自己作戰。他們為了決定誰該統治城邦，彼此之間一直爭鬥不休。獲勝的貴族可以取得淩駕眾人之上的「王權」，統治整個城邦，直到他被另一個充滿野心的貴族殺死或流放為止。

這種靠著私人兵力登基的國王，被稱為「僭主」（tyrant），在西元前七世紀到六世紀，每個希臘城邦都是由這樣的僭主統治。順帶一提，有許多僭主碰巧是能力極強的人。不過，從長期來看，這種僭主當政的狀態變得令人難以忍受。於是，有人嘗試進行改革，並從這些改革中發展出了有史以來第一個有記錄的民主政府。

西元前七世紀初，雅典人決定要革除舊制，讓大多數的自由人再次可以在政治事務上表達意見，就像在他們的祖先亞該亞人的

希臘城邦

時代所擁有的一樣。雅典人請求一個名叫德拉古（Draco）的人給他們制定一套法律，保護窮人不受富人的欺壓。德拉古著手立法。不幸的是，身為專業的法學家，他跟平常人的生活嚴重脫節。在他眼裡，犯罪就是犯罪，當他完成這套法律，雅典人發現這套德拉古法典太過嚴苛，他們根本不可能付諸實現。在這套新的法律體系底下，連偷一顆蘋果都會構成死罪，雅典將會沒有足夠的繩子來吊死所有的罪犯。

雅典人只好再找一個更仁慈一點的改革者。最後，他們找到一位最能勝任這項任務的人。他名叫梭倫（Solon），出身於貴族家庭，曾經周遊列國，研究過許多其他國家的政治制度。在審慎研究了制定法律這事之後，梭倫給了雅典人一套新法律，一套體現了美妙的中庸之道的法律，中庸之道本是希臘的特質之一。他嘗試改善農民的處境，同時也避免破壞貴族的富裕和昌盛；因為貴族身為戰士，能對國家做出重大貢獻（或者說，他們擁有對國家做出重大貢獻的能力）。為了保護窮人階級不受法官濫權所害（因為法官沒有工資，所以永遠都是從不需要工資的貴族階級遴選出來），梭倫創定了一條法律，一個有冤屈的公民，有權向由三十個跟他同樣階級的雅典公民所組成的陪審團，陳述自己的冤情。

最重要的是，梭倫強迫所有的自由人必須直接親身參與城邦的事務。自由人再也不能待在家裡說：「噢，我今天太忙了沒空。」或「今天下雨，我最好還是待在家裡吧。」他必須履行他的義務；出席市政議會的開會；為城邦的安全和繁榮擔起部分的責任。

這個由「人民」（demos）來治理的政府，經常辦不成什麼事。有太多閒散空談。在爭奪官職的對手之間有太多仇恨和中傷。但是它教導了希臘人要獨立自主，要靠自己來拯救自己，而這是一件非常好的事。

神廟

16 古希臘的生活

希臘人怎麼過日子？

可是，你大概會問，古希臘人如果一直要跑到市集去商討國家事務，他們哪來的時間照顧自己的家庭和事業？我會在本章當中告訴你。

在所有政府的事務裡，希臘的民主政治只承認一個階級的公民——自由人——有資格參與。每個希臘城邦都是由一小群生來自由的公民，加上數量龐大的奴隸，以及稀稀落落的外國人所組成。

在一些罕見時刻（通常是需要男性當兵入伍的戰爭時期），希臘人會願意把公民權授予他們稱之為「野蠻人」的外國人。但是這種情況屬於例外。公民身份是一件和出生相關的事。你是雅典人，是因為你父親和你祖父是雅典人。換句話說，無論你是有多大貢獻的商人或士兵，如果你父母不是雅典人，你就永遠是一個「外國人」。

因此，無論何時，只要希臘城邦是由自由人來管理，而不是被國王或僭主統治的時候，如果沒有一支遠超過自由人五、六倍的奴隸大軍，來擔負我們現代人必須投注大量時間和力氣去做的工作——如果我們想好好養家和付房租的話——就不可能維持這種制度。奴隸負責整個城邦所有的煮飯、烤餅、製作蠟燭。他們是裁縫師、木匠、珠寶匠、學校教師和記帳員；當主人去參加公共會議，討論戰爭與和平的問題，或去劇院觀看埃斯庫羅斯（Aeschylus）最新推出的戲劇，或去聽歐里庇得斯（Euripides）——他竟敢對偉大、全能的宙斯神表示質疑——提出革命性觀念的討論時，他們也要照看商店和工廠。

事實上，古代的雅典很像現代的俱樂部。所有的自由公民都是世襲的會員，所有的奴隸都是世襲的僕人，總是等候滿足主人的需求，能成為這組織的會員是一件非常愉快的事。

不過，當我們提到奴隸，我們不是指你在《湯姆叔叔的小

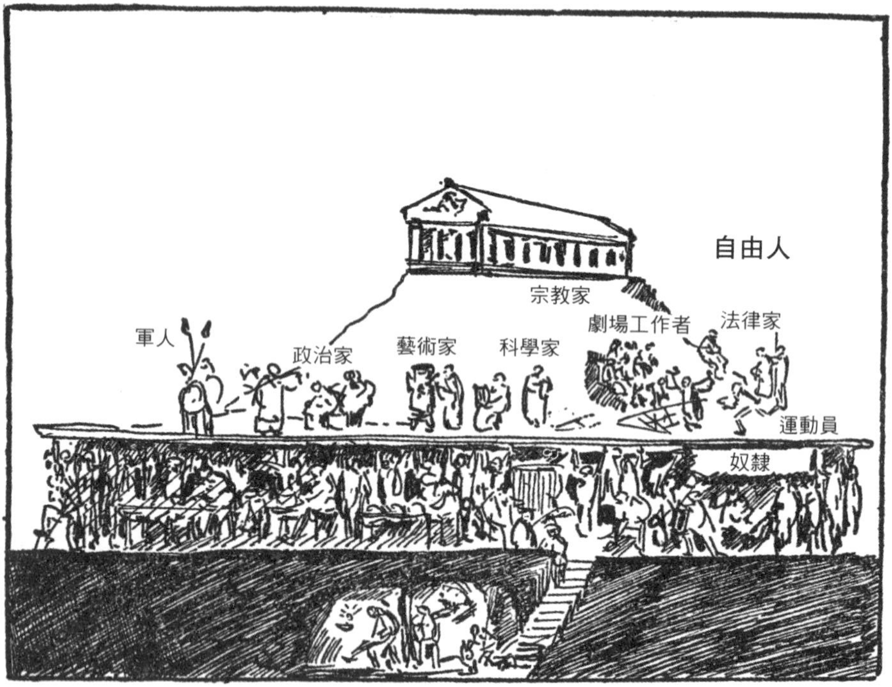

希臘社會

屋》[1]裡讀到的那種奴隸。沒錯，那些每天給人種田犁地的奴隸日子當然過得辛苦，但是那些家道中落，必須被他人雇用到田裡幫工的自由人也同樣生活悲慘。此外，城邦中的許多奴隸比自由人階級中的窮人更富有。凡事都喜歡中庸之道的希臘人，並不喜歡像後來的羅馬人那樣對待他們的奴隸；羅馬人的奴隸像現代工廠裡的機器，沒有任何權利，並可能因為微不足道的小事而被丟去餵野獸。

希臘人認為奴隸制度是必要的，如果沒有奴隸，城邦就不可能成為一個真實不假的、文明人的家園。

這些奴隸也要負責一些現今由商人和專業人員從事的工作。至於那些占據了你母親大量的時間，並讓你父親下班回家之後還要煩惱的家務勞動，深懂休閒之價值的希臘人，是靠著生活在極其簡樸的環境裡，把這樣的義務縮減到最少。

首先，他們的住家非常簡單樸素。即使是富有的貴族人家，也是住泥磚蓋的大屋子，裡面連一個現代工人視為住家基本條件的舒適設備都沒有。古希臘人的住家有四面牆和一個屋頂，有一扇通向外面大街的門，但是屋子沒有窗戶。廚房、起居室和臥房圍著露天的庭院而建，庭院裡有座小噴泉或雕像，種有一些植物，讓整體環境看明亮有生機。當天氣沒下雨或不是太冷，一家人就在這庭院裡生活。庭院的一角有廚子（是個奴隸）做飯，另一個角落有老師（也是奴

1 《湯姆叔叔的小屋》又名《卑賤者的生活》（*Uncle Tom's Cabin; or, Life Among the Lowly*），又譯作《黑奴籲天錄》、《湯姆大伯的小屋》等，是美國作家哈里特．比徹．斯托（Harriet Beecher Stowe，斯托夫人）於一八五二年發表的一部反奴隸制的小說。這部小說中關於非裔美國人與美國奴隸制度的觀點，曾產生意義深遠的影響，並在某種程度上導致了美國內戰的衝突。

隸）教導小孩認識字母和乘法表，還有一個角落是鮮少離家的女主人（因為希臘人認為已婚婦女常上街拋頭露面不好）跟她的女裁縫師（還是奴隸）在一起縫補她先生的外套，在房門邊的小辦公室裡，男主人正在檢查農場的工頭（同樣是奴隸）帶來給他看的帳本。

當餐點準備好，一家人便聚在一起吃飯，但是他們的餐點也很簡單，吃飯並不耗時。古希臘人似乎把吃東西視為不可避免的惡，而不是一種消遣，消遣可以殺掉許多無聊的時間，最後也殺掉許多無聊的人[2]。他們主要吃餅[3]，喝葡萄酒，吃少量的肉，搭配一些綠色蔬菜。他們只在沒有別的東西可喝時才喝水，因為他們認為喝水不健康。他們喜歡呼朋引伴一起進餐，但是我們現代人那種大吃大喝到每個人都撐死的宴會型態，會讓他們很嫌惡。古希臘人聚在餐桌前是為了一場有益的暢談和品嘗一杯好酒，由於他們是一群講求中庸之道的百姓，所以他們瞧不起那些飲酒過量的人。

飯桌飲食上流行的簡單樸素，同樣主導了希臘人對服裝的選擇。他們喜歡乾淨和打扮整潔，喜歡把頭髮和鬍子修剪得清爽俐落，喜歡以運動和游泳來感受自己強健的身體。但是他們從來不隨從色彩鮮豔和花紋奇特的亞洲風格。他們穿白色長袍，設法讓自己看起來像那些穿著藍色長披風的現代義大利軍官一樣帥氣。

他們喜愛看見自己的妻子穿著美麗，配戴飾品，但同時也認為在公眾場合炫耀財富（或炫耀妻子）是件非常庸俗的事。無論何時，女子外出都當儘量不引人注目。

總之，古希臘人的生活除了講求中庸之道，還講求簡單樸素。桌椅、書籍、房屋和馬車等類的「器物」，都很容易耗掉擁有者大量的時間。最後，人一定會變成器物的奴隸，為了器物的需求，把時間都耗在打磨拋光這些器物，為它們擦拭和上漆等等。希臘人最想要的是「自由」，包括身體上和心靈上的自由。他們會將日常生活所需降到最低程度，以此來維持自己的自由，在心靈上獲得真正的解放。

2 房龍的幽默，指亂吃東西會生病死亡。

3 此處將英文的 bread 翻譯為餅而非麵包。現代食品中的麵包，通常指吐司或者鋪料夾餡的各色甜鹹麵包。古希臘、古羅馬或古代中東地區，他們吃的 bread 或許更接近烤饢，而不是現代人概念裡的麵包。

17 古希臘的戲劇

人類史上第一種公眾娛樂的形式——戲劇的起源。

對於自己的歷史，希臘人很早就開始收集那些寫下來的，記述他們英勇祖先之事蹟的詩歌，那些祖先將佩拉斯吉人逐出了希臘，又摧毀了強大有力的特洛伊。這些詩歌在公共場合念誦，人人都會來聽。不過，幾乎變成我們現代生活中不可或缺之娛樂形式的戲劇，並非源自這些當眾朗誦的英雄故事。戲劇的起源是如此古怪，以致於我必須單獨寫一章來告訴你。

希臘人向來喜歡節慶遊行。每年他們都會舉行盛大的遊行來向酒神狄俄尼索斯（Dionysos）致敬。在希臘，人人都喝葡萄酒（希臘人認為水只有兩種用途：航行和游泳），因此這位酒神極受歡迎，就像在我們國家，自動冷飲機[1]之神會大受歡迎一樣。

既然是酒神，就該住在葡萄園裡，置身在一群歡樂的薩提爾（Satyr，一種半人半羊的怪物）當中，因此參加遊行的群眾通常會披上山羊皮，邊走邊學山羊叫，像真山羊一樣。希臘文的山羊是「tragos」，而唱歌的人是「oidos」。於是，一個像山羊一樣咩咩叫的歌者叫做「tragos-oidos」，「山羊歌者」，而現代英文「悲劇」（tragedy）一詞，就是從這個奇怪的名字發展而來。

就戲劇而言，「悲劇」是結局不快樂的故事，正如「喜劇」（comedy，這字真正的意思是歌唱「喜事」或快樂之事）是一齣以歡樂來收尾的戲劇。

但是你會問，這些裝扮成野山羊四處蹦跳，吵鬧合唱的遊行群眾，是怎麼發展成高貴的悲劇，並充滿了全世界各個劇場將近兩千年之久？

山羊歌者和《哈姆雷特》之間的關聯，真的很簡單，我馬上就說給你聽。

一開始，這種合唱隊非常具有娛樂效果，吸引了大量的群眾在街道兩旁圍觀、大笑。但是這種呆板的叫聲很快就讓人厭煩了，而希臘人認為沉悶乏味是一種惡，堪比醜陋和疾病。他們要求某種更具有娛樂性的東西。後來，有個頗富創意，來自阿提卡地區伊卡里亞村（Icaria in Attica）的年輕詩人，想出了一個新主意，隨後被證明是個巨大的成功。他讓山羊合唱隊的一名成員離開隊伍走上前，去和走在遊行隊伍最前端，吹奏著牧神潘恩（Pan）的牧笛的樂師領隊對話。這個人獲准離開隊伍，在說話時邊說邊揮動手臂做出各種手勢（可以說他在「表演」，而其他人只是站在一旁負責唱歌），他會問許多問題，而樂隊隊長要根據這位詩人事先已經寫在紙莎草紙卷上的答案來回答。

這種事先準備好，講述狄俄尼索斯或其他某個神祉之故事的粗略對話——也就是戲劇對白，立刻變得大受群眾歡迎。從此以後，每次狄俄尼索斯的遊行慶典裡，都會來上一段「表演場景」。不久之後，這個「表演」就被認為比咩咩合唱以及遊行本身更重要了。

希臘最成功的「悲劇作家」是埃斯庫羅斯，他在漫長的一生中（從西元前五二六年到西元前四五五年）至少寫了八十部作品，他並大膽創新，採用兩名「演員」而不是一名。一

1 自動冷飲機（Soda-Fountain）也有人翻譯成可樂機或自動可樂機。

個世代之後，索福克里斯（Sophocles）將演員增加為三名。當西元前五世紀中期，歐理庇得斯開始創作他那些可怕的悲劇時，他已經可以想要幾位演員就寫幾位了。等到阿里斯托芬（Aristophanes）撰寫那些著名的、用來調侃所有的人和所有的事，包括調侃奧林匹斯山的諸神的喜劇時，合唱隊已經被降為旁觀者的角色，在主要演員背後站成一排，當站在舞臺最顯著位置的劇中英雄違抗諸神的意志犯下罪行時，他們便齊聲高唱：「這是個可怕的世界。」

這種新的戲劇娛樂形式需要一個適當的表演場所，沒多久，每個希臘城邦都在鄰近的山丘上鑿開岩石建了劇場。觀眾坐在木頭長椅子上，面對一個寬闊的半圓形舞臺（就像你付三點三塊錢買票看戲時，坐在一樓前排的頭等座上）。演員和合唱隊就在這個半圓形的舞臺上各就各位，進行表演。在舞臺後方會有個帳篷，他們就在裡面戴上黏土做的大面具來遮住自己的臉，讓觀眾知道演員在劇中是是悲是喜，是哭是笑。希臘文中帳篷一詞是「skene」，這是為什麼我們把舞臺的「場景」叫做「scenery」。

觀賞悲劇一旦變成希臘人生活的一部分，人們就開始認真對待它，去劇場看戲再也不是讓自己的心思放假了。一場新劇的首演變得像一場選舉活動一樣重要，一個成功的劇作家所獲得的光榮和尊重，甚至遠高過剛剛打贏一場著名勝仗凱旋而歸的將軍。

18 波斯戰爭

希臘人如何保衛歐洲抵禦來自亞洲的入侵，並將波斯人趕回愛琴海的對岸。

希臘人從愛琴海人那裡學得貿易之道，而愛琴海人曾是腓尼基人的學生。希臘人循著腓尼基人的模式建立殖民地，甚至改進了腓尼基人的貿易模式，更廣泛使用貨幣跟外國顧客交易。西元前六世紀，他們已經在小亞細亞沿海岸站穩了腳跟，並且快速搶走了腓尼基人的生意。腓尼基人對此當然很不高興，但是他們不夠強大，無法冒險和那些希臘競爭者打上一仗。他們只能靜候時機，而最後也沒白等。

在前面的章節裡，我告訴過你，有一支小小不起眼的波斯遊牧部族如何突然踏上了征途，並征服了西亞的大部分地區。這些波斯人十分文明有禮，沒有劫掠他們征服的地區和百姓，他們只要每年收到一次貢品就滿足了。當他們抵達小亞細亞的海岸後，他們堅持要希臘的殖民地利底亞承認波斯皇帝是最高統治者，並每年上繳規定的賦稅。希臘殖民地拒絕了。波斯堅持己見。於是，希臘殖民地向祖國求援，戰爭就此拉開序幕。

如果歷史記載無誤，那麼，那些波斯皇帝確實認為希臘的城邦制度是一種危險的政治制度，並對所有其他臣服於偉大的波斯皇帝的溫順奴隸而言，是個壞榜樣。

當然，希臘人因為國家位在深廣的愛琴海的那一頭，所以享有一定的安全保障。但是，他們的老對手腓尼基人卻出面向波斯人提供援助和建議。如果波斯皇帝願意出兵，腓尼基人保證提供所需的船隻，將大軍送到歐洲去。那是西元前四九二年，亞洲已經準備好要摧毀歐洲的新興勢力。

波斯艦隊在阿索斯山附近遭到摧毀

波斯皇帝派出使者到希臘，發出最後通牒，索要「土和水」作為臣服的信物。希臘人手腳俐落地將波斯使者全丟進最近的一口井裡，他們可以在井中找到大量的「土和水」，如此一來，當然不可能有和平了。

不過，奧林匹斯山上的諸神看顧了他們的子民，當腓尼基艦隊載著波斯大軍駛近阿索斯山（Mount Athos）時，暴風之神鼓起雙頰用力吹起狂風，吹到他額上的青筋都快爆開了，這場可怕的颶風摧毀了整支艦隊，波斯大軍悉數葬身海底。

兩年之後，他們捲土重來。這次，他們直接航行渡過了愛琴海，在馬拉松這個村莊附近登陸。雅典人一聽見這消息，立刻派出一萬大軍把守環繞著馬拉松平原的山丘。與此同時，他們派遣一個擁有飛毛腿的士兵到斯巴達去求援。但是，斯巴達嫉妒雅典的名聲，拒絕出兵相助。其他的希臘城邦也有樣學樣，袖手旁觀，只有普拉提亞（Plataea）這個小城邦例外，派出了一千援軍。西元前四九〇年，雅典統帥米太亞德（Miltiades）率領這支小軍隊對抗波斯大軍，並且突破了波斯人密集的箭雨，用手中的長茅重創了雜亂無章的亞洲聯軍，這支被召集來的聯軍從未遇過如此頑強的敵人。

那天晚上，雅典的百姓看見天空被焚燒船艦的大火映得一片通紅，他們焦急地等候消息。終於，通往北方的那條路上揚起了一小股煙塵，是那位飛毛腿士兵菲迪皮德斯（Pheidippides）。他步履蹣跚，上氣不接下氣，他的終點已經臨近了。幾天前他才從向斯巴達求援的任務歸來，立刻匆忙加入了米太亞德率領的戰役。那天早上他參與了進攻作戰，隨後又自告奮勇要把勝利的消息帶回給他所愛的城邦。雅

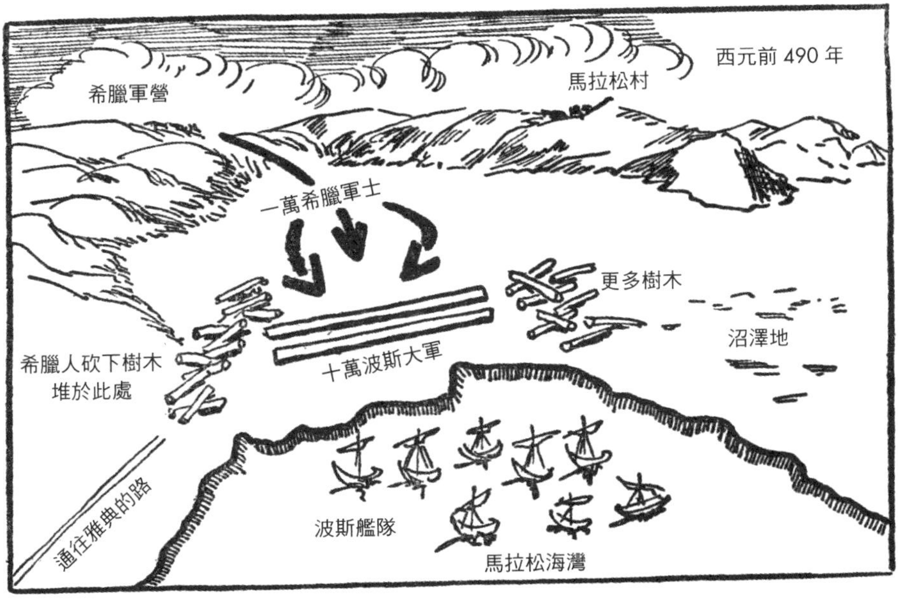

馬拉松戰役

典的人民看見他摔倒在地，他們衝過去扶他。「我們贏了。」他用微弱的聲音說，接著就斷氣了。這光榮的死讓他成為所有人羨慕的對象。

至於波斯人，他們在這次戰敗之後，試圖在雅典附近登陸，卻發現海岸上都有兵力把守，只好無功而退，希臘的領土再次獲得了和平。

波斯人又等了八年，在這八年間希臘人也沒閒著，他們知道最終決戰必將到來，但是，對於如何避開危機，他們卻無法達成共識。有些人想增編陸軍，其他人則說一支強大的艦隊才能保證勝利。兩派人馬分別由支持陸軍的阿里斯提德（Aristides）和支持海軍的地米斯托克利（Themistocles）領導，雙方進行了激烈的鬥爭，導致一事無成，直到阿里斯提德被流放。於是，地米斯托克利有機會造了所有他想造的船艦，並將比雷埃夫斯（Piraeus）變成一個強大的海軍基地。

西元前四八一年，一支龐大的波斯軍隊出現在希臘北部的塞薩利省。在這危急的時刻，偉大的希臘軍事城邦斯巴達被選為希臘聯軍的統帥。但是斯巴達人對希臘北方發生的事並不關心，他們只在意自己的城邦不要遭到侵略，對通往希臘的各個關隘並未認真把守。

有一支由斯巴達國王李奧尼達（Leonidas）率領的小分隊，按照命令鎮

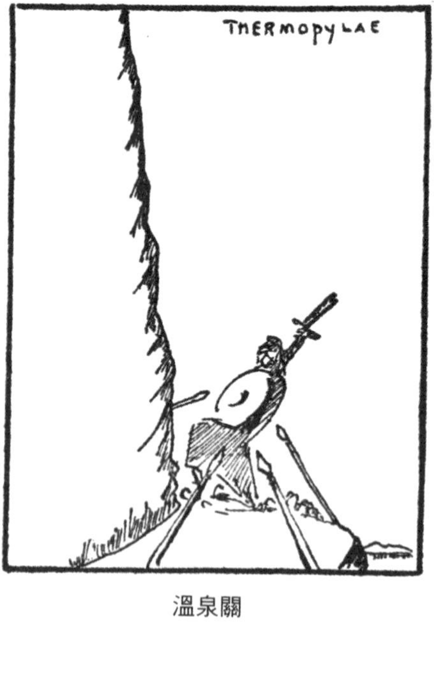

溫泉關

守一處夾在高山和大海之間的狹窄通道，那是連接塞薩利和南部各省的要道。李奧尼達遵守了命令，以無可匹敵的勇氣奮戰並守住了隘口。但是，一個名叫埃非阿爾蒂斯（Ephialtes）的叛徒，知道他們馬里斯（Malis）部族才曉得的小徑，他給波斯軍團當嚮導，帶領他們沿著小徑穿過山嶺，繞到李奧尼達的後方展開攻擊。雙方在接近溫泉關（the Thermopylae）的地方進行了一場慘烈的戰鬥。

當夜幕降臨，李奧尼達和他忠心的將士們全部陣亡，跟堆積如山的敵人的屍體躺在一起。

溫泉關失守，希臘絕大部分的地區落入了波斯人手中。波斯大軍朝雅典挺進，攻下了雅典的衛城，放火燒了雅典。百姓紛紛逃到薩拉米斯島（Island of Salamis），整個局勢看來似乎一敗塗地了。但是，西元前四八〇年九月二十日，地米斯托克利將波斯艦隊誘入隔開薩拉米島和希臘本土之間的狹窄海灣中作戰，在幾個鐘頭內就擊沉了四分之三的波斯船艦。

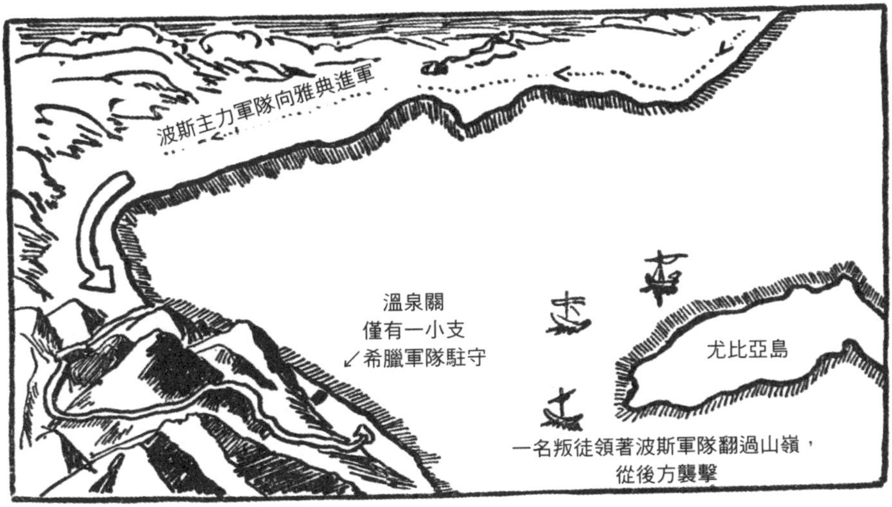

溫泉關之戰

波斯人放火燒了雅典

就這樣，溫泉關取得的勝利化為烏有。波斯皇帝薛西斯被迫撤退。他決定來年再和希臘人進行最後決戰。他將軍隊帶到塞薩利過冬，等候春天來臨。

不過，這次斯巴達人終於明白了當前局勢的嚴重性。他們雖然已經興建了一道跨越柯林斯地峽的城牆，卻在保薩尼亞斯（Pausanias）的率領下，仍然離開安全的家園，進軍對抗馬鐸尼斯（Mardonius）指揮的波斯大軍。團結起來的希臘人（從十多個不同的城邦聚集而來約十萬人左右），在普拉提亞附近向三十萬波斯大軍發動了攻擊。就像馬拉松平原之戰一樣，希臘的重裝步兵再次突破了波斯軍隊的密集箭雨，波斯人被擊潰，這次他們徹底離開了。湊巧的是，希臘的陸軍在普拉提亞附近獲勝的這一天，雅典的海軍也在小亞細亞的米卡爾海角（Cape Mycale）附近摧毀了敵人的艦隊。

亞洲和歐洲的第一次交手就這麼結束了。雅典人榮耀加身，斯巴達人的英勇奮戰享譽四方。如果這兩個城邦能夠達成共識，如果他們願意放下彼此間的小妒小恨，他們也許會成為強大又統一的希臘世界的領導者。

但是，唉，他們讓充滿勝利和熱情的時刻流逝，而同樣的機會就此一去不返。

19 雅典與斯巴達之爭

雅典和斯巴達如何為了爭奪希臘的領導權而進行了一場漫長又悲慘的戰爭。

雅典和斯巴達都是希臘的城邦，雙方人民說著共同的語言。除此之外，他們毫無共同點。雅典聳立在平原上，整個城市都敞露在海上吹來的清爽微風中，願意用一雙快樂孩子的眼睛來看這個世界。相反的，斯巴達座落在深邃的山谷裡，利用周圍群山作為抵禦外國思想的屏障。雅典是個貿易繁忙的城邦，斯巴達是個軍營，人人生來就是士兵。雅典的百姓喜愛坐在太陽底下討論詩歌或聆聽哲學家智慧的講論。相反的，斯巴達人從來不會寫下哪怕一句可稱為文學的句子，但是他們懂得如何打仗，也喜歡打仗，並且他們會犧牲所有身為人類的情感來達到軍事訓練的理想。

也難怪這些陰鬱嚴肅的斯巴達人對雅典的成功懷恨在心。波希戰爭過後，雅典將保衛共同家園所發展出來的那份活力，用在更和平的計畫上。他們重建了衛城，用大理石建造了雅典娜女神的神殿。雅典民主制度的領袖伯里克利斯（Pericles），派人到世界各地尋找著名的雕刻家、畫家和科學家，要把這個城邦打造得更美麗，讓雅典年輕人的心智更配得上他們的家園。與此同時，伯里克利斯一直對斯巴達保持警惕，並興建了一道從雅典連到海邊的高牆，讓雅典成為當時防禦最堅固的堡壘。

一場在希臘兩座小城邦之間的微不足道的爭執，導致了最終的衝突。雅典和斯巴達之間的戰爭整整持續了三十年，最終給雅典人帶來了可怕的慘禍。

戰爭開打後第三年，一場瘟疫襲擊了雅典。超過半數的人民死於這場瘟疫，其中包括了偉大的領袖伯里克利斯。瘟疫過後，雅典的政局一片混亂，新領導者也不堪託付。有個聰明的年輕人名叫阿爾西比亞德斯（Alcibiades），贏得了人民集會的支持。他提議奇襲斯巴達在西西里島上的殖民地敘拉古（Syracuse）。一支遠征軍集結裝備妥當，所有一切準備就緒。不料，阿爾西比亞德斯捲入了一場街頭鬥毆，被迫逃亡。接替阿爾西比亞德斯的將軍是個缺乏經驗的莽夫，他先輸了海戰，接著地面軍隊也吃了敗仗。少數存活下來的雅典人被丟到敘拉古的採石場去做苦工，最終因為飢渴而死。

這次遠征讓雅典所有的年輕男子全數喪命，這座城邦注定要亡了。在經過漫長的圍城戰後，西元前四〇四年四月，雅典投降。斯巴達人拆毀夷平了雅典高聳的城牆，奪走了雅典的海軍。雅典在全盛時期所征服建立的，以自己為中心的偉大殖民帝國，不復存在。不過，在她偉大繁榮的日子裡，讓她的自由公民與世不同的，那些美好的學習、求知、探索的欲望，並未隨著雅典的城牆和船艦一同消失。它還繼續存在，甚至青出於藍。

雅典不再左右希臘半島的命運。但是，作為人類第一所大學的所在地，雅典開始影響聰明睿智者的心靈，其範圍遠遠超過希臘那狹小的疆域。

20 亞歷山大大帝

馬其頓的亞歷山大建立了一個希臘化的世界帝國，他的雄心壯志有何結果？

當亞該亞人離開多瑙河畔的家園，往南尋找新牧場時，曾在馬其頓的群山之中停留過一段時間。從那時候開始，希臘人就和這個北邊的鄰居保持著或多或少的正式關係。馬其頓人也要求自己清楚掌握希臘的情勢。

彼時，斯巴達和雅典爭奪希臘領導權的毀滅性戰爭才剛結束，馬其頓正好出了一個才智卓絕的統治者，名叫腓利浦（Philip）。他很仰慕希臘文學和藝術中的希臘精神，但又鄙夷希臘在政治事務上缺乏自制。看見這群如此優秀的人把人力和財力都浪費在毫無結果的爭吵上，令他非常憤慨。於是，他出兵擺平這個困難，讓自己當上了整個希臘世界的統治者，然後，他要求新歸順的臣民加入他的遠征，他決定好好回報一百五十年前波斯皇帝澤克西斯對希臘的到訪。

不幸的是，腓利浦在這場精心準備的遠征即將展開之際，被人謀殺了。為雅典遭到焚城報仇的任務，落到了腓利浦的兒子亞歷山大身上，他是希臘最有智慧的老師亞里斯多德的愛徒。

西元前三三四年的春天，亞歷山大告別了歐洲，七年之後，他抵達了印度。在這七年當中，他摧毀了希臘商人的老對手腓尼基人。他征服了埃及，被尼羅河谷的居民尊為法老的兒子和繼承人。他擊敗了波斯的末代皇帝，推翻了波斯帝國，他還下令重建巴比倫，率領他的軍隊進入喜馬拉雅山深處，讓全世界變成馬其頓的一個省或附庸國。接著，他停下遠征的腳步，宣布了更加雄心勃勃的計畫。

這個新成立的帝國必須全部接受希臘精神的洗禮。所有的百姓必須學習希臘文，並住在按照希臘模式建立的城市當中。亞歷山大的士兵現在變成了最具權威的老師。昨日的軍營變成了最新引入希臘文明的和平中心。希臘的風俗習慣和生活禮儀規範，形成一股洪流，越漲越高。豈知，亞歷山大突然得了熱病，在西元前三二三年，在昔日巴比倫王漢摩拉比的王宮中去世。

希臘化的洪流就此退去。但是馬其頓的軍隊在各地留下了一片高度文明的沃土，而亞歷山大那孩子氣的雄心壯志和他愚蠢的虛榮自負，也完成了最有價值的貢獻。他的帝國在他去世後，很快就被幾個充滿野心的將軍瓜分解體了。但是，他們仍舊忠於亞歷山大的夢想——建立一個融合希臘和亞洲的思想與知識的偉大世界。

這些將軍所建立的國家一直保持獨立，直到羅馬人將西亞和埃及納入自己的版圖為止。於是，這個奇特的泛希臘文明（一部分希臘，一部分波斯，一部分埃及和巴比倫）的遺產，就落到羅馬征服者的手裡。在接下去的幾個世紀裡，它牢牢根植在羅馬世界中，直到今天我們還能在自己的生活中感受到它的影響。

21 階段性小結

1到20章的簡短摘要。

到目前為止，我們從高塔頂端都是朝東眺望。但從現在開始，埃及和美索不達米亞的歷史變得越來越不有趣了，我必須帶你去探究西方的風景。在開始之前，我們先暫停片刻，把我們之前所看見的整理清楚。

首先，我對你講述了史前人類——一種習性單純、樣子毫無吸引力的生物。我告訴過你，早期在五大洲的荒野上遊蕩的許多動物中，史前人類最缺乏防禦能力，卻擁有一個比較大又比較好的大腦，他因此得以存活下來。

接著，冰河時期來臨，長達許多個世紀的嚴寒天氣，讓人要在這個星球上生存變得非常艱難，人類如果想要存活下來，必須比過去更加努力地思考。不過，既然「求生的願望」是主要原因，會促使所有生物在嚥下最後一口氣之前全力以赴，冰河時期人類的大腦也同樣絞盡腦汁去思考。這些吃苦耐勞的史前人類，不但設法從令許多兇猛動物喪命的漫長嚴寒中生存下來，並且，當地球再次變得溫暖又舒適時，史前人類已經學會好些事物，讓他比那些沒他這麼聰明的鄰居具有更多優勢，滅絕的危險（這是人類出現在地球上的前五十萬年間，一個非常嚴重的威脅）已經變得非常遙遠了。

我告訴過你，我們這些最早期的祖先如何緩慢地踽踽前行，突然間（原因我們並不清楚），尼羅河谷地的居民突飛猛進，幾乎在一夜之間創造出了第一個文明的中心。

接著，我講述了美索不達米亞，也就是「兩河之間的土地」的故事，那是人類的第二所偉大的學校。我還為你繪製了一張地圖，上面是愛琴海諸多小島所構成的一座座橋梁，這些橋梁把古老東方的科學和知識帶到年輕的西方世界，那世界裡住著希臘人。

接下來，我告訴了你一個印歐部族，叫做赫楞人，他們在好幾千年前離開了亞洲的腹地，在西元前十一世紀征服了岩石遍布的希臘半島，從此之後成為我們所熟知的希臘人。我還對你講述了小型的希臘城邦事實上是一個個國家的故事，古埃及和亞洲的文明在那裡被轉化（這是個含意很深的字詞，但是你可以「領會」它意謂著什麼）成某種新的東西，某種比過去任何事物都更高貴並更精緻的東西。

當你看著地圖，你會看見這段期間文明的發展形成了一個半圓形。它從埃及開始，經過美索不達米亞、愛琴海諸島，再朝西移動抵達了歐洲大陸。在頭四千年裡，埃及人、巴比倫人、腓尼基人和許多的閃族（請記住，猶太人只是數量龐大的閃族中的一支）都曾舉起照亮了世界的火炬。現在他們把它交給了印歐民族的希臘人，而希臘人成了另一支印歐部族——羅馬人——的老師。不過，就在地中海東半部逐漸被希臘人（或印歐民族）占領的同時，閃族已經沿著非洲北部海岸往西推進，成為地中海西半部的統治者。

你很快就會看到，這種情況導致兩支競爭民族之間的激烈衝突，從他們的鬥爭中，興起了獲得勝利的羅馬帝國，它將融合了埃及、美索不達米亞和希臘的文明帶到歐洲大陸最遠的角落，成為奠定我們現代社會的根基。

我知道所有這一切聽起來非常複雜，但是只要你掌握了這幾條基本脈絡，我們人類其餘的歷史就會變得簡單許多。地圖會讓文字無法說明白的地方更清楚好懂。在這短暫的停頓之後，讓我們回到故事裡，我要跟你說說羅馬和迦太基之間那場著名的戰爭。

22 羅馬與迦太基

非洲北岸的閃族殖民地迦太基和義大利西岸的印歐民族城市羅馬，為了爭奪西地中海的統治權而交戰多年，最終迦太基滅亡。

腓尼基人的貿易小城卡特－哈斯哈特（Kart-hadshat）坐落在俯瞰阿非利加海[1]（African Sea）的一座低矮山丘上，這海寬九十英里，將非洲和歐洲分隔開來。這是個作為貿易中心的理想地點。幾乎太理想了。它發展得非常迅速，也變得非常富裕。在西元前六世紀，巴比倫王尼布甲尼薩打下泰爾城（Tyre）時，卡特－哈斯哈特就切斷了與母國的所有關係，變成一個獨立的國家──迦太基，並成為閃族在西邊的強大前哨站。

不幸的是，迦太基城也繼承了腓尼基人千年來的眾多特質。它就像個大商場，由強大的海軍保護，對生活中大部分更美好的面向一概漠不關心。這城、城市周邊地區，並遠方的殖民地，全被一小群權勢熏天的富人所統治。「富有」一詞的古希臘文是「ploutos」，因此希臘人將「富人」統治的政體稱為「Plutocracy」（富人統治或財閥統治）。迦太基就是這種政治體制，國

1　阿非利加海（African Sea），就是現在的西西里海峽。

迦太基

家的實際權力掌握在十幾個大船東、大礦主和大商人手裡，他們在密室裡開會議定國家事務，把大家共有的國家看成一個企業，必須給他們帶來豐厚的利潤。不過，他們都是頭腦清醒的聰明人，充滿活力且辛勤工作。

隨著時間過去，迦太基對鄰邦的影響與日俱增，直到非洲沿岸大部分地區、西班牙和法國某些地區，都成了迦太基的屬地，必須向這個阿非利加海上的強大城市進貢、繳稅或被抽取紅利。

當然，這樣的「財閥政體」永遠得靠群眾的支持。只要有大量的工作機會，工資夠高，大部分的市民都會滿足於現狀，允許那些「菁英份子」統治他們，也不會問讓統治者難堪的問題。但是，當船隻不能出航，熔爐沒有礦石可用，碼頭工人和裝卸工人都失去工作時，那麼，群眾難免怨聲四起，甚至要求召開公眾會議，就像很久以前，迦太基還是自治共和國時那樣。

為了避免這種情況發生，財閥政體必須維持整個城市的商業持續高速發展。他們非常成功地維持了將近五百年，直到義大利西岸傳來某種讓他們寢食難安的傳聞。據說，台伯河（Tiber）岸邊的一個小村莊突然崛起成為強權，讓住在義大利中部所有的拉丁部族都承認它是領導者。傳聞還說，這座村莊——順帶一提，它叫做羅馬——打算建造船隻，競逐西西里島和法國南部海岸的貿易。

迦太基不可能容忍這樣的競爭。這個年少的對手必須剷除，以免迦太基的統治者失去西地中海絕對統治者的威望。他們仔細調查了那些傳聞，大致弄清楚了這些事實。

長久以來，義大利的西岸一直遭到文明的忽視。希臘所有的良港都是面向東方，欣賞著整個愛琴海上忙碌的島嶼，而義大利西岸除了地中海孤寂的海浪，連個振奮的景色都沒有。那個區域太窮了。以致於很少有外國商人到訪，因此當地人得以保有他們的山嶺和濕地，能夠不受打擾地生活。

這片土地遭到的第一次嚴重入侵，是來自北方。入侵時間無從考證，一些印歐部族設法找到了穿過阿爾卑斯山脈的通道，向南推進，直到這只著名的義大利馬靴[2]的腳跟和腳趾都布滿了他們的村莊和牲口為止。我

2 義大利半島的形狀像一隻馬靴。

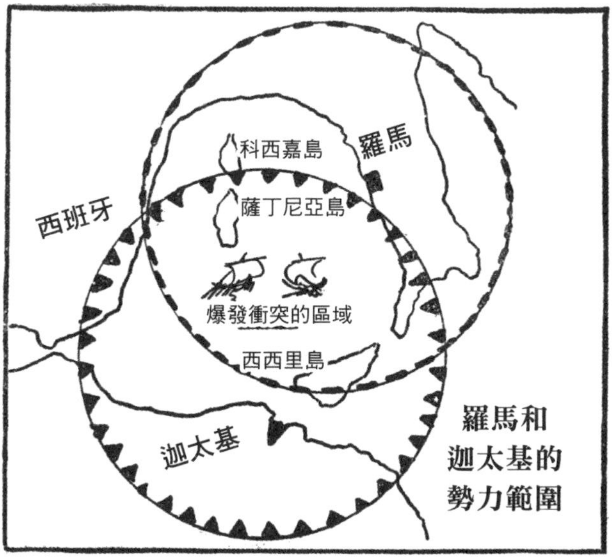

們對這些早期的征服者一無所知。他們沒有荷馬來頌唱他們光榮的事蹟。他們自己對羅馬的建立的描述（是八百年後，當這個小城變成帝國中心時，才寫下來的）是神話故事，不屬於歷史的範疇。這故事很有趣，可拿來當作消遣，說的是羅慕洛斯（Romulus）和雷慕斯（Remus）兩兄弟「鬩牆」的經過（我老是忘記是誰先動手，誰跨越了誰的牆）。但是，羅馬城的建立其實比故事更加平淡無奇。羅馬和美國的上千座城市一樣，一開始是一個方便交換物品和交易馬匹的地方。它位於義大利中央平原的中心地帶，有台伯河提供它直接出海的通道。一條貫通南北的陸路經過此地，發現這裡是個很方便的渡口，而且這河一年四季都能通行，不結冰。沿著河岸有七座小山丘，提供居民一道安全的屏障，能夠抵禦來自高山地區或地平線外附近海域的敵人。

那些山區居民叫做薩賓人（Sabines）。他們十分粗野，成天只想隨手劫掠，非常落後，使用的武器是石斧和木盾，根本無法對抗羅馬人的鋼劍。相較而言，那些海民就危險多了，他們被稱為伊特魯里亞人[3]（Etruscans），是歷史上（迄今未解）的大謎團。沒有人知道他們是從哪裡來的，是哪個種族，是什麼把他們驅離了原來的家園。我們在義大利的沿海地區找到他們的聚落遺址、墓園和供水系統。我們也常見到他們的碑文，但是沒有人能破解伊特魯里亞人的字母系統，所以，這些寫下來的資訊，至今只是令人困擾卻全然無用的東西。

最有可能的推測是，伊特魯里亞人起初來自小亞細亞，或許是家鄉發生了一場大的戰爭或瘟疫，迫使他們離開去別處找尋新的家園。無論伊特魯里亞人到來的原因是什麼，他們在歷史上扮演了重要的角色。他們將古老文明的花粉從東方帶到了西方，把建築、修築道路、戰鬥、藝術、烹調、醫藥和天文學等等最初的基本原理，都教給了從北方下來的羅馬人。

但是，就像希臘人不愛他們的愛琴海人老師，同樣的，羅馬人也不愛他們的伊特魯里亞人師傅。當希臘商人發現義大利具有潛在的商業可能性，並率領第一批船隊到達羅馬後，羅馬人立刻把握機會擺脫了伊特魯里亞人。希臘人來做買賣，但是他們也為了教導留下來。希臘人發現居住在羅馬鄉間的這些部族（被稱為拉丁人）都非常樂意學習那些實際有用的事。這些拉丁人馬上了解到書寫字母能獲得巨大的好處，於是照著抄了一份希臘字母表。他們又了解到統一制定貨幣系統和度量衡制度，能使商業發展具有強大優勢。最後，羅馬人將希臘文明從外表到內裡的精髓全部吸收消化了。

他們甚至歡迎希臘的諸神來到自己的國家。宙斯被帶到羅馬後，改名朱比特（Jupiter），其餘諸神也是如此。不過，羅馬諸神不像他們的希臘親戚那麼歡樂，希臘諸神伴隨希臘人走過他們的人生和歷史，羅馬諸神是國家的官員。每位神祇都有自己負責掌管的部門，他們無不深謀遠慮，精明穩重，具有強烈的正義感，同時也嚴格要求崇拜他們的百姓服從命令。羅馬人也小心翼翼地順服諸神。但他們從來沒有和神祇建立起真摯的私人情感或迷人的友誼，而古希臘人和奧林匹斯山上的諸神彼此間存在這樣的情誼。

羅馬人並未仿效希臘的政治制度，不過，既然雙方同屬印歐民族，羅馬早期的歷史和雅典並其他的希臘城邦十分類似。他們沒費什麼力氣就擺脫了從古代部落酋長承傳下來的國王體制。但是，一旦將國王逐出城市，羅馬人馬上被迫要限制貴族的權力，他們花了好幾個世紀才

3　伊特魯里亞文明，是伊特魯里亞地區（今義大利半島及科西嘉島）於西元前十二世紀至前一世紀所發展出來的文明，其活動範圍為亞平寧半島中北部。迄今為止，考古學界和歷史學界都沒有明確證實伊特魯里亞人起源於何處。根據二〇一三年的一份粒線體 DNA 研究，伊特魯里亞人可能是地中海地區的原住民。

羅馬城是怎麼興起的？

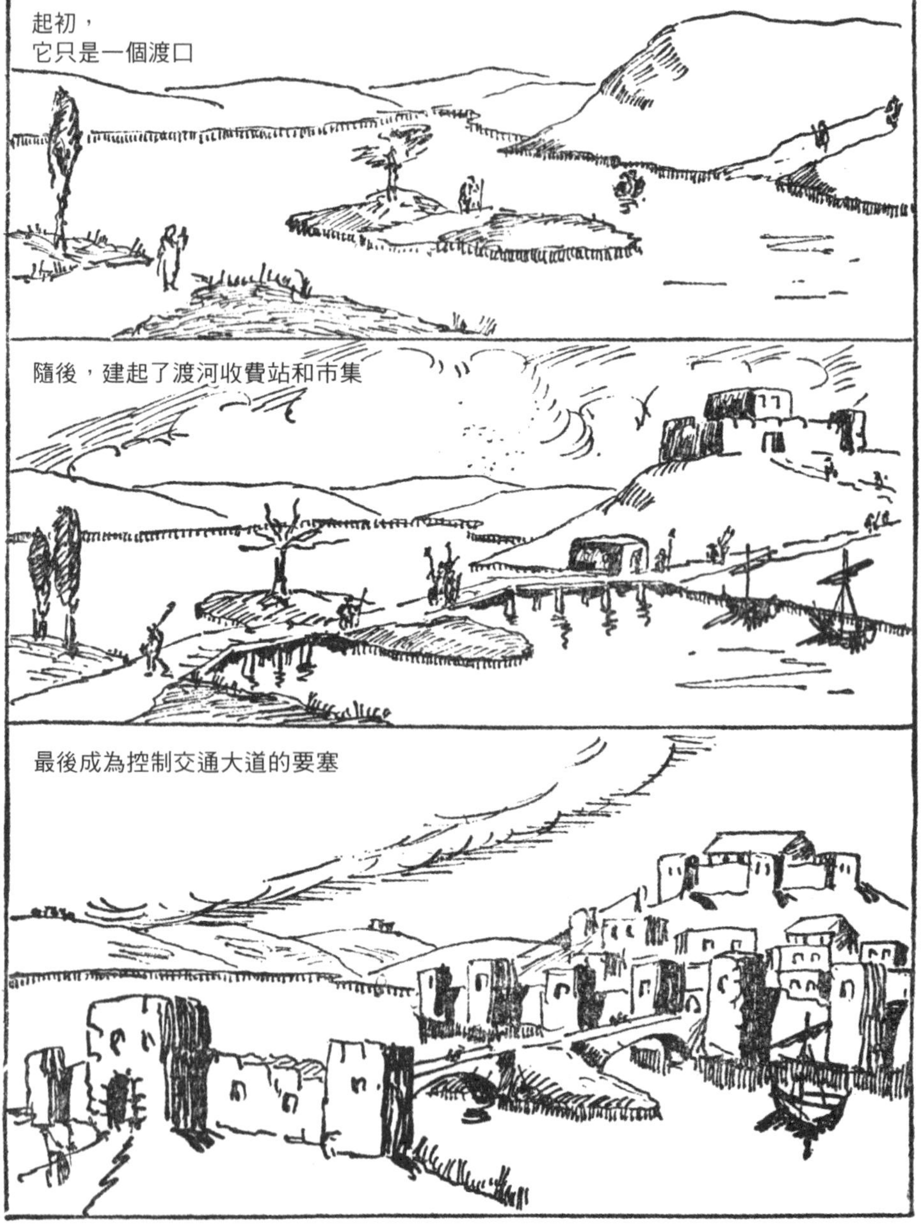
起初，
它只是一個渡口
隨後，建起了渡河收費站和市集
最後成為控制交通大道的要塞

建立了一套體制，讓每個自由的羅馬公民都有機會參與自己城鎮的公共事務。

此後，羅馬人比希臘人擁有一項更大的優勢，他們不靠繁多的議論雄辯來處理國家政務。他們也不像希臘人那麼有想像力，偏好以行動代替空談。他們太了解群眾（multitude，拉丁文是plebe，是自由公民的總稱）的傾向是，把寶貴的時間浪費在喋喋不休的討論上。因此，他們把管理城市運作的實際工作交給了兩位「執政官」，這兩人由一群年長者組成的議會——稱為「元老院」（Senate，源自拉丁文senex，意思是老年人）——來輔佐施政。基於習慣和實際利益考量，元老院的議員都是從貴族中選出來的，但是他們的權力會受到嚴格的限制。

貧富之間的衝突曾迫使希臘人採用德拉古和梭倫制定的法律，羅馬有段時間也有相同的問題。這場衝突發生在西元前五世紀，結果自由人爭取到了一部成文法典，藉由設立「護民官」來保護他們對抗貴族法官的專制獨裁。這些護民官是從自由人當中投票選出來的城市長官，他們有權保護每一個公民來對抗政府官員的不公正的行動。執政官握有判處死刑的大權，但是如果沒有充分確鑿的證據，護民官也可干涉判決，挽救那個可憐傢伙的性命。

當我使用「羅馬」一詞時，我聽起來說的似乎是那座只有幾千居民的小城。事實上，羅馬真正的力量蘊藏在她城牆外的廣大區域裡。正是在治理這些外部的省分上，羅馬早早展現出她作為殖民強權的驚人天賦。

羅馬在很早的時候就是義大利中部唯一擁有堅固防衛的城市，它也總是為其他遭到攻擊危險的拉丁部族提供一個周到的避難所。這些拉丁鄰居也認識到，和這樣一個強大的朋友緊密結盟有很多好處，因此他們盡力找出一個可以和羅馬達成攻防同盟的基礎。其他民族，比如埃及人、巴比倫人、腓尼基人，甚至希臘人，都會堅持要那些「野蠻部族」簽訂臣服的條約，但是羅馬人沒做這樣的事。他們會給「外邦人」一個機會，成為這個「共和國」或「共同體」的合夥人。

「你想加入我們，」他們說：「很好，那就來加入吧。我們會像對待一個完全合格的羅馬公民一樣對待你。而我們對你的期待是，無論何時，只要有需要，你必須為我們的城市——也就是我們共同的母親——而戰，以此作為這份特權的回報。」

「外邦人」很感謝羅馬的這份慷慨，並以堅定不渝的忠誠來表明自己的感激。

無論何時，一座古希臘城邦遭到攻擊時，城中的外國居民都會盡力逃跑，越快越好。他們憑什麼要保衛一個對自己沒有任何意義的暫時居住的房子？況且，只有按時給希臘人繳交各種費用，他們才不會被趕出城去。但是，當敵人兵臨羅馬城下，所有的拉丁部族都會趕來保衛她。這是他們的母親面臨了危險。這是他們真正的「家園」，即使他們居住在一兩百英里之外，這輩子從來沒見過這些神聖山丘上的城牆。

沒有任何挫敗和災難能夠改變這種情懷。西元前四世紀初，野蠻的高盧人（Gauls）強行攻入義大利，在阿利亞河（River Allia）附近擊敗了羅馬軍隊，向羅馬城進軍。他們占領了羅馬，然後期待羅馬人前來求和。他們等了又等，卻絲毫不見動靜。沒有多久，高盧人就發現自己被包圍在一群懷有敵意的人當中，連補給都不可能取得。七個月之後，飢餓迫使他們退兵了。羅馬平等對待「外國人」的政策被證明極為成功，而羅馬也變得比之前更為強大。

這段對羅馬早期歷史的簡短描述，讓你看見羅馬對於健康國家的理念，和在迦太基城具體呈現出來的古代世界，兩者之間有何等巨大的差異。羅馬人仰賴的是一群「平等公民」之間愉快又誠懇的合作關係。迦太基人依循的是埃及和西亞的範例，堅持「屬民」必須無條件（因此也是心不甘情不願）的順服，當要求失敗時，他們就雇請傭兵來為自己打仗。

現在，你可以明白，為什麼迦太基會對這個聰明又強大的敵人感到害怕，為什麼迦太基的財閥政體樂於挑起爭端，讓他們可以及早消滅這個危險的敵手，以免事情太遲。

不過，身為優秀商人的迦太基人，深知凡事欲速則不達的道理。他們向羅馬人提議，在地圖上以各自的城市為中心畫出一個圓形的、屬於自己的「勢力範圍」，並承諾互不侵犯對方的利益。這項協定迅速達成，也同樣迅速遭到毀棄。因為，雙方都認為自己應該派兵進駐西西里島，該島土壤肥沃，但該島差勁的政府體制招來了外國勢力的介入。

隨之而來的，是所謂的第一次布匿戰爭[4]（Punic War），前後持續了二十四年。這場仗先在海上開打，起初看似富有經驗的迦太基海軍會擊敗新成立的羅馬艦隊。迦太基人依照自古沿襲的戰術，他們的戰船若不是猛力撞擊敵船，就是大膽從側翼猛攻，折斷對方的船槳，再用弓箭和火球殺死無助敵船上的士兵。但是，羅馬的工程師發明了一種攜帶接舷踏板的新船，讓羅馬的步兵利用它衝上敵艦。於是，迦太基的勝利瞬間劃上句點。在米拉戰役（battle of Mylae）中，迦太基的艦隊遭到慘敗。迦太基人被迫求和，西西里島變成了羅馬版圖的一部分。

二十三年之後，新的爭端又起。羅馬（為了取得銅礦）占領了薩丁尼亞島。迦太基（為了取得白銀）占領了整個西班牙南部地區。這讓迦太基直接與羅馬為鄰。羅馬人一點也不喜歡這種情況，他們下令軍隊翻越庇里牛斯山，監視迦太基的軍隊。

敵對雙方爆發第二次衝突的舞臺已經備好。希臘的殖民地再次成為開戰的藉口。迦太基人

4 布匿戰爭是古羅馬和古迦太基之間的三次戰爭，名字來自當時羅馬對迦太基的稱呼 Punicus（布匿庫斯）。

羅馬的戰船

圍攻了西班牙東海岸的薩貢托城（Saguntum），薩貢特人（Saguntians）向羅馬求援，而羅馬也一如既往願意伸出援手。元老院承諾派出拉丁軍隊相助，但是組織遠征軍花了一些時間，在此期間，薩貢托已被迦太基攻下並摧毀。這是直接違反羅馬意願的挑釁。元老院決定開戰。他們派出一支羅馬軍橫渡阿非利加海，登陸迦太基本土。第二支羅馬軍負責牽制占領西班牙的迦太基軍隊，防止他們馳援家鄉。這是個絕佳的作戰計畫，人人都在期待大獲全勝。但是，諸神有別的打算。

西元前二一八年的秋天，要攻擊在西班牙的迦太基軍隊的羅馬軍團，離開了義大利。眾人每天引頸期待己方輕鬆大獲全勝的消息傳來，不料，有一則可怕的傳聞開始在波河平原（plain of the Po）散布開來。野蠻的山地居民在恐懼中顫抖著嘴唇說，有成千上萬黑皮膚的人，帶著「每一隻都巨大如房屋」的奇怪野獸，突然出現在冰雪覆蓋、古老的古格瑞安隘口（Graian pass）上，幾千年前，海克力斯（Hercules）在從西班牙前往希臘的途中，曾經趕著巨人革律翁的牛穿過這個隘口。不久，襤褸骯髒的難民開始源源不絕地出現在羅馬的城門口，給傳聞帶來了更多完整的細節。哈米爾卡（Hamilcar）的兒子漢尼拔（Hannibal）率領五萬步兵、九千騎兵和三十七頭戰象，越過了庇里牛斯山。他在隆河河畔擊敗了西庇阿（Scipio）將軍率領的羅馬軍隊，又率領自己的軍隊安然越過阿爾卑斯山，儘管那時已經是十月，山間道路覆滿了厚厚的冰雪。接著他和高盧人會師，連袂擊敗了正要渡過特雷比亞河（Trebia）的第二支羅馬軍隊，然後包圍了北方重鎮普拉森提亞（Placentia），這座城鎮是羅馬通往北方阿爾卑斯山區各省的羅馬大道的終點站。

元老院對此十分震驚，卻一如既往地鎮定，壓下這一連串戰敗的消息，同時再派出兩支生力軍去阻擋入侵者。漢尼拔用兵如神，在沿著特拉西梅諾湖（Trasimene Lake）湖畔的窄道上奇襲了這支羅馬軍隊，殺了所有的羅馬軍官和大部分的士兵。這一回，羅馬人真正感到恐慌了，但是元老院力持鎮定，組織了第三支軍隊，任命昆圖斯．費邊．馬克沁斯（Quintus Fabius Maximus）為統帥，同時授予他可以採取任何行動的權力，只要那是「拯救國家所必須的」。

費邊知道自己必須非常小心，以免滿盤皆輸。他手下這群剛招募來，沒有受過良好訓練的新兵，已是羅馬最後可用的兵力，他們不是漢尼拔那批身經百戰的老兵的對手。因此，費邊拒絕正面作戰，但緊跟著漢尼拔的隊伍，毀壞所經之地的糧食和道路，襲擊敵人的小分隊，藉由最惱人、最討厭的遊擊戰術，一步步削弱迦太基軍隊的士氣。

但是，這樣的戰術無法滿足躲在羅馬城牆後方那群驚恐的百姓。他們要「展開行動」。費

漢尼拔率領軍隊越過阿爾卑斯山

邊必須有所交代，而且要快。這時有個名叫瓦羅[5]（Varro）的群眾英雄，在城裡四處演說，誇耀自己比那個慢吞吞的「拖延者」老費邊更會打仗，並在群眾的歡呼擁護下，當上了羅馬軍隊的總指揮官。西元前二一六年的坎尼會戰（battle of Cannae），他遭受了羅馬歷史上最慘重的敗戰，超過七萬羅馬將士被殺。漢尼拔成為整個義大利的主宰。

漢尼拔領軍踏遍了整個義大利半島，宣稱自己是「羅馬之軛的解救者」，並要求各個行省加入他的陣營，向母城發動戰爭。羅馬的統治智慧再一次結出了高貴的果實。除了卡普亞（Capua）和敘拉古之外，所有的羅馬城市依舊保持忠誠。「解救者」漢尼拔發現，自己雖然號稱是這些人的朋友，對方卻不領情。他離家太遠，也不喜歡眼前的情勢。他派遣使者回迦太基，請求物資補給和增加兵力。遺憾的是，迦太基也無法伸出援手。

羅馬人的船艦因為有接舷踏板，因此成了海上霸主。漢尼拔只能盡力自救。他繼續不斷擊敗前來對抗他的羅馬軍隊，但他自己的兵力也在急遽減少，而義大利的平民百姓對這位自封的「解救者」都敬而遠之。

經過多年接連不斷的勝利之後，漢尼拔發現自己深陷在這個他剛征服的國家裡。有段時間，運氣似乎扭轉了。他弟弟哈斯德魯拔（Hasdrubal）打贏了在西班牙的羅馬軍隊，越過了阿爾卑斯山前來援助漢尼拔。哈斯德魯拔派信使前往南方告知兄長他的到來，並要求漢尼拔派

5 蓋烏斯．特雷恩蒂烏斯．瓦羅（Gaius Terentius Varro），古羅馬政治活動家和統帥。曾於西元前二一八年任裁判官，而後於西元前二一六年任執政官。當時正是第二次布匿克戰爭的高潮時期，瓦羅堅持要主動出擊擊敗漢尼拔，因此羅馬徵召了一隻史無前例的龐大軍隊，約八萬七千人，在義大利南部的坎尼和漢尼拔展開會戰。由於在戰術素養上與漢尼拔存在較大差距，瓦羅和保盧斯（Lucius Aemilius Paullus）指揮的羅馬軍隊遭到了慘敗。

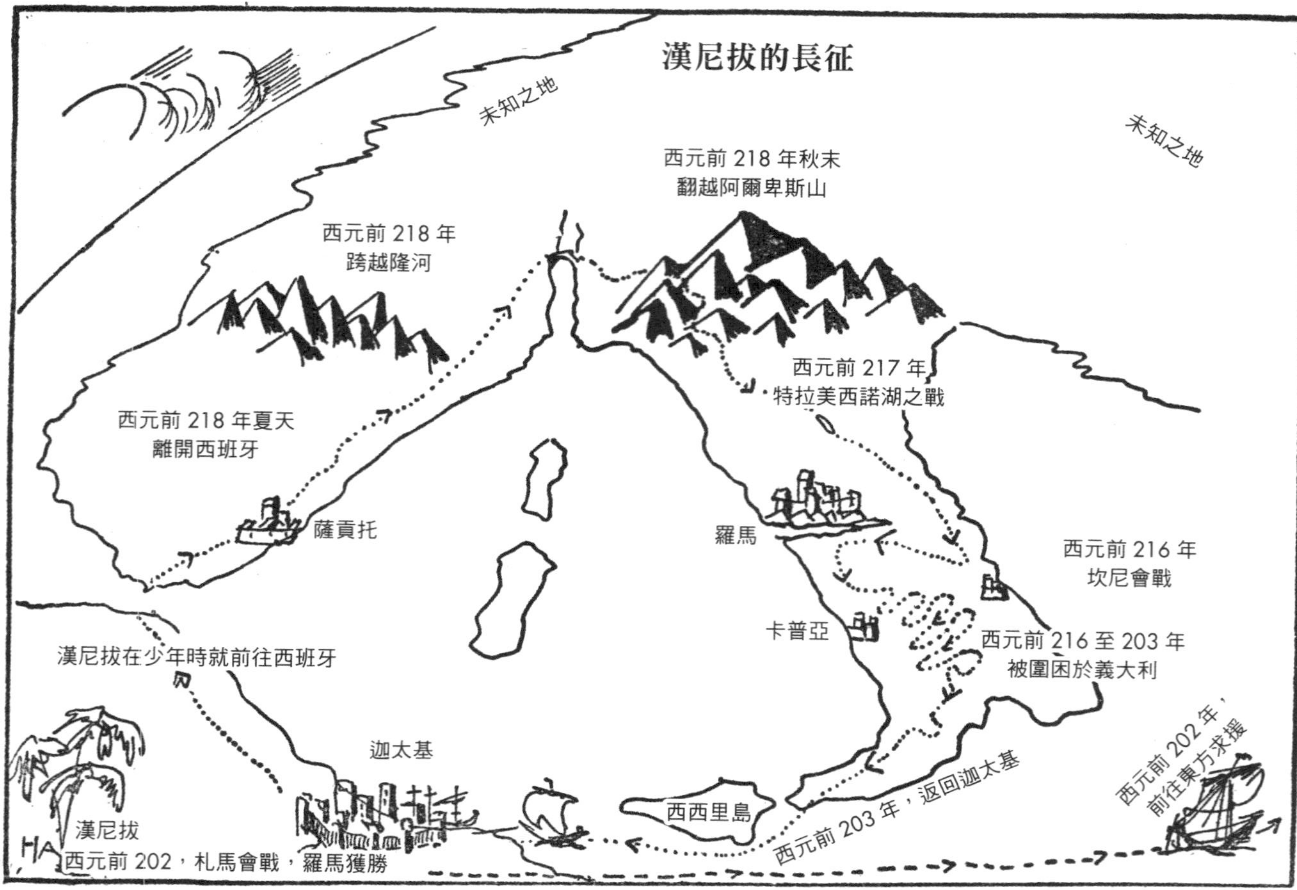
漢尼拔的長征
未知之地
未知之地
西元前 218 年秋末
翻越阿爾卑斯山
西元前 218 年
跨越隆河
西元前 217 年
特拉美西諾湖之戰
西元前 218 年夏天
離開西班牙
薩貢托
羅馬
西元前 216 年
坎尼會戰
卡普亞
西元前 216 至 203 年
被圍困於義大利
漢尼拔在少年時就前往西班牙
迦太基
西西里島
西元前 203 年，返回迦太基
西元前 202 年，
前往東方求援
漢尼拔
西元前 202，札馬會戰，羅馬獲勝
HA

漢尼拔之死

一支軍隊在台伯河平原上接應他。不幸的是，這些信使全落入了羅馬人手裡，漢尼拔對進一步消息的等候全然落空了。直到他弟弟的頭顱被妥妥裝在一個籃子裡滾進他的營帳，他才知道迦太基的最後一支援軍已經全軍覆沒。

除掉哈斯德魯拔的援軍之後，年輕的帕布流斯·西庇阿（Publius Scipio）輕易奪回了西班牙，四年之後，羅馬已經準備好對迦太基發動最後的攻擊。漢尼拔被召回迦太基，他渡過阿非利加海回到家鄉，並盡力為家鄉組織防禦事工。西元前二〇二年，札馬一役，迦太基戰敗。漢尼拔逃到了泰爾城，又從該處前往小亞細亞，煽動敘利亞人和馬其頓人起來對抗羅馬，但是收效甚微。然而他在這些小亞細亞的政治勢力當中所做的煽動，給了羅馬人藉口，將戰爭拉到了東方的疆域，從而併吞了愛琴海世界的大部分地區。

漢尼拔成了一個無家可歸的亡命之徒，被迫從一個城市流亡到另一個城市，他終於知道自己的雄心壯志已經走到頭了。他心愛的迦太基城已經毀於戰火，還被迫簽訂了苛刻的和約。迦太基的海軍船艦被鑿沉，並且沒有羅馬的同意，不許對任何人開戰。迦太基必須永無止盡地付給羅馬巨額的賠款。未來的人生已經沒有希望了。西元前一九〇年，漢尼拔仰藥自盡了。

四十年後，羅馬人對迦太基發動最後一場戰爭。這個舊日的腓尼基殖民地的居民，頑強抵抗這個新共和國，苦撐了三年。最後，飢餓迫使他們投降。少數在圍城中存活下來的男男女女全被賣為奴隸。羅馬人放火焚城，倉庫、宮殿、大型武器庫，整座城市陷入一片火海，大火整整燒了兩個星期。然後羅馬人對這座焦黑的廢墟發下可怕的詛咒，之後大軍才返回義大利享受他們獲得的勝利。

接下來一千年，地中海一直掌握在歐洲人手裡，是一個歐洲的海。但是，羅馬帝國一衰亡，亞洲馬上再次嘗試占領這個被陸地包圍的大海。等我告訴你穆罕默德的故事時，你就知道了。

23 羅馬的崛起

羅馬是如何崛起的？

羅馬帝國的出現是個偶然。沒有人刻意規劃，它就這麼「產生了」。沒有著名的將軍、政治家或者梟雄挺身而出說：「各位朋友，羅馬人，公民們，我們必須建立一個帝國。來跟隨我，我們一起征服從海克力斯之門[1]到托魯斯山脈[2]的所有地區。」

羅馬出過一些著名的將軍，還有同樣卓越的政治家和梟雄，羅馬的軍隊在世界各地打過仗。但是羅馬帝國的誕生，並非事先計畫好的。普通的羅馬公民都是務實的人，他不喜歡探討什麼政治理念。每當有人開始高談闊論「羅馬帝國應該向東擴張等等」之類的話題，他會馬上轉身離開那個廣場。羅馬人繼續占領越來越多的土地，是因為形勢所迫，不得不如此。羅馬人的擴張並不是出於野心或貪婪，無論是天性還是意願，他都是個只想待在家裡的農夫。但是，當他遭到攻擊，他就不得不起來應戰。當有敵人渡海前往遙遠的異國尋求援助，那麼，有耐性的羅馬人會不辭艱苦和乏味，跋涉千里去擊敗這個危險的敵人。當戰爭打完之後，他們會留下

---

1 海克力斯之門（Gates of Hercules），意指直布羅陀海峽。

2 托魯斯山脈（Mount Taurus）是土耳其中南部主要山脈，位於安納托利亞高原邊緣。

來治理新征服的區域，以免這些地方落入四處遊蕩的野蠻人手中，又對羅馬的安全形成威脅。這聽起來很複雜，但對當時的人來說這是非常單純的事，等一下你就會明白了。

西元前二〇三年，西庇阿率軍渡過阿非利加海，把戰火帶到了非洲。迦太基召回了漢尼拔，但是他手下的傭兵表現得太糟糕，使得漢尼拔在札馬會戰遭到慘敗。正如我在上一章告訴你的，羅馬人要求漢尼拔投降，但是他逃到馬其頓和敘利亞，向兩國的國王討救兵。

這兩個國家的統治者（都是亞歷山大帝國遺留的子民）當時正想遠征埃及，希望能夠瓜分富饒的尼羅河流域。埃及國王聽到風聲，立刻請求羅馬前來支援他。舞臺已就位，一場精彩的陰謀和反擊大戲即將上演。但是，向來缺乏想像力的羅馬人，在大戲好好上演之前就把幕給拉下了。羅馬軍團徹底擊潰了沿用希臘重裝步兵方陣為作戰編隊的馬其頓人。這場戰役發生在西元前一九七年，地點在色

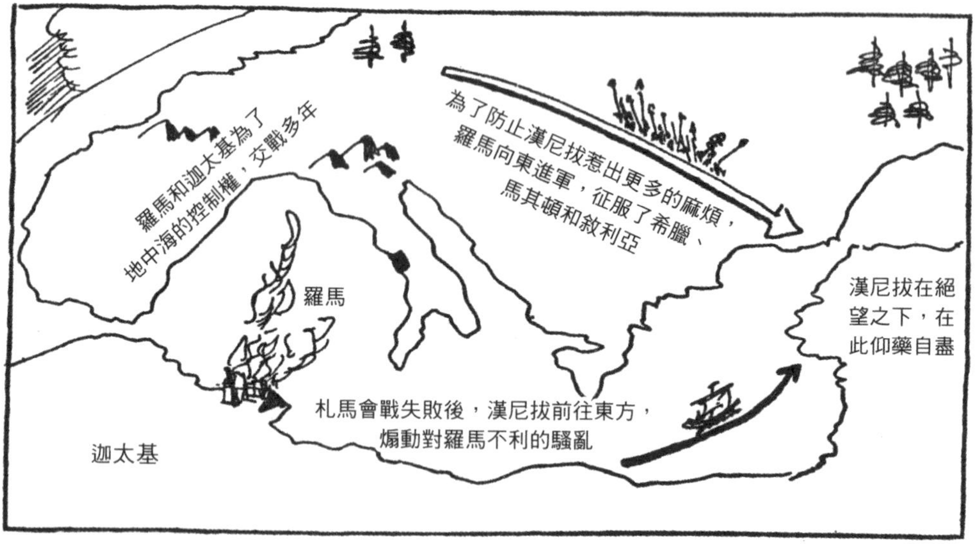
羅馬和迦太基為了
地中海的控制權，交戰多年
為了防止漢尼拔惹出更多的麻煩，
羅馬向東進軍，征服了希臘、
馬其頓和敘利亞
羅馬
漢尼拔在絕
望之下，在
此仰藥自盡
札馬會戰失敗後，漢尼拔前往東方，
煽動對羅馬不利的騷亂
迦太基

羅馬是如何崛起的

薩利（Thessaly）中部的辛諾塞法利（Cynoscephalae）平原，也稱「狗頭」平原。

接著，羅馬人向南部的阿提卡（Attica）進軍，並通知希臘人，他們來是「要把希臘人從馬其頓人的枷鎖底下解救出來」。多年來處於半奴隸狀態的希臘人，什麼也沒學會，竟然以最不合宜的方式來使用他們剛剛獲得的自由。所有的小城邦就像在過去的好日子裡所做的一樣，又一次開始互相爭吵。羅馬人對這個種族內部愚蠢的爭論既不理解，也不喜歡。儘管內心鄙視，羅馬人對此還是表現出極大的耐心。但是，無休無止的紛爭最後還是讓羅馬人失去了耐心，他們入侵希臘，燒毀了柯林斯城（以此來「激勵其他的希臘人」），並派了一名羅馬總督駐守雅典，統治這個狂暴騷亂

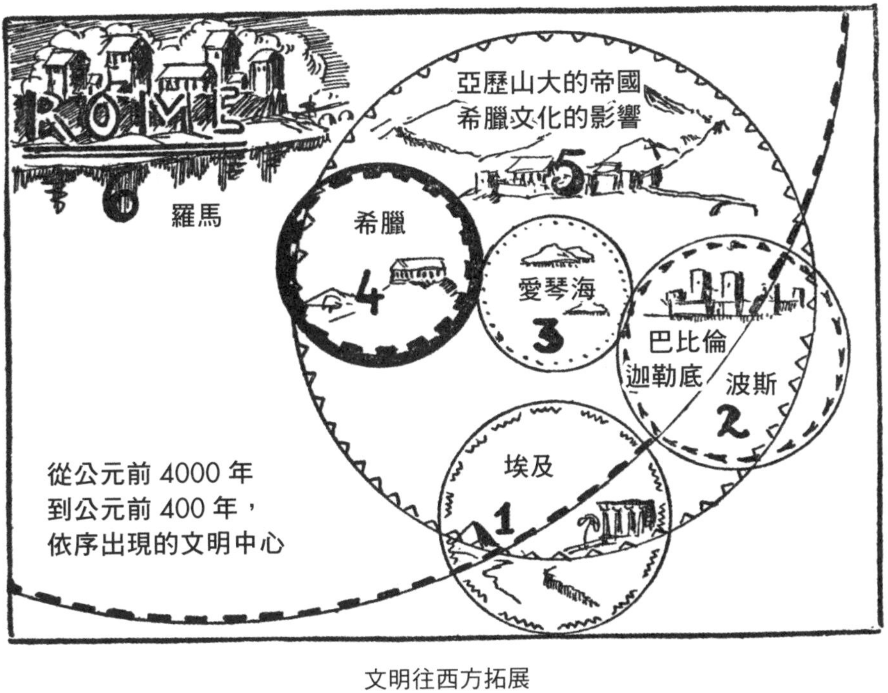

文明往西方拓展

的行省。就這樣，馬其頓和希臘變成了保衛羅馬東部邊境的緩衝區域。

同時，就在赫勒斯蓬特海峽[3]對面的敘利亞王國統治著廣袤的領土，其國王安蒂阿卡斯三世（Antiochus III）將到來的漢尼拔將軍奉為上賓，並對漢尼拔所說的話表現出極大的熱情。漢尼拔向他說明入侵義大利並洗劫羅馬城是一件多麼簡單的事。

於是，羅馬派出盧修斯．西庇阿（Lucius Scipio）前往小亞細亞，他是在札馬戰役中擊敗漢尼拔和迦太基軍隊的西庇阿的弟弟。西元前一九〇年，盧修斯．西庇阿在瑪格尼西亞（Magnesia）附近擊敗了敘利亞國王率領的軍隊。不久之後，安蒂阿卡斯三世被自己的百姓用私刑處死。小亞細亞變成了羅馬的領地，羅馬從一個小城共和國發跡，最終成為環地中海的大部分領土的主人。

3 赫勒斯蓬特海峽（Hellespont），就是現今的達達尼爾海峽。

24 羅馬帝國

羅馬共和國如何在經過幾個世紀的動盪和革命之後，成為一個帝國。

當羅馬軍隊從諸多的勝利中凱旋歸來時，迎接他們的是盛大的慶祝。唉！可嘆的是，這突如其來的榮耀並沒有讓國家和人民更快樂一點。相反的，毫無止盡的戰爭，已經毀掉了那些被迫為建立帝國而辛苦工作的農民。戰爭也把太多的權力交到那些勝利的將軍（並他們私人的朋友）手中，他們以戰爭做藉口，進行大規模的掠奪。

舊時的羅馬共和國以簡樸生活為傲，這種特點也表現在彼時名人的生活中。新共和國卻恥於遵循父祖時代所流行的破舊衣著和崇高的原則。羅馬變成了一個由富人統治、為富人謀利益的富人國家。這樣的國家，注定走向災難性的失敗，現在我就來跟你說說。

羅馬用了不到一百五十年的時間，就成了地中海周圍所有土地的實際主人。在這些早期歷史裡，戰爭中戰敗被俘的人會失去自由變成奴隸。羅馬人把戰爭視為非常嚴肅的事，對被征服的敵人毫無憐憫。迦太基城陷落後，迦太基的婦女、孩童並他們的奴隸，全部一起被賣給羅馬人當奴隸。那些膽敢反抗羅馬權勢的希臘、馬其頓、西班牙和敘利亞的頑固居民，等待他們的是同樣的命運。

兩千年前，奴隸就是機器上的一個零件而已。今天的富人把錢投資在工廠上，羅馬的有錢人（元老院成員、將軍和發戰爭財的人）把錢投資在土地和奴隸身上。土地是他們通過購買或強占那些羅馬新納入的省分而得到的；奴隸是他們在公開市場上買的，什麼時候最便宜就什麼時候去買。西元前三到二世紀，奴隸的供給量十分充足。結果，地主們要自家奴隸拚命勞動，直到奴隸累死在勞動中，地主就去最近的柯林斯或迦太基俘虜販賣點，討價還價買個新奴隸回來。

接著再來看看自由農民的命運！

自由農民盡心盡力為羅馬作戰，毫無怨言地完成自己的義務。但是，當他在十年、十五年或二十年之後返回家鄉，只見自己的田地荒蕪，家庭早已人事全非。但他是個堅強的男人，願意重新開始生活。他播種、栽植並等候收成。然後他將穀物、家禽和家畜帶到市場上去賣，卻發現那些使用奴隸來幹活的大地主可以用比他更低的價錢來出售所有的東西。他苦苦撐了幾年，最後還是絕望地放棄了。他離開鄉村，前往最近的城市謀生。他在城市裡依舊挨餓，就跟在農村裡一樣，只不過，城裡有數千跟他一樣命運悲慘的漂泊的人。他們成天窩在大城市邊緣的骯髒小屋裡，很容易因為可怕的傳染病而患病和死亡。他們全是滿腹牢騷。大家都曾為這個國家打過仗，所獲得的竟是這樣的回報。他們總是願意聆聽演說家們貌似有理的煽動，那些演說家如同許多飢餓的禿鷹，總是盤旋聚集在不滿的群眾附近，他們很快就對國家的安全造成嚴重的威脅。

但是，新興的富人階級對這情形卻聳聳肩說：「我們羅馬是有軍隊和員警的，他們會讓暴民無法作亂。」然後他們躲進自己那些有高牆環繞的舒適別墅裡，在花園中蒔花弄草，閱讀一個名叫荷馬的人寫的詩，有個希臘奴隸剛把他的作品翻譯成非常悅耳的拉丁文六步格的詩。

不過，有少數幾個家族仍然延續著無私為國奉獻的古老傳統。西庇阿．阿非利卡努斯[1]的女兒科內莉亞（Cornelia）嫁給了羅馬貴族格拉古（Gracchus），並且生了兩個兒子，提比略（Tiberius）和蓋約斯（Gaius）。兩個男孩長大後都進入了政治圈，並嘗試發起一場迫切需要的改革。經由人口普查，顯示義大利半島的大部分土地掌握在兩千個貴族家族手中。提比略．格拉古當選為護民官之後，嘗試幫助自由人。他復興了兩部古代法典，限制一個羅馬公民所能擁有的土地面積。他希望以這種方式來復興具有價值的、古老的獨立小農階級。新興富人階級喊他是強盜，是國家的敵人。羅馬街頭不時有暴動。一群暴徒受雇來殺害這位受到人民愛戴的護民官。提比略．格拉古有一天在走進議會時遭到一群暴徒攻擊，被活活打死。十年之後，他弟弟蓋約斯再次嘗試對抗勢力強大的特權階層的要求，進行改革國家的實驗。他通過了一部《貧民法案》，本意是要幫助那些窮困的農民。豈知這部法律最後卻使大部分的羅馬公民淪為職業乞丐。

蓋約斯在帝國偏遠的地區為窮人設立了殖民區，但是這些聚居區對窮人沒有吸引力。就在蓋約斯．格拉古能犯下更多錯誤之前，他也被謀殺了，追隨他的人不是被處死就是遭到流放。最初的這兩位改革者都是貴族紳士，接下去的兩個改革者是另一類人。他們是職業軍人。一個叫馬略（Marius），另一個叫蘇拉（Sulla）。他們都有大批的追隨者。

1 西庇阿．阿非利卡努斯（Scipio Africanus，西元前 235 年－前 183 年）也就是在札馬戰役中擊敗迦太基統帥漢尼拔的大西庇阿。他的全名是：（征服非洲的）普布利烏斯．科爾內利烏斯．西庇阿。阿非利卡努斯是他在札馬戰役獲勝後得到的敬稱，意思是「征服非洲者」。

蘇拉是地主們的領袖。馬略是阿爾卑斯山腳下那場大戰的勝利者，他殲滅了條頓人（Teutons）和辛布萊人（Cimbri），是那些漂泊的自由人所歡迎的英雄。

西元前八八年，從亞洲傳來的一些謠言在羅馬的元老院裡引起極大的不安。據說，位於黑海岸邊的本都[2]國王米特里達梯（Mithridates），因為他母親是希臘人，所以他有可能建立第二個亞歷山大的帝國。他這場征服世界的戰役，從屠殺小亞細亞地區所有的羅馬公民開始，男女老幼一個也不放過。當然，這樣的行動等於宣戰。元老院整備了一支軍隊前去攻打本都國王，懲罰他的罪行。但是，要選誰擔任總指揮呢？元老院說：「選蘇拉，因為他是執政官。」民眾卻說：「選馬略，因為他當過五任執政官，並且他維護我們的權利。」

現任者在法律上占優勢。蘇拉正好是軍隊的實際掌控者，於是由他率軍東征，擊敗了米特里達梯。馬略爭權失敗後逃到了非洲，在那裡等候時機，直到他聽說蘇拉渡海到達了亞洲，他便返回義大利，召集了一批龍蛇混雜的不滿群眾，向羅馬進軍。他領著這幫專業強盜進城，花了五天五夜的時間殺光元老院中的敵人，讓自己當選為執政官，但在兩星期後他因興奮而猝死。

接下來四年，羅馬陷入一片混亂。接著，擊敗米特里達梯的蘇拉宣布他準備好返回羅馬，清算以前的舊帳。他言出必行，連續幾個星期，他的士兵忙於處決那些疑似同情民主政體的羅馬公民。有一天，他們抓住一個經常被看見陪同馬略出入的少年。他們打算把他吊死，但是有人介入說：「這男孩年紀太小了吧。」於是他們放了他。這少年名叫凱撒。你會在下一章看到他的故事。

至於蘇拉，他成了「獨裁官」，意思是他是羅馬一切事物唯一並至高的統治者。他統治羅馬四年，在自己的床上安詳去世。蘇拉在他人生的最後一年裡，也不能免俗，像許多一輩子都在屠殺自己同胞的羅馬人一樣，細心照顧著他所種植的包心菜。

但是，蘇拉死後情況並未好轉，反而越來越壞。另一個將軍，蘇拉的密友格奈烏斯・龐培再次領軍東征，討伐一直麻煩不斷的米特里達梯。他將那個充滿雄心的統治者一路追擊到山嶺中，米特里達梯很清楚成為羅馬的俘虜後，等待他的是什麼樣的命運，於是他服毒自盡了。龐培接著攻下敘利亞，重建羅馬的權威，又摧毀耶路撒冷，橫掃整個西亞地區，試圖重現亞歷山大大帝的神話，最後（在西元前六二年）返回羅馬時，十幾艘船艦上載滿了被他擊敗並俘虜的國王、王子和將軍，他們作為戰利品被迫走在凱旋的遊行隊伍裡，這位極受歡迎的羅馬英雄向他的城市獻上了四千萬元，都是在戰爭中掠奪來的。

羅馬政府必須交在一位強人手中，這已是情勢所需。就在幾個月前，羅馬差點落入一個一無是處，名叫喀提林（Catiline）的年輕貴族手中，這人賭博輸光了家產，想要搞點事情搶些錢來彌補自己的損失。有個熱心公眾事務的律師西塞羅（Cicero）察覺了喀提林的陰謀，向元老院示警，喀提林被迫逃亡。但是，還有其他年輕人也抱持著類似的野心，政府已經不能再繼續空談而不採取行動了。

於是，龐培組織了一個三人同盟來管理政務，由他擔任這個義務委員會的領導人。凱撒在擔任西班牙總督時已經給自己累積了聲譽，他是三人中的第二號人物。第三位是個重要性不大

2 西元前三〇二年，米特里達梯一世在亞歷山大大帝死後的一片混亂中創建了本都王國（Pontus）。米特里達梯一世是安提柯一世的一位重要波斯部將之子。其後，本都王國由一系列同名國王統治，直至西元前六三年被古羅馬軍事家格奈烏斯・龐培（Gnaeus Pompeius Magnus）攻陷，被吞併為羅馬帝國的一個行省。本都一度是小亞細亞最強大的王國，其疆域囊括黑海東岸的科爾基斯和凡湖一帶的小亞美尼亞。

凱撒西征

的人，名叫克拉蘇（Crassus）。之所以選上他，是因為他太有錢了，他一直是羅馬的戰爭補給承包商。不久，克拉蘇在遠征安息（Parthians）時，因戰爭失利身亡。

至於三人當中能力最好的凱撒，認為自己還需要一點戰功來成為群眾的英雄。因此，他越過阿爾卑斯山，征服了如今稱為法國的那片區域。接著，他建造了一座堅固的木橋跨越萊茵河，侵入野蠻的條頓人的土地。最後，他乘船造訪了英國。如果他不是被迫返回義大利，天知道他會征伐到哪裡才結束。那個時候，他得到消息，龐培被任命為「終身獨裁官」。換句話說，凱撒只能交出自己的權力，列入「退休官員」的名單當中。這主意他一點也不喜歡。他想起自己的人生是從追隨馬略開始的，於是他決定要給元老院並他們的「終身獨裁官」另一個教訓。他率軍渡過分隔高盧省和義大利的盧比孔河[3]（Rubicon River），所到之處人人都把他當作「人民的朋友」來歡迎。凱撒輕而易舉地進入了羅馬城，龐培逃亡到希臘，凱撒緊追不捨，在法薩盧斯（Pharsalus）附近擊敗追隨龐培的部眾。龐培渡過地中海逃到了埃及，但是一上岸就被年輕的托勒密國王派來的人暗殺了。數天之後，凱撒也到了，並發現自己落入了陷阱。埃及人和依舊忠於龐培的羅馬軍隊聯手圍攻他的營地。

幸運之神站在凱撒這一邊。他成功燒毀了埃及人的艦隊。燒船的火星偶然落到了著名的亞歷山大圖書館（就位在水邊）的屋頂上，把圖書館也燒掉了。接著，凱撒反攻埃及軍隊，把他們全趕進了尼羅河，托勒密也落水身亡。凱撒給埃及建立一個新政權，由前國王的姊妹克麗奧佩脫拉繼位。就這時候，凱撒接獲消息，米特里達梯的兒子法納西斯（Pharnaces）已經出兵向羅馬宣戰。凱撒揮軍北上，以五天的時間擊敗了法納西斯，並在他傳回羅馬的勝利捷報中留下著名的句子：「VENI VIDI VICI」，這句拉丁文的意思是「我來，我見，我征服」。他返回埃及，無可救藥地愛上了克麗奧佩脫拉，二人熱戀。西元前四六年，凱撒返回羅馬接掌大權時，克麗奧佩脫拉也隨行。凱撒在四次重大戰役中獲勝，因此他能在四場不同的凱旋遊行中走在最前頭。

然後凱撒來到元老院，報告他這趟冒險的旅程，滿心感激的元老院任命他為「獨裁官」，任期十年。這是致命的一步。

新任獨裁官施行了一些重大的舉措來改革羅馬。他讓自由公民也有可能成為元老院的一員。他也按照羅馬歷史早期的作法，賦予邊遠地區的人民公民權。他還允許「外國人」參政對政府發揮影響力。他對那些早已被某些權貴家族視為私有財產的邊遠行省施行改革。總之，凱

3 西元前四九年一月一日，元老院作出決議，凱撒在高盧總督任滿後（西元前四九年三月一日），必須解散軍隊，如果拒絕，他將被宣布為祖國之敵。這樣，龐培與凱撒之間的關係完全破裂。一月十日，凱撒越過分隔他管轄的高盧與義大利本土之間的盧比孔河，進軍羅馬，從而引發內戰。

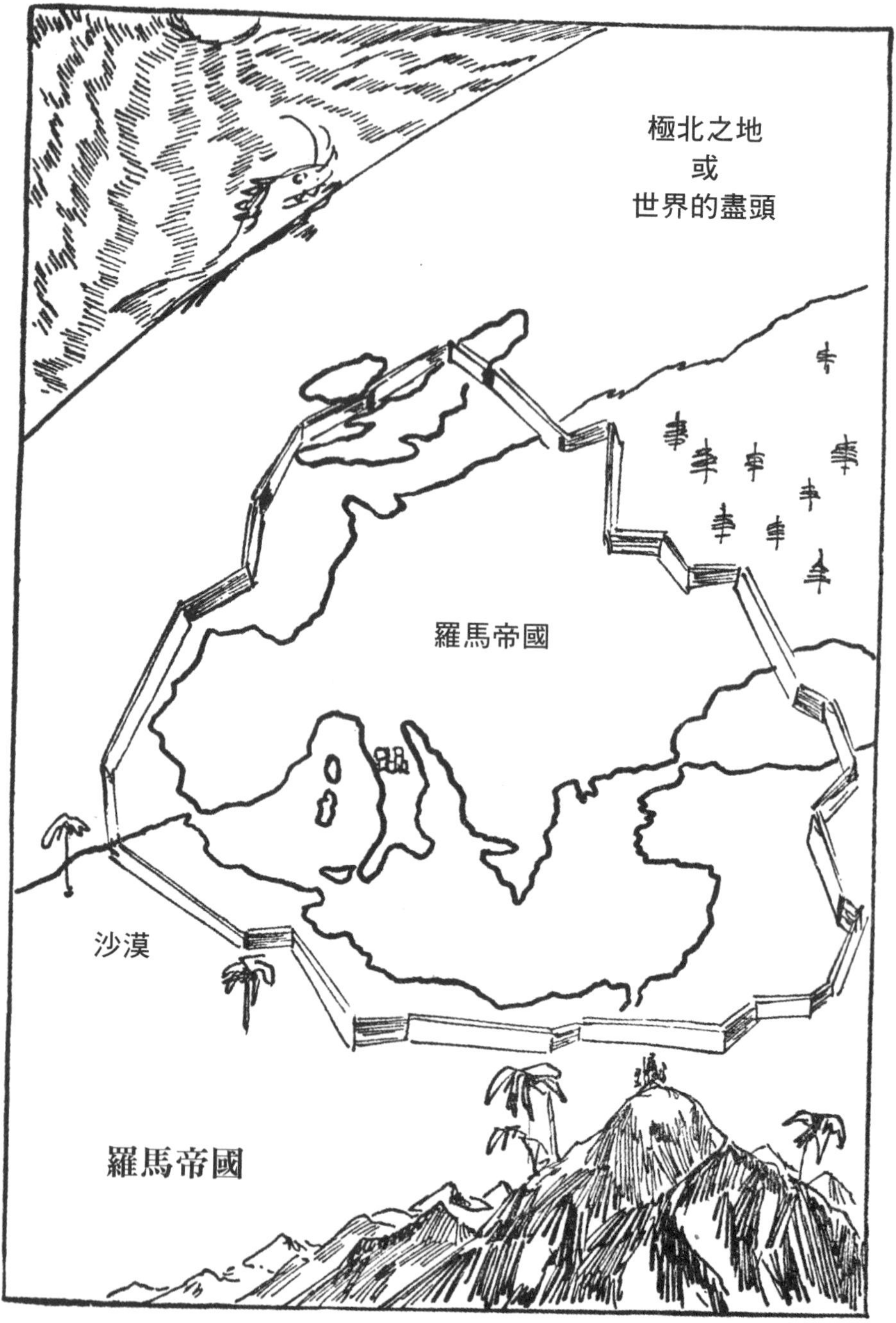

羅馬帝國

撒做了許多對大多數人有利的事，但國內最有勢力的一群人卻因此將他視為眼中釘。有五十來個年輕貴族聯合策劃了一個「拯救共和國」的陰謀，在三月的伊德斯日（Ides，按照凱撒從埃及帶回來的新曆法，是三月十五日），當凱撒走進元老院時，他們一擁而上刺殺了他。羅馬再次陷入無主狀態。

那時有兩個人嘗試延續凱撒的光榮的傳統。一個是他生前的秘書安東尼（Antony），另一個是他的侄孫和繼承人屋大維（Octavian）。屋大維留在羅馬，安東尼前往埃及拉攏克麗奧佩脫拉，但他卻迅速墜入愛河，拜倒在她裙下，這似乎已經成了羅馬將軍的習慣。

安東尼和屋大維之間，終究爆發了戰爭。屋大維在亞克興角（Actium）戰役中擊敗安東尼。安東尼自殺，留下克麗奧佩脫拉獨自面對強敵。克麗奧佩脫拉使盡渾身解數，想讓屋大維成為第三個愛上自己的羅馬將軍。當她發現自己的努力對這位高傲的貴族毫無效果時，她也自殺了。埃及從此變成羅馬的一個行省。

至於屋大維，他是個非常有智慧的年輕人，沒有重蹈凱撒的覆轍。他知道禍從口出，因此回到羅馬後他十分謙遜，謹言慎行。他不想當「獨裁官」，只要稱他為「可敬的人」他就完全滿足了。但是，幾年之後，當元老院授予他奧古斯都（Augustus）——意思是卓越輝煌——的稱號時，他沒有拒絕。又過了幾年，街頭的平民百姓開始稱他凱撒，而習慣將屋大維視為總司令的羅馬士兵，則稱呼他為「領袖」，拉丁文是「Imperator」或「Emperor」（皇帝）。共和國變成了帝國，但是羅馬的平民百姓幾乎毫無所覺。

西元一四年，屋大維作為羅馬人民絕對統治者的地位，已經不可撼動，他已經被人民當作神一樣來崇拜。他的繼任者是真正的「皇帝」——一個有史以來最強大的帝國的絕對統治者。

老實說，一般公民早已厭倦了混亂的無政府狀態。他不在乎誰來統治，只要這個新統治者能讓他安靜過日子，別聽到街頭暴動的喧囂就行。屋大維給了他的臣民四十年和平的歲月。他沒有對外擴張領土的欲望。西元九年，他對居住在歐洲西北荒野的條頓人發動戰爭，但是他的將軍瓦魯斯（Varrus）和所有的士兵在條頓堡森林（Teutoburg Woods）遭遇全軍覆沒的命運。此後，羅馬人再也沒有試圖馴化這些野蠻民族。

羅馬人集中他們的心力在國內重大問題的改革上。但為時已晚，收效甚微。長達兩世紀的國內革命和對外戰爭，已經使年輕世代中最傑出的菁英一而再地死於非命。戰爭也摧毀了自由農民的階級。戰爭給富人帶來了奴隸勞動，自由人根本無法與之競爭。戰爭把城市變成了蜂窩，擠滿了流離失所、貧病交迫的遊民和暴徒。戰爭還滋生出一個龐大的官僚體系——小官員的工資極低，只好被迫收取賄賂來養家糊口。最糟糕的是，戰爭使人民習慣了暴力和流血，看見別人受苦和疼痛，反而產生一種野蠻的愉快和樂趣。

表面上，西元第一世紀的羅馬帝國是一個龐大宏偉的政治結構，大到連亞歷山大的帝國都成為它的一個小行省而已。在這光輝燦爛的外表底下，是成百上千萬貧窮又疲憊的人類，就像在沉重的巨石底下終日辛勞築窩的螞蟻一樣。他們賣命幹活，全是成就某些人的利益。他們吃的是田間牲口吃的粗糧，住的是馬廄，死時毫無希望。

這是羅馬建立後的第七百五十三年，奧古斯都屋大維住在帕拉坦山（Palatine Hill）的王宮中，忙於治理帝國的諸般事務。

在遙遠的敘利亞的一個小村莊裡，木匠約瑟的妻子馬利亞正在悉心照顧她出生在伯利恆馬廄裡的兒子。

這真是個奇怪的世界。

不久之後，王宮之子和馬廄之子將面對面公開爭鬥。

而馬廄之子將取得最終的勝利。

25 拿撒勒人約書亞

這是拿撒勒人約書亞的故事，希臘人稱他耶穌。

羅馬建城第七百八十三年的秋天（現代曆法的西元六二一年），羅馬的內科醫生埃斯庫拉庇俄斯．庫爾特拉斯（Æsculapius Cultellus）寫信給他在敘利亞服兵役的侄子，內容如下：

親愛的侄子，

幾天之前，有人請我去給一個名叫保羅（Paul）的病人開藥。他好像是個猶太裔的羅馬公民，受過良好的教育，十分彬彬有禮。我聽說，他是為了一件法律訴訟案來羅馬的，是在該撒利亞（Caesarea）或某個地中海東部行省的法庭的上訴案。有人對我描述保羅是個「狂野又暴亂」的傢伙，到處演講反對羅馬人民和法律。我發現他非常聰明，也極其誠實。

我有一個曾經隨軍駐紮在小亞細亞的朋友告訴我，他在以弗所（Ephesus）聽過保羅的事，保羅在當地宣揚一個奇特的新上帝。我問我這位病人，這事是否屬實，他是否吩咐人民起來反抗我們敬愛的皇帝的意志？保羅回答我說，他所傳講的王國不是這個世界的王國，他還講了許多我聽不懂的奇怪的言論，不過，這大概是因為他發燒的緣故吧。

他的人格特質給我留下很深的印象，我很遺憾得知，數天前他在奧斯提亞大道上被人殺害了。因此，我給你寫這封信。下次當你造訪耶路撒冷時，盼你幫我打聽一下有關我朋友保羅和那位奇怪的猶太先知的事，那人似乎是他的老師。我們的奴隸對這個所謂的彌賽亞都感到非常興奮，有幾個公開談論這個新王國（無論那到底是什麼意思）的人已經被釘十字架處死。我想知道所有這些謠傳之事的真相。

你熱愛真相的叔叔，

埃斯庫拉庇俄斯・庫爾特拉斯

六個星期後，在高盧第七步兵團擔任上尉的侄子格拉迪烏斯・恩薩（Gladius Ensa）回信了：

親愛的叔叔，

我收到了您的來信，也遵照您的指示去了解情況了。

兩個星期前，我們的軍隊被派到耶路撒冷。上個世紀，這裡發生過幾次革命暴亂，老城區已被破壞得所剩無幾。我們在耶路撒冷駐守了一個月，明天將開拔繼續前往佩特拉，那裡有幾個阿拉伯部族在惹事生非。我趁今晚的空檔寫信回答您的問題，但請別期待我回答得很詳盡。

我已經和這城裡絕大部分的老人談過話，但是很少人能給我明確的資訊。幾天前，有個小販來到營裡，我買了一些他的橄欖油，並問他有沒有聽過那個在年輕時被處死的、著名的彌賽亞。他說他記得非常清楚，因為他父親帶他去了各各他（Golgotha，耶路撒冷城外的一座小山丘）觀看死刑的執行，讓他知道和猶大的人民及律法為敵的下場。他給了我一個名叫約瑟夫的人的住址，說這人是彌賽亞的朋友，並說如果我想知道得更多一點，最好去找約瑟夫。

今天早上我去拜訪了約瑟夫。他相當老了，從前是個在淡水湖捕魚的漁夫。他的記性還很好，我終於從他那裡弄清楚，在我出生之前的那些動盪年月裡，到底發生過什麼事。

當時執政的是我們偉大榮耀的皇帝提比留（Tiberius），一位名叫龐提烏斯·彼拉多（Pontius Pilatus）的人擔任猶大和撒瑪利亞地區的總督。約瑟夫對這位彼拉多所知甚少。彼拉多似乎是個夠誠實的官員，作為這個行省的總督，他留下了不錯的名聲。在羅馬曆七五五還是七五六年（約瑟夫忘記了），彼拉多被召去耶路撒冷處理一個暴動事件。據說，有個年輕人（是個拿撒勒木匠的兒子）在計畫發起一場反對羅馬政府的革命。奇怪的是，我們自己的情報官員向來消息靈通，卻顯然對此事一無所知，當他們調查這件事情時，他們得知這個木匠是個傑出的公民，他們沒有理由逮捕他。根據約瑟夫所言，那些持守猶太信仰的舊習俗的領袖們，對此很不滿意。他們很不喜歡這個木匠在貧苦的希伯來人當中受到擁戴的事。他們對彼拉多說，這個「拿撒勒人」曾經公開宣稱，無論是希臘人、羅馬人，甚至非利士人，只要他努力過一個正直誠實的生活，那麼他就跟天天花時間研讀古代摩西律法的猶太人一樣好。彼拉多似乎不認為這種爭論有什麼大不了的，但是當群眾包圍聖殿，要求用私行處死耶穌和他的追隨者時，彼拉多決定把這個木匠關進牢裡來保住他的性命。

彼拉多顯然不了解這場爭論的真正本質。每次他要那些猶太祭司說明他們的不滿，他們總是高喊「異端」和「叛徒」，並且激動萬分。約瑟夫告訴我，最後彼拉多派人把約書亞（這是那個拿撒勒人的名字，不過，這地區的希臘人都稱呼他耶穌）帶來，由他親自審問。彼拉多和耶穌談了好幾個小時，問他他在加利利海邊傳講些什麼「危險的教義」。耶穌回答說，自己所講論的都跟政治無關。相較於人的身體，他更關心人的靈魂。他希望所有的人都把鄰人當作自己的兄弟，並敬愛獨一的上帝，因祂是眾生之父。

彼拉多對斯多葛學派並其他希臘哲學家的思想似乎很熟悉，他顯然沒在耶穌的言論中發現什麼煽動性的事。就約瑟夫所知，彼拉多再次試圖挽救這位仁慈先知的性命。他一直避開死刑的執行。與此同時，猶太人在祭司的煽動

聖地

下已經群情激憤，陷入了狂暴狀態。此前，耶路撒冷已經發生過許多次暴動，而鄰近能趕來維持秩序的羅馬軍兵寥寥無幾。還有若干報告被送到該撒利亞行省的羅馬當局手中，說彼拉多「受到拿撒勒人的教義的蠱惑」。全城四處發生請願的事，要求召回彼拉多，因為他已經成了羅馬皇帝的敵人。叔叔您也知道，我們派出去的總督，是被嚴禁與當地的百姓公開起衝突的。為了避免當地發生內亂，彼拉多最後犧牲了他的囚犯，而約書亞的行為舉止十分高貴，他原諒了所有憎恨他的人。他在耶路撒冷暴民的鼓噪和嘲笑聲中，被釘上了十字架。

這就是老淚縱橫的約瑟夫告訴我的。我走的時候給了他一個金幣，他拒不肯收，要我把錢拿去給比他更窮的人。我也向他打聽您朋友保羅的事，但他對保羅所知不多。保羅似乎是個織帳篷的工匠，卻放棄了原來的工作，以便四處傳揚一位充滿了愛和饒恕的上帝；這個上帝和一直以來猶太祭司所告訴我們的耶和華很不一樣。後來，保羅顯然在小亞細亞和希臘奔走了許多地方，告訴各地的奴隸，他們都是那位慈愛父親的孩子，無論貧富，只要努力過著誠實正直的生活，幫助那些受苦和悲慘的人，就有幸福在等著他們。

我希望我的回答能讓您滿意。在我看來，這整件事情似乎對國家的安全毫無危害。但是話說回來，我們羅馬人從來無法了解猶大這個行省的百姓。我很遺憾他們殺害了您的朋友保羅。我真希望現在就在家。我始終都是，

您恭順的侄兒

拉迪烏斯・恩薩

26 羅馬的衰亡

羅馬的黃昏。

古代歷史的教科書把西元四七六年定為羅馬帝國滅亡之年，因為最後一位皇帝是在那一年被趕下王位的。不過，羅馬不是一天造成的，它的衰亡也經過了很長的時間。整個過程非常緩慢，是一點一點累積起來的，大部分的羅馬人並不了解他們的舊世界是怎麼走到頭的。他們抱怨時局動盪——食物價格飛漲，勞工工資很低——他們詛咒壟斷糧食、羊毛和金幣的奸商。偶爾，他們會起來反抗貪婪過度的政府官員。但是西元頭四百年的大多數羅馬人，依舊是該吃的吃該喝的喝（只要他們能買得起），該愛的愛該恨的恨（按著他們各自的本性），該去看戲時看戲（當有免費的角鬥士格鬥可看），或待在大城市的貧民窟裡挨餓，完全不知道他們的帝國已經一無是處，注定滅亡的事實。

他們怎麼能意識到這即將來臨的危險？羅馬的外表看起來是如此光鮮亮麗，通往各省的大道平整寬闊，皇家員警積極活躍，對強盜毫不留情。邊境防守嚴密，擋下野蠻部族的入侵，他們似乎已經占據了歐洲北方的荒蕪之地。全世界都向雄偉的羅馬城上貢，有一群才智之士不分晝夜地工作，要解決過去的錯誤，重返共和國早期的幸福情況。

但是，正如我在前一章所告訴你的，導致羅馬帝國腐朽的根本原因沒有去除，改革也就不可能成功。

羅馬從始至終都是一個像古希臘的雅典和科林斯那樣的城邦國家。它有能力統治義大利半島。但是羅馬要做整個文明世界的統治者，在政治上既不可能，也持續不了。她的年輕人在沒完沒了的戰爭中死於非命。她的農民被長年的兵役和賦稅給毀了，他們如果不是變成乞丐，就是被富有的地主雇用，成為以勞動換取食宿的「農奴」，這些不幸的人既不是奴隸也不是自由人，他們就像許多的牲口和樹木一樣，已經成為自己所勞作的那片土地的一部分。

帝國、國家成為一切。普通公民淪落到一文不值。至於奴隸，他們聽信了保羅所傳講的，接受了拿撒勒的謙卑木匠所傳的信息。他們沒有起來反抗主人。相反的，他們被教導要溫柔謙卑，順服他們的主人。但是他們已經對這世間萬事失去了興趣，因為這世界已被證明是個悲慘的居所。他們願意打美好的仗，使自己或許可以進入天國。但是他們不願意為一個野心勃勃的皇帝的利益去打仗，皇帝總渴望藉由向外國發動戰爭——無論去攻打的是帕提亞人、努米底亞人還是蘇格蘭人——來求得自己的榮耀。

因此，隨著時間流逝，情況變得越來越糟。最初的幾位皇帝還保持著傳統的「領導」模式，授權各部族的領導人控管自己的百姓。但是，第二和第三世紀的皇帝都是職業軍人出身的「兵營皇帝」，要靠他們的護衛，也就是所謂的「禁衛軍」來保住他們的性命和政權。他們以嚇人的速度更替著，一路靠暗殺來登上皇帝的寶座，而他們的篡位者只要有了足夠的錢來買通那些護衛，隨即上演新一輪的背叛。

與此同時，野蠻人已經開始在北方邊界叩關襲擊。由於羅馬人已經沒有任何自己的軍隊能夠抵抗蠻族的南下，所以只好雇用外國傭兵來對抗入侵者。不過，一旦這個外國士兵發現他面對的敵人跟自己是同一血緣，他在戰場上與敵交鋒時就傾向於放水。最後，羅馬嘗試讓少數部族在帝國境內定居下來。其他部族看見這情況，也紛紛接踵而至。不久，這些部族就開始痛苦抱怨羅馬的課稅官員貪得無厭，拿走了他們最後的一毛錢。當他們的抱怨未獲重視，他們便群起湧向羅馬，大聲要求統治者正視他們的呼聲。

這讓羅馬皇帝感覺住起來非常得不舒服。君士坦丁（Constantine，三二三至三三七年在位）開始另尋新都。他選擇了歐亞之間的通商門戶拜占庭，把城市重新命名為君士坦丁堡，將整個宮廷遷到東邊來。當君士坦丁去世後，他的兩個兒子為了更有效率地治理國政，遂將帝國一分為二。哥哥住在羅馬，統治帝國的西半部。弟弟留在君士坦丁堡，統治東半部。

到了第四世紀，可怕的匈奴人來犯；這支源自亞洲，騎馬的神祕民族，在歐洲北部遊蕩了超過兩個世紀，所經之處無不血流成河，直到西元四五一年，才在法國馬恩河畔的夏隆（Châlons-sur-Marne）被徹底擊敗。匈奴人一抵達多瑙河，就開始壓迫哥

野蠻人侵襲過後的羅馬城

德人（Goths）。哥德人為了生存，不得不入侵羅馬。羅馬皇帝瓦倫斯（Valens）試圖抵禦他們，卻在西元三七八年戰死在亞特里亞堡（Adrianople）。二十二年後，同樣這群西哥德人在國王阿拉里克（Alaric）的率領下，向西進軍攻擊了羅馬。他們沒有大肆劫掠，只破壞了少數幾個宮殿。接著來犯的是汪達爾人（Vandals），他們對羅馬城悠久可敬的傳統毫不尊重。接著來的是勃艮第人（Burgundians）、東哥德人、阿勒曼尼人（Alemanni）和法蘭克人。這樣的入侵沒完沒了。最後，任何野心勃勃的強盜只要能召聚幾個黨羽，都可以侵入羅馬劫掠一番。

西元四〇二年，西羅馬皇帝逃到了一座防禦堅固的海港城市拉韋納（Ravenna）。西元四七五年，日爾曼雇傭軍團的指揮官奧多亞薩（Odoacer）打算瓜分義大利的土地，於是他溫和但有效地逼迫西羅馬的最後一任皇帝羅慕路斯．奧古斯都（Romulus Augustulus）下臺，然後宣布自己是羅馬的最高統治者。東羅馬的皇帝由於自顧不暇，只得承認奧多亞薩的統治權；奧多亞薩統治西羅馬帝國的殘餘各省有十年之久。

數年之後，東哥德國王狄奧多里克（Theodoric）入侵新成立的王國，攻占了拉韋納，在奧多亞薩的餐桌旁殺了他，然後在西羅馬帝國的廢墟上建立了哥德王國。這個王國並未持續很久。西元六世紀，一支由倫巴底人、撒克遜人（Saxons）、斯拉夫人和阿瓦爾人（Avars）混雜組成的軍隊入侵了義大利，毀滅了哥德王國，然後建立了一個以帕維亞（Pavia）為首都的國家。

最後，這座帝國城市陷入了全然的荒敗和絕望。古老的宮殿反覆遭到洗劫。學校被焚毀。教師被餓死。有錢人被趕出別墅，現在裡面住的是渾身惡臭、披頭散髮的野蠻人。羅馬大道和橋梁全部年久失修損壞了，商業全部停頓。文明——這個由埃及人、巴比倫人、希臘人和羅馬

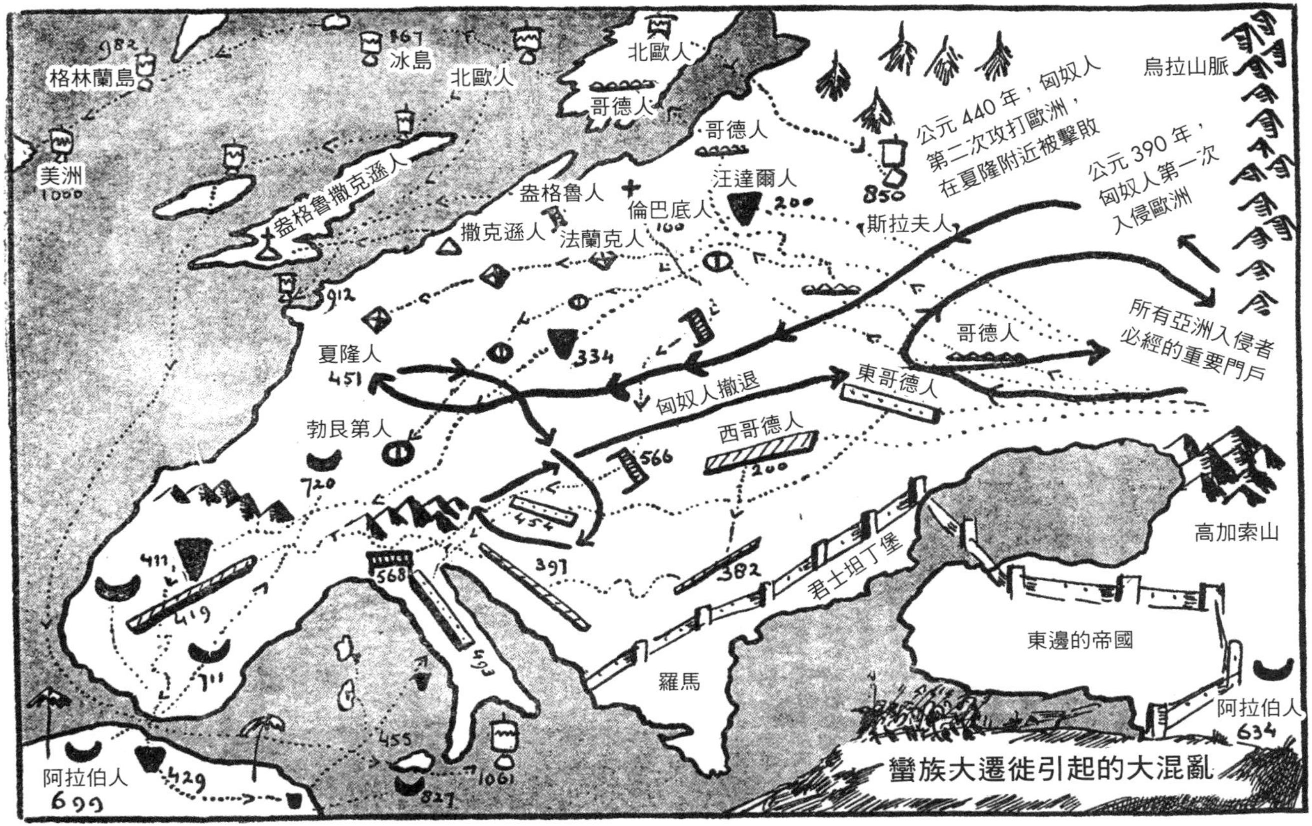

格林蘭島
982
冰島
867
北歐人
美洲
1000
盎格魯撒克遜人
北歐人
哥德人
哥德人
盎格魯人
撒克遜人
倫巴底人
100
法蘭克人
汪達爾人
200
850
斯拉夫人
公元 440 年，匈奴人
第二次攻打歐洲，
在夏隆附近被擊敗
公元 390 年，
匈奴人第一次
入侵歐洲
烏拉山脈
912
夏隆人
451
334
哥德人
所有亞洲入侵者
必經的重要門戶
匈奴人撤退
東哥德人
勃艮第人
西哥德人
566
200
720
454
411
568
397
382
君士坦丁堡
高加索山
419
711
493
東邊的帝國
羅馬
阿拉伯人
634
455
阿拉伯人
699
429
827
1061
蠻族大遷徙引起的大混亂

蠻族入侵

人歷經數千年辛苦付出所建立的，把人類抬高到遠超過他們的老祖宗所能夢想之境地的產物，面臨了即將在西部大陸消失的兇險。

沒錯，在遙遠的東方，君士坦丁堡作為東羅馬帝國的中心還持續了一千年之久。但它很難被算成是歐洲大陸的一部分。它感興趣的是東方，並開始忘記了自己的西方源頭。漸漸地，希臘文取代了羅馬語，羅馬的字母表被拋棄了，羅馬的法律用希臘文寫成，由希臘法官來詮釋。皇帝成了亞洲式的專制君主，受到百姓膜拜的情況，就像三千年前尼羅河谷的人民把底比斯國王當作神來崇拜一樣。當拜占庭教會的傳教士想要尋找新的傳教區域時，他們是往東走，將拜占庭的文明帶到了俄羅斯的廣闊荒野中。

至於西邊，就留給野蠻人處置了。大約有十二代人之久，殺戮、戰爭、縱火、劫掠已經成為日常規則。只有一件事，獨獨這件事，挽救了歐洲沒有徹底毀滅，沒有回到人類與野獸相爭的穴居時代。

那就是教會。一群謙卑的男男女女，數百年來一直表明他們是跟隨拿撒勒木匠耶穌的信徒。耶穌被處死，是因為偉大的羅馬帝國想省掉一場敘利亞邊境一個小城發生街頭暴動的麻煩。

27 教會的興起

羅馬是怎麼成為基督教世界的中心的？

羅馬帝國治下的一般知識份子，對先祖們所崇拜的神祇都不感興趣。他一年會去幾次神廟，但只是出於對習俗的尊重。當人們舉行莊嚴的遊行來慶祝宗教慶典的時候，他會耐心旁觀，但是心裡認為崇拜朱比特、密涅瓦（Minerva）和尼普頓（Neptune）這種事很幼稚，是共和國早期遺留下來的陋習，完全不適合一個精熟斯多葛學派、伊比鳩魯學派和其他偉大雅典哲學家著作的人。

這種態度讓羅馬人變得非常寬容。政府堅持所有的人——羅馬人、外國人、希臘人、巴比倫人、猶太人——都要在自己的神廟裡擺上羅馬皇帝的肖像（就像美國的郵局裡掛著美國總統的肖像），並以外在行為表示對皇帝的尊敬。但這就是走個形式，沒有任何更深的意義。一般來說，每個人都可以敬仰、崇拜和熱愛自己喜歡的神祇，而結果就是，羅馬城裡充滿了各種奇怪的小廟和會堂，供奉著來自埃及、非洲和亞洲的各路神靈。

當耶穌的第一批門徒來到羅馬，開始宣講他們世人皆是兄弟的新教義時，沒有遭遇任何反對。街上的人紛紛駐足聆聽，身為世界首都的羅馬，一直以來都充斥著周遊各地的傳道者，各自傳講自己的「奧祕之道」。大多數這些自封的傳教士都是訴諸感性——承諾只要相信他們所傳的神祇，信徒就可以獲得榮華富貴和無盡的歡愉。不久，大街上的人就注意到，這些所謂的基督徒（信從基督的人，而基督的意思是「受過膏油塗抹儀式的人」），所說的東西很不一樣。他們顯然不關注財富和地位，卻頌揚貧窮、謙卑和溫順的美好。羅馬能成為世界之主，絕對不是靠這些美德。在羅馬由如日中天的盛世中，告訴眾人世俗成功不能給他們帶來永久的幸福，這樣的「奧祕之道」聽起來很有意思。

此外，基督教的奧祕之道的傳道人還說，誰要是拒絕聆聽這位真神的話，等待在他們前方的命運將十分可怕。寧信其有不信其無。當然，古羅馬諸神還在，但是，他們是否足夠強大到，能保護他們的老朋友對抗從遙遠的亞洲來到歐洲的這位新神祇呢？人們開始起疑。他們回去聆聽這個新教義更進一步的闡釋。一段時間之後，他們開始和這些傳講耶穌的話的男男女女會面，並發現這些人跟他們所認識的一般羅馬祭司很不一樣。他們全都窮得可怕。他們對奴隸和動物很仁慈。他們一點也不想致富，反而把僅有的施捨給更窮的人。他們身體力行的無私生活，推動許多羅馬人拋棄了原有的信仰，加入各個基督教的小群體，在私人住宅的小房間裡或郊野的某處聚會，那些神廟再也沒人去了。

一年年過去，基督徒的人數持續增加。信徒選出長老或牧師（Presbyter，希臘原文的意思是「長者」）來守護這些小教會的財物。一個省再選出一名主教來作為所有教會的領導人。跟隨保羅來到羅馬的彼得，就是羅馬的第一任主教。隨著日後的發展，彼得的繼任者（被稱為「父親」或「爸爸」）成了眾所周知的教宗。

教會成為羅馬帝國內一個握有強大權力的機構。基督教教義吸引那些對世界絕望的人，同時也吸引許多有能力卻無法在帝國的政府中獲得職務的人，這些人可以在拿撒勒教師的謙卑信徒中，施展他們領導的天賦。終於，國家不得不關注了。羅馬帝國（正如我先前所言）因為對宗教漠不關心，所以很寬容，它允許每個人以自己的方式尋求救贖。但它也堅持所有不同的宗教保持和平相處，遵守「自己活也讓別人活」的原則。

然而，基督教社群卻拒絕任何形式的寬容和妥協。他們公開宣稱，他們的上帝，唯獨他們的上帝，才是天地的真正主宰，所有其他的神祇都是冒名頂替的騙子。這種說法對其他宗教顯然不公平，羅馬當局不得不制止這種說法，但是基督徒毫不讓步。

不久，進一步的爭議產生了。基督徒拒絕在形式上對皇帝表示尊崇、效忠。他們還拒絕接受徵召入伍當兵。羅馬的官員威脅要懲罰他們，基督徒卻回答說，這個悲慘的世界只不過是最終天堂樂園的等候室，他們樂於為自己的信仰付出生命。羅馬人對這樣的舉措相當困惑，有時候他們會處死那些違反法規的人，但多數時候不會做到這一步。在教會成立的最早期，羅馬民間確實有用私刑對付基督徒的，但那是部分暴民所為，他們拿各種自己能想到的罪行來指控那些溫順的基督徒鄰居（比如殺嬰和吃嬰、散播疾病和瘟疫、在危急時刻背叛國家等等），因為暴民知道基督徒不會反擊，所以這麼做不會給自己帶來傷害或危險。

與此同時，羅馬繼續遭到蠻族的入侵，當羅馬的軍隊敗下陣來時，基督教的傳教士卻挺身而上，向野蠻的條頓族傳講和平的福音。這些傳教士都是身心強壯，不畏死亡之輩。他們傳講拒不悔改的罪人將來有什麼下場。條頓人深深受到震撼，他們仍對羅馬古城的智慧深懷敬意。來的這些人是羅馬人，他們說的或許是真的。不久，基督徒傳教士在條頓人和法蘭克人這些蠻族聚居的地區，變得很有影響力。五六個傳教士能抵得上一整個羅馬軍團的士兵。羅馬皇帝開始明白，基督徒對他們可能大有用處。在某些行省當中，基督徒獲得了跟那些維持自己舊信仰的人同等的權利。不過，巨大的改變是發生在西元四世紀的下半葉。

當時的皇帝是君士坦丁，有時候他被稱為君士坦丁大帝（天知道為什麼這麼稱呼他）。他是個糟透了的惡棍，但是，在那個嚴酷的戰爭時代，品行馴良的人很難活下來。在漫長又詭譎的政治生涯裡，君士坦丁經歷了許多的起起落落。有一次，在他快要被敵人擊敗時，他想到了每個人都在談論的那個亞洲新神祇的力量，他決定試一試。他允諾說，如果自己在即將來臨的戰役中獲勝，他就信教成為基督徒。他贏了戰事，因此，他相信了基督教上帝的力量，並接受了洗禮。

從那一刻開始，基督教的教會獲得了官方的承認，這也大大增強了這個新宗教的地位。

不過，基督徒在羅馬的全部人口中仍是非常少數（不超過五％或六％），為了要贏，他

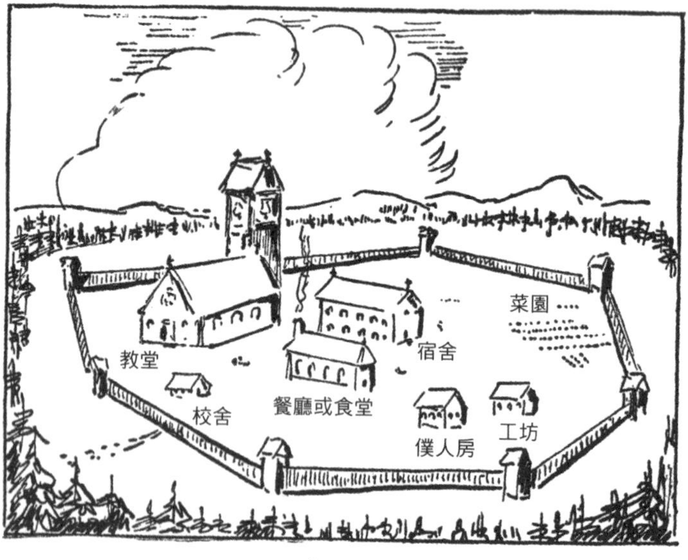

修道院

們不得不拒絕所有的妥協。舊有的神祇必須摧毀。有一小段時間，熱愛古希臘智慧的皇帝朱利安（Julian）努力挽救異教的神祇不要遭到進一步摧毀，但是朱利安在征討波斯的戰爭中受傷身亡，繼任者朱維安（Jovian）又重新扶植教會，盛況空前。古老的神廟紛紛關門大吉。接著，皇帝查士丁尼（Justinian）繼位後，在君士坦丁堡修建了聖索菲亞大教堂，並且關閉了柏拉圖在雅典創立的哲學院。

那個允許人按照自己的欲望去思考自己所想的，夢想自己所嚮往之事的古希臘世界，就這樣結束了。哲學家們所提的那些有點模糊的行為準則，在有序的世界被野蠻和無知的大洪水掃蕩過後，已經不能為生命之舟指引方向了。人們需要某種更積極、更明確的東西。教會提供了這樣的東西。

在一個萬事都無法確定的時代，教會屹立如磐石，絕不從那些真理和神聖的原則上退卻。這種堅決的勇氣贏得了群眾的欽佩和讚美，也帶領羅馬教會安然度過羅馬帝國衰亡時所面臨的各種艱難。

不過，基督教信仰能取得最後勝利，也帶有一定的幸運因素。狄奧多里克所建立的羅馬－哥德王國在第五世紀瓦解後，義大利就比較少受到外來蠻族的入侵了。在哥德人之後來的倫巴人、撒克遜人和斯拉夫人，都是實力弱又落後的部族。在這種環境下，羅馬的主教們才可能維持自己城市的獨立地位。不久，分散在半島上的帝國殘留的領地，都承認羅馬大公（或主教）是他們政治和精神上的統治者。

歷史的舞臺已經準備就緒，只等待一位強人到來。他名叫格利高里（Gregory），在西元五九〇年登場。他出身古羅馬的統治階級，曾經擔任羅馬城的市長。隨後，他成為修士，再當

哥德人來了

上主教，最後，儘管他不願意（他想當傳教士，到英格蘭向異教徒傳講基督教），還是被拉進聖彼得大教堂當上了教宗。他擔任教宗十四年，到他去世時，整個西歐的基督教世界已經正式承認羅馬的主教，也就是教宗，是全體教會之首。

不過，教宗的權力並未及於東方。在君士坦丁堡，東羅馬帝國依舊遵循著古老的習俗，承認奧古斯都和提比留的繼任者（東羅馬皇帝），既是政府的領袖，也是國教的領袖（大祭司）。西元一四五三年，土耳其人攻陷了東羅馬帝國，占領了君士坦丁堡，將東羅馬帝國的最後一位皇帝君士坦丁．帕利奧洛格（Constantine Paleologue）殺死在聖索菲亞大教堂的臺階上。

在東羅馬帝國滅亡之前數年，帕利奧洛格的兄弟托瑪斯（Thomas）將女兒柔依（Zoe）嫁給了俄羅斯的伊凡三世（Ivan III）。從此之後，莫斯科的歷代大公便順理成章成為君士坦丁堡的繼承人。古拜占庭的雙鷹標誌（紀念羅馬分為東西兩半）也成了現代俄羅斯的軍徽。原本僅是俄羅斯首席貴族的大公，搖身一變成了沙皇，認定自己崇高和尊貴如羅馬皇帝，在他面前的所有臣僕，無論地位高低，都是無足輕重的奴隸。

俄羅斯的宮殿重新改裝成東方風格，那是東羅馬帝國的皇帝從亞洲和埃及引進的，（他們自以為）是仿照亞歷山大大帝的宮殿的風格。俄羅斯世界未曾料到，垂死的拜占庭帝國留給它的這份奇特遺產，繼續在俄羅斯這片廣袤的平原中又存活了六個世紀。最後一位頭戴君士坦丁堡雙鷹王冠的人，是沙皇尼古拉（Tsar Nicholas），不久前才遭到殺害[1]。他的遺體被拋進井裡，他的兒子和女兒全部遇害。他所握有的古老君權和特權一併遭到廢除，教會被貶回君士坦丁時代之前在羅馬所處的那種地位。

不過，西邊教會的發展截然不同，在下一章我們會看到，當一位阿拉伯的駱駝商人提出足以匹敵的教義，整個基督教世界將面臨毀滅性的威脅。

1　沙皇尼古拉二世死於一九一七年，《人類的故事》是一九二一年出版；所以，房龍寫到這裡的時候，沙皇尼古拉二世確實剛死不久。

28 穆罕默德

駱駝商人阿哈默德成為阿拉伯沙漠的先知，為了獨一的真神安拉能獲得更大的榮耀，他的追隨者幾乎征服了整個世界。

自迦太基和漢尼拔的時代之後，我們再沒提及閃族。你該記得，古代世界的故事裡，每個章節都充滿了他們的身影。巴比倫人、亞述人、腓尼基人、猶太人、阿拉米爾人和迦勒底人，他們全都是閃族，曾經統治西亞長達三、四千年之久。他們後來被來自東方印歐民族的波斯人，以及來自西方印歐民族的希臘人所征服。亞歷山大大帝死後一百年，迦太基成為閃族腓尼基人的殖民地，他們和印歐民族的羅馬為了爭奪地中海的統治權而連年交戰。迦太基戰敗滅亡之後，接下來八百年，羅馬是世界的主宰。不過，到了第七世紀，另一支閃族登上了歷史的舞臺，挑戰西方的強權。他們就是阿拉伯人，一群和平的牧羊人，在沙漠地帶以遊牧為生，向來沒有流露出任何建立帝國的野心。

後來，他們聽從了穆罕默德的話，騎上戰馬遠征，在不到一百年的時間裡推進到歐洲的心臟地帶，向嚇得要命的法蘭西農夫宣揚榮耀的安拉是「獨一的真主」，而穆罕默德是「獨一真主的先知」。

阿哈默德的故事聽起來就像《一千零一夜》裡的篇章，他是阿布達拉（Abdallah）和阿米娜（Aminah）的兒子（通常被稱為穆罕默德，意思是「他將受到讚美」）。他出生在麥加，是個趕駱駝的人。他似乎患有癲癇症，發作時會暫時失去意識，然後進入奇怪的夢境裡，在夢中聽見天使加百列的聲音，這些話語後來被記述下來，成為《古蘭經》（*Koran*）。駱駝商隊隊長的工作，讓他走遍了阿拉伯，他時常遇到信奉猶太教和基督教的商旅，這使他逐漸意識到，敬拜單一的神是一件好極了的事。他的阿拉伯同胞還在遵循幾千年前祖先所做的，崇拜奇怪的石頭和樹幹。在他們的聖城麥加，就有一間小小的方屋，叫做「天房」（Kaaba），裡面都是拜神用的各種偶像和奇怪的東西。

穆罕默德決定要成為阿拉伯人的摩西。但他不能同時既當先知，又當駱駝商人。於是，他和自己的雇主，富有的寡婦赫蒂徹結婚，讓自己得以經濟獨立。然後，他告訴麥加的鄰人，他是那位人們期盼已久，由安拉派來拯救世界的先知。鄰居聽了全都放聲大笑，當穆罕默德繼續用各種演講來煩擾他們，這些人決定要殺了他。他們認為他是個瘋子，太惹人討厭，不必憐憫他。穆罕默德得知這項密謀，立刻和他最信任的學生阿布·伯克爾（Abu Bekr）一起連夜逃到了麥地那（Medina）。這事發生在西元六二二年，是伊斯蘭

穆罕默德逃亡

教歷史上最重要的年份，被稱為「希吉拉」[1]——「大逃亡」之年。

穆罕默德在自己家鄉時，大家都知道他不過是個駱駝商人，在麥地那沒有人認識他，他發現在這裡宣稱自己是先知比較容易被接受。不久，聚集在他身邊的追隨者越來越多，他們自稱「穆斯林」，就是接受「伊斯蘭」（意思是「順服真主的旨意」）的人，穆罕默德稱讚這是最高的美德。他對麥地那的人民傳教七年。隨後，他認為自己的力量足夠強大，可以去攻打從前自己還是駱駝商人時，那些膽敢嘲笑他並他神聖使命的鄰居。他率領一支由麥地那人組成的軍隊，穿過沙漠，不費多大力氣就攻下了麥加，屠殺了一些居民，他們發現這樣比較容易讓其他人相信穆罕默德真的是個偉大的先知。

從那時開始，一直到他過世，穆罕默德無論做什麼事都非常順利和幸運。

伊斯蘭教的成功有兩個原因。首先，穆罕默德教導信徒的教義非常簡單。信徒被告知，他們必須熱愛安拉，祂是這個世界的統治者，既仁慈又有憐憫。他們必須孝敬父母。與鄰人打交道必須誠實，要以謙卑和仁慈對待窮人和病人。最後，規定他們不可喝烈酒，飲食要節儉。就這樣。伊斯蘭教沒有扮演牧人照顧羊群的牧師，要信徒奉獻財物供養他們日常生活所需。伊斯蘭的教堂，也就是清真寺，只是一個寬闊的石頭大廳，沒有桌椅或神像，信徒可隨意在裡面聚集閱讀和討論聖書《古蘭經》內的章節。不過，一般的伊斯蘭教徒認為他的信仰是與生俱來，從來不覺得確立清真寺的教義和規矩限制了自己的生活。他一天五次面向聖城麥加念誦簡單的祈禱詞。其餘的時間，他以耐心順從安拉安排給他的命運，因為安拉知道怎麼統治世界才是最好的。

當然，這種人生態度不會鼓勵信徒去發明電子機械，或規劃鐵路和輪船的航線。但是它給了每個伊斯蘭教徒某種的滿足感。它讓他心平氣和地對待自己，對待自己所生活的世界，這是一件非常好的事。

第二個原因說明了穆斯林在與基督徒的戰爭中為什麼能夠獲勝，它和那些伊斯蘭戰士的行為有關——他們是為真正的信仰去作戰。先知穆罕默德保證那些和敵人作戰的戰死者，可以直接進入天堂。這使得在戰場上驟然陣亡比在世界上長久而乏味地活著要更好。這也給了伊斯蘭士兵在和十字軍對壘時，心中具有巨大的優勢，十字軍始終害怕死後要面對的黑暗世界，總想死死抓住今生的美好事物，能抓多久就多久。順帶一提，這也解釋了為什麼今日的穆斯林士兵會依舊奮不顧身地向歐洲的機關槍衝過去，毫不在乎等待他們的命運，這也是為什麼他們是如此頑強又危險的敵人。

整頓好宗教上的問題之後，穆罕默德開始享受身為阿拉伯眾多部族公認的統治者的權力。但是，大部分在憂患中崛起的人，經常會毀於成功。穆罕默德試圖贏得富人階級的支持，於是定下好些對富人有利的規定。他允許信徒娶四個妻子。在那個古老的時代，新娘是直接從她父母手中買來的，娶一個妻子已經是十分昂貴的投資，擁有四個妻子肯定非常奢侈，只有那些擁有屬不清的駱駝和椰棗園的大富人家，才負擔得起這種超越想像的貪婪之夢。伊斯蘭教原本是為了生活在廣大沙漠裡吃苦耐勞的獵人而創立的，卻漸漸變成迎合城鎮裡市集裡那些自命不凡的商人的需要。這種遠離初衷的轉變著實令人遺憾，對伊斯蘭教的目標和理想也沒有任何助

1 希吉拉（Hegira），舊譯「徙志」，又譯作「希吉來」、「黑蚩拉」，原意為「出走」、「離開」。後來變成六二二年伊斯蘭先知穆罕默德帶領信眾離開麥加，遷移到麥地那這個事件的簡稱。由於這是伊斯蘭歷史上非常重要的事件，以六二二年作為伊斯蘭教曆的元年，所以伊斯蘭教曆又被稱為「希吉拉曆」或「希吉來歷」。

益。至於先知自己，他繼續傳講安拉的真理，宣告新的規範，直到六三二年六月七日，他因為發燒，驟然辭世。

穆罕默德的繼任者，也就是穆斯林的「哈里發」（Caliph，意思是「領袖」），是他的岳父阿布－伯克爾，也就是早年和穆罕默德患難與共的那個人。阿布－伯克爾在兩年後去世，繼任者是奧瑪爾．賓．阿爾－哈塔布（Omar ibn Al-Khattab）。他在不到十年的時間裡，征服了埃及、波斯、腓尼基、敘利亞和巴勒斯坦，建立了世界上第一個伊斯蘭帝國，並定都於大馬士革。

奧瑪爾的繼任者，是穆罕默德的女兒法提瑪（Fatima）的夫婿阿里（Ali），不過，在一場有關伊斯蘭教義的爭執裡，阿里被殺。阿里死後，伊斯蘭的王權改為世襲，而那些以宗教派別的靈性導師作為生涯起步的信仰領袖，搖身一變成了廣大帝國的統治者。他們在幼發拉底河畔靠近巴比倫遺址的地方，建立了一座新城市，叫做巴格達。他們將阿拉伯牧民組織成騎兵團，派往世界各地，將伊斯蘭信仰的福音傳給所有的非信徒。西元七〇〇年，伊斯蘭將軍泰里克（Tarik）越過了古老的海克力斯之門，來到歐洲這一側的高山上，泰里克將這地方稱為泰里克山，（Gibel-al-tarik），也就是直布羅陀（Gibraltar）。

十一年後，在赫雷斯－德拉弗龍特拉（Xeres de la Frontera）戰役中，他擊敗了西哥德國王，接著，穆斯林的軍隊沿著漢尼拔進軍羅馬的路線北上，越過了庇里牛斯山的隘口。他們擊敗了試圖在波爾多（Bordeaux）附近攔阻他們的阿奎塔尼亞大公（Duke of Aquitania），繼續向巴黎進軍。但是，在七三二年（也就是先知穆罕默德過世一百周年），這支軍隊在一場發生在圖爾（Tours）和普瓦捷（Poitiers）之間的戰役中被擊敗了。那一天，法蘭克人的領袖查理．馬泰爾（Charles Martel，外號「鐵錘查理」）拯救歐洲免於被伊斯蘭征服的命運。查理．馬泰爾將穆斯林逐出法蘭西，但是穆斯林還是在西班牙站穩下來，阿布德－艾爾－拉赫曼（Abd-ar-Rahman）在那裡建立了科爾多瓦王國（Caliphate of Cordova），該王國後來變成歐洲中世紀時最偉大的科學與藝術的中心。

這個摩爾王國延續了七百年之久，之所以這麼稱呼它，是因為這些人來自摩洛哥的毛利塔尼亞（Mauretania）。直到一四九二年，穆斯林在歐洲的最後一座堡壘格拉納達（Granada）淪陷之後，哥倫布才獲得皇家資助，踏上探索的航程。伊斯蘭軍不久之後又重振雄風，在亞洲和非洲征服了許多新的區域。時至今日，穆罕默德的信徒和基督的信徒，在數量上可謂旗鼓相當。

十字架與新月之爭

29 查理曼

法蘭克人的君王查理曼[1]如何取得了皇帝的稱號，並試圖恢復世界帝國這個古老的理想。

普瓦捷戰役將歐洲從伊斯蘭軍隊的手中拯救出來。但是，歐洲內部的大敵依舊存在——隨著羅馬帝國維持秩序的能力消失，緊接而來的是無可救藥的混亂狀態。沒錯，歐洲北部新近皈依基督教信仰的人，對偉大的羅馬主教懷有深深的敬意。但是，這位可憐的主教望向遠方的山脈時，卻沒有獲得任何的安全感。天知道又有哪群新蠻族已經準備好越過阿爾卑斯山，要對羅馬展開新一輪的攻擊。因此，這位世界的精神領袖認為有必要，非常有必要，找到一位有利劍和強拳的盟友，願意在危急時刻為保衛教宗而戰。

於是，不但非常聖潔，同時也非常務實的歷任教宗，開始環顧四周找尋朋友，並很快就看上了最有前途的日爾曼部族，發出邀請。這支部族在羅馬帝國垮了之後，一直占據著歐洲的西北部。他們被稱為法蘭克人。他們早期有位國王叫墨羅維西（Merovech），曾在四五一年的加泰羅尼亞（Catalaunian）平原的戰役中，幫助羅馬人擊敗了匈奴。他的後裔建立了墨羅溫王朝（Merovingians），持續蠶食帝國的領土，直到四八六年，國王克洛維斯（Clovis，古法文中的「路易」）認為自己的實力強大到足以公開打擊羅馬。不過他的子孫卻都軟弱無能，把國家事務全都交給首相，或稱「宮相」，也就是「宮廷長」去管。

矮子丕平（Pepin the Short）的父親，是著名的查理．馬泰爾，丕平繼承了父親「宮廷長」的職位，卻不知道該怎麼處理眼前的情況。他的國王醉心於基督教神學的鑽研，對政事毫無興趣。丕平尋求教宗的建議。教宗是個務實的人，回答說：「一個國家的權力，屬於實際擁有它的人。」丕平聽懂了這話的弦外之音。他說服墨羅溫王朝的最後一位國王齊爾德里克（Childeric）退位，去修道院當修士，然後他在其他日爾曼首領的承認下，自己登上了王位。但是，這並未滿足精明的丕平。他想要當的，不只是一個蠻族的首領而已。他精心策劃了一個加冕儀式，並請歐洲西北部地區最偉大的傳教士博尼費斯（Boniface）來為他加冕，讓他成為「蒙上帝恩許的國王」。把「上帝恩許」這幾個字塞入加冕典禮很容易，但是後人卻花了一千五百年的時間才把它拿掉。

丕平對教會這次友好的幫助，衷心感激。他兩次遠征義大利，幫助教宗對抗敵人。從倫巴底人手中奪下拉維納和好幾個其他城市，將它們獻給神聖的教宗。教宗將這些新領土併入教皇國[2]，直到半個世紀前它還是一個獨立的國家。

丕平死後，羅馬和繼任法蘭克國王之間的關係越來越熱絡。當時法蘭克國王沒有正式的宮殿，總是帶著他的大臣和宮廷官員在亞琛（Aix-la-Chapelle）、奈美根（Nymwegen）或因格

1 Charlemagne，「查理曼大帝」是錯誤的譯法，magne 本身已含有「大帝」的意思。

2 教皇國（Papal State）又譯為教宗國，是南歐一個已經不存在的國家，位於亞平寧半島中部，是由羅馬教宗統治的世俗領地。一八六一年，教皇國的絕大部分領土被併入撒丁王國，即後來的義大利王國。一八七〇年，羅馬城也被併入義大利王國，教皇國領土退縮至梵蒂岡。教皇庇護十一世（Pope Pius XI）時期，時任義大利首相墨索里尼在一九二九年與羅馬教廷樞機主教加斯帕里（Pietro Gasparri）簽訂《拉特蘭條約》（Lateran Treaty），羅馬教廷正式承認教皇國滅亡，由梵蒂岡城國取而代之。

爾海姆（Ingelheim）這些城鎮中來來去去。最後，教宗和國王跨出了對歐洲歷史影響最深遠的一步。

西元七六八年，查理一世——俗稱卡洛斯大帝（Carolus Magnus）或查理曼——繼承了丕平的王位。他征服了撒克遜人在日爾曼東部的領土，並在整個歐洲北部到處興建城鎮和修道院。他還回應阿布－艾爾－拉赫曼（Abd-ar-Rahman）的敵人的請求，入侵西班牙，攻打摩爾人。但是，他在庇里牛斯山區遭到野蠻的巴斯克人（Basques）的襲擊，被迫撤退。在這時候，布列塔尼侯爵羅蘭（Roland）挺身而出，展現早期法蘭克部族首領發誓效忠國王時所該做的，犧牲自己和忠心部屬的性命，保護皇家軍隊的撤退。

不過，西元八世紀的最後十年裡，查理不得不全心投入歐洲南方的事務。教宗利奧三世（Leo III）遭到一幫羅馬暴徒的襲擊，被丟在街上等死。有一些好心人幫他包紮傷口，協助他逃到查理的軍營求援。法蘭克的軍隊迅速平亂，將利奧三世護送回拉特蘭宮（Lateran Palace），那是從君士坦丁的時代開始，歷任教宗的住家。那是西元七九九年的十二月。隔年的耶誕節，還留在羅馬的查理曼出席了歷史悠久的聖彼得大教堂的禮拜。當他祈禱完畢起身，教宗將一頂王冠戴在他頭上，並稱他為羅馬皇帝，再次用「奧古斯都」這個已經數百年沒聽到的稱號來向他歡呼。

歐洲北部再次成為羅馬帝國的一部分，但是，這回王位坐的是一個勉強認識幾個大字，但不會寫字的日爾曼部族首領。不過，他能征善戰，帝國恢復了一陣子的秩序，就連對手——君士坦丁堡的東羅馬帝國皇帝，都送了一封信來，稱他是「我親愛的兄弟」。

不幸的是，這位了不起的老人在西元八一四年去世了。他的幾個兒孫立刻開始為爭得帝國

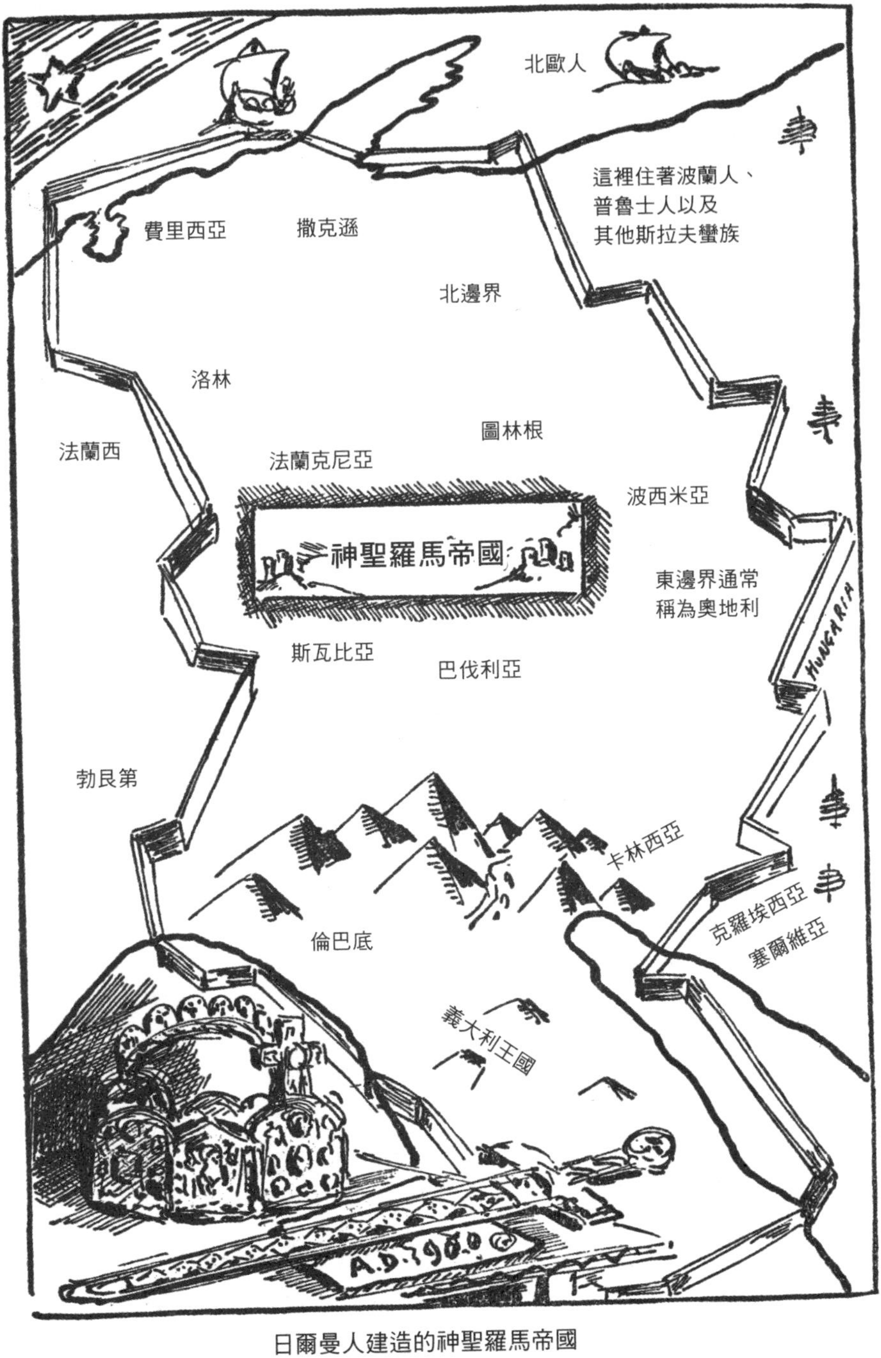

日爾曼人建造的神聖羅馬帝國

最大份額的遺產開戰。經由八三四年的《凡爾登條約》（Verdun）和八七〇年默茲河畔的《默爾森條約》（Mersen-on-the-Meuse），卡羅林王朝的領土兩次遭到瓜分。後一條條約把整個法蘭克王國一分為二，禿頭查理得到了西半部，涵蓋了古羅馬時期的高盧行省，當地居民的語言已經徹底羅馬化了。法蘭克人很快就學會這種語言，這說明了一個奇怪的事實，就是法蘭西這樣純粹的日爾曼領土，竟然說的是拉丁文。

查理曼的另一個孫子得到了東半部，涵蓋了羅馬人稱為「日爾曼尼亞」（Germania）的地方。這片蠻荒之地從來不是舊羅馬帝國的一部分。第一位奧古斯都曾經試圖征服這片「遠東地區」，但是在西元九年，他的軍隊在條頓堡森林一役中全軍覆沒，因此，當地的人從來沒有受到比他們更高的羅馬文明的影響。他們說通俗的日爾曼語。條頓語中的「people」（人民）念做「thiot」，於是基督教的傳教士把日爾曼語叫做「lingua theotisca」或「lingua teutisca」，意思是「大眾方言」或「條頓人的語言」。而「teutisca」這個字又演變成「Deutsch」，也就是「德意志」（Deutschland）這個名稱的由來。

至於著名的帝國皇冠，很快就從卡羅林王朝繼承者的頭上滑了下來，滾回了義大利平原，在那裡變成一群小國王的玩物。他們從屠殺和流血當中輪流盜得皇冠，將它戴在頭上（無論教宗同不同意），直到它被另一個更具野心的鄰邦盜走為止。教宗再次遭到敵人包圍，並向北方求援。但他這次不是向西法蘭克王國的統治者求助，他的使者越過了阿爾卑斯山，向山後不同的日爾曼部族中，公認最偉大的部族首領撒克遜親王奧托（Otto）求助。

奧托和他的族人一樣，都熱愛義大利半島上的藍天和歡樂又俊俏的人民，因此，他迅速率兵馳援。教皇利奧三世為了回報他的效勞，便封奧托為「皇帝」。於是，從前查理曼王國的東

使者越過阿爾卑斯山

半部也成為「日爾曼民族的神聖羅馬帝國」。

這個奇怪的政治產物設法活了八百九十三歲的高齡。西元一八〇一年（湯瑪斯·傑佛遜就任美國總統的那一年），它才被以最無禮的方式掃進了歷史的垃圾堆裡。摧毀這個老邁的日爾曼帝國的野蠻傢伙，是科西嘉島（Corsican）上一個公證人的兒子，在他為法蘭西共和國效勞的時間裡，創造了非凡的職業生涯。靠著他手下那支威名赫赫的「護衛軍」，他成為全歐洲的統治者，不過，他還想要更多。他派人到羅馬請來教宗，讓教宗站在一旁看著這位拿破崙將軍拿起皇冠戴到自己頭上，然後宣稱自己繼承了查理曼的傳統。歷史就像人生。雖然滄海桑田，日光下卻無新事。

30 北歐人

為什麼第十世紀的人會向上帝祈禱，保護他們不受北歐人狂暴的侵略？

西元第三、第四世紀，中歐的日爾曼部族攻破了羅馬帝國的防禦，如此一來，他們或許能劫掠羅馬，並居住在那片富裕的土地上。到了西元第八世紀，輪到日爾曼人成為「被打劫的對象」。他們一點都不喜歡這種情況，即使敵方是他們的表兄弟，是住在丹麥、瑞典和挪威的北歐人。

到底是什麼迫使這些吃苦耐勞的水手變成海盜，我們不知道。但是，他們一旦嘗到海盜生涯的甜頭和樂趣以後，就沒有人能阻止他們了。他們會突然闖入法蘭克人或弗里西亞人（Frisian）位於河口的平靜村莊，殺了所有的男人，擄走所有的婦女。然後駕著他們的快船遠颺，等到國王或皇帝的士兵趕抵現場，強盜早就跑得無影無蹤了，除了幾處冒

北歐的故鄉

北歐人駛向俄羅斯

煙的廢墟，什麼也沒留下。

查理曼死後那段混亂的歲月裡，北歐人的活動變得十分猖獗。他們的船隊襲擊了所有的國家，他們的水手沿著荷蘭、法蘭西、英格蘭和日爾曼的海岸建立了一個個獨立的小型王國，他們甚至設法到達了義大利。北歐人十分聰明，他們很快就學會自己所在當地臣民的語言，並放棄早期維京人（Vikings，意思是海上之王）那種不文明的生活方式。早期的維京人非常獨特，但是也很不衛生，而且十分殘酷。

西元十世紀初，維京人羅洛（Rollo）一次又一次襲擊法蘭西海岸。法蘭西國王軟弱無能，抵禦不了這些北方強盜，遂設法以賄賂的方式要他們「從良向善」。如果海盜保證停止騷擾他其餘的領土，他願意把諾曼第（Normandy）省送給他們。羅洛接受了這項條件，搖身一變成為「諾曼第大公」。

但是，征服的激情在羅洛子孫的血液中依然強大。在海峽彼端，距離歐洲大陸只需幾小時航程的地方，他們看見英格蘭的白色峭壁和青翠原野。可憐的英格蘭已經經歷了許多艱苦的歲月。兩百年來，它一直是羅馬的殖民地。羅馬人離開之後，它被兩支來自石列斯威格

（Schleswig）的日爾曼部族——盎格魯人和撒克遜人征服。接下來是丹麥人，他們占領了英格蘭的大部分地區，建立了克努特（Cnut）王國。到了十一世紀初，丹麥人被趕走，登上王位的是另一個撒克遜國王，懺悔者愛德華。但是愛德華的壽命不長，也沒有子嗣。這整個狀況對野心勃勃的諾曼第大公非常有利。

一〇六六年，愛德華去世。諾曼第的威廉立刻越過海峽，在黑斯廷斯（Hastings）戰役中擊敗繼承王位的威塞克斯國王哈洛德（Harold of Wessex），自封為英格蘭的國王。

我在之前的章節中告訴過你，西元八〇〇年時一個日爾曼首領當上了羅馬帝國的皇帝。現在，在西元一〇六六年，北歐海盜的孫子當上了英格蘭的國王。

當歷史事實如此好玩有趣，我們為什麼還要去讀童話故事呢？

北歐人眺望海的另一邊

北歐人的世界
格陵蘭
西元 850 年
這是北歐人的老家
西元
980 年
冰島
西元 810 年
法羅群島
西元 1000 年
昔德蘭群島
這是北美海岸，在 11 世紀
第一次被歐洲人發現
愛爾蘭
北海
丹麥人住在這裡
倫敦
英格蘭
諾曼第
萊茵河
波羅的海

31 封建制度

三面受敵的中歐如何變成一個大軍營？如果沒有那些職業軍人和行政管理人，歐洲早就毀滅了。

接下來本章要談的，是西元一〇〇〇年時的歐洲，當時大部分的人都很不幸，以致於他們一聽到有先知預言世界末日的來臨，就大表歡迎，並匆忙趕往修道院，以期末日審判降臨時，他們正好是在虔敬地事奉上帝。

不知什麼時候，日爾曼部族離開了他們位在亞洲的家園，向西遷移到了歐洲。靠著人多勢眾，他們強行進入了羅馬帝國，將大帝國的西半部摧毀。不過，帝國的東半部因為不在這場大遷移的主要路線上，因此得以倖存，孱弱地延續古羅馬的光榮傳統。

在接下去那段混亂的年日裡（我們這個紀元的第六和第七世紀，是歷史上真正的「黑暗時代」），日爾曼部族被說服接受了基督教信仰，承認羅馬主教是教宗，是世界的精神領袖。到了第九世紀，才幹卓越的查理曼重振了羅馬帝國，將西歐大部分地區統一成一個國家。這個帝國在第十世紀再度四分五裂。西半部成為單獨一個法蘭西王國。東半部仍是「日爾曼民族的神聖羅馬帝國」，而這個聯邦性質的帝國內各個小邦的統治者，都稱自己是直接繼承了「凱撒」

和「奧古斯都」的人。

遺憾的是，法蘭西國王們的權力連自己皇城的護城河都跨不過去，而神聖羅馬帝國內的皇帝也常遭到強大臣民的公開藐視，無論他們是出於好玩，還是出於自身利益。

西歐的三角地帶（見26章的〈蠻族入侵〉圖）老是受到來自三面的攻擊，給痛苦的老百姓增添更多苦難。這區域的南邊住著向來危險的伊斯蘭教徒。西邊海岸飽受北歐人的蹂躪。東邊邊界除了短短的喀爾巴阡山脈，全無天險可守，只能任憑匈奴人、匈牙利人、斯拉夫人和韃靼人宰割。

羅馬的和平歲月已經是古時候的事了，是只堪緬懷的「美好往昔」，已經一去不返了。如今的情況是「出戰或等死」，很自然的，人們寧可出戰。出於環境的逼迫，歐洲變成一座大軍營，亟需一個強大有力的領導者。國王和皇帝遠在天邊，邊陲地區的人民（西元一〇〇〇年的歐洲，大部分地區都是「邊陲地帶」）必須自救。他們願意服從國王派來治理這些外部地區的代表，只要他們證明自己有能力保護百姓抵禦外敵。

中歐很快就布滿了一個個由公爵、伯爵、男爵或主教統治的小公國，其具體形式視實際情況而定，它們都是組織起來的作戰單位。這些公爵、伯爵和男爵都曾向國王宣誓效忠，國王賜給他們「封地」（feudum，也就是「封建」〔feudal〕一詞的由來）來換取他們的效忠和一定數額的稅金。不過，那個時代交通不便，通信聯繫方式當然也很落後。因此，這些國王或皇帝的代表享有很大的獨立自主權，他們在自己的領地內可以行使一些事實上只屬於國王的特權。

不過，如果你以為十一世紀的人反對這種政治體制，你就錯了。他們支持封建制度，因為它非常實際，又是時勢所需。他們的領主通常住在巨石興建的城堡裡，城堡建在陡峭的岩石山頂上，或建在兩條深深的護城河之間，不過一定會在百姓的視線範圍之內。以防萬一有危險發生，百姓可以在城堡的高牆內尋得庇護。這就是為什麼百姓會儘量住得離城堡越近越好，這也說明了為什麼許多歐洲的城市都是圍繞著一座封建城堡開始發展的。

中世紀早期的騎士不僅僅是職業軍人，他還是當時市民的公務員，是自己社區的法官，是員警的領導。他抓捕強盜，保護遊走各地的小商販，這些商販是十一世紀的大商人。騎士還要照護河流的堤壩，以免鄉村遭到大水淹沒（就像四千年前尼羅河谷出現的第一批貴族所做的）。他鼓勵吟遊詩人從一地遊歷到另一地，講述在遷徙的過程中，那些偉大戰役裡的古代英雄的故事。此外，他還保護自己領地內的教堂和修道院，雖然他不識字不會書寫（彼時懂得讀書寫字會被認為沒有男子氣概），卻會雇請修士來幫他記帳，替公爵領地內的人民登記結婚、出生、死亡等等的紀錄。

到了十五世紀，國王再次強大到足以行使那些原本就屬於他們的權力，因為他們是「上帝授權的國王」。於是，封建時代的騎士失去了他們之前的獨立地位，淪為各地的鄉紳，不再符合時代的需要，並很快變成令人討厭的傢伙。然而，如果黑暗時代沒有「封建制度」，歐洲早就滅亡了。當時有許多壞騎士，就像今天有許多壞人，但總的來說，十二和和十三世紀那些比拳頭硬的領主，也是非常勤勉的行政官員，為社會的進步做出了最有用的貢獻。那把曾經照亮埃及、希臘和羅馬世界的學術和藝術的高貴火炬，在那個時代猶如風中殘燭。如果沒有騎士並他們的好朋友：修士，文明之火將會完全熄滅，人類將會被迫回到穴居時代，重新來過。

32 騎士

騎士制度。

中世紀這些職業戰士，為了彼此共同的利益和保護，很自然會嘗試建立某種形式的組織。出於這種組織的需求，騎士制度和騎士精神誕生了。

關於騎士制度的起源，我們所知甚少。但是，隨著制度的發展，它給了當時世界迫切需要的東西——一種明確的行為準則，這準則使當時的野蠻習俗得以緩和，並使歷時五百年的黑暗時代的生活比較不那麼難過。教化粗野的邊疆居民不是一件容易的事，那些人大部分時間都在和伊斯蘭軍隊、匈奴人與北歐人作戰。他們經常對自己的墮落充滿罪惡感，每天早晨發下各種誓言要心懷憐憫和行善，卻在日落之前就把他們的俘虜都殺光。不過，緩慢和努力堅持不懈終會帶來進步，最後，就算是最狂妄無道德的騎士，也會被迫遵從他所屬「階級」的規則，否則就得承擔嚴重的後果。

這些規則在歐洲各地不盡相同，但是全都強調「服務精神」和「盡忠職守」。「服務」在中世紀被視為非常高貴和美好。做僕人並不丟臉，只要你是個好僕人，並且認真工作。至於忠誠，在一個性命得仰賴忠心執行許多令人不愉快的責任的時代，騎士的首要美德當然是忠誠。

因此，年輕的騎士都被要求發誓，他必須是上帝和國王的忠實的僕人。此外，他必須承諾，他會慷慨幫助那些比他更窮困的人。他發誓自己一定會行為謙卑，絕不吹噓自己的成就，並且他會做所有受苦之人的朋友（只有伊斯蘭信徒除外，他會見一個殺一個）。

所有這些誓言，不過是用中世紀的人能理解的詞彙，把「十誡」複述一遍，同時發展出一套複雜的，有關行為、態度和禮節的系統。騎士們在自己的生活中努力效法吟遊詩人告訴他們的那些英雄，以亞瑟王的圓桌武士和查理曼的宮廷武士為榜樣。騎士們希望自己可以像蘭斯洛那樣勇敢，像羅蘭一樣忠心。無論他們衣著如何簡陋，阮囊如何羞澀，他們都懷著尊嚴，開口說話時言詞謹慎而親切，好讓人得知他們是真正的騎士。

這樣，有規則的騎士制度，就變成一所教導良好言行舉止的學校，而良好的言行舉止是這架社會機器的潤滑劑。騎士精神成為禮節的同義詞，封建城堡向其餘整個世界展示了如何穿著、如何吃喝、如何邀請一位女士共舞，以及其他成百上千的日常生活禮節，能使生活變得更有趣和愜意。

如同所有人類的制度，騎士制度一旦失去了實用價值，很快就消亡了。

十字軍東征——我在隨後的章節會專門論述——帶來了商業的復興。眾多城市在一夜之間崛起。城裡的人富裕起來，能聘請優秀的教師，於是沒多久就和騎士有同等的水準了。火藥的發明使具有重裝武力的「騎士」喪失了先前的優勢，而雇傭兵團的崛起，讓人不可能再用下棋比賽那種精緻準確的方式戰鬥。騎士變成多餘的了。不久，投身在沒有任何實用價值的理想中的騎士，就淪為一種荒誕可笑的人物。據說，高貴的、來自曼查的唐吉訶德（Don Quixote de la Mancha）是最後一位真正的騎士。在他去世之後，他的寶劍和盔甲全被賣掉，用來償還他欠的債。

但是，不知怎地，他那把劍輾轉落入一些人的手中。華盛頓在福奇谷（Valley Forge）的那段絕望日子裡，就配戴著它。戈登[1]拒絕拋下託付給他照顧的那群人，在喀土木（Khartoum）的要塞被重重包圍並戰死時，這把劍是他唯一的武器。

我不能百分之百肯定，但騎士精神在第一次世界大戰的獲勝上，證明了它無比的力量。

1 查理·喬治·戈登（Charles George Gordon，1833-1885年）是一名英國軍官。因在中國指揮雇傭武力「常勝軍」協助李鴻章及劉銘傳淮軍與太平軍作戰，獲得清朝皇帝封賞而被世人取綽號為「中國人」（中國人戈登，"Chinese" Gordon。後歸英國，官拜蘇丹總督，任上陣亡。

33 教宗與皇帝之爭

中世紀的人對忠誠的奇怪雙重標準，並它如何導致教宗和神聖羅馬帝國皇帝之間沒完沒了的爭吵。

要理解那些已逝時代的人是一件很困難的事。你自己的祖父，就算你每天都看見他，他仍是一個活在想法不同、穿著不同、行為態度不同的世界裡的神祕之人。現在我要告訴你的故事，是離你二十五代之前的先祖的故事。除非你把這一章反覆多讀幾遍，否則我不期待你懂得本章的意思。

中世紀的平民百姓，生活單純，人生平淡無奇。即使是一個能夠隨意旅行的自由公民，也很少離開自家鄰近地區。那時候沒有印刷的書籍，只有少數的手抄本。有一小群勤勞的修士到這裡或那裡教導人讀書、寫字和一些算術。但科學、歷史和地理的知識仍埋在希臘和羅馬的廢墟底下。

無論中世紀的人對過去的歷史有什麼認識，都是來自於聽到的故事和傳說。這種代代相傳的資訊在細節上會有些微的誤差，但卻以驚人的準確性保存了歷史的主要事實。即使兩千多年過去了，印度的母親在嚇唬自己淘氣的孩子時仍會說：「伊斯坎達要來抓你們了。」伊斯坎達就是亞歷山大大帝，他曾在西元前三三〇年橫掃西印度，經過這麼多年，他的故事還在流傳。

中世紀早期的人從來沒見過一本羅馬歷史的教科書。許多今天還沒上小學三年級的孩子知道的事，他們都不知道。但是，對你而言只是個歷史名詞的羅馬帝國，對他們卻是某種活生生的東西。他們感覺到它的存在。他們樂意承認教宗是他們的精神領袖，因為他住在羅馬，象徵著羅馬具有無上的權力。他們也無比感激查理曼以及後來的奧托大帝復興了「世界帝國」這個概念，並創造了神聖羅馬帝國，讓世界說不定能夠再像從前一樣好。

但是，事實上，羅馬的傳統有兩個不同的繼承者，這讓中世紀那些信心忠誠的公民處在兩難的境地。中世紀政治制度背後的理論既明確又簡單。世俗世界的主人（皇帝）照顧百姓物質、肉體的需要，精神世界的主人（教宗）守護他們的靈魂。

然而，這套體系實際運作起來卻非常糟糕。皇帝總是試圖干涉教會的事務，而教宗以牙還牙，吩咐皇帝該如何治理自己的領土。接著他們以非常沒禮貌的言語告訴對方不要多管閒事，最後無法避免地引發了戰爭。

老百姓處在這種環境底下，該怎麼辦？一個好基督徒應該順服教宗也順服國王。但是，教宗和皇帝互相為敵。一個既是忠順的子民又是忠順的基督徒的人，該站在哪一邊？

要給出正確的答案太難了。當皇帝正好是個能力出眾，又有充足的資金來組織一支軍隊時，他便很容易想要越過阿爾卑斯山向羅馬進軍，必要的話把教宗住的宮殿團團圍住，強迫教宗順從帝王的指示，否則後果自負。

但是，更常見的情況是教宗更強大。於是，皇帝或國王並他所有的子民會被逐出教會。這意思是，所有的教會都會關上大門，沒有人能受洗，垂死的人也無法得到懺悔的機會——簡言之，中世紀政府的半數功能都要停擺。

不只如此，教宗還准許人民不遵守他們對君主效忠的誓言，並敦促他們起來反抗自己的主人。但是，如果他們聽從遠在天邊的教宗的勸告，起來反抗，卻遭到逮捕，他們會被鄰近的封建領主吊死，那也不是好玩的事。

沒錯，可憐的中世紀人民進退維谷，最慘的是生活在十一世紀下半葉的人。當時德意志皇帝亨利四世（Henry IV）和教宗格利高里七世（Gregory VII）打了兩場不分勝負的戰役，不但沒解決任何事，還攪得歐洲將近五十年不得安寧。

在十一世紀中葉，教會內部發生了一次激烈的改革。在此之前，教宗的遴選沒有任何常規可循。神聖羅馬帝國的皇帝當然希望有對自己抱持好感的教士當選教宗，這才對他有利。皇帝會在選舉期間經常造訪羅馬，運用影響力來讓自己的朋友當選。

西元一〇五九年，這種情況改變了。教宗尼古拉二世（Nicholas II）下了一道諭令，由羅馬和周圍地區教會的主教並執事組成一個「樞機主教團」，這群卓越的教士（「樞機主教」一詞就含有「重要」的意思）聚在一起，被賦予了選出下一任教宗的大任。

西元一〇七三年，樞機主教團選出了來自托斯卡尼地區一戶普通人家，名叫希爾布蘭德（Hildebrand）的教士做教宗，他取了格利高里七世作為名號。他有無窮的精力，相信他神聖教會的無上權力是建立在堅信和勇氣的花崗岩上。在格利高里的心裡，教宗不只是基督教會的絕對領袖，還是所有塵世事物的最高仲裁者。教宗既然能把普通的日爾曼王公提升為尊貴的皇帝，當然也可以罷黜他們。他還可以否決大公、國王或皇帝頒布的任何法令，但是，如果有誰敢質疑教宗的諭令，他就要小心了，毫不留情的懲罰將會速速來到。

格利高里派信使到歐洲每個王國，將他的新法令通知所有的統治者，要求他們認真看待這些法令。征服者威廉答應會遵守，但是從六歲開始就和自己臣下打架毆鬥的亨利四世，卻一點也不打算屈服於教宗的意志。他召聚了一群日爾曼的主教，指控格利高里七世犯了世間所有的罪，然後在沃爾姆斯（Worms）的會議上罷黜了教宗。

教宗以開除亨利四世的教籍來反擊，並要求其他的日爾曼王公廢除這位不足取的統治者。日爾曼的王公們早就想擺脫亨利四世，遂請教宗到奧格斯堡來協助他們選出新任皇帝。

格利高里離開羅馬前往北方。亨利四世不是傻瓜，他意識到自己的處境十分危險。他必須不惜任何代價與教宗和解，並且立刻進行。他在寒冬中越過阿爾卑斯山，急忙趕往教宗途中暫停下榻的卡諾薩城堡（Canossa）。一〇七七年，亨利穿得像個懺悔的朝聖者（在破舊的修士袍底下穿了保暖的毛衣），從一月二十五日到二十八日，在卡諾薩城堡的大門外整整等了三天，教宗才允許他進入城堡，並寬恕他的罪。不過這懺悔沒維持多久。亨利四世一回到日爾曼，立刻故態復萌，於是教宗再次將他逐出教會。亨利四世召開第二次的日爾曼主教會議，再次罷黜格利高里七世，並且這次亨利四世越過阿爾卑斯山時，是領著一支大軍去包圍羅馬，逼迫格利高里七世退位；格利高里七世去了薩勒諾（Salerno），最後死在該地。皇帝和教宗的第一場激烈衝突沒有改變任何事。亨利四世一回到日爾曼，教宗和皇帝之間的鬥爭又開始了。

不久之後，霍亨施陶芬（Hohenstaufen）家族取得了日爾曼帝國的王位，他們比以前的統治者更獨立。格利高里曾經宣稱教宗高於所有的國王，因為他們（教宗）在審判之日必須為自己所照管的羊群中每一隻羊的行為負責，而在上帝眼裡，國王也只是虔信羊群中的一隻而已。

霍亨施陶芬家族的腓特烈一世（Frederick I）——通常稱他為巴巴羅薩（Barbarossa，意思

亨利四世到卡諾薩城堡

是「紅鬍子」）——提出反駁，他說神聖羅馬帝國是「上帝親自」賜給歷任皇帝的，既然帝國包括了義大利和羅馬，他打算開始發動一場戰爭，收復這些「失去的行省」。巴巴羅薩在參與第二次十字軍東征時，意外淹死在小亞細亞，但他兒子腓特烈二世繼位。腓特烈二世是個很聰明的年輕人，從小就受到西西里島的伊斯蘭文明的薰陶，他繼續父親的戰爭。教宗指控腓特烈二世是異端。沒錯，腓特烈二世似乎出自內心瞧不起這個北方的粗暴基督教世界，瞧不起那些土氣粗魯的騎士和那群詭計多端的義大利修士。但是他什麼也沒說，一心參與十字軍征戰，從異教徒手中奪回耶路撒冷，也理所當然地被加冕為聖城之王。即使這樣的行動，也安撫不了那些教宗。他們罷黜了腓特烈二世，將他在義大利的領地[1]給了安茹的查理（Charles of Anjou），這人是法國國王路易（著名的聖路易）的兄弟。這導致了更多的戰爭。霍亨施陶芬家族最後一位繼承人，康拉德四世[2]的兒子康拉德五世，試圖收復王國，卻在那不勒斯戰敗並遭到斬首。不過，二十年後，取得西西里島的法國人因為遭到當地人厭惡，後來在所謂「西西里晚禱」事件中全部遭到殺害，戰亂繼續下去。

教宗和皇帝之間的紛爭從來沒有解決，但是經過一段時間之後，敵對雙方學會了不要去招

1 包括了西西里島。
2 康拉德四世（Conrad IV）是腓特烈二世的兒子。

惹對方。

西元一二七三年，哈布斯堡的魯道夫（Rudolph of Hapsburg）當選為皇帝。他沒費事前往羅馬接受加冕。教宗也沒表示反對，這次輪到他們對日爾曼保持敬而遠之。這意味著和平的到來，但這也表示，整整二百多年的時光，本來可以用來好好治理國內事務，卻全部浪費在無用的戰爭上了。

這股罪惡之風並未讓雙方獲得任何好處。不過，義大利那些小心翼翼在兩強之間取得平衡的小城市，已經在這段期間設法增強了自身的力量，獨立於皇帝和教宗之外。當十字軍東征的熱潮開始，這些城市也盡力解決了成千上萬熱血又喧鬧的朝聖者的交通運輸問題。等到十字軍東征結束，這些城市已經用磚石和黃金為自己建立了堅固的防禦，可以對教宗和皇帝採取同樣的漠視，再也不必俯首稱臣了。

教會和國家鷸蚌相爭，而漁翁——中世紀的城市——獲得了最多的好處。

34 十字軍

當土耳其人占領聖地[1]，褻瀆各個神聖的地點，嚴重妨礙從東到西的貿易時，教宗和皇帝之間的恩怨全被忘記了。歐洲發起了十字軍東征。

基督徒和穆斯林之間——除了守護歐洲大門的西班牙和東羅馬帝國，偶爾會有衝突發生——雙方已經維持了三個世紀的和平。伊斯蘭信徒在第七世紀征服了敘利亞，占領了聖地。但他們尊敬耶穌是一位偉大的先知（雖然不如穆罕默德偉大），也不干涉到聖海倫娜（Saint Helena）教堂去祈禱的朝聖者。聖海倫娜是君士坦丁皇帝的母親，她在聖墓的上方建了教堂。不過，到了十一世紀初，來自亞洲荒原的韃靼部族，也就是所謂的塞爾柱人或土耳其人，成為西亞伊斯蘭國的統治者，於是，寬容時期到此結束。土耳其人從東羅馬帝國手中奪走了整個小亞細亞，並結束了往來於東西方之間的貿易。

幾乎從來不和西邊那些基督徒鄰居打交道的東羅馬帝國皇帝阿歷克西斯（Alexis），不得不向西方請求援助，並指出一旦土耳其人攻下君士坦丁堡，歐洲將面臨重大的危險。

---

1 聖地（Holy Land）是指猶太教、基督教和伊斯蘭教這三大宗教視為神聖之地，位置大約在約旦河和地中海之間，也就是以色列和巴勒斯坦等地。

許多義大利城邦已經沿著小亞細亞和巴勒斯坦海岸建立了殖民地，他們擔心自己的財產受損，也回報了許多土耳其人殘暴和基督徒受苦的可怕故事。整個歐洲於是為之沸騰。

教宗烏爾班二世（Urban II）來自法國的雷姆斯（Reims），和格利高里七世一樣都在著名的克呂尼（Cluny）修道院受過教育，他認為是時候該採取行動了。當時歐洲的基本狀況令人非常不滿意。原始的農耕方法（從羅馬時代至今未變）造成長期糧食短缺。大量的失業和飢餓人口容易導致不滿和暴亂。西亞在古時候就養活過數百萬人，是個絕佳的移民地點。

因此，西元一〇九五年在法國的克萊蒙（Clermont）會議上，教宗起身講述異教徒在聖地做了多少殘暴可怕的惡行，又熱情洋溢地描述那片鄉野是從摩西時代開始就流淌著牛奶與蜂蜜之地，他敦促法蘭西的騎士和歐洲的普通百姓離開妻小，將巴勒斯坦從土耳其人的手中解救出來。

宗教狂熱的浪潮席捲了歐洲大陸。所有的理性思考全部停止。人們拋下鐵錘和鋸子，離開自己的商店，就近走上前往東方的路，去殺土耳其人。少年人離開自己的家「前往巴勒斯坦」，要用他們的青春狂熱和基督徒的虔誠讓可怕的土耳其人俯首稱臣。這些狂熱的民眾有九成從未抵達聖地。他們沒有錢，被迫沿途乞討或偷盜才能生存。他們變成危險份子，影響大道交通的安全，並經常被憤怒的鄉民所殺。

第一支十字軍是由一群龍蛇混雜的烏合之眾所組成，有誠實的基督徒、欠債的破產者、一貧如洗的貴族和逃避司法審判的逃犯，他們跟隨「半瘋的隱士彼得」（Peter the Hermit）和「窮鬼瓦爾特」（Walter-without-a-Cent）的帶領，開始他們對抗異教徒的旅程，卻一路上殺害所有他們遇見的猶太人。他們最遠只到達匈牙利，隨後全部被殺。

這次經驗給了教會一個教訓。單靠熱情是沒有辦法解放聖地的。有了善意和勇氣，還需要有組織。他們花了一年時間訓練出一支二十萬人的軍隊，由布永的戈德弗雷（Godfrey of Bouillon）、諾曼第公爵羅伯特、法蘭德斯伯爵羅伯特並其他幾位貴族領軍，他們全都是擅長作戰的沙場老將。

第一次十字軍東征

西元一〇九六年，第二支十字軍啟程展開漫長的遠征。眾騎士在君士坦丁堡向皇帝宣示效忠。（正如我告訴過你的，傳統非常頑固難改，羅馬皇帝無論多麼窮，多麼無權無勢，大家還是非常尊敬他。）接著，十字軍渡海來到亞洲，沿途殺掉所有落入他們手中的穆斯林，奪回了耶路撒冷，屠殺了所有的伊斯蘭百姓，再向耶穌的聖墓（Holy Sepulchre）前進，在讚美和感恩中流下虔誠和感激的眼淚。不過，土耳其的援軍很快就趕到了，他們重新奪下耶路撒冷，反過來將十字架的忠心追隨者全部殺光。

接下去的二百年中，歐洲的十字軍又東征了七次。這些十字軍漸漸學得了旅行的方法。走陸路太冗長乏味又太危險，他們偏好越過阿爾卑斯山去到熱那亞（Genoa）或威尼斯，再從該處乘船前往東方。熱那亞人和威尼斯人把這門「地中海運輸服

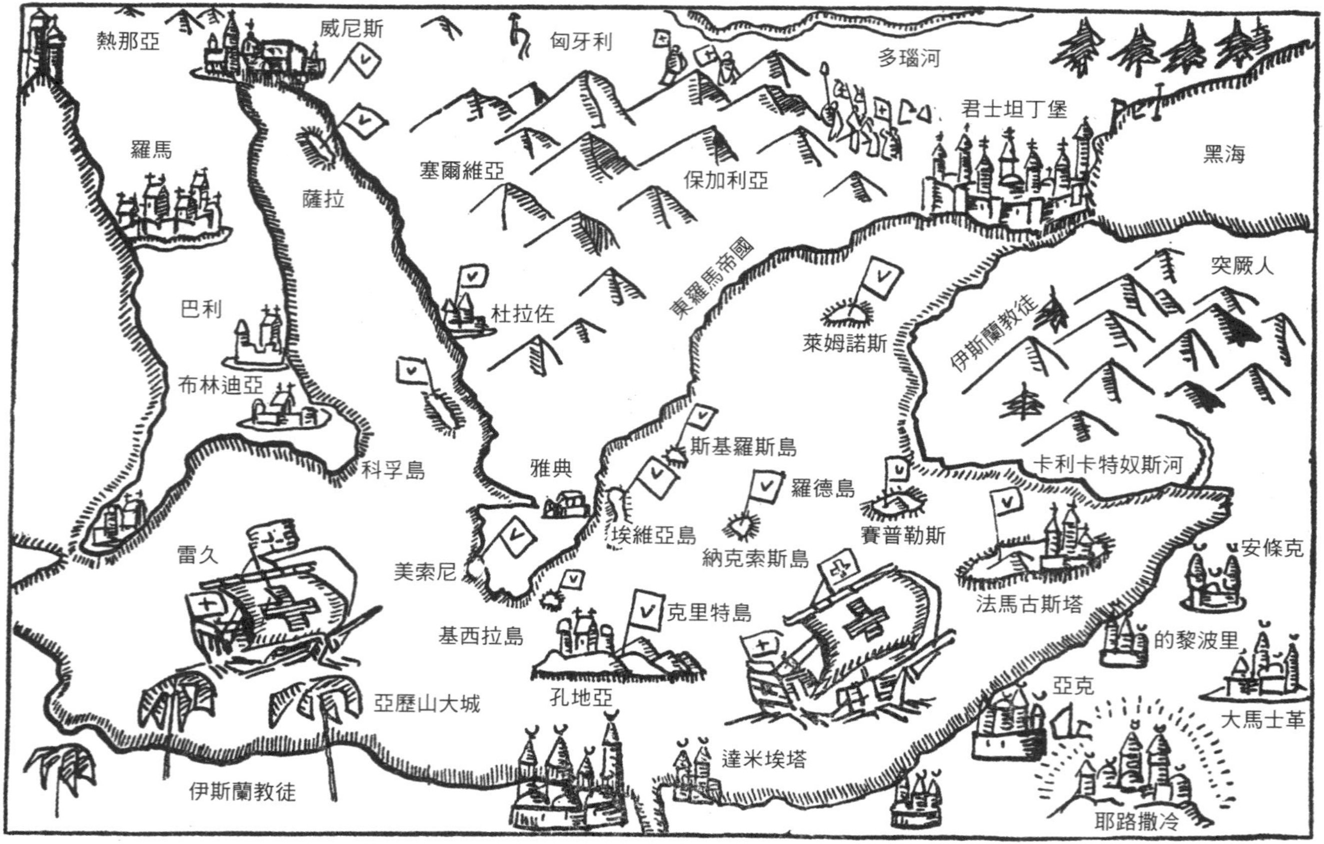
熱那亞
威尼斯
匈牙利
多瑙河
羅馬
薩拉
塞爾維亞
保加利亞
君士坦丁堡
黑海
東羅馬帝國
突厥人
巴利
杜拉佐
萊姆諾斯
伊斯蘭教徒
布林迪亞
科孚島
雅典
斯基羅斯島
羅德島
卡利卡特奴斯河
雷久
美索尼
埃維亞島
納克索斯島
賽普勒斯
法馬古斯塔
安條克
克里特島
基西拉島
的黎波里
亞克
大馬士革
亞歷山大城
孔地亞
達米埃塔
耶路撒冷
伊斯蘭教徒

十字軍的世界

務」做成了利潤豐厚的大生意。他們收取高昂的費用，當十字軍付不出來（他們大多沒什麼錢），這些義大利的「奸商」會好心地讓他們「打工換渡」。為了支付從威尼斯到亞克（Acre）的旅費，十字軍要負責為船主打一定次數的仗。藉由這種方式，威尼斯大大拓展了在亞得里亞海沿岸並希臘的領土，使得雅典、賽普勒斯（Cyprus）、克里特和羅德島（Rhodes）都成了威尼斯的殖民地。

十字軍占領耶路撒冷

不過，所有這一切都無助於解決聖地的問題。在第一波熱情消退後，每個出身好的年輕人開始把一段短暫的十字軍之旅當作自由受教育的機會，因此報名前往巴勒斯坦參軍的候選人一直源源不絕。但是過去那種宗教狂熱已經消失了。當初十字軍是懷抱著對東羅馬帝國和亞美尼亞的基督徒的大愛，以及對伊斯蘭教的恨惡而開始東征作戰，現在他們內心發生了巨變。他們開始鄙視拜占庭的希臘人，認為希臘人欺騙他們，並經常背叛十字架的理想，他們也看不起亞美尼亞人和所有的黎凡特[2]民族。他們開始讚賞敵人的美德，認為伊斯蘭人自證是慷慨又公平的對手。

2 黎凡特（Levant）是歷史上一個模糊的地理名稱，廣義上它指的是中東托魯斯山脈以南、地中海東岸、阿拉伯沙漠以北和上美索不達米亞以西的一大片地區。「黎凡特」一詞原本適用於「義大利以東的地中海土地」，在中古法文中，Levant 一字即太陽升起之處、「東方」的意思。歷史上，黎凡特於西歐與鄂圖曼帝國之間的貿易擔當重要的經濟角色。黎凡特是中世紀東西方貿易的傳統路線，是阿拉伯商人通過陸路將印度洋的香料等貨物運到地中海黎凡特地區，威尼斯和熱那亞的商人從黎凡特將貨物運歐洲各地。

十字軍的墳墓

當然，他們不會公開說出這種想法。但是，當十字軍戰士返回家鄉，他開始模仿從異教敵人那裡學來的舉止態度，相形之下，一般的歐洲騎士還是鄉下大老粗。他還帶回了好幾種新的食物，比如桃子和菠菜，種在自己的園子裡，讓自己可以換換口味有好東西吃。他捨棄了穿著重裝盔甲的野蠻習慣，穿起飄逸的絲質或棉質長袍，這種長袍源自土耳其人，後來成為先知穆罕默德追隨者的傳統服飾。事實上，始於懲罰對抗異教徒的十字軍遠征，後來卻變成給歐洲的數百萬青年在文明方面上了一個廣泛的教育課程。

從軍事和政治的角度來看，十字軍東征是一場徹底的失敗。耶路撒冷和許多城市都被伊斯蘭軍隊占領，就此失去。雖然十字軍在敘利亞、巴勒斯坦和小亞細亞建立了十幾個小王國，但這些王國隨後都被土耳其人一一奪回。西元一二四四年（土耳其人已經明確地控制了耶路撒冷）之後，聖地的狀況又回到了跟西元一〇九五年之前一樣。

但是，歐洲卻因為十字軍東征而經歷了巨大的改變。西方人得以驚鴻一瞥東方的光輝、陽光和美麗，他們再也無法滿足於自己那些沉悶的城堡了。他們想要更寬闊的人生，那是無論教會或國家都無法給他們的。

最終，他們在城市裡找到了。

35 中世紀的城市

中世紀的人為什麼會說「城市裡有自由的空氣」？

中世紀早期是個開疆拓土和殖民定居的時代。在保護著羅馬帝國東北部邊境的那一大片由森林、山脈和沼澤構成的荒地之外，居住著一支新民族，彼時開始強行進入西歐各地的平原，占領了大部分的土地。他們總是動個不停，拓荒者打從一開始就是這樣。他們喜歡「動手動腳」，精力充沛地砍伐森林，也精力充沛地互砍彼此的咽喉。他們很少有人想住在城市裡。他們堅持「自由自在」，喜愛趕著牲口穿過陣風吹拂的草原時，山野吹來的清新空氣灌進他們肺裡的感覺。當他們不喜歡目前居住的家園時，便拔起營帳的木樁，啟程去尋找新的冒險。

弱者汰亡。只有強壯耐勞的戰士和追隨自己的男人進入荒野的勇敢婦女，才能生存下來。就這樣，他們逐漸成為一支強悍的種族。他們不關心生活中的各種優雅，沒時間拉小提琴或寫詩，更不愛閒談討論。修士作為村子裡唯一「讀過書的人」（在十三世紀中期以前，普通男人如果會讀會寫，會被視為「娘娘腔」），應該要負責解決所有那些沒有實用價值的問題。與此同時，日爾曼的部族領袖、法蘭克人的男爵和北方人的公爵（不管他們取的什麼名字和封號），各自占領了曾經屬於偉大羅馬帝國的領土，在過去光榮的遺跡中建立起自己的世界，他們對此非常滿意，因為這世界看起來十分完美。

他們竭盡所能管理好自己的城堡和周圍村莊的大小事，也像所有軟弱的凡人一樣，信守教會的戒律。他們對國王或皇帝忠心耿耿，和那些遙遠但永遠危險的統治者保持良好關係。簡言之，他們努力施行正道，以公平對待鄰居，同時也不損害自己的利益。

他們知道自己所處的不是一個理想的世界。大多數人是農奴或農場工人，他們如同牛羊一般，是自己生活的那片土地的附屬品，也住在牛羊的棚舍裡。他們的命運不是特別幸福，也不是特別不幸。但是，他們又能怎麼樣呢？統治中世紀世界的上帝毫無疑問已經把每件事都安排到最好了。他的小腦袋想，如果上帝已經決定這世界上必須有騎士和農奴，那麼這些教會的虔誠子民就不該質疑這種安排。因此，農奴不會埋怨，只不過當他們操勞過度，像沒有正確飼養照顧好的牛一樣死掉時，領主就會趕緊採取一些措施，改善他們的狀況。不過，如果世界的進步就交給農奴並其領主，我們現在可能還在十二世紀的模式中生活。比如，牙痛的時候念幾句「阿巴拉卡達巴拉」之類的咒語來止痛，蔑視和厭惡那些要用「科學」來幫助我們的牙醫，因為那些科學很可能來自伊斯蘭信徒或源自異教，而這兩者都是又邪惡又無用。

等你長大以後，你會發現有許多人不相信「進步」這回事，他們會拿我們當代一些可怕的事來向你證明「世界毫無改變」。但我希望你別為這類說詞費神。你瞧，我們的祖先花了將近一百萬年才學會如何直立起來行走。又過了幾個世紀，他們才把動物似的咕嚕聲發展成可理解的語言。將我們的想法保留給後代子孫的書寫技藝，只不過是四千年前的事，沒有書寫就不可能有進步。將大自然的力量轉為人類聽話的僕人，這種想法還很新，是你祖父那一代才有的事。因此，在我看來，我們正以前所未聞的速度在進步。也許我們對生活的物質舒適度是過於重視了點，但那會隨著時間演進而改變，屆時我們就該處理基本上和健康、工資、管線和機器等類事物無關的問題。

請不要對「美好的往昔」太過戀戀不捨。許多人只看到中世紀留下來的美麗教堂和偉大的藝術作品，就拿我們這個充斥著匆忙、噪音、卡車惡臭廢氣的醜陋文明去和一千年前的城市相比，口若懸河地雄辯。須知，這些中世紀的教堂，周圍全是破爛的小房子，現代最廉價的公寓與之相比，都成了豪華宮殿。沒錯，兩名年輕的英雄，高貴的蘭斯洛（Lancelot）和同樣高貴的帕爾西法爾（Parsifal），在前往尋找聖杯的路上，不會聞到汽油的臭味。但是當時有其他各種生活環境裡發出的氣味——被扔在大街上的腐爛垃圾的氣味，主教宮殿旁的豬圈的氣味，還有從來不洗澡、一輩子不懂肥皂的好處、穿戴著他們祖父輩留下來的衣帽的人身上散發的氣味。我並不想描繪一幅讓人很不舒服的景象。但是，當你讀到古代編年史中，法蘭西國王從自己宮殿的窗戶向外張望，卻被巴黎街道上的豬群的氣味給薰昏過去，或讀到古代手稿裡對瘟疫或天花之類傳染病的一些詳細描述之後，你就會開始明白，「進步」不僅僅只是現代廣告業者使用的口號而已。

不，如果城市不存在，過去六百年來的進步就不可能發生。因此，我會把這一章寫得比其他許多篇章長一點。城市太重要了，無法像寫政治事件那樣僅用三、四頁的篇幅把它說完。

古代世界裡的埃及、巴比倫和亞述都是以城市為中心的世界。希臘是一個城邦國家。腓尼基人的歷史是兩個城市：西頓和泰爾的歷史。羅馬帝國是羅馬城的「腹地」。書寫、藝術、科學、天文學、建築、文學、戲劇，還有其他數不盡的東西，都是城市的產物。

將近四千年來，我們把蜂窩似的木造建築稱為城鎮，而城鎮向來是世界的作坊。隨後，大遷徙時代到來，羅馬帝國毀滅，城鎮被大火燒毀，歐洲再次變成一片布滿草原和許多小村莊的大陸。黑暗時代那段期間，文明的田野像是處於休耕時期。

十字軍為新作物準備好了土壤。豐收的時候到了，然而果實是被自由城市裡的公民摘走了。

我告訴過你城堡和修道院的故事，這些有堅固厚重圍牆的建築，是騎士和修士的家，他們分別守護人的身體和靈魂。你也看到一些工匠（屠夫、麵包師傅，有時候是製作蠟燭的人）搬到城堡附近居住，一方面滿足領主的需要，一方面在危險來臨時能獲得保護。有時候，封建領主會允許這些百姓用柵欄把自己的房子圍起來。不過，他們的生活完全仰賴城堡中強大的封建諸侯的善意。當領主出來巡行時，他們會在他面前跪下，親吻他的手。

十字軍東征之後，許多事都改變了。大遷徙驅使人口從東北向西遷移。十字軍東征又使數百萬人從西方跋涉到高度文明的東南地區。他們發現世界不是局限在自己的小聚落的四面牆壁內。他們開始讚賞更美的服飾、更舒服的房子、新式的碗盤，以及神祕東方的各種產品。等到他們回到自己的老家，他們對那些物品有了強烈的需求。黑暗時代裡唯一的商人，是把販賣的東西全背在自己背上的小販，這些小販把新需求的物品加入自己的貨物清單，添購了一台手推車，並雇用幾個參加過十字軍的武士當保鏢，好應付隨著這場國際大戰而來的犯罪浪潮，然後用更現代的方法，做起更大規模的生意。小販的事業並不容易。每次他進入另一個領主的領地，就要支付過路費和稅金。但這生意還是頗有利潤，於是小販繼續巡迴販賣。

不久，某些精力充沛又積極的商人發現，有些他們總是大老遠進口的商品，可以在自己家裡製作。他們把自己家裡的一個角落改造成作坊，搖身一變成為製造商，不再繼續做買賣。他們不但把產品賣給城堡中的領主和修道院的院長，還把它們出口到鄰近的村鎮。領主和修道院長會用自己農地裡的生產支付報酬，雞蛋、葡萄酒和蜂蜜，在當時蜂蜜可以拿來當糖使用。但是遠方市鎮的居民必須支付現金，於是這些製造商和商人開始擁有一點黃金，這完全改變了他們在中世紀早期社會裡的地位。

你很難想像一個沒有金錢的世界。在現代城市裡，沒有錢根本不能生活。你整天帶著一個裝滿一片片小金屬的錢包，以便「隨時付款」。你需要五分錢來搭公共汽車，一塊錢吃一頓飯，三分錢買一份晚報。但是，中世紀早期有許多人從生到死一輩子沒見過一枚錢幣。希臘和羅馬時代的金幣和銀幣全埋在他們城市的廢墟底下。羅馬帝國瓦解後，大遷徙的世界是一個農耕的世界。每個農民自己種足夠的糧食，養足夠的牛羊，來滿足自己的需用。

中世紀的騎士是鄉紳地主，很少需要用錢去購買東西。他的莊園生產他和家人所需的一切，無論吃喝還是穿著。建造房子所用的磚塊，是在最近一條河流的堤岸邊做的。房屋大廳的梁木是從廣大的森林裡砍來的。少數從國外來的東西，也是以物易物，用蜂蜜、雞蛋、柴薪換來的。

但是十字軍東征以非常激烈的方式顛覆了古老農耕生活的例行公事。假設，領主希爾德海姆公爵（Duke of Hildesheim）打算去聖地一趟。他必須跋涉好幾千英里，並支付自己的食宿費用。他在家裡時可以用田莊裡的出產來以物易物。但是他不可能帶著上千個雞蛋或拉一車火腿上路，以此來滿足威尼斯的船主或布倫納隘口（Brenner Pass）的旅店的老闆。這些老闆們堅持收現金。因此，領主大人不得不在踏上旅途時帶一點金子在身上。他要去哪裡找這些金子？他可以向倫巴底人借，他們是古倫巴底王國的後裔，如今做著放款生意。他們坐在交易桌

城堡與城鎮

後面（這桌子一般稱為「banco」，也就是英文銀行「bank」一詞的由來），很樂意借給領主幾百個金幣，而領主必須拿自己的莊園做抵押。萬一領主不幸死在土耳其人手中，莊園就可用來抵債。

對借錢的人而言，這種交易很危險。最後，倫巴底人一定會得到莊園，騎士會破產，於是他只好受雇於人，以戰士的身份為一個更強大和更謹慎的鄰居作戰。

領主大人也可以到城裡的猶太區（他們被迫只能住在某個區域）去借高利貸，利息高達五十％至六十％。那同樣很不划算。那麼，還有其他辦法嗎？據說，城堡周圍的那些小城鎮裡，有些人有錢。這位年輕的領主還是小孩子的時候，他們就認識他了。那些人的父輩和領主的父親也是好朋友。他們不會提出不合理的要求。很好。領主的文書（一個能寫能記帳的修士）寫了一張條子送去給當地最知名的商人，要求借一筆小錢。收到條子的鎮民聚在珠寶匠（附近一些教堂的聖餐杯都出自他的手）的工作坊裡開會，討論這項要求。他們不好拒絕，也不可能開口索要「利息」。首先，對大部分人而言，收利息違背了他們的宗教原則；第二，除了農產品，領主不會付給他們別的東西，而這些人有的是農產品，絲毫不缺啊。

「不過，」成天安靜坐在自己桌前，看起來像哲學家的裁縫開口了：「如果我們借錢給他時，向他要一點回報呢？我們都喜歡釣魚，但是領主大人不准我們在他的河裡釣魚。比方我們借給他一百個金幣，交換他給我們寫一張允許我們隨意在他所有河裡釣魚的保證書。這樣一來，他得到他想要的錢，我們也可以釣魚，這豈不是兩全其美。」

領主大人接受這項提議的那一天（這看起來是個非常容易取得一百個金幣的辦法），他簽下了讓渡自己權力的死亡契約。領主的文書擬好了同意書，讓他畫了押（因為領主大人不會寫自己的名字），然後他就出發東征去了。兩年後他回到家，身無分文，卻看到鎮上的居民在城堡的池塘裡釣魚。一排沉默的釣客，這景象讓他十分惱火。他叫侍從去把人趕走。那些人都走了，不過，那天晚上，一個商人代表團造訪了城堡。他們非常客氣，先恭喜領主大人平安返鄉，再對鎮民來釣魚惹領主大人生氣表示歉意；不過，大人或許還記得，是大人親自允許他們可以隨處釣魚的。接著裁縫拿出那張特許狀，自從領主大人出發前往聖地，它就一直被保存在珠寶匠的保險櫃裡。

領主大人更不高興了。但是，他再次迫切需要一筆錢。他在義大利還簽押了某些檔，如今全在著名的銀行家薩爾維斯卓・德・梅迪奇（Salvestro dei Medici）手裡。這些檔是「本票」或「期票」，再過兩個月就到期了。總金額是三百四十鎊法蘭德斯金幣。在這種情況下，這位高貴的騎士不能任意露出自己滿腔的怒火和高傲的靈魂。相反的，他提出要再借一筆款子。商人們於是告退，回去討論這件事。

三天之後，他們回來了，說：「行。」他們非常樂意能夠幫助領主大人解決困難，但是大人獲得這三百四十五個金幣，要回報他們另一張書面協議（另一張特許狀），允許城鎮的居民建立自己的議會，從所有的商人和自由公民當中選出議員，這議會管理公民的事務，並且不受城堡的干涉。

鐘塔

領主大人聽完簡直氣壞了。可是，話說回來，他需要這筆錢。他同意了，並簽押了特許狀。一個星期後，他後悔了。他派士兵到珠寶匠家，要回那些他在環境的壓力下，被狡詐的子民誘騙簽下的文件。他取回文件，一把火全部燒光。鎮民們在一旁靜觀，什麼也沒說。不過，等到下一次領主大人需要錢來給女兒辦嫁妝時，他連一分錢也借不到了。在發生過珠寶匠家的「小事件」後，領主已經信譽破產。他不得不紆尊降貴，答應提供某種補償。城鎮的居民重獲他們之前所有的特許狀，以及一張全新的、允許他們建造「市政廳」和一座堅固塔樓的特許狀，然後領主大人才獲得第一筆應急的款項。那座塔樓是用來保存所有的特許狀，以防失火或竊盜，但其真正的用意是防備領主將來動用武力來搶奪。

這就是十字軍東征之後的幾個世紀裡，歐洲大體上發生的事。權力逐漸從封建城堡轉移到城市，這是個緩慢的過程。當中也發生過武力衝突。有些裁縫和珠寶匠被殺，有些城堡遭到焚毀。不過這樣的事並不常見。城鎮越來越富，封建領主越來越窮，這變化幾乎是不知不覺的。為了維持開支，領主一直被迫使用給予公民自由的特許狀來交換金錢。城市逐漸壯大，它們給逃跑的農奴提供庇護所，只要在城市中住上幾年，這些農奴就能獲得自由的身份。周圍鄉間那些更有活力的份子都到城市定居下來。城市對自己獲得的重要地位深感自豪，居民在舊市集周圍蓋起一座座的教堂和公共建築來展現他們的權力，那市集是數百年前他們用來交換雞蛋、綿羊、蜂蜜和鹽的地方。他們想讓自己的孩子在人生中獲得比自己所享有的更好的機會，於是聘

火藥

請修士來到他們城裡的學校當老師。當他們聽見有哪個人可以在木板上繪畫，便重金禮聘他來，把他們的教堂和市政廳的牆上畫滿《聖經》裡的故事。

與此同時，公爵大人待在他乏味、冷風陣陣的城堡大廳裡，看著一片繁華的城市，後悔自己在那一天簽下第一份讓渡主權和特權的特許狀。但是他已經無能為力了。那些把自己的保險箱裝得滿滿的城鎮居民，早已不把他當一回事了。他們是自由人，已經充分準備好抓緊自己得來不易的成果，那是經過十幾代人的辛苦奮鬥才獲得的。

36 中世紀的自治

城市居民如何在皇家議會中堅持主張自己的權利？

人類還處在「遊牧」階段，是四處遊蕩的牧羊部族時，所有的人都是平等的，都要為整個群體的幸福和安全負責。

但是，當他們定居下來，有些人變得富有，其他人變得貧窮時，統治權就容易落到那些能全心投入政治而不必為生計操勞的人的手中。

我已經在前面的篇章告訴過你，這種事在埃及、美索不達米亞、希臘和羅馬是如何發生的。西歐地區的日爾曼人在各樣秩序恢復之後，也發生了同樣的事。西歐世界起初是由皇帝統治，皇帝是從日爾曼民族的廣大羅馬帝國內，七、八個最重要的國王當中選出來的。皇帝看似權力很大，實際上形同虛設。帝國的統治者是一群國王，但他們的王位也是搖搖欲墜。日常事務的統治權掌握在數千個封建領主手中，他們的子民是農夫或農奴。彼時城市的數量很少，也沒有所謂的中產階級。不過，在十三世紀（消失了將近一千年後），商人階級作為中產階級再度出現在歷史的舞臺上。正如我們在上一章中所見，它的崛起掌權，意味著城堡領主影響力的縮減。

到目前為止，國王在統治自己的領土時，還只注意他治下那些貴族和主教的願望。但是隨

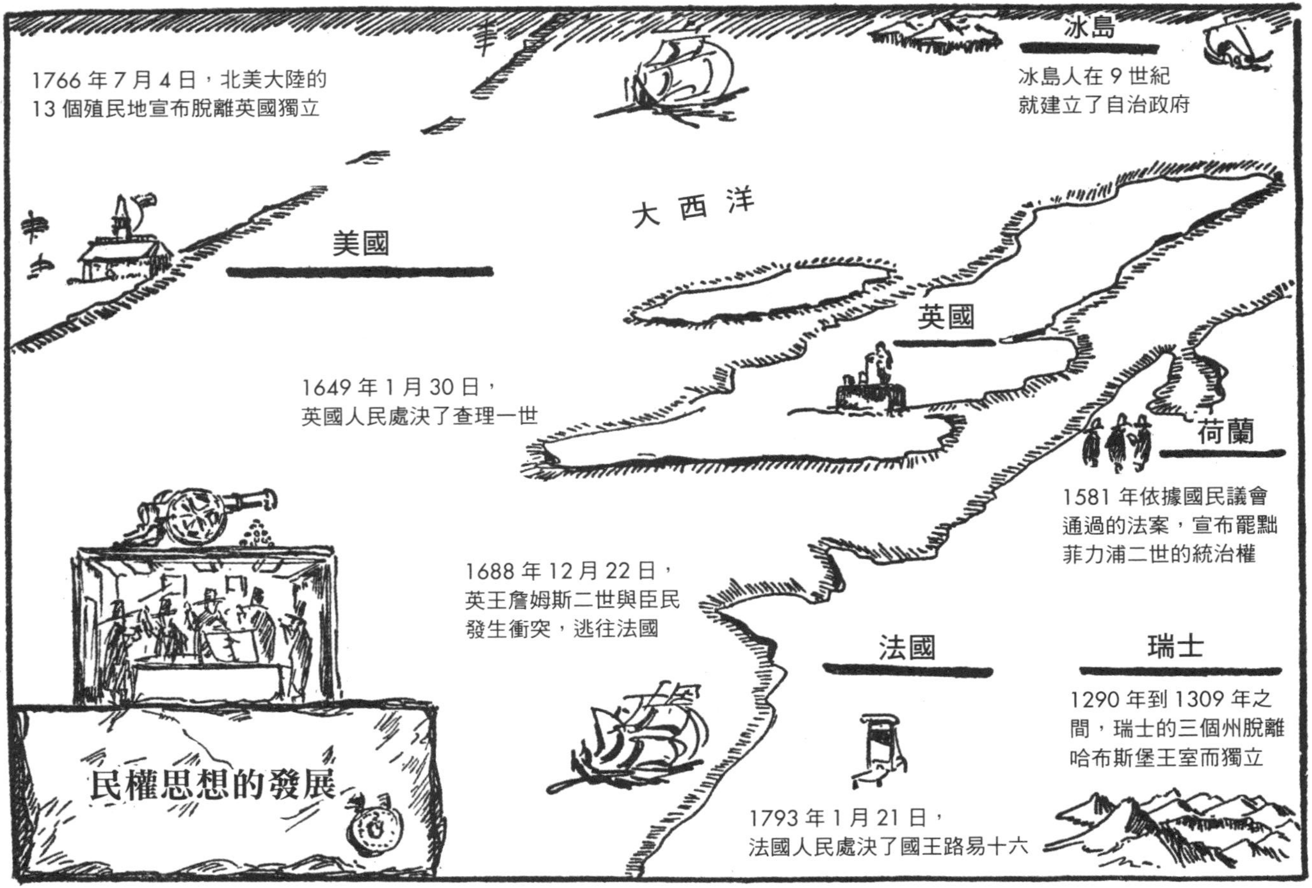
民權思想的發展
1766 年 7 月 4 日，北美大陸的
13 個殖民地宣布脫離英國獨立
冰島
冰島人在 9 世紀
就建立了自治政府
大西洋
美國
英國
1649 年 1 月 30 日，
英國人民處決了查理一世
荷蘭
1581 年依據國民議會
通過的法案，宣布罷黜
菲力浦二世的統治權
1688 年 12 月 22 日，
英王詹姆斯二世與臣民
發生衝突，逃往法國
法國
瑞士
1290 年到 1309 年之
間，瑞士的三個州脫離
哈布斯堡王室而獨立
1793 年 1 月 21 日，
法國人民處決了國王路易十六

著十字軍東征成長起來的貿易和商業的新世界，逼迫他關注中產階級，否則就得承擔國庫日漸空虛之苦。這些國王（如果能從心所願的話），會寧可去找他們的牲口商量，也不會去找他的好市民。但是他們沒有辦法，只能吞下這個苦果，因為它是鍍金的。不過當然也經過了一番掙扎。

在英格蘭，當獅心王理查不在的時候（他也去了聖地，但是他的十字軍東征之旅有大半是在奧地利的監獄裡度過的），國家大政是由他的兄弟約翰掌理。約翰帶兵打仗的能力比理查差，但是兩兄弟治國的能力可謂旗鼓相當，一樣差。約翰一擔任攝政王不久，就失去了諾曼第和法蘭西大部分屬地。接著，他和教宗英諾森三世（Innocent III）發生了爭執，英諾森三世是霍亨施陶芬家族的頭號敵人。教宗將約翰逐出教會（就像二百年前格利高里七世將亨利四世逐出教會一樣）。西元一二一三年，約翰不得不像一〇七七年時亨利四世所做的一樣，忍辱求和。

雖然屢戰屢敗，但是約翰並不氣餒，繼續濫用王權，直到底下的諸侯無法忍受，把攝政王囚禁起來，逼迫他承諾好好治理國家，絕不再妨礙他們自古以來所擁有的各種權利。這些事發生在泰晤士河靠近倫尼米德村（Runnymede）的一個小島上，時間是一二一五年六月十五日。約翰簽署的那份文件叫做《大憲章》。它所包含的內容沒什麼新意，就是以簡短、直接的句子，重述國王自古以來的責任，並列舉了諸侯的權利。它對廣大的、占最多數的人民的權利（如果有的話）並未予以關注，但是給了新興的商人階級某種的保障。它是一份非常重要的憲章，因為它比過去任何時候都更精確界定了國王的權利。不過《大憲章》仍是一份純粹中世紀的文獻。它沒有提到普通人的權利，除非他們剛好是諸侯的財產，必須受到保護，避免皇室暴政的侵害，就像男爵的森林和牛群也都受到保護，不得受到皇家林務管理員過度的關切。

不過，幾年之後，我們開始在國王的議會中聽到很不一樣的聲音。約翰這個無論從天性還是意願上都壞透了的傢伙，才嚴肅承諾遵守《大憲章》沒多久，就破壞了當中的每一條約定。幸好，他很快就死了，他兒子亨利三世繼位，也被逼重新承認《大憲章》。與此同時，亨利三世的伯父理查因為進行十字軍東征讓英國欠了大筆債務，亨利三世身為國王不得不去找幾筆新貸款，好償還那些猶太人債主。身為國王的議員的大地主和主教，都無法提供國王所需的金銀，於是國王下令召集幾位城市代表來參與皇家會議。西元一二六五年，這些代表第一次出現在皇家會議上。他們只扮演財務專家的角色，不能參與一般國家事務的討論，只能對稅務問題提供建議。

自由瑞士的起源地

不過，漸漸地，有許多問題也都徵詢這些「平民」代表的意見，貴族、主教和城市代表組成的會議逐漸發展成常態性的國會（Parliament），法文是「où l'on parlait」，意思是「人民說話的地方」，國家的重要大事在決定之前，都要在國會中討論。

不過，這種具有綜合討論並有一定執行權力的機構，不是英國發明的，雖然似有不少人這麼認為；並且由「國王並其議會」統治的形式，也不限於不

與菲力浦二世斷絕關係

列顛群島。你會發現，歐洲到處都是這樣。在有些國家，比如法國，中世紀以後，皇權的急遽擴張將「國會」的影響力降到幾近於零。城市代表從一三〇二年起就獲准參加法國國會的會議，但是直到五個世紀之後，這個「國會」才有足夠的力量打破國王的專權，堅持維護中產階級——也就是所謂的「第三階級」——的權利。接著，他們補回了這段失去的時光，在法國大革命期間，他們廢除國王、教士和貴族，讓平民代表成為這片土地的統治者。在西班牙，「cortex」（國王的議會）早在十二世紀上半葉就向平民開放。在日爾曼帝國，幾個重要的城市已經獲得「帝國城市」的等級，這些城市的代表能在帝國議會中提出意見。

在瑞典，人民的代表在一三五九年首次參與國會（Riksdag）的開會。在丹麥，古老的國民大會（Danehof）在一三一四年重新建立，雖然貴族經常取得國家的控制權，不理會國王和平民的意見，但城市代表的權力從來沒有完全遭到剝奪。

代議政治的故事，在斯堪地那維亞國家尤其有趣。在冰島，由所有自由的土地擁有人組織起來管理島上事宜的議會，叫做「Althing」，從九世紀就開始定期開會議事，並且已經持續如此運作超過一千年了。

在瑞士，每個不同行政區的自由公民都捍衛自己的議會，極其成功地抵禦了好些封建鄰居的企圖。

最後，在低地國荷蘭，早在十三世紀就已經有「第三階級」的代表參加各個公爵領地和郡縣的議會了。

到了十六世紀，有幾個小省分聯合起來對抗國王，在一個嚴肅的「階級代表大會」上，廢除了國王的權力，把教士逐出了討論會，終止了貴族的權力，認定新成立的「荷蘭聯合七省共和國」的全部行政執行權歸「階級代表大會」所有。之後，荷蘭就在沒有國王，沒有主教，也沒有貴族的情況下，由城市代表組成的議會治理了兩個世紀。城市在這個國家變得很崇高，好公民成了這片土地的統治者。

37 中世紀的世界觀

中世紀的人怎麼看他們所生活的世界？

日期是個很有用的發明。沒有日期，我們很難辦事情，然而，除非我們很小心，否則日期也會愚弄我們，讓我們用過度精確的概念去看歷史。比如，當我談到中世紀居民的觀點時，意思不是西元四七六年十二月三十一日歐洲所有的人突然喊道：「啊，現在羅馬帝國結束了，我們活在中世紀了。多有趣啊！」

你可以在查理曼的法蘭克人宮殿裡，發現有些人的生活習慣、言談舉止和世界觀，還像羅馬人一樣。另一方面，等你長大後，你會發現，這個世界上有些人始終停留在穴居人的階段。所有的時間和時代都是互相交疊的，思想的傳遞也是世代相傳。不過，研究一些真正代表中世紀的人物的思想，還是可以給你一個概念，知道當時平常人是怎麼對待人生和生活中諸多困難的。

首先，請記住，中世紀的人從來不認為自己是生來自由的公民，可以按照自己的意願自由來去，按照自己的能力、精力或運氣來塑造自己的命運。相反的，他們全都認為自己是一個總體計畫的一部分，無論是皇帝、農奴、教宗、異教徒、英雄、惡棍、富人、窮人、乞丐、小偷，都包含在這計畫中。他們接受這項上帝的安排，沒有任何質疑。當然，從這點來看，中世紀的人和現代人完全不同。現代人絕不認命，並且永遠都在努力提高自己的經濟和政治地位。

對十三世紀的男人和女人來說，死後的世界——無比歡樂美好的天堂和充滿硫磺火湖的痛苦地獄——都不只是空談或模糊的神學用語而已。它是個實實在在的事實，中世紀的平民和騎士都用大半輩子的時間來為死後世界做準備。我們現代人看重的，是像古希臘人和羅馬人那樣，平靜安穩、好好度過一生之後，有尊嚴的死去。在努力工作了三十年之後，我們懷著一切都會好的感覺進入長眠。

但是，在中世紀，死神那露齒而笑的骷髏頭和渾身喀喀作響的骨骸，總是如影隨形與人相伴。他用刺耳的小提琴拉出恐怖的旋律來喚醒受害者，和他們一同坐在餐桌前——當他們帶著姑娘去散步時，他從大樹和灌木叢後朝他們微笑。如果你小時候聽的不是安徒生或格林的童話，而是一些有關墓園、棺材、恐怖的傳染病等類令人汗毛直豎的故事，那麼你也會一輩子活在懼怕死亡來臨的那一刻，以及令人毛骨悚然的末日審判。這就是發生在中世紀孩童身上的事。他們生活在一個充滿妖魔鬼怪和天使偶爾一現的世界裡。有時候，對未來的恐懼使他們的靈魂充滿了謙卑和憐憫，但更常見的是另一個極端，它使他們變得殘忍又感情脆弱。當攻占一座城市，他們首先會殺光所有的婦女和孩童，然後虔誠地走到一個神聖的地點，用那雙沾滿無辜受害者鮮血的手，祈禱仁慈的上天饒恕他們的罪。是的，他們不僅祈禱，還會流下痛苦的淚水，坦承自己是最邪惡的罪人。但是，到了第二天，他們的內心會再次毫無憐憫地屠殺一整營的撒拉森（Saracen）[1]敵人。

當然，十字軍都是騎士，遵守一套與普通人有些不同的行為準則。不過，從這個角度來說，普通人和他們的主人並無差別。他就像一匹膽怯害羞的馬，一點風吹草動就能嚇到他，他既能幹又忠心，但是，當他的狂熱幻想使他以為自己見鬼時，他不但會逃之夭夭，還會造成嚴重破壞。

不過，在評斷這些善良人時，最好記住他們生活的環境有多麼惡劣。他們表面上看是文明人，其實是貨真價實的野蠻人。查理曼和奧托皇帝雖被稱為「羅馬皇帝」，但是他們和真正的羅馬皇帝——比如奧古斯都或馬可．奧里略（Marcus Aurelius）相比，其差別之大，就像剛果河上游某個名叫溫巴溫巴的國王和瑞典或丹麥那些受過高等教育的國王相比一樣。他們是生活在羅馬帝國輝煌的廢墟中的野蠻人，並未獲得古老文明帶來的好處，因為該文明已經被他們的父祖給摧毀了。他們什麼也不懂。今天一個十二歲男孩所熟知的每一種事實，他們都一無所知。他們被迫從唯一一本書上獲得所有的訊息。那本書就是《聖經》。但是，《聖經》中影響人類歷史、使人提升的那些部分，是《新約》中教導我們愛、施捨和饒恕等偉大的道德教訓的篇章。至於作為天文學、動物學、植物學、幾何學和所有其他科學的手冊，這本古老的書就不太靠譜了。到了十二世紀，中世紀圖書館增加了一本書，是生活在西元前四世紀的希臘哲學家亞里斯多德編撰的，實用知識的大百科全書。基督教教會為什麼會在譴責所有其他希臘哲學家都是異端邪說時，又願意推崇亞歷山大的老師，我實在不懂。總之，除了《聖經》以外，亞里斯多德是唯一被認可為值得信賴的老師，他的著作可以放心地交給真基督徒閱讀。

亞里斯多德的作品是幾經波折才抵達歐洲的。它們先從希臘傳到了埃及的亞歷山卓城，伊斯蘭教徒在第七世紀征服埃及後，把它們從希臘文翻譯成阿拉伯文。這些作品又隨著穆斯林的軍隊去到西班牙，於是，科爾多瓦（Cordova）的摩爾人大學裡，開始教起這位偉大的斯塔吉拉人（亞里斯多德是古代馬其頓斯塔吉拉城人）的哲學。隨後，這些阿拉伯文的著作又被越過庇里牛斯山前來接受自由教育的基督教學生翻譯成拉丁文。這些名著經過幾趟旅程之後，終於在歐洲西北地方傳授開來。這件事情的確切經過並不清晰，但這使它變得更加有趣。

經由《聖經》和亞里斯多德的幫助，中世紀最聰穎的一群人，這時開始著手解釋天地之間的萬物如何表達出了上帝的旨意。這群才華橫溢的人，就是所謂的「經院學者」（Scholasts或Schoolmen），他們真的非常聰明，但是他們所獲得的資訊全部來自書本，從來不是來自實際觀察。如果他們想在課堂上講授鱘魚或毛毛蟲，他們閱讀《聖經》的〈舊約〉和〈新約〉，以及亞里斯多德的著作，然後告訴學生這些好書對毛毛蟲和鱘魚都說了些什麼。他們不會去最近的一條河流捕捉鱘魚，也不會離開圖書館到常去的後院裡抓幾條毛毛蟲，或在這些動物原來的棲息地觀察和研究它們。即使是大阿爾伯特（Albertus Magnus）和聖多瑪斯·阿奎納（St. Thomas Aquinas）這樣著名的學者，也不會詢問、調查巴勒斯坦地區的鱘魚和馬其頓的毛毛蟲，跟西歐地區的鱘魚和毛毛蟲有什麼差異。

當學者的討論圈子裡偶爾出現一個像羅傑·培根（Roger Bacon）這樣特別好奇的人，開

1 在西方的歷史文獻中，撒拉森最常用來籠統地泛稱伊斯蘭的阿拉伯帝國。在早期的羅馬帝國時代，撒拉森只用以指稱西奈半島上的阿拉伯遊牧民族。後來的東羅馬帝國則將這個名字，套用在所有阿拉伯民族上。伊斯蘭教興起於西亞，特別在十一世紀末期的十字軍東征後，以基督教信仰為主的歐洲人，普遍用「撒拉森」來稱呼所有位於亞洲與北非的穆斯林。歐洲人在七世紀以後的文獻中，單方面地稱穆斯林為撒拉森人。

始嘗試使用放大鏡或好玩的顯微鏡來觀察，又真的把鱘魚和毛毛蟲拿進教室裡，證明它們和〈舊約〉以及亞里斯多德所描述的生物不一樣時，那些威嚴的經院學者無不搖頭。當培根膽敢提議，實際觀察一小時遠勝苦讀十年亞里斯多德，又說那些希臘名著最好全都維持原文不要翻譯時，他做過頭了。那些經院學者去找員警，說：「這人是個危險份子，威脅國家的安全。他要我們學習希臘文，讓我們可以讀原文的亞里斯多德。他為什麼不能滿足於我們的拉丁文－阿拉伯文譯本呢？幾百年來，我們忠實的人民對譯本都很滿意。他為什麼對魚和昆蟲的內部構造那麼好奇呢？他大概是個邪惡的魔法師，打算用他的黑魔法顛覆萬物既有的秩序。」學者們的陳述有理有據，十分成功，把那些和平守護者給嚇住了，他們禁止培根寫作長達十年以上。當培根重新開始他的研究時，他記取了教訓，決定用一種奇特的密碼來書寫，讓自己同時代的人不可能讀懂。當教會越發不顧一切地制止百姓提出那些會導致懷疑和動搖信仰的問題時，培根這種密碼寫作的把戲就變得越發普遍。

但教會這麼做並非出自任何惡意，也不是想要人保持無知。彼時促使人去獵捕異端的是一種十分善良的情感。他們堅定地相信——不，他們知道——今生是為死後那個我們會真實存在的世界做準備的。他們堅定相信，太多的知識會使人不安，會讓人的心靈充滿危險的見解，導致對信仰的懷疑，因此死後下地獄。一個中世紀的經院學者看見自己的學生偏離《聖經》和亞里斯多德所啟示的權威，跑去研究自己感興趣的事物，他會非常難受，就像慈母看見自己的孩子接近燒燙的火爐。她知道孩子如果去摸火爐，一定會燙傷手指，她要盡力把孩子拉回來，如果必要，她會使用暴力。但是她是真心愛這孩子，如果他願意聽話，她會竭盡所能對他好。同樣的，中世紀那些百姓靈魂的守護者，對所有關乎信仰的問題都非常嚴厲，日以繼夜地辛勞

中世紀人所想像的世界

付出，儘可能為信徒提供最好的服務。無論何時，只要他們做得到，他們都會伸出援手，當時的社會也顯示出成千上萬基督教的善男信女的影響力，他們努力使凡人的命運過得儘可能好一點。

農奴就是農奴，他的地位不會改變。但是，中世紀那位美善的上帝在允許農奴做一輩子奴隸的同時，也給了這個卑微的生命一個不朽的靈魂。因此，他的權利必須受到保護，讓他從生到死都是一個好基督徒。當他年老體衰無法工作時，他為之賣命的封建地主有責任照顧他。因此，農奴雖然過著單調又沉悶的生活，卻從來不必為明天擔心。他知道自己是「安全」的——他不會被解雇，他頭頂上永遠都會有一片遮風避雨的屋頂（也許會漏雨，但依舊是個屋頂），並且永遠都有東西吃，不會餓肚子。

這種「穩定」和「安全」的感覺遍布社會各個階層。在城鎮裡，商人和工匠建立各種同業公會，保障每位成員都有穩定的收入。公會不鼓勵雄心勃勃者幹得比他們的同行更好，它通常會保護那些得過且過的「懶人」。不過，他們在勞工階級中建立了一種普遍的滿足感和確定感，那種感覺在我們這個普遍競爭的時代是不存在的。中世紀已經很熟悉我們現代人所說的「壟斷」的危險，也就是一個有錢人掌控所有的穀物、肥皂或醃鯡魚，然後強迫世人必須按他定的價格購買。因此，權威當局會阻礙批發交易，並控制商人出售的商品的價格。

中世紀的人不喜歡競爭。當末日審判近在眼前，當財富會變得一文不值，當好農奴會進入天堂的金色大門，壞騎士會被送入地獄的最深處去苦修懺悔時，為什麼要競爭？為什麼要使世界充滿一群匆忙、敵對和互不相讓的人呢？

簡言之，中世紀的人被要求交出一部分思想和行動的自由，以使他們能從身體和靈魂的貧困中得享更大的安全感。

除了少數的例外，絕大部分的人都不反對這種要求。他們堅定地相信自己是這個行星的過客——他們之所以在這裡，是為一個更偉大又更重要的來生做準備。他們刻意轉身不看這個充滿了痛苦、邪惡和不公不義的世界。他們拉下百葉窗擋住陽光，以免自己閱讀《聖經．啟示錄》的注意力被分散，〈啟示錄〉告訴他們，天堂的光芒將在永恆中照亮他們的幸福。他們閉眼不看世界上絕大部分的歡樂，為的享受在不遠的將來等候他們的歡樂。他們接受人生是一種必經之惡，並且歡迎死亡，認為死亡是榮耀之日的開端。

古代的希臘人和羅馬人從來不苦惱未來，他們努力在這個塵世中建造自己的天堂。他們非常成功，讓那些碰巧沒有變成奴隸的公民過上了極其愉快的生活。接下來的中世紀走到另一個極端。中世紀的人給自己建立了一個位在九霄雲外的天堂，把這世界變成一個無論你是貴是賤，是富是貧，是智是愚都得待在其中的流淚谷[2]。現在，該是鐘擺往回擺向另一端了，我會在下一章告訴你的。

2　這是一個基督教術語，指的是人生的苦難，一個人唯有在離世進入天堂時，才脫離這個流淚谷。這詞取自〈詩篇〉八十四篇第六節：「他們經過流淚谷，叫這谷變為泉源之地，並有秋雨之福蓋滿了全谷。」

38 中世紀的貿易

十字軍如何再次將地中海變成繁忙的貿易中心，以及義大利半島上的城市如何變成亞洲和非洲商品的重要集散地？

在中世紀晚期，義大利的城市能率先重獲重要地位，有三個很好的原因。首先，羅馬很早就底定了義大利半島，這使義大利比歐洲其他地區擁有更多的道路、城鎮和學校。

蠻族在歐洲各地大肆燒殺劫掠，在義大利也一樣，但是義大利有太多東西，因此，雖然毀得多但存留下來的也還很多。其次，教宗住在義大利，身為一個龐大政治機器的首腦，他擁有土地、農奴、房舍、森林、河流，他還管理指揮法院，這使他能持續不斷收到大量的金錢。面對教宗的權威，就像面對威尼斯與熱那亞的船東和商人一樣，必須支付金銀。歐洲北部和西部各地，都得先把牛、馬、雞蛋並所有的農產品兌換成實際的金銀，才能向遙遠的羅馬城納貢還債。

這使義大利在相較之下成為金銀充裕的地區。最後，在十字軍東征期間，義大利的城市成為十字軍的交通轉運的樞紐，賺取了令人難以相信的暴利。

十字軍東征結束後，這些義大利城市依舊是東方商品的集散和轉運中心，歐洲人民在近東

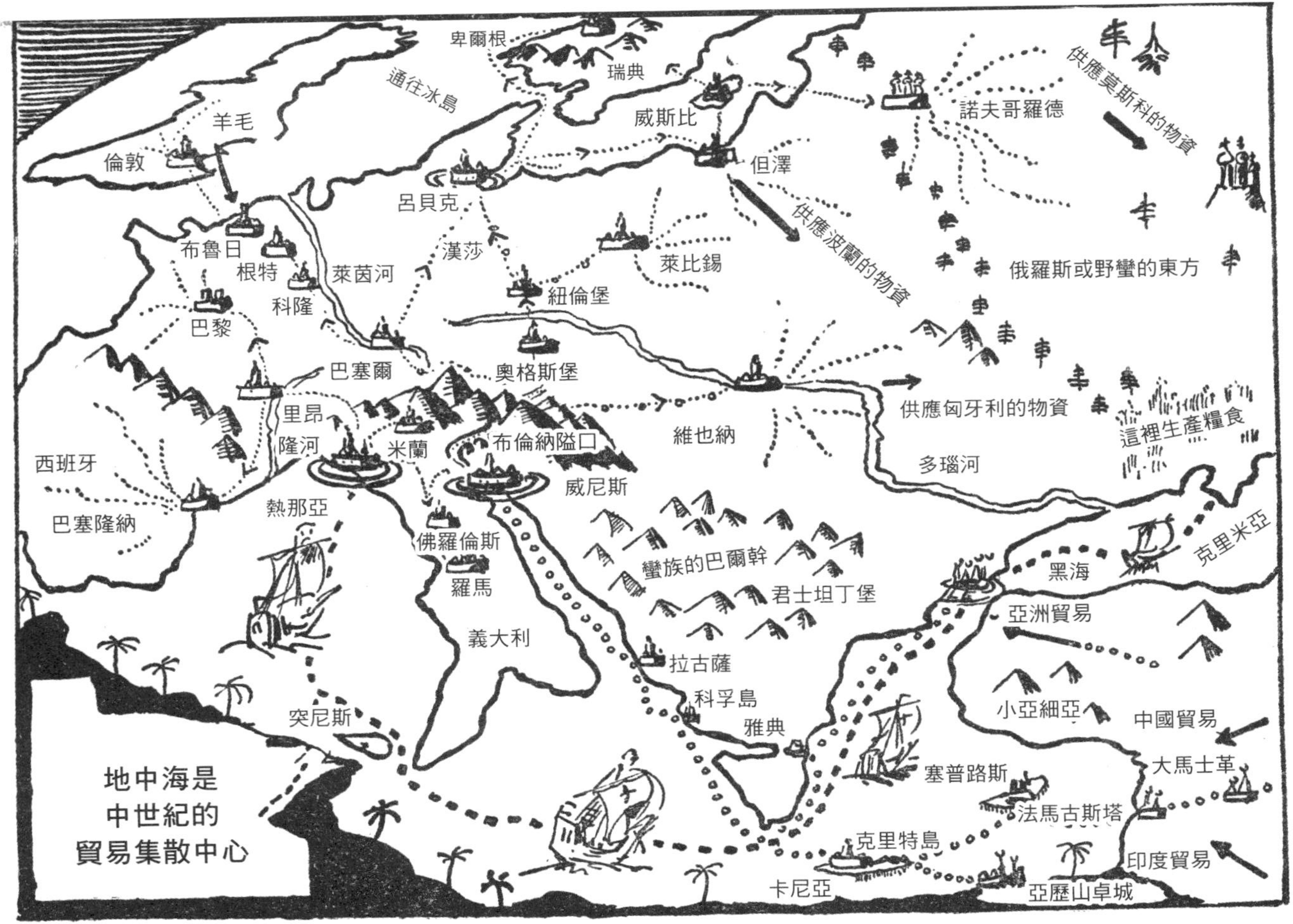
地中海是
中世紀的
貿易集散中心
卑爾根
通往冰島
瑞典
羊毛
倫敦
威斯比
諾夫哥羅德
供應莫斯科的物資
但澤
呂貝克
布魯日
根特
萊茵河
漢莎
供應波蘭的物資
萊比錫
科隆
紐倫堡
俄羅斯或野蠻的東方
巴黎
巴塞爾
奧格斯堡
里昂
供應匈牙利的物資
這裡生產糧食
隆河
米蘭
布倫納隘口
維也納
西班牙
多瑙河
威尼斯
巴塞隆納
熱那亞
佛羅倫斯
蠻族的巴爾幹
君士坦丁堡
羅馬
黑海
克里米亞
亞洲貿易
義大利
拉古薩
科孚島
小亞細亞
中國貿易
突尼斯
雅典
大馬士革
塞普路斯
法馬古斯塔
克里特島
印度貿易
卡尼亞
亞歷山卓城

中世紀的貿易

地區駐留的那段時間，變得喜愛依賴那些器物了。

這些城市當中，最有名的是威尼斯。威尼斯是一個建在泥岸上的共和國。該地的居民是在西元四世紀蠻族入侵歐洲大陸時，從內陸逃過來的。威尼斯四面環海，居民經營製鹽生意。食鹽在中世紀十分珍貴，價格也很高昂。數百年來，威尼斯一直享受著壟斷這種日用飲食必須品的獨門生意（我說食鹽不可或缺，是因為人若不攝取足夠的食鹽，就會生病，羊也一樣）。威尼斯人也利用這項獨門生意來增強自己城市的力量。有時候，他們甚至敢藐視教宗的權威。威尼斯富裕起來以後，開始建造船隊，與東方世界進行貿易。在十字軍東征期間，這些船隻通常用來把戰士運送到聖地，當乘客無法用現金支付高額的船票時，威尼斯人要求他們幫忙打個仗，於是，威尼斯人在愛琴海、小亞細亞和埃及的殖民地便一直不斷增加。

等到十四世紀結束，威尼斯的人口已經成長到了二十萬，成為中世紀歐洲最大的城市。政府管理屬於極少數富商家族的私人事務，普通市民對政府毫無置喙餘地。這些家族會選出一個參議院和一位公爵，但城市的實際統治者是著名的「十人議會」——他們仰賴一個組織嚴密的特務系統和職業殺手來維持自己的統治地位，該議會監視所有的市民，若有人對高壓專制的「公共安全委員會」造成危險，就會被暗暗除掉。

與此相對的另一個極端，是佛羅倫斯的政府，那是一個非常不穩定的民主體制。佛羅倫斯控制了歐洲北部通往羅馬的主要道路，並由這幸運又有利可圖的地理位置，賺進大筆金錢，然後投入製造業。佛羅倫斯人嘗試效法雅典的政體，貴族、教士和公會成員全都可以參與公共事務的討論。這導致了極大的市民動盪。人民永遠因為政黨派系而分裂，彼此傾軋惡鬥，一旦在議會中取得勝利，就把對手流放，沒收對手財產。這種組織化的暴民統治持續了好幾個世紀，然後，不可避免的結果發生了。一個強而有力的家族成為該城的統治者，以古希臘「專制暴君」的方式統治佛羅倫斯並其鄰近地區。他們就是梅迪奇家族。這個家族最早是醫生（醫生一詞的拉丁文是「medicus」，這個家族因此得名），後來變成了銀行家。他們家族在所有重要的貿易中心城鎮裡都設立了銀行和當鋪。直到今天，美國的當鋪還可以看見梅迪奇家族的三顆金球的標誌。這個家族不但成為佛羅倫斯的統治者，並且和王室通婚，將他們的女兒嫁給法蘭西國王。他們死後所埋葬的墳墓，堪與羅馬的皇陵媲美。

再來是威尼斯的強大對手熱那亞，他們的商人專門和非洲的突尼斯以及黑海的穀物站做交易。此外義大利半島上還有二百多個城市，有大有小，各自都是一個完整的商業單位，全都和鄰城競爭，和對手交戰，彼此永遠憎恨對方剝奪了自己的利益。

東方和非洲的產品一旦被運到這些集散中心，就必須做好轉運到西部或北部地方的準備。熱那亞經由水路把貨物送到馬賽，在馬賽重新裝船，送往隆河沿岸的城市，這些城市是法蘭西北部和西部的商貿市集。

威尼斯用陸路將商品運往歐洲北部。這條古道穿過蠻族入侵義大利的門戶——布倫納隘口。貨物經過因斯布魯克（Innsbruck）送到巴塞爾（Basel）。從巴塞爾順萊茵河而下，前往北海和英格蘭，或把貨物送往奧格斯堡（Augsburg），由該地的富格爾（Fugger）家族（他們既是銀行家也是製造商，藉由苛扣工人工資發了大財）接手，將貨物分送到紐倫堡、萊比錫、波羅的海的各城市和哥特蘭島（Island of Gotland）上的威斯比（Wisby）。而威斯比負責滿足波羅的海北部的需求，並和俄羅斯的古老商業中心諾夫哥羅德共和國（Republic of Novgorod）直接交易，該共和國在十六世紀中葉被沙皇恐怖伊凡（Ivan the Terrible）所滅。

歐洲西北部沿海的許多小城市也有自己的有趣故事。中世紀的人吃相當多的魚，因為當時有許多不允許人吃肉的齋戒日。那些居住在遠離海邊和河流的人，齋戒日意味著只能吃蛋或什麼都沒得吃。不過，在十三世紀初期，有個荷蘭漁夫發現了醃製鯡魚的方法，如此一來，鯡魚就可以運送到遠一點的地方。於是，北海的鯡魚撈捕業變得十分重要。不過，就在十三世紀的某一年，這些有用的小魚從北海遷移到了波羅的海（原因只有它們自己知道），讓這片內海的沿岸城市也開始賺起錢來。全歐洲的漁船這下都開到波羅的海去捕鯡魚，因為這種魚每年只有特定的幾個月能夠捕撈到（其餘的時間鯡魚會待在深海中，繁殖大量的小鯡魚），那些捕魚船如果不想在捕魚淡季無所事事，他們就得找另一份工作。於是，他們把船用來裝載俄羅斯北部和中部地區生產的小麥，運到歐洲南部和西部去。回程時，他們會從威尼斯和熱那亞購買香料、絲綢、地毯和東方的小地毯，運到布魯日、漢堡和不來梅。

俄羅斯大諾夫哥羅德

從這麼簡單的開始，歐洲發展出了一個重要的國際貿易體系，從製造業城市布魯日和根特（Ghent，此地強大的公會曾和法蘭西國王以及英格蘭君主的軍隊激烈交戰，最後建立了一個勞工暴政，這暴政徹底毀了雇主和工人），一直延伸到俄羅斯北部的諾夫哥羅德共和國。大諾夫哥羅德是個強大的城市，直到不信任所有商人的沙皇伊凡當政，他攻占這座城市後，不到一個月內就殺了六萬人，倖存者全都淪為乞丐。

北方城市的商人為了保護自己對抗海盜、高額過路費和惱人的法律困擾，建立了一個稱為「漢莎」（Hansa）的貿易保護同盟。由一百多個城市自願組成的漢莎，總部設在盧貝克（Lubeck）。漢莎同盟擁有自己的海軍，執行海上巡邏，當英格蘭和丹麥的國王膽敢干涉強大的漢莎同盟商人的權利和特權時，雙方直接開戰，並由漢莎的海軍取得了勝利。

我真希望自己還有更多篇幅，可以告訴你一些這場奇特的貿易旅程的各種奇妙故事。它們在重重危險中越過高山，渡過大海，每一趟航行都成為一場光榮的冒險。但是，這需要寫好幾本書才行，在這裡無法一一述盡。

此外，我希望自己已經對你說了足夠多的有關中世紀的事，能激起你的好奇心，自己去閱讀更多傑出的著作。

正如我嘗試向你表明的，中世紀是個進步非常緩慢的時期。那些掌握權力的人相信「進步」是魔鬼的一項非常不受歡迎的發明，必須加以抑制。由於他們正好占據著掌握大權的位置，於是很容易把自己的想法強加在順服的農奴和目不識丁的騎士身上。偶爾，會有幾個勇敢的人冒險闖入那片稱為科學的禁地，但是他們很難有成果，這些人如果能夠保住性命並逃過二十年的牢獄之災，就被認為非常幸運了。

在第十二和十三世紀橫掃西歐的國際貿易浪潮，就像尼羅河曾經橫掃古埃及的河谷地區，留下一片得以繁榮的肥沃土壤。繁榮意味著有空閒的時間，而這些閒置時間給男男女女機會去購買手抄本來閱讀，並培養對文學、藝術和音樂的興趣。

於是，世界再度充滿了神聖的好奇心，那好奇心曾使人類從其他哺乳類動物當中脫穎而出，那些哺乳類動物是他的遠親，依舊不會說話。在上一章，我已經告訴你城市的成長和發展，城市給那些勇敢的先驅者提供了一個安全的避難所，他們勇於脫離事物既定規則的狹窄領域。

他們著手工作，打開他們隱居的修道院和小書房的窗戶。陽光如潮水一般湧入那些布滿塵埃的房間，讓他們看見在長年的陰暗中屋裡集結的許多蜘蛛網。

他們開始打掃屋子。接著他們清理花園。

然後，他們去到開闊的田野，越過碎裂的

漢莎的船艦

城牆，說：「這是個美好的世界。我們很高興自己生活在其中。」

在那一刻，中世紀結束了，一個嶄新的世界開始了。

39 文藝復興

人們再一次敢於單純地為活著感到快樂。他們努力挽救羅馬和希臘遺留下來的，更古老也更讓人喜愛的文明。他們對自己的成就十分自豪，稱之為「文藝復興」或文明的重生。

「文藝復興」不是一場政治或宗教運動，而是一種精神狀態。

文藝復興時期的人依舊是教會這位母親的乖孩子，是國王、君主和公爵的臣屬，並無怨言。但是他們對生活的看法改變了。他們開始穿不同的衣服、說不同的語言——在不同的房子裡過著不一樣的生活。

他們不再把所有的想法和精力，全灌注在天堂裡等候他們的幸福生活。他們嘗試在這世上建立自己的天堂，坦白說，他們做的非常成功。

我不止一次告誡你們要小心歷史日期中隱藏的陷阱。人們總是太注意日期那幾個數字。他們把中世紀視為一段黑暗與無知的時期。彷彿時鐘「滴答」一聲，文藝復興就開始了，城市和宮殿登時沐浴在熱切求知又好奇的燦爛陽光中。

事實上，我們不可能畫出如此明確的界線。所有的歷史學家都認可，十三世紀確實屬於中世紀。但它僅僅是黑暗與停滯的時期嗎？絕對不是！當時的人可活躍得很。他們建立了偉大的國家，發展了規模龐大的商業中心。在城堡的塔樓以及市政廳的尖頂背後，冒出了新建的哥德大教堂的細長塔尖。世界的每個角落都生機勃勃。市政廳內那些位高權重的先生們，（藉由新近獲取的大量財富）開始意識到自己的力量，也開始和他們的封建領主鬥爭好取得更多的權力。公會成員也開始注意到「人多勢眾」這個重要的事實，並和市政廳那些位高權重的紳士們對抗。國王與他老謀深算的顧問們也趁這趟渾水逮到了不少「好魚」，並當著吃驚又失望的議員和公會成員面前「大肆享用」起來。

入夜後，一切政治、經濟紛爭止於昏暈的路燈，為了度過漫長無趣的黑夜，吟遊詩人和民謠歌手講起了故事、唱起了歌謠。他們歌頌讚美著浪漫愛情、冒險精神、英勇行為以及對淑女們的忠貞。與此同時，年輕人沒有耐心等待緩慢成長，紛紛投身大學之中，也因此又有了另一個故事。

中世紀十分具有「國際性思維」。這聽起來有點難懂，且聽我細細道來。我們現代人其實是「國家性思維」。我們是美國人、英國人、法國人或義大利人，說的是英文、法文或義大利文，上的是英國大學、法國大學或者是義大利大學。除非我們要學的某項專業只能在異地完成，那麼我們會另學一門外語，再前往慕尼克、馬德里或莫斯科求學。可是生活在十三或十四世紀的人，很少稱自己是英國人、法國人或義大利人。他們一般會說：「我是雪菲爾人（Sheffield）或波多爾人或熱那亞人。」因為他們都同屬一個教會，彼此間具有一種兄弟的情誼。並且，由於所有受過教育的人都會說拉丁語，這使他們擁有一種國際語言，不用像現代歐洲一樣受到愚蠢的語言限制，語言的壁壘給小國帶來了許多劣勢。以十六世紀來自荷蘭一個小村莊的伊拉斯謨為例，他是個偉大的傳道者，宣揚寬容和歡笑。他所有的著作都用拉丁文寫成，全世界的人都是他的讀者。假如他生活在現代，他會用荷蘭文寫作，那麼，就只有五六百萬人能夠讀懂他的作品。如果歐洲其它國家或美國的人想看他的書，出版商就不得不把書翻譯成二十種不同的語言。這得花很大一筆成本，很可能根本不會有出版商願意惹這個麻煩或擔這種風險。

六百年前根本不會發生這樣的事。當時大部分人還很無知，沒有讀寫能力。那些能掌握鵝毛筆的書寫技藝之人，全屬於同一個知識王國，這個王國涵蓋整個歐洲大陸，沒有疆界，他們彼此間完全不存在語言或國籍的限制。大學就是這個共和國的堡壘。與現代軍事要塞不同的是，它不需要建在前線。只要有一個老師和幾個學生湊在一起，便是一所大學。在這一點上，中世紀和文藝復興時期再次與我們的時代不同。現今要成立一所大學，過程（幾乎一成不變）如下：某個有錢人想給自己居住的社區做點貢獻，或某個特定宗教機構想要辦一所學校，讓有信仰的孩子能獲得更合適的監督，或某個州需要醫生、律師和老師。大學始於一大筆存在銀行的巨款。這些錢用來興建教學樓、實驗室以及學生宿舍。最後，招聘專業教師，實施學生入學考試，大學就辦起來了。

但在中世紀，大學的成立方式不同。一位睿智的人自言自語說：「我發現了一個偉大的真理，我必須將我的知識傳授給其他人。」於是，無論何時何地，只要有幾個人願意聽他講，他就開始宣講他的知識，就像現代街頭的即興演說家。如果他說得很有趣，觀眾就會聚過來駐足聆聽。如果他說得沉悶乏味，路人則聳聳肩並離去。

不久之後，有些年輕人開始固定前往聆聽這位偉大教師的智慧言語。他們帶著習字薄、一小瓶墨水和鵝毛筆，把重要的內容記下來。有一天，下起了雨，老師和學生一同撤到空置的地下室或「教授」的家中。學者坐在椅子上，學生都席地而坐。這便是大學的起源。拉丁文的

「universitas」（大學）一詞，意指中世紀時教授和學生組成的團體，當「教師」是一切的核心時，他在什麼建築物裡教學並不重要。

讓我給你們舉個發生在第九世紀的例子吧。在那不勒斯附近的薩勒諾（Salerno）小鎮住著幾個傑出的醫生。他們吸引了一大群渴望投身醫職的學生，於是就有了存在將近千年（直到一八一七年）的薩勒諾大學，大學裡講授的是希臘名醫希波克拉底（Hippocrates）的理論，他在西元前第五世紀就在古希臘行醫。

然後還有來自布列塔尼（Brittany）的年輕神父阿伯拉德（Abelard），他在十二世紀初期就開始在巴黎講授神學和邏輯學。數以千計渴望求學的年輕人湧上巴黎去聽他的講座。其他不同意他說法的神父也站出來表達自己的觀點。巴黎瞬間擠滿了喧鬧的英國人、德國人、義大利人和來自瑞典和匈牙利的學生。於是，著名的巴黎大學在塞納河中的一座小島上，環繞著一座老教堂成長起來。在義大利的波隆那，一位名叫格拉提安（Gratian）的修士為那些需要了解教會律法的人編了一本教材。於是許多年輕的神父與普通信徒從歐洲各地前往義大利，學習格拉提安的理念。為了保護自己不受城中地主、小客棧老闆和房東太太的欺壓，他們組織成立了一個互助會（或可稱為大學），這便是波隆那大學的起源。

中世紀的實驗室

接下來是一場發生在巴黎大學的爭辯。我們不清楚事情的起因，但一群心懷不滿的老師帶著他們的學生渡過海峽，在泰晤士河邊一個名叫牛津的小鎮建立了溫暖的家，就這樣，聲名顯赫的牛津大學誕生了。同樣的，一二二二年時波隆那大學也鬧了分裂。一群不滿意的老師同樣帶著自己的學生出走帕多瓦，這座驕傲的城市於是擁有了一所他們自己引以為傲的大學。這種情況持續發生，從西班牙的巴利亞多利德（Valladolid）到遙遠波蘭的克拉科夫（Cracow），再從法蘭西的普瓦捷（Poitiers）一直到日耳曼的羅斯托克（Rostock）。

的確，這些早期的教授講授的課程，在我們受過對數與幾何原理訓練的耳朵聽來，有些荒謬。不過，我想表達的重點是——中世紀，尤其是十三世紀，並不是完全靜止的。年輕的一代充滿活力和熱情，即便有些害羞也無法阻止他們的求知欲。文藝復興正是誕生於這樣的騷動中。

就在中世紀的世界即將閉幕之時，一個孤單的身影登上了舞臺，這號人物的故事你不可不知，他就是但丁。但丁出生於一二六五年，是佛羅倫斯的阿利基爾利（Alighieri）家族一名律師的兒子。他在祖輩們生活的城市長大，那時喬托（Giotto）正在聖十字大教堂的牆上畫著阿西西的聖方濟各（St. Francis of Assisi）的生平故事。但是，在但丁上學路上，他經常滿眼驚恐地看著路上一灘灘的鮮血，那是教宗追隨者歸爾夫（Guelphs）派以及保皇派吉柏林（Ghibellines）之間沒完沒了的殘酷鬥爭所留下的。

但丁長大後成了歸爾夫派，因為他父親是這一派，這就像美國少年會因為父親的政治選擇而決定自己將來加入民主黨還是共和黨一樣。但是數年之後，但丁意識到，義大利除非統一在一個領導者之下，否則上千個小城市彼此的紛亂嫉妒將使它受害並毀滅。於是他轉投吉柏林派。

他翻越阿爾卑斯山尋求幫助，希望有位強大的皇帝能夠重新統一義大利並重建秩序。可惜的是，他的希望落空了。吉柏林派於一八〇二年被驅逐出佛羅倫斯。從那時起，但丁就是個無家可歸的流浪漢，依靠富有的贊助人施捨的麵包維生，直到一三二一年在拉維納（Ravenna）的陰暗廢墟中死去為止。那些贊助人的名字本來會被歷史遺忘，卻因為他們對一位悲慘詩人的善行而得以流傳。作為家鄉的政治領袖，即便流亡多年，但丁還是認為有必要為自己並自己的行為辯護。他終日游走在阿諾（Arno）河岸兩側，期待能夠再偷偷看一眼美麗的貝緹麗彩・波爾蒂納里（Beatrice Portinari），殊不知她早已嫁為人妻，並在吉柏林災難發生十多年前就已離開人世。

但丁在雄心勃勃的事業上一敗塗地，雖然對自己生長的城市一片忠誠，但在一個腐敗的法庭面前，他被控盜用公款並判有罪，他若膽敢踏進佛羅倫斯一步，將被活活燒死。為了安撫自己的良心，並在同時代人面前證明自己的清白，他創造了一個幻想世界，用極其詳盡的語言描述了自己慘敗的原因，還勾勒出是怎樣的貪婪、欲望以及仇恨，使他深愛的義大利，從一個美好的國家，變成了狠毒自私的暴君手下那些無情傭兵的戰場。

文藝復興

但丁告訴我們，他如何在一三〇〇年復活節前的星期四，在濃密的森林中迷失了方向，又發現如何被花豹、獅子和狼擋住了去路。正當他準備放棄等死時，樹叢中出現一個白色的身影。那是羅馬詩人和哲學家維吉爾（Virgil），受到聖母瑪利亞和貝緹麗彩的囑託，前來拯救他，因為貝緹麗彩一直在高高的天堂裡守護著她的真愛。於是維吉爾帶領但丁穿越了煉獄和地獄。這條路領著他們越走越深，最後到達了地獄最深處，撒旦在那裡被凍結在永恆的堅冰中，周圍全是最可怕的罪人、叛徒和騙子，以及那些憑藉謊言和欺騙獲得名譽和成就的人。但在兩位漫遊者到達這可怕的現場之前，但丁一路上陸續遇到了許多在他深愛的佛羅倫斯的歷史上，起過作用的形形色色的人。皇帝、教宗、勇敢的騎士、怨聲載道的高利貸，全都在那裡，有人注定遭到永恆的懲罰，有人等著救贖的日子，離開煉獄進入天堂。

這是一個很古怪的故事，是一本涵蓋了十三世紀的人所做、所感、所懼怕、所嚮往的一切事物的手冊。那位孤獨的佛羅倫斯流放者貫穿全書，永遠無法擺脫自己絕望的陰影。

看哪！當死亡的大門正在中世紀悲劇詩人面前關上時，生命之門卻向一位孩童敞開。他是文藝復興的第一人，阿雷佐（Arezzo）小鎮公證人的兒子，佩脫拉克（Francesco Petrarca）。

佩脫拉克的父親和但丁隸屬同一黨派，也同樣遭到了驅逐，因此佩脫拉克並非在佛羅倫斯出生。他十二歲的時候被送去法國的蒙佩利爾（Montpellier）學習，以便日後能像他父親一樣成為一名律師。但是這名少年不想當法學家，他厭惡法律。他想當一名學者或詩人；因為想當學者或詩人的願望遠超過一切，就像所有意志堅強的人一樣，他做到了。他開始長途旅行，在法蘭德斯，在萊茵河沿岸的修道院，在巴黎，在列日（Liege），最後在羅馬，沿途抄寫手稿。隨後他在沃克呂茲（Vaucluse）山區一個孤寂的山谷中定居，潛心研讀和寫作，沒過多久，他便因詩歌和學識而聲名遠播，巴黎大學和那不勒斯的國王都邀請他去教授他們的學生和臣民。前去上任的路上，他必須經過羅馬。當地的人民早就聽過他的名聲，知道他是那些快要被遺忘的羅馬作家作品的編輯者。他們決定授予他最高的榮譽，在帝國首都古老的論壇上，佩脫拉克戴上了詩人的桂冠。

從那一刻起，他的人生就是一場沒有止盡的讚譽。他的作品是人們最想聽的。大家受夠了神學爭論。可憐的但丁想在地獄裡漫遊多久就多久，佩脫拉克描寫的是愛、是大自然、是陽光，他隻字不提上個世代積攢已久的陰暗事物。當佩脫拉克來到一座城市，當地的居民爭相前往迎接他，他所受到的歡迎就像凱旋歸來的英雄。如果他碰巧還帶著自己的忘年之交，擅長說故事的薄伽丘（Boccaccio），那就更好了。他們都是生逢其時，對一切充滿好奇，願意閱讀任何東西，願意一頭扎進被人遺忘的、灰塵滿布的圖書館中，只為尋找維吉爾、奧維德（Ovid）、盧克萊修（Lucrece）或任何一份古老拉丁詩歌的手抄本。他們是虔誠的基督徒，那是當然的！每個人都是。但這不表示因為你知道自己會死，就要不管去哪裡都板著臉，穿著骯髒的大衣。生活是美好的，人們有權感到幸福。你想要證明這一點？很好。拿起鏟子朝地上挖，你能挖到什麼？美麗的老雕塑、老花瓶，以及古代建築的遺跡。這一切，都出自有史以來最偉大的帝國人民之手。他們統治這個世界長達上千年。他們強壯、富有而且俊美（光看奧古斯都大帝的半身雕塑就知道）。當然，他們並不是基督徒，也不可能進入天堂。

但丁

他們最多只能在煉獄裡打發時光，但丁才剛剛拜訪過他們。

但誰在乎？能夠在古羅馬生活，對任何一個凡人來說都堪比天堂。無論如何，生命只有一次。讓我們單純地為存在感到快樂和歡欣。

所以，長話短說，當時許多義大利小城窄小蜿蜒的街道上，都充滿這樣的精神。

你一定懂我們所說的「自行車熱」或「汽車熱」。有人發明了自行車。過去的成千上萬年來，人只能緩慢又苦痛地從一個地方去到另一個地方，當意識到能靠自行車輪輕鬆又迅速地翻山越嶺，不由得為之「瘋狂」。隨後，一位聰明的機械工製造出了第一輛汽車。從此以後再也不用「踏踏踏」了。你只要坐在車內，剩下的就交幾滴汽油去幹吧。於是，每個人都想擁有一輛汽車。每個人談的都是勞斯萊斯、福特汽車、化油器、里程和汽油。探險家深入未知國家的腹地，他們可能找到汽油的替代品。在蘇門答臘和剛果發現了能提供我們橡膠的森林。橡膠和石油是如此珍貴，人們為了占有資源而開戰。全世界都為汽車而瘋狂，嬰孩學會叫「爸爸」、「媽媽」之前先學會說「汽車」。

在十四世紀，義大利人為新發現的、掩埋在地下的羅馬世界的美而瘋狂。隨即，整個西歐的人民都被這種熱情所感染。一本未知手稿的發現，足以成為一個城市訂定假日的理由。寫出一本文法書的人，像現今發明新火星塞的人一樣受歡迎。花費時間和精力研究「人」或人類（而不是把時間浪費在毫無成果的神學研究上）的人文主義學者，所受到的尊敬和推崇，遠勝剛剛征服了所有食人島的英雄。

在這場文化巨變的過程中，有一件事對古代哲學和作家的研究十分有利。土耳其人再次攻擊了歐洲。古羅馬帝國最後殘存的首都君士坦丁堡受到了重創。一三九三年，當時的皇帝曼努埃爾二世（Manuel Paleologue）派艾曼紐爾．赫里索格拉斯（Emmanuel Chrysoloras）前往西歐，去解釋古老拜占庭的危急景況，並請求救援。無人伸出援手。羅馬天主教廷巴不得看見希臘正教那幫邪惡的異端者遭到懲罰。但無論西歐對拜占庭的命運多麼漠不關心，他們還是對古希臘人抱有濃厚的興趣，正是古希臘殖民者在特洛伊戰爭發生十個世紀之後，在博斯普魯斯（Bosphorus）海峽邊上建立了這個城市。他們想學希臘文，以便閱讀亞里斯多德、荷馬或柏拉圖。他們迫切想學這門語言，卻苦於沒有課本、不懂文法以及沒有老師。佛羅倫斯的行政長官聽聞赫里索洛拉斯的到來，城中百姓「瘋狂想學希臘文」。他願意教他們嗎？他願意。看哪！城中數以百計的好學青年迎來了第一位希臘文教授，從字母阿爾發（α）、貝塔（β）、伽馬（γ）開始學起。這些青年人歷盡艱辛來到了阿諾（Arno）城，湊合住在馬廄或者是陰暗的閣樓，只為夜晚能夠學習動詞的變格，以便能和索福克勒斯及荷馬直接往來。

與此同時，那些老經院學者還在教授他們古老的神學和過時的邏輯學；向學生解釋《舊約聖經》所隱藏的祕密，和探討著亞里斯多德那從希臘文譯成阿拉伯文，又從阿拉伯文譯成西班牙文，最後翻譯成拉丁文的著作中的奇怪科學，他們抱著沮喪和恐懼觀看著所發生的一切，接著勃然大怒。這事發展得太過分了。年輕人拋棄建立好的大學講堂，紛紛轉投鼓吹「文明重生」、奇思怪想、離經叛道的「人文主義學者」的懷抱。

他們跑到當權者那裡告狀。但是，正如牛不喝水無法強按頭，人沒興趣也無法強迫他們聽講。這些經院學者逐漸失去影響力，只能偶爾獲得短暫的勝利。於是，他們和宗教狂熱份子聯手，這些狂熱份子不知幸福快樂為何物，也見不得人享受幸福快樂。在「偉大復興」之中心的佛羅倫斯，新舊秩序之間打了一場可怕的大戰。一名面容陰沉，憎恨一切美好事物的道明會

（Dominican）修士薩佛納洛拉（Savonarola）是中世紀舊價值的領袖。他打了一場英勇的戰役。他日復一日在聖母百花教堂（Santa Maria del Fiore）寬敞的大廳中高喊著上帝的聖怒。「懺悔吧」，他呼喊著：「為你們的不信上帝懺悔，為你喜愛不聖潔的事物懺悔吧！」他開始出現幻聽，看見燃燒的劍紛紛劃過天際。他開始向孩童傳道，以防他們踏上那些將他們的父輩領往地獄的錯誤道路。他組織了許多童子軍，致力於服事偉大的上帝，並自稱是上帝的先知。在這突如其來的狂怒之下，嚇壞了的人民答應為自己熱愛美與歡愉的罪行懺悔。他們把家中的書、畫和雕像搬到廣場上，舉行一場狂野的「虛榮的狂歡節」，高唱聖歌，卻跳著最不聖潔的舞蹈，與此同時，薩佛納洛拉一把火燒掉了這些堆積起來的珍寶。

等到灰燼冷卻後，人們才意識到自己的損失。這場可怕的狂熱使他們摧毀了自己最珍愛的東西。他們轉而攻擊薩佛納洛拉，將他投入監獄。他在獄中遭到折磨，卻拒絕為自己的任何作為懺悔。他是個誠實人，努力過著聖潔的生活，樂於把所有和他觀念相左的人都消滅掉。他的責任是剷除一切他所發現的邪惡。在這位教會的忠誠之子眼中，對異教書籍和異教之美的喜愛都是邪惡的。他在為一個已經消逝和死亡的時代戰鬥，但是他孤立無援。羅馬的教宗甚至沒花一絲力氣去救他。相反的，當群眾把薩佛納洛拉拖上絞架吊死，並在大聲歡呼雀躍中焚燒他的屍體時，教宗還贊許他這些「虔誠的佛羅倫斯市民」。

這個結局很悲傷，但是無法避免。在十一世紀，薩佛納洛拉會成為一個偉人。在十五世紀，他只是一個事件的失敗領袖。無論是好是壞，當教宗變成人文主義者，當梵蒂岡變成羅馬和希臘文物最為重要的博物館時，中世紀也終於壽終正寢。

40 表達的時代

人們對生活樂趣的全新認識有了表達的需求。他們通過詩歌、雕塑、建築、繪畫以及自己印刷的書籍來表達內心的喜悅。

一四七一年，一位虔誠的老人去世了，在他長達九十一年的生命中，有七十二年是在茲沃勒（Zwolle）小城附近聖阿格尼斯山（Mount St. Agnes）修道院隱蔽的高牆內度過的，該城是古老的荷蘭漢薩同盟城市，位於伊瑟（Ysel）河畔。老人被稱為「湯瑪斯弟兄」[1]（Brother Thomas），又因為他出生於坎普滕（Kempen）村，於是也稱他「坎普滕的湯瑪斯」。他在十二歲時被送到德文特（Deventer）的「共同生活弟兄會」。這個弟兄會是格哈特．格魯特

1 在基督教教會中，彼此稱呼「弟兄姊妹」而不說「兄弟姊妹」，原因如下：中文聖經《官話和合本》是最早廣為流通之白話文聖經，華語教會許多術語或習慣用語也因它確立。若查考其《舊約》當中的「弟兄」「兄弟」「哥哥」等詞語的希伯來原文，其實是同一個字，這個字可以是很廣義的指「同伴、夥伴、同宗族的人、同信仰者」，也可以狹義地指有血親關係的「兄弟」。《官話和合本》翻譯時的原則是：（一）作複數時，不論廣義狹義一律譯作「弟兄」（例如〈出埃及記〉第二章十一節），（二）作單數時，無血親關係者仍譯作「弟兄」，有血親關係者譯作「兄弟」（例如〈創世記〉三十七章二十六到二十七節，四十二章三十四節，四十三章十三到十四節）。《新約》也沿用這些翻譯法則。

（Gerhard Groote）創建的，他是巴黎大學、科隆大學以及布拉格大學的傑出畢業生，以周遊各地傳教聞名。良善的弟兄們都是謙卑的一般信徒，過著早期基督徒儉樸的生活，以木工、油漆工、蓋房的普通技藝謀生。他們開辦了非常出色的學校，讓窮苦人家的孩子也擁有追隨教會睿智神父學習的機會。就在這所學校，小湯瑪斯學會了拉丁動詞文法的變化以及如何謄寫手稿。隨後，他宣誓當修士，然後背起自己的一捆書，漫遊到了茲沃勒，到了修道院，他長舒一口氣，將那個躁動不安、自己毫無興趣的大千世界，關在了門外。

湯瑪斯生活在一個充斥著混亂、瘟疫並死亡會突如其來的時代。在中歐的波西米亞（Bohemia），約翰．胡斯（Johannes [John] Huss）的忠誠追隨者為了給他們深愛的領袖報仇，發動了一場可怕的戰爭。胡斯是英國的宗教改革領袖約翰．威克利夫（John Wycliffe）的朋友與追隨者。當時，康士坦茨大公會議（Council of Constance）承諾，只要胡斯願意前來瑞士，向聚在一起有意改革教會的教宗、皇帝、二十三位紅衣主教、三十三位大主教和主教、一百五十位修道院長，以及一百多位王子與公爵，闡述他的教義，大公會議將保證他的安全。但是胡斯來了之後，會議就下令將他燒死在火刑柱上。

在西歐地區，法蘭西為了把英格蘭人從自己的領土上驅逐出去，已經打了一百多年的仗，幸好聖女貞德出現，才把法蘭西從徹底失敗中拯救出來。這邊戰事才平，法蘭西又為了爭奪西歐的主導權，和勃艮第展開了一場生死之戰。

在南方，羅馬的教宗正在祈求上帝懲罰住在法國南部亞維儂（Avignon）的另一位教宗，後者也以同樣方式回敬對方。在遠東，土耳其人正在摧毀羅馬帝國最後的殘跡，而俄羅斯人也發動了最後一次宗教戰爭，要摧毀他們韃靼主子的勢力。

但是湯瑪斯弟兄在安靜的小房間內，對外界發生的事一無所知。只要有手稿和自己的想法，他就心滿意足了。他把自己對上帝的愛傾注在一本小冊子裡。他把這本書稱為《遵主聖範》（*Imitation of Christ*，或譯《效法基督》）。除了《聖經》以外，它是被翻譯成最多語言的書籍，其讀者的數量也能媲美《聖經》。它影響了數以百萬計的人的生命。而完成這本書的人，對人生的最高理想，是這樣一個簡單的願望——「他只想每天捧著一小本書安靜地坐在一個小角落裡」。

善良的湯瑪斯弟兄代表著中世紀最為純真的理想。在文藝復興大勝之勢力的團團包圍下，並人文主義者大聲宣告新時代的到來的氛圍中，中世紀也積攢力量準備做出最後一擊。修道院經歷了改革，修士放棄了奢華的生活與惡習。單純、率直、誠實的人，試圖以自己無可挑剔的虔誠生活為榜樣，把人帶回到遵循上帝旨意的公義、謙卑順服的道路上。但這一切都於事無補。新世界早已拋下這些好人。安靜沉思的時代已經一去不返。偉大的「表達」時代開始了。

在此，先讓我說聲對不起，我必須使用許多的「專門詞彙」。我多麼希望能用簡單易懂的辭彙來寫這本歷史書，但那是不可能的。你不可能寫一本幾何教材時，不提到三角形、斜邊和平行六面體。你必須理解這些術語的意思，否則無法學好數學。學習

約翰・胡斯被燒死

大教堂

歷史（並人生中所有的事）也是這樣，你免不了要學習許多源自拉丁文和希臘文的奇怪詞彙。那麼，何不現在就開始呢？

當我說文藝復興是一個「表達」的時代，我指的是：人們不再只滿足於當個聽眾，坐在那兒聽教宗或皇帝告訴他們該做什麼、想什麼。他們要做生命舞臺上的演員，並堅持要把自己個人的想法「表達」出來。如果一個人碰巧對治國之道有興趣，像佛羅倫斯的歷史學家馬基維利（Niccolo Macchiavelli）那樣，那麼他可以寫書「表達」他認為一個成功的國家和一個稱職的統治者該是什麼樣子的看法。另一方面，人如果喜歡繪畫，他就把自己對美麗線條和鮮活色彩的熱愛，用圖畫「表現」出來。無論在哪裡，只要人懂得關注那些表達真實、又存留永恆之美的事物，那麼，喬托、弗拉・安吉利科（Fra Angelico）、拉斐爾以及其他數以千計的畫家，就會繼續成為家喻戶曉的名字。

如果這股對色彩和線條的喜愛，碰巧結合了對機械和水力學的興趣，那就成了李奧納多・達芬奇（Leonardo da Vinci）。達芬奇畫畫、做氣球和飛行機器的試驗，為倫巴底平原的沼澤排水，同時還以散文、繪畫、雕塑以及異想天開的發動機來「表達」自己對世間萬物的好奇與喜悅。當一個像米開朗基羅（Michael Angelo）那樣擁有無窮力量的人，覺得畫筆和色板對自己強壯的雙手來說太過纖柔，他便轉向雕塑和建築，將沉重的大理石雕刻出讓人歎為觀止的雕像，又繪出聖彼得大教堂的設計藍圖，而聖彼得大教堂是得勝之教會的榮耀最為具體的「表達」。這樣的事蹟源源不絕。

整個義大利（很快就變成整個歐洲）到處充滿了這樣的男男女女，他們的一生，為的就是給我們人類長久積攢下來知識、美和智慧的寶藏，添上自己一丁點的貢獻。在德國的美因茨（Mainz），約翰．古騰堡（Johann Gutenberg）發明了一種嶄新的、複印書籍的辦法。他研究了古代的木刻法，在原有基礎上打造出一套完善的系統，可隨意將軟鉛製成的字母排列組合成字句，構成一整頁的內容。的確，古騰堡很快就在一場印刷術發明權的訴訟中傾家蕩產，隨後在貧困潦倒中死去，但是他的發明天賦所做出的「表達」，卻是流芳百世。

很快地，威尼斯的阿爾達斯（Aldus）、巴黎的埃提安（Etienne）、安特惠普（Antwerp）的普拉丁（Plantin）、巴塞爾（Basel）的弗洛本（Froben），就用古騰堡《聖經》的哥德字體，或義大利字體，或用希臘字母或希伯來字母，來印刷他們精心編輯的古典著作，並將之傳向全世界。

於是，全世界都成了那些有話想說之人的熱切聽眾。那個知識被少數特權壟斷的時代結束了。當哈勒姆的艾爾澤菲爾出版社（Elzevier of Haarlem）開始大量印刷那些便宜、通俗的

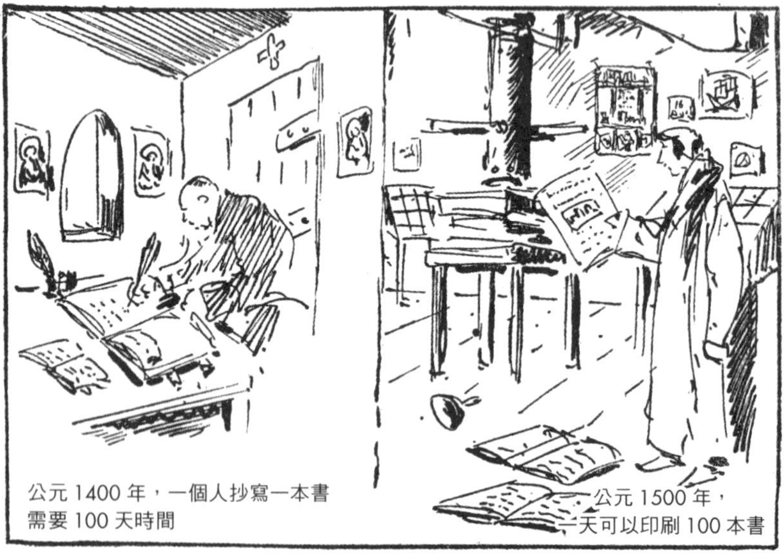
公元 1400 年，一個人抄寫一本書需要 100 天時間
公元 1500 年，一天可以印刷 100 本書

手抄本與印刷術

書本時，保持無知的最後一個藉口也被清除了。從此以後，只要花幾個便士，亞里斯多德、柏拉圖、維吉爾、賀拉斯（Horace）和蒲林尼（Pliny）這些優秀的古代作家、哲學家和科學家，都能成為人類最忠實的朋友。人文主義讓所有人在印刷成冊的文字面前變得自由與平等。

41 地理大發現

如今，人已經突破了狹隘的中世紀的局限，他們探索的空間自然也需要擴張。歐洲大陸裝不下他們的雄心，於是航海探索的時代來臨。

十字軍東征普及了「旅行」這門大學問。但是，很少人敢冒險超出從威尼斯到雅法（Jaffe）這條眾所周知的路線。在十三世紀，威尼斯商人波羅（Polo）兄弟穿過蒙古沙漠，又攀過高入天際的大山，最後去到了古代中國大汗（也就是皇帝）的宮廷。波羅兄弟中有一人的兒子叫馬可（Marco），他寫了一本書，記載他們這段超過二十年的冒險經歷。世人讀到他所描述齊盤古（Zipang，按義大利文發音拼寫的「日本」）島上的金塔時，無不瞠目結舌。許多人都想去東方，希望能找到黃金之地，發家致富。但是這趟旅程太遙遠、太危險，於是他們還是都待在家裡。

當然，乘船走海路也是可行的。但是，有很多很好的理由，使得大海在中世紀很不受歡迎。首先，那時的船非常小。麥哲倫（Magellan）那趟著名的、持續多年的環球之旅，所用的船還沒有現在的渡輪大。船上載了二十到五十個人，他們住的船艙黑暗邋遢，艙頂低到人都無法直立；由於廚房設備簡陋，只要天氣稍為有點差，就無法升火，水手只能吃沒煮熟的東西。中世

馬可波羅

紀的人已經知道如何醃漬鯡魚和曬魚乾。但當時沒有罐頭食品，並且船隻離岸後，菜單上就再沒出現過新鮮蔬菜。淡水裝在小桶子裡，沒多久就不新鮮了，有股腐爛木頭和鐵銹的味道，水裡還會長滿黏滑的不明物體。由於中世紀的人對微生物一無所知（十三世紀博學多才的修士羅傑．培根似乎懷疑過微生物的存在，但很明智地把發現放在心裡未說），水手經常喝不乾淨的水，有時候整船的船員都死於傷寒。的確，早年航海者的死亡率驚人。一五一九年，從塞維爾（Seville）出發，加入到麥哲倫著名的環遊世界之旅的二百名水手中，只有十八名活著回來。就算到了十七世紀，西歐和東西印度群島之間貿易往來頻繁，來回一趟阿姆斯特丹和巴達維亞（Batavia）的航程，船員死亡率達到四十%是很平常的事。受害者大多死於壞血病，這病是因為長期缺乏新鮮蔬菜的攝入，導致牙床感染、血液中毒，最後病人因為體力衰竭而死亡。

在這樣的情況下，你會明白為什麼航海不受大多數人歡迎。像麥哲倫、哥倫布和瓦斯科．達伽馬（Vasco da Gama）這些著名的探險家，出航時帶領的船員幾乎都是從監獄放出來的囚犯、潛在的殺人犯，還有以偷竊為生的無業遊民。

這些航海家的確值得我們尊敬，他們以過人的勇氣和膽識完成了不可能的任務，他們面臨的困難是我們這些生活舒適安逸的人無法想像的。他們的船漏水，船上裝備簡陋。從十三世紀中葉開始，他們擁有了類似指南針的東西（那是中國傳入阿拉伯，十字軍東征時帶回歐洲的），但他們的地圖很差勁，錯漏百出。每次出行都是靠上帝保佑或靠猜測，如果運氣好，一兩年或兩三年後能夠重返家園。如果運氣不好，他們的白骨就會留在某個荒涼無人的海灘上。但他們是真正的開拓先鋒，賭的是運氣。生命於他們是一場輝煌的冒險。每當他們看見一處新海岸的模糊輪廓，或發現一片自太初以來就無人知曉的平靜海域時，他們所經受的一切磨難、飢渴、苦痛，就都被忘得一乾二淨了。

我真希望能把這本書寫成上千頁長。早期大發現的故事實在很迷人。但歷史是向你講述過去的真相，它應該像林布蘭（Rembrandt）的蝕刻版畫一樣，把鮮明的光線投射在畫面上最重要的的部分，聚焦在最美好最偉大的地方，其餘一切留在陰影中，或簡單勾勒幾筆就可以了。所以，在這一章裡，我只能給你列出幾個最重要的發現。

要記住，整個十四、十五世紀，所有航海家想要達成的目標只有一個——找到一條安全、舒適的航道，前往中國、日本和那些生產香料的神祕島嶼，自從十字軍東征之後，中世紀的人就很喜歡香料，也需要它們。在冷凍儲藏還沒問世的時代，魚類和肉類很容易腐壞變質，只有灑上大把的胡椒和肉豆蔻來保存，才能讓人食用。

威尼斯人和熱那亞人一直都是地中海的出色航海家，但探索大西洋海岸的榮譽則非葡萄牙人莫屬。常年與摩爾的入侵者對抗，讓西班牙人和葡萄牙人滿腔愛國熱血。這樣的激情一旦燃燒起來，就很容易投射到其它目標上。在十三世紀，阿方索國王三世（King Alphonso III）征服了位於西班牙半島西南角阿爾加維（Algarve）的王國，將它併入自己的版圖。十四世紀，

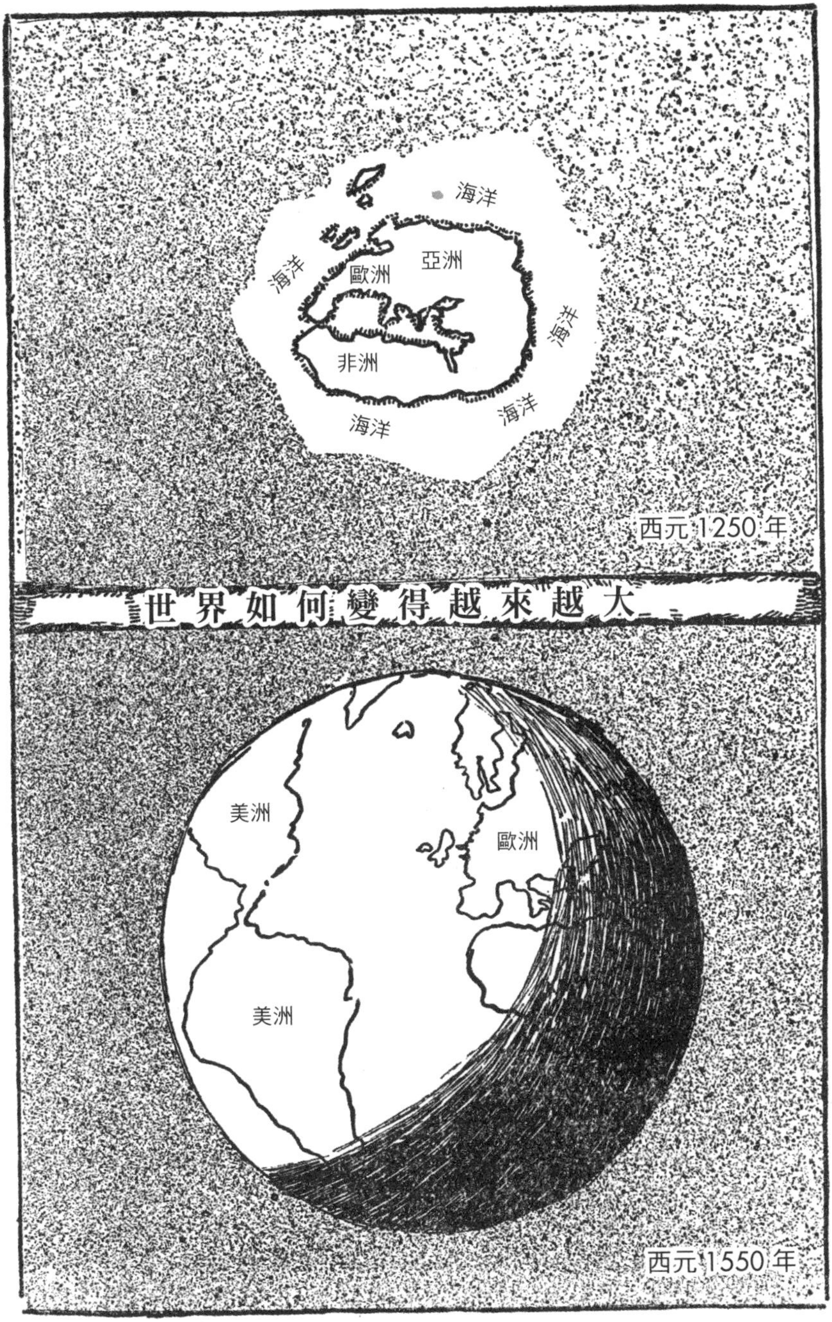
海洋
海洋
歐洲
亞洲
海洋
非洲
海洋
海洋
西元1250年
世界如何變得越來越大
美洲
歐洲
美洲
西元1550年

葡萄牙人反敗為勝擊敗了伊斯蘭人，橫渡直布羅陀海峽，攻占了阿拉伯塔里法（Ta'Rifa，這詞在阿拉伯文裡的意思是「貨品清單」，隨後在西班牙文裡作為「關稅單」流傳下來）和對面的城市休達（Ceuta），以及坦吉爾（Tangiers），坦吉爾隨後成為阿爾加維王國在非洲屬地的首府。

他們為探索事業做好了萬全準備。

西元一四一五年，人稱「航海家亨利」的亨利王子，準備有系統地探索非洲西北部地區。亨利的父親是葡萄牙國王約翰一世（John I of Portugal），母親是威廉·莎士比亞（William Shakespeare）的話劇《理查二世》（*Richard II*）裡「岡特的約翰」（John of Gaunt）的女兒菲利帕（Philippa）。在此之前，只有腓尼基人和北歐人曾經踏足那片炎熱的沙岸。北歐人記得那是毛茸茸的「野人」的家園，如今我們知道所謂的「野人」乃是大猩猩。亨利王子並手下的船長們接連發現了加那利群島（Canary Islands），又「重新發現」一個世紀前一艘熱那亞船隻登陸過的馬德拉島（Madeira），他們又在地圖上詳細繪出葡萄牙人和西班牙人所知不多的亞速爾（Azores）的位置，還瞥見了非洲西海岸的塞爾加爾（Senegal）的河口，但他們以為那是尼羅河的西部河口。最後，到了十五世紀中葉，他們發現了維德角（Cape Verde），又稱綠角，和位於非洲與巴西航線中間的維德角群島。

不過，亨利的探索並未局限於海洋。他是基督騎士團的統領。這是十字軍時期的聖殿騎士團在葡萄牙的延續。早在一三一二年，教宗克勉五世（Pope Clement V）就在俊美的法蘭西國王腓力的要求下，解散了聖殿騎士團。腓力趁機將自己本國的聖殿騎士全部綁上火刑柱燒死，並把他們的財產據為己有。亨利王子則用騎士團領地所繳納來的收入裝備了好幾支探險隊，派他們深入撒哈拉沙漠的腹地以及幾內亞的海岸。

但是，他畢竟是生長於中世紀的人，他把大量的時間和金錢都花在了尋找神祕的「祭司王約翰」上。傳說中，這位神祕的基督傳祭司是「東方某處」一個廣大帝國的皇帝。這位神奇統治者的傳說，最早是在十二世紀中葉開始在歐洲流傳的。三百年來，人們一直努力在找這位「祭司王約翰」以及他的後裔。直到亨利王子去世三十年後，這個謎底才被揭開。

西元一四八六年，巴薩羅繆．迪亞茲（Bartholomew Diaz）嘗試通過海路尋找祭司王約翰，他來到了非洲的最南端。由於風暴太大，他無法繼續東

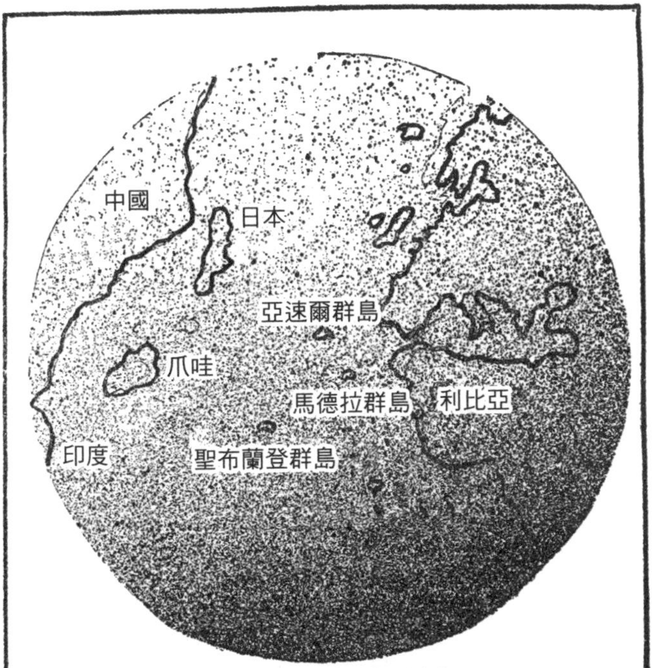

哥倫布認為的世界

行，於是把這裡叫做風暴角。但是里斯本的水手們懂得這一發現對他們探索前往印度的水路有多麼重要，於是把這裡改名為好望角。

一年後，佩德羅．德．科維漢（Pedro de Covilham）帶著梅迪奇家族的信用證，從陸路開始相同的搜尋「祭司王」的任務。他穿過地中海，經過埃及，向南到達了亞丁（Aden），他從那兒穿過波斯灣，自從一千八百年前的亞歷山大大帝之後，沒幾個白人見過這片海域。隨後他造訪了印度沿海的城市果阿（Goa）和卡里卡特（Calicut），並獲得了大量有關月亮島——即馬達加斯加的傳說。據說，該島位於非洲和印度之間。他隨即返程，途中悄悄地前往麥加和麥地那，再次渡過紅海，然後在一四九〇年找到了「祭司王約翰」的王國。原來，傳說中「祭司王約翰」就是阿比西尼亞（Abyssinia，今衣索比亞）的黑人國王。他的祖先早在西元四世紀就皈信了基督教，這比基督教傳教士進入斯堪地那維亞還早了七百年。

這麼多次的航行，讓葡萄牙的地理學家和地圖製作師確定，沿海路向東前往印度群島是可能的，但絕對不容易。接著，這事掀起了一場大辯論。有的人想要繼續探索好望角以東的未知領域，另外的人說：「不行，我們要向西航行，穿過大西洋才能到達中國。」

我們在此先說清楚，當時最聰明人已經堅信地球不像煎餅一樣是平的，而是圓的。西元二世紀的克羅狄烏斯．托勒密（Claudius Ptolemy）是偉大的埃及地理學家，他發明了一套有關宇宙的理論，足以滿足中世紀人的需求。但是文藝復興時期的科學家已經摒棄了這套托勒密體系。他們接受的是波蘭數學家尼古拉斯．哥白尼（Nicolaus Copernicus）的學說，哥白尼的研究證明了地球是圍繞太陽轉動的眾多行星之一。然而，在十三世紀，法國和義大利的阿爾比派（Albigenses）和韋爾多派（Waldenses）的異端（其實這是一群非常溫和又虔誠的人，他們不認可私人財產，偏好效法基督過著清貧的生活），卻因為曾經一度威脅到羅馬主教的絕對權威，於是教宗設立了宗教裁判所來對付他們。

哥白尼因為畏懼宗教裁判所，於是把他的發現隱藏了三十六年，直到一五四八年他去世，這些理論才發表出來。但是，對當時的航海家來說，「地球是圓的」已經是常識，正如我說過的，他們現在爭論的是往東和往西航行各別的優點。

在眾多「西行」的鼓吹者中，有一位來自熱那亞的水手，名叫克利斯托

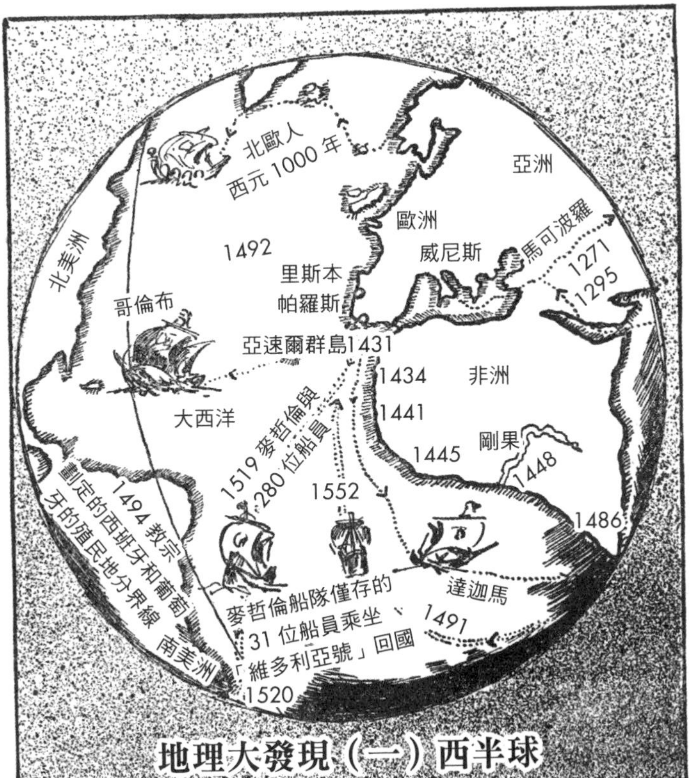

地理大發現（一）西半球

弗・哥倫布（Cristoforo Colombo）。他父親是個羊毛商人，他似乎讀過帕維亞大學（University of Pavia），主修數學和幾何學。他繼承父業經商，但沒多久我們就發現他藉由商務旅行來到了地中海東邊的希俄斯島（Chios）。隨後我們又聽說他去了英格蘭，至於是去找羊毛還是擔任一艘船的船長，我們就不知道了。西元一四七七年二月，哥倫布造訪了冰島（如果我們相信他所說屬實的話），但很可能他只是到了法羅群島（Faroe），二月份的法羅群島天寒地凍，足以讓任何人誤以為是到了冰島。哥倫布在那裡遇到了驍勇的北歐人的後裔，他們在十世紀時就在格陵蘭島定居；他們在十一世紀就到過美洲，那位北歐人船長萊夫[1]的船被大風刮到了文蘭（Vineland），也就是拉布拉多半島（Lavrador）的海岸。

北歐人祖先在遙遠的西方建立的殖民地，後來怎麼樣了，沒有人知道。萊夫的兄弟索爾斯坦（Thorstein）死後，遺孀改嫁給托爾芬・卡爾斯芬尼（Thorfinn Karlsefne），此人在一〇〇三年在美洲建立了一個殖民地，三年後，由於當地愛斯基摩人的敵意與反抗，殖民地就被放棄了。至於格陵蘭島，從一四四〇年後，那裡的居民就再沒傳出消息了。他們很可能全都死於黑死病，這病剛奪走了挪威一半人民的性命。無論如何，在法羅群島和冰島間，依舊流傳著「遙遠西方一大片土地」的傳說，哥倫布肯定從那兒聽過這傳說。他從蘇格蘭北邊小島上的漁夫那兒收集了進一步的資料，隨後去了葡萄牙，在那裡娶了曾效力於亨利王子航海隊的船長的女兒。

從一四七八年開始，哥倫布全心投入探索西行前往東西印度群島的航線。他把航海計畫呈給了葡萄牙和西班牙的皇室。葡萄牙人確信自己壟斷了東邊的航線，根本不理會哥倫布的計畫。在西班牙，亞拉岡（Aragon）的費迪南（Ferdinand）和卡斯提爾（Castile）的伊莎貝拉

（Isabella）於一四六九年成婚，他們的聯姻讓西班牙成為一個統一的獨立國家。當時西班牙人正忙著把摩爾人從他們的最後一座要塞格拉納達趕出去，王室沒錢資助冒險的遠征，他們需要每一分錢來養活士兵。

很少人像這位勇敢的義大利人一樣，為了追求自己的理想，拚命地奮鬥。但哥倫布的故事太耳熟能詳了，在此就不重複了。摩爾人在一四九二年一月二日終於放棄了格拉納達。

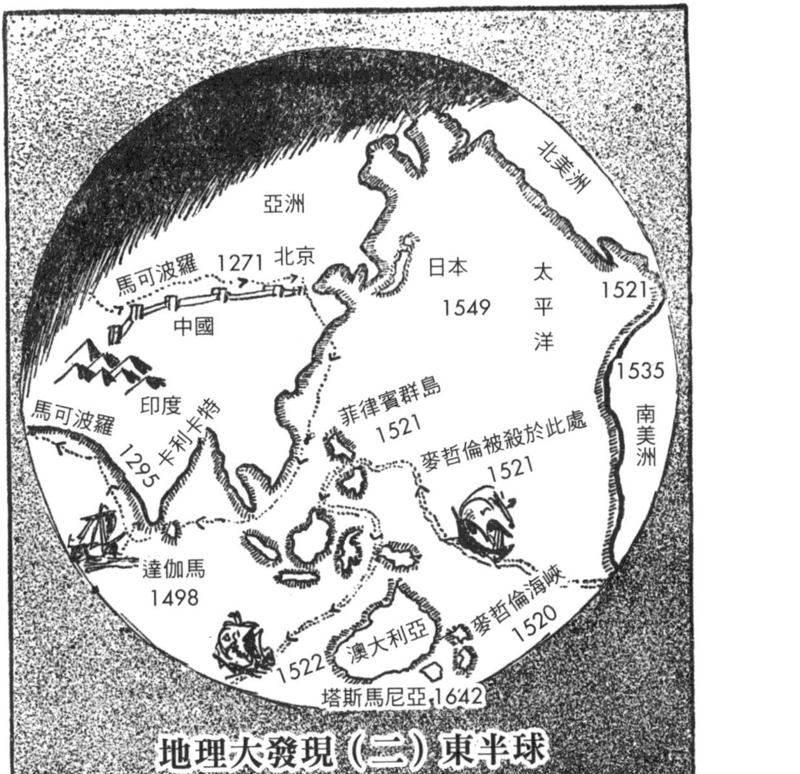

地理大發現（二）東半球

1 萊夫·艾瑞克森（古冰島語 Leifr Eiriksson，約 970-1020 年）著名的北歐維京（諾爾斯人）探險家。他比哥倫布早五百年抵達美洲，被認為是第一個發現北美洲的歐洲探險家（如果不算格陵蘭）。根據《冰島傳說》的記載，他建立了諾爾斯人聚落「文蘭」。而文蘭可能就是現今加拿大紐芬蘭島的蘭塞奧茲牧草地。

同年四月，哥倫布和西班牙國王、王后達成協議。八月三日星期五，他率領三艘小船並八十八個船員（大部分都是以參加探險換取赦免懲罰的罪犯），離開了帕洛斯（Palos）。十月十二日星期五的淩晨二點，哥倫布發現了陸地。他將這地取名為拉納維達德[2]。一四九三年一月四日，他揮別了在拉納維達德小堡壘裡的四十四個人，啟程返鄉（這四十四個人不知所蹤）。二月中旬，他到達亞速爾群島（Azores），葡萄牙人威脅要把他扔進監獄。一四九三年三月十五日，哥倫布帶著他的「印度人」（因為他堅信自己發現了東西印度群島中的一些島嶼，於是把當地土著稱為「紅印度人」）抵達了帕洛斯，他匆忙趕回巴塞隆納，要告訴信任他的贊助者他成功了，而前往中國、日本的金銀之路，已經掌握在最虔信天主教的陛下的手中了。

唉，哥倫布一輩子都不知道真相。在他人生最後的第四次航行裡，當他終於踏上了南美洲，他或許懷疑過自己的發現似乎不太對勁。但是，直到他離開人世，他都堅信歐洲和亞洲之間沒有大陸，並且自己發現的航線是直達中國的。

與此同時，堅持東方航線的葡萄牙人比較幸運。一四九八年，瓦斯科．達伽馬成功抵達馬拉巴（Malabar）海岸，並帶著一船的香料平安返回了里斯本。一五〇二年，他重走了這趟航線。但是，西方航線的探索卻令人失望透頂。在一四九七和一四九八年，約翰．卡伯特（John Cabot）和塞巴斯蒂安．卡伯特（Sebastian Cabot）兄弟試圖找到前往日本的途徑，可是除了覆滿冰雪的紐芬蘭（Newfoundland）岩岸，他們什麼也沒看見，而北歐人在五個世紀前就找到紐芬蘭了。佛羅倫斯的阿美利哥．韋斯普奇（Amerigo Vespucci）後來成了西班牙的首席領航員，我們的新大陸就是以他的名字命名的，他曾探索過巴西的海岸，卻沒找到一丁點東西印度群島的蹤跡。

麥哲倫

到了一五一三年，也就是哥倫布去世後第七年，歐洲的地理學家們終於開始明白事實的真相。瓦斯科·努涅茲·德·巴爾沃亞（Vasco Nunez de Balboa）曾經穿過了巴拿馬地峽，登上了著名的達里恩峰（Darien），往下望見了一大片廣袤水域，暗示著可能存在另一座大洋。

最終，西元一五一九年，麥哲倫率領由五艘西班牙小船組成的船隊向西航行（他們沒有選擇朝東走，因為東方航線完全掌握在葡萄牙人手裡，不允許其他人競爭），尋找香料群島。麥哲倫穿過非洲和巴西之間的大西洋，繼續向南航行，隨後到達了位於巴塔哥尼亞（Patagonia，意思是「大腳族的土地」）和「火地島」（Fire Island，船上水手在某個夜晚看見島上有火光，那是島上有土著的唯一證明）之間的狹窄水道。將近五周的時間，麥哲倫的船隊只能任憑橫掃海峽的暴風雨雪擺布。水手當中爆發了叛變，麥哲倫極其嚴厲地鎮壓了這次叛亂，並將兩名水手發配上岸，讓他們留在那裡用餘生來懺悔自己的罪過。風暴終於平息了，水道變得寬闊起來，麥哲倫駛入了一片全新的海域。這裡風平浪靜，於是他把這片海域稱為「Mare Pacifico」（平靜之海），也就

2 拉納維達德（La Navidad）的意思是「耶誕節」，其位置是現在的海地。

航向新世界

是太平洋。隨後他繼續向西航行，長達九十八天沒有看見陸地。船員因為飢渴，幾乎全軍覆沒，他們先吃船上氾濫成災的老鼠，老鼠吃光後，他們開始嚼船帆來緩解轆轆饑腸。

一五二一年的三月，他們終於看到了陸地。麥哲倫稱那片陸地「萊德隆群島」（Landrones，意思是「強盜」），因為島上的土著偷走船隊所有能拿走的東西。隨後他們繼續向西前往香料群島。

他們再次看見了陸地，是一群孤零零的島嶼。麥哲倫用自己的老闆，國王查理五世（Charles V）的兒子菲力浦二世（Philip II）來給這些島嶼命名，稱它們菲律賓群島（Philippines），菲力浦二世在歷史上的名聲不太好。一開始麥哲倫一行受到熱情的款待，但是當他用船上的火槍強迫土著們改信基督教時，土著殺了他和其他幾位船長和水手。倖存者燒掉一艘船，乘著另外兩艘繼續航行。他們發現了摩鹿加群島（Moluccas），也就是著名的香料群島；途中他們還看見了婆羅洲，最後抵達了蒂多雷（Tidor）。此時，兩艘船中的一艘因為漏水嚴重，無法繼續航行，只好連同船員留在當地。僅存的「維多利亞號」在塞巴斯蒂安．德．卡諾（Sebastian del Cano）的帶領下，橫渡了印度洋，卻錯過了澳洲的北部海岸，終於在歷盡了千辛萬苦之後返回了西班牙。直到十七世紀上半葉，才由荷蘭東印度公司的船探索了這片平坦荒涼的土地。

這是所有航行中最著名的一趟。它耗時三年，耗費了巨大的人力和金錢才取得了成功。但它證實了「地球是圓的」，還證明了哥倫布所發現的陸地不是東西印度群島的一部分，而是另外一片大陸。從那時起，西班牙和葡萄牙就用盡全力發展和印度、美洲的貿易。為了防止這兩個競爭對手爆發武力衝突，教宗亞歷山大六世（Pope Alexander VI，唯一公開認可異教徒，又登上神聖寶座的教宗）強行以格林威治西經五十度作為分界線，把世界平分成兩半，這就是所謂的「一四九四年陶德西利亞斯分界約定」（Tordesillas of 1494）。葡萄牙人只能在分界線以東建立殖民地，分界線以西則屬於西班牙人。這就解釋了一個事實，整個美洲，除了巴西之外，全都屬於西班牙人，而東西印度群島以及大部分的非洲大陸都屬於葡萄牙人；直到十七、十八世紀，英國與荷蘭殖民者（對羅馬教宗的決定不屑一顧）崛起，搶占了這兩國的部分領地，這種情況才告終止。

當哥倫布發現新大陸的消息，傳回到威尼斯的里奧托（Rialto），也就是中世紀的華爾街時，人們都陷入了恐慌。證券、債券都跌了四十%到五十%。過了一陣子之後，當情況顯示哥倫布並未找到通往中國的航道，威尼斯的商人才從驚恐中恢復過來。但是達伽馬和麥哲倫的航行證實了，確實可以經由東方的航線前往東西印度群島。於是熱那亞和威尼斯（中世紀和文藝復興時期的兩大貿易中心）的統治者，開始為他們當初拒絕相信哥倫布感到後悔不已。但是一切都太晚了，他們的地中海變成了內陸海。與東西印度群島和中國的陸路貿易也衰減至微不足道至。義大利的輝煌時代已經一去不返。大西洋先成為新的商業中心，接著也成為文明的中心。時至今日，依舊如此。

瞧，從古早已前，也就是五千年前，自從尼羅河谷的居民開始用文字記載人類歷史以來，人類文明是以多麼奇特的方式在發展。從尼羅河到兩河流域，也就是美索不達米亞，再轉到克里特島、希臘和羅馬。內陸海成為貿易中心，地中海沿岸的城市成為藝術、科學、哲學和知識的發源地。到了十六世紀，人類的文明再次向西遷徙，使大西洋沿岸的國家成了世界的主宰。

有人說世界大戰和歐洲國家之間的自相殘殺，大大減損了大西洋的重要性。他們預期人類的文明會橫跨美洲大地，在太平洋上找到新家。但我對此深表懷疑。

隨著西行航線的不斷發展，船隻也越造越大，航海家的知識也不斷提升。航行在尼羅河和幼發拉底河上的平底船，被腓尼基人、愛琴海人、希臘人、迦太基人和羅馬人發明的新船所取代。這些新船又被葡萄牙人和西班牙人的橫帆船所取代。之後，英格蘭人和荷蘭人製造的全帆船，又把西班牙人和葡萄牙人的船逐出了海洋。

時至今日，人類文明的發展不再仰賴船隻。航空工具已經取代了帆船和蒸氣船的位置，並將一直持續下去。下一個文明的中心將仰賴航空工具和水力的發展。大海將再次成為小魚的寧靜、不受打擾的家園；在很久很久以前，我們人類最早的祖先曾經和它們共用過這片深邃的家園。

42 佛陀與孔子

關於佛陀和孔子的故事。

葡萄牙人和西班牙人的地理大發現，讓西歐的基督徒得以近距離接觸到印度人和中國人。他們當然知道基督教不是這世界上唯一的宗教。這世界上有穆斯林，北非有崇拜柱子、岩石和枯樹的異教部族。不過，這些信仰基督教的征服者又發現，在印度和中國有數百萬從來沒有聽過耶穌基督的人，這些人也不想知道他是誰。因為，印度人和中國人認為自己信奉的宗教已有數千年之久，比西方的宗教要好得多。既然這本書說的是人類的故事，而不是僅限於歐洲人和我們西半球的歷史，因此，你有必要認識這兩位人物；因為，他們的教導和典範，還繼續影響著很龐大一群人的思想和行為，而這群人是我們一同在這世界上同行的夥伴。

在印度，佛陀被尊為最偉大的宗教導師。他的生平事蹟很有意思。他生在西元前六世紀，出生地可望見雄偉的喜馬拉雅山。四百年前，雅利安民族（往東發展的印歐民族分支自稱雅利安人）的第一位偉大領袖查拉圖斯特拉（瑣羅亞斯德），就教導他的百姓——人生就是善神奧爾穆茲德和惡神阿里曼之間一場持續不斷的鬥爭。佛陀的父親淨飯王（Suddhodana）是釋迦族[1]偉大的領袖，母親摩訶摩耶（Maha Maya）是鄰邦國王的女兒，還是少女的時候就出嫁了。

但是，多年過去，無數個月升月落的日子過去，她丈夫依舊沒有一個可以繼承王位的兒子。終於，她在五十歲的時候懷了身孕，隨後返回故鄉待產，讓孩子可以在她的族人當中出生。

摩訶摩耶要返回早年居住的拘利耶族（Koliyans）的所在地，要走很長的一段路。有一天晚上，摩訶摩耶在盧姆毘尼（Lumbini）園的樹蔭下休息時，她兒子出生了。他被取名為悉達多（Siddhartha），但我們通常稱他為佛陀，意思是「大澈大悟者」。

時光流逝，悉達多長成了一個俊美的王子。在他十九歲那年，他和表妹耶殊陀羅（Yasodhara）成親。隨後十年，他一直生活在王宮的高牆內，被保護著，不知道一點人世的痛苦和磨難，只等有一天接續他父親的王位，做釋迦族的國王。

但是，在悉達多三十歲的時候，有一次他坐車出了王宮大門，看見一個因為長年操勞而形容枯槁的老人，孱弱的四肢似已扛不動生命的重擔。悉達多指著老人叫自己的車夫車匿（Channa）看，但是車匿回答說，這世上有許多的窮人，多一個少一個都無關緊要。年輕的王子非常傷心，但他什麼也沒說，仍舊回去和妻子並父母一起生活，設法讓自己快樂。不久之後，他第二次出宮，他的座車遇到一個身患重病的人。悉達多問車匿，是什麼原因讓這個人如此痛苦，但車夫回答說，這世界上有許多生病的人，誰也幫不上忙，而這也不是什麼重要的事。聽見這話，年輕的王子非常難過，但他還是返回了家人的身邊。

幾個星期過去。有一天晚上，悉達多吩咐備好他的馬車，他要去河邊洗浴。途中，他的馬

1 釋迦族（Sakya）是古印度的一個種族，約在西元前一千年出現，居住地位於古印度東部、接近今尼泊爾地方的一個小部落，「佛陀」釋迦牟尼出生於此。西元前六世紀至五世紀間，釋迦族形成自己的小型城邦，都城設於迦毘羅衛城，依附於憍薩羅國。佛陀在世時迦毘羅衛城為毘琉璃王所滅。

突然受到驚嚇，因為看見路旁溝渠裡四仰八叉躺著一個腐爛了的死人。從來不曾見過這種情景的年輕王子也嚇住了，但是車匿告訴他，別對這種小事在意。這世界上充滿了死人。死亡是生命的法則，萬物最後都是要死的。沒有永恆不朽。墳墓正等著我們每一個人，誰也逃不掉。

那天晚上，當悉達多回到家，迎接他的是悅耳的音樂。原來，在他出去的這段時間，他妻子為他生了個兒子。眾人都很高興，因為現在王位有了繼承人，他們紛紛擊鼓慶祝。然而，悉達多沒有分享他們的喜悅。生命的帷幕已經被拉起來了，他已經得知人生的悲慘。死亡和痛苦的情景像個惡夢一樣緊隨著他。

那天晚上，月亮分外皎潔，遍灑清輝。悉達多半夜醒來，開始思考許多的事。在找到生命之謎的解答以前，他再也快樂不起來了。他決定遠離所有自己心愛的人，去找答案。他悄悄踏進耶殊陀羅的房間，看了熟睡的妻兒最後一眼。然後，他招來忠心的車匿，吩咐他跟著自己離開。

兩人一起走入漆黑的夜暗裡，一個是為了尋找靈魂的歸宿，一個是為了忠心服侍所愛的主人。

悉達多在印度人民當中遊歷了許多年，那時印度正逢巨變。他們的祖先，也就是土生土長的印度人，被好戰的雅利安人（我們的遠親）沒費多大力氣就征服了。此後，雅利安人成為上千萬矮小、溫順、棕黑的原住民的統治者和主人。為了維持自己的統治地位，雅利安人將印度人區分成不同的階級，並逐漸把一種最嚴厲的「種姓」制度強加在印度原住民身上。印歐民族征服者的後裔，也就是武士和貴族階級，屬於最高階級的「種姓」。再下來是教士階級。在這兩者之下是農民和商人。而自古就居住在此的原住民被稱為「賤民」，他們是被鄙視又悲慘的奴隸階層，永遠沒有翻身的希望。

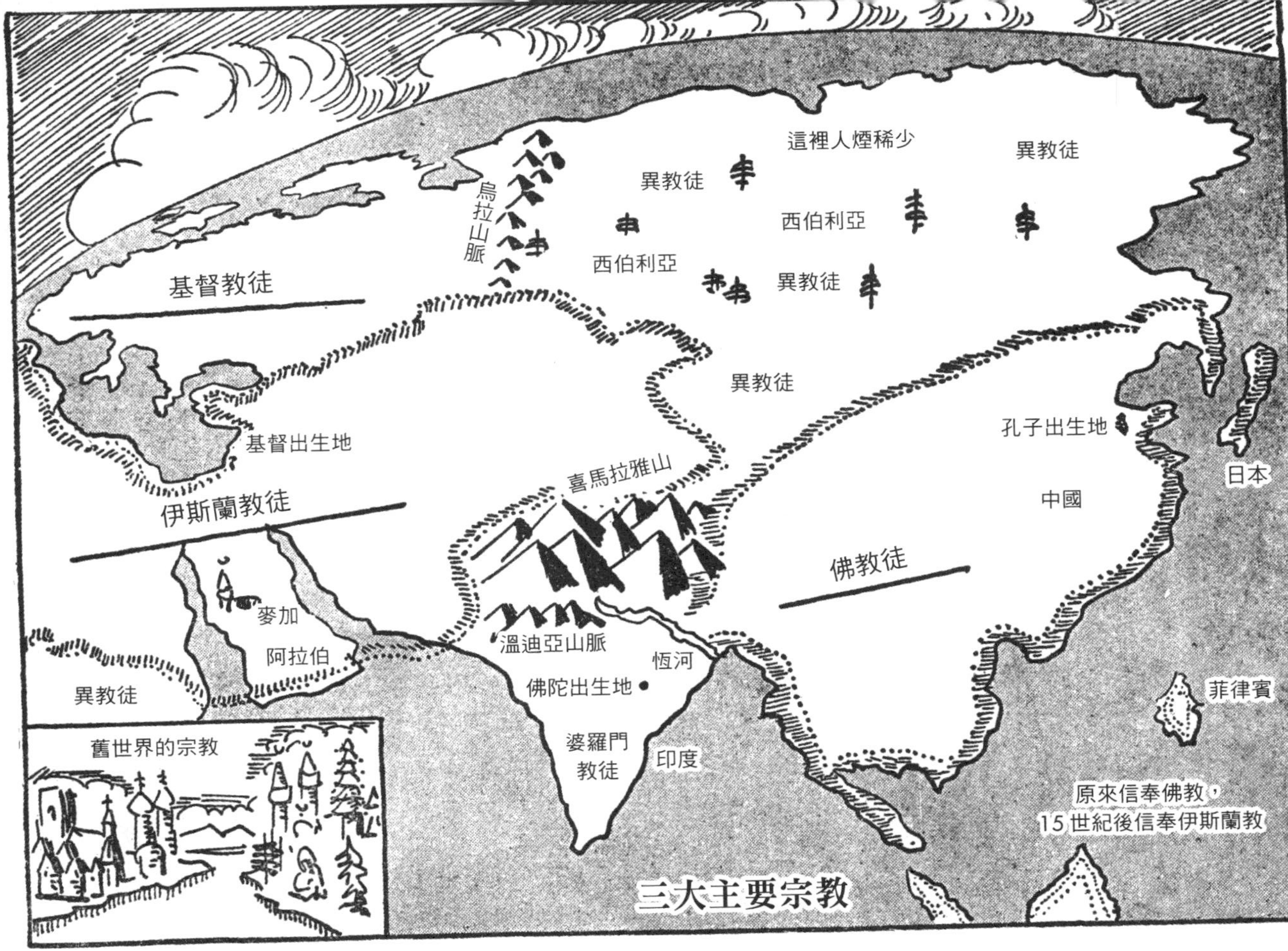
這裡人煙稀少
異教徒
異教徒
烏拉山脈
西伯利亞
西伯利亞
異教徒
基督教徒
異教徒
基督出生地
孔子出生地
日本
中國
喜馬拉雅山
伊斯蘭教徒
佛教徒
麥加
阿拉伯
溫迪亞山脈
恆河
佛陀出生地
異教徒
菲律賓
舊世界的宗教
婆羅門
教徒
印度
原來信奉佛教，
15世紀後信奉伊斯蘭教
三大主要宗教

就連人們所信仰的宗教也跟「種姓」有關。古老的印歐人在數千年的遷徙當中，經歷過許多奇特的冒險。這些經歷被收集在一本叫做《吠陀經》（*Veda*）的書裡。這本書所使用的語言叫做梵文，與歐洲大陸的希臘文、拉丁文、俄文、德文並其他四十幾種語言，有著密切的關聯。三個最高等的種姓才可以閱讀神聖的《吠陀經》。而種姓制度中最低下的賤民，則不允許知道這本書的內容。如果有貴族或祭司階級的人膽敢教賤民研讀這本聖書，必然下場悲慘！

因此，絕大部分的印度人都過著悲慘的生活。既然這個世界給予他們的歡樂那麼少，他們必須從別處找尋救贖來脫離痛苦。他們努力冥想來世的極樂，從中獲得一點安慰。

印度人認為梵天（Brahma）創造了萬物，是生死的最高主宰，並將梵天當作完美的最高理想來崇拜。達到梵天的境界——必須拋下所有對財富和權力的欲望——是人生最高貴的目的。聖潔的智慧被認為比聖潔的行為更重要，許多人因此走進沙漠，靠吃樹葉維生，讓自己的身體挨餓，好以梵天輝煌的榮耀冥想來餵養自己的靈魂，而梵天乃是智慧、善良和慈悲。

悉達多經常觀察這些遠離喧鬧的城市和村莊，離群索居以尋求真理的流浪者，並決定效法他們。他剪去頭髮，取下身上配戴的珍珠寶石，連同一封告別信，交給忠心的車匿帶回去給自己的家人。隨後，年輕的王子孤身一人走進曠野。

很快的，悉達多的聖行良譽就傳遍了山野。有五個年輕人前來拜見他，希望能夠聆聽他智慧的言語。悉達多同意，只要他們願意追隨他，他就做他們的導師。他們同意了，於是悉達多帶著他們進入山中，以六年的時間，在溫蒂亞山脈的孤峰中將自己所知的一切教導他們。但是，這段教導到了最後，悉達多覺得自己離完美還很遠，他所離開的那個世界仍在繼續誘惑他。悉達多要求他的學生離開，接著，他在一棵老樹的樹根上坐下，禁食了四十九個晝夜。終於，他

佛陀入山

獲得了回報。在第五十天的黃昏，梵天現身在這個忠誠的僕人面前。從那一刻起，悉達多被稱為「佛陀」，被尊為「大澈大悟者」，是來拯救世人脫離苦海的。

人生的最後四十五年，佛陀都待在恆河流域，將他服從與溫馴的樸素教義教導給所有的人。他在西元前四八八年去世，享盡天年，並受數百萬人景仰。因為他不是為某個階級的利益傳道，就算是最底層的賤民都可自稱是他的門徒。

不過，貴族、祭司和商人並不樂見佛陀的言行，他們想盡辦法摧毀這個承認眾生平等，以及提供人一個來生（投胎轉世）會更幸福的希望。只要有機會，他們就鼓勵印度的百姓重回古老梵天的信仰，禁食和折磨自己有罪的肉身。不過，佛教無法被消滅。慢慢地，「大澈大悟者」的弟子在漫遊中越過了喜馬拉雅山脈，進入了中國。他們還渡過黃海，向日本的百姓傳講他們導師的智慧。他們忠心遵守他們偉大導師的意志，堅持不使用武力。今天，信仰佛教的人比從前任何時候都多，他們的人數遠遠超過了基督徒和穆斯林的總和。

至於中國古老的智者孔子，他的故事相對簡單一些。孔子生於西元前五五〇年，他一生過著一種平靜、威嚴、恬淡的生活。當時中國還沒有一個強大的中央集權政府，中國人民飽受強盜和土匪的騷擾，盜匪一座城接一座城的燒殺擄掠，將華北和華中富庶的平原變成遍地餓殍的荒野。

孔子深愛自己的同胞，努力去拯救他們。他愛好和平，不相信暴力有用，也不認為給百姓一套新的法律就能改造他們。他知道唯一可能的救贖是來自改變人心，並開始著手一項看似毫無希望的任務，也就是改變居住在東亞這片廣闊平原上的自己數百萬同胞的性格。中國人對我們西方人所說的「宗教」向來不感興趣。他們像大多數原始民族一樣相信有妖魔鬼怪。但是他們沒有先知，也不認為有「天啟真理」。在舉世眾多的道德領袖當中，孔子幾乎是唯一一個不談天啟真理的人，他也沒宣稱自己是某種神聖力量的使者，更沒有說自己曾經聽過上天的聲音而受到啟示。

他就是個通情達理又仁慈的人，如果可以，他寧願獨自漫遊於天地間，用他貼身的洞簫吹奏憂傷的曲調。他不求聞達於人世，不求任何人來追隨他或崇拜他。他讓我們想到古代的希臘哲學家，特別是那些斯多葛學派，那些人相信正直的生活和正義的思考，並不寄望回報，而是單純為了獲得良知所帶來的靈魂的平靜。

孔子是個非常寬容的人。他曾專程去拜訪中國另一位偉大的領袖，「道教」的創始人老子，而道家學說不過是早期中國版的基督教「黃金律」[2]。

孔子對誰都不記恨。他教導人最高的美德是自尊自重。根據孔子的教導，一個人真正的價值是「君子不怨天，不尤人」，順從命運帶給他的一切，像那些聖賢一樣，明白生命中所發生的每件事，不管怎樣，都會使人受益。

一開始，孔子只有幾個學生。但是人數漸漸增加。到西元前四七八年他去世時，中國已經有好幾位君王和王子都承認自己是孔子的弟子。當基督在伯利恆降生時，孔子的哲學已經成為絕大部分中國人的精神支柱了。它一直影響著中國人直到如今，儘管不是以原初的、純粹的模樣。大部分的宗教，都會隨著時間過去而發生變化。基督傳講謙卑、順服和棄絕世俗的野心，但是耶穌被釘死在各各他的一千五百年後，基督教會的首腦卻花費數百萬的金錢，來修建一座和伯利恆的清冷馬廄有天差地遠之別的建築。

2 基督教的「黃金律」是馬太福音七章十二節：「你們願意人怎樣待你們，你們也要怎樣待人」，也就是「己所不欲，勿施於人」；不過這句話是孔子的名言，不是老子講的。

老子雖然用「黃金律」來教導人，但是不到三百年，無知的大眾就把他變成一個真實又殘酷的神，將他智慧的戒律埋在迷信的垃圾山底下，這些迷信讓一般的中國百姓生活在無盡的恐懼當中。

孔子教導弟子認識孝順父母的美德。但他們很快就變成重視已逝的父母超過重視自己子孫的幸福。他們故意忽視未來，竭力凝視過去那巨大的黑暗。祖先崇拜變成一種積極正面的宗教體系。他們寧可將稻米和麥子種在土壤貧瘠、寸草不生的山坡背陽面，也不願去驚擾位在陽光充足、土地肥沃的山坡向陽面的祖墳。他們寧願挨餓，也不願把祖先的墳墓遷走。

與此同時，對人口增長了數百萬的東亞人而言，孔子充滿智慧的言論從未失去影響力。儒家思想以深刻的見解和精妙的論述，給每個中國人的心靈增添了一抹哲學常識，影響他的一生，無論他是一個在熱氣蒸騰的地下室裡的洗衣工，還是居住在深宮高牆之後的廣大州省的統治者。

西元十六世紀，滿腔熱忱但其實沒有什麼文明素養的西方世界的基督徒，終於和東方更古老的信念面對面了。早期的西班牙人與葡萄牙人，望著佛陀平和的塑像與孔子莊嚴的畫像時，完全不知道該拿這些帶著超然微笑的可敬先知怎麼辦。他們做出膚淺的結論，這些奇怪的神明都是惡魔，代表了某種偶像崇拜與異端，不值得教會虔誠的子民去尊敬。每當佛陀或孔子的精神妨礙了香料和絲綢的貿易，歐洲人就用子彈和大炮來攻打這些「邪惡勢力」。這種思維方式實在很糟糕。它給我們留下一份充滿敵意的遺產，保證對眼前的未來沒有任何好處。

西元前 1300 年
摩西
猶太人的領袖
西元前 1000 年
查拉圖斯特拉
雅利安人的導師
西元前 600 年
佛陀
印度人中的
大澈大悟者
西元前 500 年
孔子
一位充滿智慧的中國人
西元前 400 年
偉大的希臘哲學家們
西元 30 年
耶穌基督
西元 622 年
穆罕默德
阿拉伯沙漠中的先知

偉大的道德領袖

43 宗教改革

人類的進程，用來回擺蕩的鐘擺做比喻最恰當。文藝復興時期大家對宗教漠不關心，熱衷於藝術和文學，隨後而來的，是對藝術和文學不感興趣，熱衷於宗教問題的宗教改革。

你肯定聽說過宗教改革。你會想到一小群勇敢的朝聖者，橫渡海洋，去追求「宗教信仰的自由」。隨著時間過去，宗教改革逐漸變成了「思想自由」的代名詞（尤其我們這種新教國家更是如此）。馬丁．路德被視為改革的先鋒和領袖。但是，當歷史不只是一連串對我們自己光榮的祖先歌功頌德的記錄，當我們引用德國歷史學家蘭克（Ranke）所言，我們是嘗試要去發現「真正發生的事」，那麼，過去的許多事情便能用截然不同的角度來觀看。

人生當中很少有事情是絕對的好或絕對的壞。很少事情是黑白分明的。一個誠實的編年史家的責任，是真實記錄每個歷史事件的好與壞。要做到這一點非常困難，因為我們總有個人好惡。但我們應當竭盡所能做到公平，不讓自己的偏見過度影響自己。

以我自己為例。我在一個支持新教的國家和以新教為核心的家庭裡成長。在十二歲之前，我沒見過一個天主教徒。以致於當我遇到他們時，我感覺非常不舒服，甚至有一點害怕。我知道那段歷史，阿爾巴公爵（Duke of Alba）試圖矯治信了路德教派和喀爾文教派這兩種異端[1]的荷蘭百姓，便透過西班牙的宗教裁判所將數千人燒死、吊死，甚至支解分屍。這一切對我而言非常真實，似乎就像發生在昨天，而且有可能再度發生。「聖巴托羅繆之夜」（Saint Bartholomew's Night）說不定會重演[2]，我這個可憐的小傢伙可能身穿睡衣遭到屠殺，屍體被扔出窗外，就像當年高貴的科利尼將軍[3]一樣。

多年以後，我去到一個天主教國家，在那裡住了幾年。我發現那裡的人民更親切、更寬容，並且聰明的程度就像我過去的同胞。更令我驚訝的是，我開始發現，關於宗教改革，天主教和新教都同樣有理。

當然，真正經歷過宗教改革的十六和十七世紀的善良百姓，不會這麼看事情。他們永遠看自己是對的，敵人是錯的。問題在於吊死別人或自己被吊死，雙方都想把對方吊死。這是人的本性，沒什麼好批評的。

讓我們看看西元一五〇〇年的世界，這個年份很好記，神聖羅馬帝國的皇帝查理五世在這一年出生，我們看見的世界是這樣的。中世紀的封建混亂狀態已經讓位給幾個建立起秩序、王權高度集中的王國。所有的君主當中，最強大的是查理五世，但他這時還是一個襁褓中的嬰兒。

1　當時天主教把新教視為異端。

2　聖巴托羅繆之夜又稱聖巴托羅繆大屠殺，發生於法國宗教戰爭期間。屠殺發生於一五七二年八月二十三日晚間（聖巴托羅繆紀念日前夜），國王下達了殺害喀爾文主義新教徒多數領導人（包括德·科利尼在內）的命令，隨後屠殺在巴黎蔓延開來，持續了數周，擴散至鄉間和其他城鎮。現在估計死傷者的數目大約從五千至三萬人之間，是「數個世紀中最可怕的宗教屠殺」。從此，整個歐洲的新教徒都或多或少因此事件印下了對天主教的敵意。

3　加斯帕爾·德·科利尼（Gaspard de Coligny，1519-1572 年）法國軍人和政治家。他是法國宗教戰爭時期胡格諾派最重要的代表人物之一。

他的外祖父母是西班牙國王斐迪南（Ferdinand）與女王伊莎貝拉（Isabella），他的祖父是哈布斯堡王朝的馬克西米連一世（Maximilian of Habsburg），人稱中世紀的最後一位騎士，他的祖母瑪麗是野心勃勃的勃艮第公爵「勇敢查理」的女兒；勇敢查理在攻打法蘭西的戰爭中獲勝，不過被獨立的瑞士農民所殺。因此，查理五世從小就從父母、祖父母、外祖父母、叔叔、堂兄和姑媽那裡繼承了地圖上好大一片版圖，包括德國、奧地利、荷蘭、比利時、義大利、西班牙，以及位於亞洲、非洲和美洲的殖民地。出於命運的奇妙諷刺，查理五世出生在根特一座法蘭德斯伯爵的城堡中，不久以前日爾曼人占領比利時期間，曾將這座城堡當作監獄來使用。雖然查理五世是西班牙國王和日爾曼皇帝，他接受的卻是法蘭德斯人的教育。

由於他父親早死（據說是被毒死的，但從未被證實），母親又發了瘋（她帶著裝了丈夫屍體的棺木在自己的領地裡四處遊蕩），小查理便留給了瑪格麗特姑姑，在其嚴厲管教下成長。他雖然不得不統治日爾曼人、義大利人、西班牙人和上百個陌生民族，自己卻成長為一個地道的法蘭德斯人，他自己是天主教會忠誠的子民，卻對宗教的不寬容十分反感。他從小到大都是個懶人，命運卻強迫他統治一個因為宗教狂熱而陷入混亂的世界。他永遠都在趕路，不是從馬德里趕往因斯布魯克，就是從布魯日奔往維也納。他喜愛和平與寧靜，卻又總是在打仗。到他五十五歲的時候，我們看見他對人類無盡的仇恨和愚昧感到厭惡至極，不願意再管事。三年之後，他在極度疲倦和失望中去世。

查理皇帝的故事就說這麼多。那麼，世界的第二大勢力，也就是教會，情況又是什麼樣子呢？教會從中世紀早期那種征服異教徒，向他們展現一個虔誠又正直的人生有什麼好處，到這時候已經發生了巨大的變化。首先，教會變得太富裕了。教宗已經不是一群謙卑的基督徒的牧人[4]。他居住在廣闊的宮殿裡，身邊圍繞的全是藝術家、音樂家和著名的文人。他轄下的各個大教堂和小禮拜堂裡繪滿了嶄新的聖像，畫中的聖徒看起來更像希臘諸神，華麗得毫無必要。他分配給國家事務的時間和賞玩藝術的時間很不平均，前者只占百分之十，另外百分之九十都花在欣賞羅馬雕像、新出土的希臘花瓶、設計新的夏季行宮，以及新戲劇的排練上。樞機主教和紅衣主教以教宗為榜樣。教區主教則跟著樞機主教有樣學樣。只有鄉村地區的神父還忠於職守，保持自己遠離邪惡的世界以及異教徒對美麗和享樂的熱愛。他們也對修道院敬而遠之，因為裡面的修士似乎忘了他們要安於儉樸和貧窮的古老誓言，大搖大擺過起歡樂的生活，只要不搞出太多公眾醜聞便罷。

最後，讓我們看看平民百姓。他們過得比從前好得多。他們的生活更富裕，住在更好的房子裡，孩子去上更好的學校，他們的城市比過去更漂亮，他們的火槍使他們能和死對頭——也就是數百年來對他們的買賣交易抽取重稅的強盜領主們——平起平坐了。宗教改革的三大主角，我就說到這裡。

現在，讓我們看看文藝復興給歐洲造成什麼影響，這樣你就會明白，學識和藝術的復興何以必然促使人重拾對宗教的興趣。文藝復興始於義大利。從義大利蔓延到法蘭西。文藝復興在西班牙不怎麼成功，此地和摩爾人打了五百年的戰爭，使得人民的變得心胸狹窄，並對所有的宗教事務十分狂熱。文藝復興的範圍雖然日漸擴大，但是一旦越過阿爾卑斯山，情況就發生了變化。

4 《新約聖經》裡耶穌自稱是好牧人，會照顧跟隨他的人（羊群）。因此，歷世歷代的神職人員都會自稱是牧人，稱信徒是羊群。

由於生活環境的氣候差異極大，北歐人對人生的看法也迥異於他們的南歐鄰居。義大利人生活在開闊、陽光燦爛的天空下，開懷大笑、放聲高歌和歡喜快樂，對他們是很容易的事。德國人、荷蘭人、英國人和瑞典人，大部分的時間都待在室內，聽雨水打在他們舒適小屋的緊閉窗戶上。他們不常開懷大笑，對每件事都比較嚴肅。他們永遠在意自己不朽的靈魂，不喜歡拿他們認為神聖不可侵犯的事物開玩笑。文藝復興當中的「人文」部分，書籍、研究古代作者、文法和教科書等，他們大感興趣。但是文藝復興在義大利的主要成果之一，亦即整體回歸到古希臘和羅馬的異教文明這一點，卻令他們心生畏懼。

但是，歷代教宗和樞機主教團幾乎全部都是由義大利人組成，他們把教堂變成一個愉快的俱樂部，人們在裡面討論藝術、音樂和戲劇，卻很少提起宗教。因此，嚴肅的北歐和比較文明、輕鬆生活但冷落信仰的南歐之間，裂痕持續擴大，但是似乎沒有人意識到這是一種會威脅到教會的危險。

有幾個小原因可以解釋為什麼宗教改革發生在德國而不是瑞典或英國。自古以來，德國人對羅馬就有很深的積怨，皇帝和教宗之間永無止盡的爭鬥導致彼此內心苦恨甚深。其他的歐洲國家，強而有力的國王會將統治權牢牢握在手中，通常能夠保護人民免於神職人員的貪婪掠奪。然而，德國是由一個沒有實權的皇帝統治著一群紛爭不斷的小公國（封建領主），以致於善良的市民更直接遭到他們的主教和高階教士的宰割。這些高貴的神職人員無不全力搜刮錢財，用來滿足文藝復興時期每個教宗都想興建巨大教堂的癖好。德國人覺得自己遭到了掠奪，很自然會對這種事情和對教會感到反感。

另外還有一個很少被提到的事實——德國是印刷術的故鄉。書籍在北歐很便宜，《聖經》

已經不再是修士才能擁有和解釋的神祕文獻。許多父親和孩子都通曉拉丁文的家庭，都會擁有一本《聖經》，全家人都會閱讀，雖然這麼做違反教會的規定。他們發現，神父告訴他們的許多事情，都和《聖經》原來的經文有出入。這令他們心生疑問，也開始提出各種問題。當問題無法獲得回答時，經常會導致更大的麻煩。

當北方的人文主義者向那些修士開炮時，攻擊就開始了。由於在他們內心深處仍對教宗懷著很高的敬意，所以無法直接攻擊最神聖的教宗。但是，生活在奢華的修道院的高牆庇護裡那些懶惰又無知的修士，提供了他們攻擊的目標。

怪的是，這場論戰的領導者是個非常虔誠的教會之子，名叫傑拉德·傑拉德松（Gerard Gerardzoon），他更令人耳熟能詳的名字是德西德里烏斯·伊拉斯謨。他出生於荷蘭的鹿特丹，是個貧窮的孩子，就讀於德文特的拉丁文學校，在第40章提過的「坎普滕的湯瑪斯」也是從這所學校畢業的。伊拉斯謨當了神父，曾經在修道院裡住了一段時間。他旅行了不少地方，能文善寫，熟知自己筆下的人事物，當他開始撰寫公開出版的小手冊（在現代，他會被稱為社論作家），全世界都被一本由許多封匿名信件所組成的小書：《無名小卒的來信》（*Letters of Obscure Men*）給逗樂了。這些信採用一種古怪的日爾曼-拉丁文的打油詩形式（令人想起我們現代的五行打油詩），來暴露中世紀晚期那些修士的愚蠢和傲慢。伊拉斯謨本人是個非常博學又嚴肅的學者，通曉拉丁文和希臘文，他將希臘原文的《新約》翻譯成拉丁文，給了我們一個可靠的《新約》版本，翻譯過程中還順帶把希臘原文校訂了一遍。但他也相信羅馬詩人撒路斯（Sallust）所言，沒有什麼能阻止我們「唇帶微笑來陳述真理。」

西元一五〇〇年，伊拉斯謨在英國拜訪湯瑪斯·摩爾爵士（Sir Thomas More）的時候，用了幾個星期的時間寫了一本妙趣橫生的小書，叫做《愚人頌》（*Praise of Folly*），他在書裡用了最危險的一種武器——幽默——來抨擊修士並他們盲目的追隨者。這本小冊子是十六世紀最暢銷的書，幾乎每一種語言都有譯本，它也讓人開始注意伊拉斯謨的其他著作，他在那些作品中鼓吹改革教會的許多弊病，又呼籲他的人文主義同伴，協助他這項給基督教信仰帶來偉大重生的任務。

但這些絕佳的計畫沒有實現。伊拉斯謨太過理性也太過寬容，無法取悅大部分的教會的敵人，他們在等一個更強悍的領導者。

這人出現了，他名叫馬丁．路德。

路德是德國北方的農民，卻具有一流的才智和偉大的勇氣。他受過大學教育，是埃爾福特大學（University of Erfurt）的文學碩士；隨後他加入了道明會的修道院。接下來，他到威登堡（Wittenberg）神學院擔任大學教授，並開始向他家鄉薩克森那群冷淡的農家子弟講解《聖經》。他有大把的閒暇時間，他把這些時間拿來研讀《舊約》和《新約》的原文。他很快就看出，基督所說的話和教宗以及主教所傳講的訓示，兩者間存在著巨大的差異。

一五一一年，路德為了公務來到羅馬。當時出身波吉亞（Borgia）家族的教宗亞歷山大六世（Alexander VI）已經去世，他生前斂聚了大量財富來使自己的兒女受惠。他的繼任者儒略二世（Julius II）在人品上無可挑剔，不過卻把大量的時間花在打仗和大興土木，他的虔誠並未打動這位嚴肅的德國神學家路德。路德大失所望地返回威登堡。豈知更糟糕的事情還在後頭。

教宗儒略二世重建了雄偉的聖伯多祿大教堂[5]，他寄望他的無辜繼任者能遵囑興建，大教

翻譯聖經的馬丁・路德

堂雖然才開工建沒幾年，卻已經需要修繕。然而，亞歷山大六世已經花光了教廷國庫中的每一分錢。在一五一三年接任儒略二世的利奧十世（Leo X）面對處在破產邊緣窘況，決定恢復一項古老的籌錢方法。他開始販賣「贖罪券」。「贖罪券」是一張必須花上一筆特定額數的金錢才能買到的羊皮紙，上面保證購買的罪人能縮短自己死後待在煉獄裡的時間。根據中世紀晚期的教義，買賣贖罪券是一件完全正確的事。既然教會有權赦免那些將死之人真心懺悔的罪，那麼教會也有權透過向聖徒說項，來縮短靈魂必須在陰暗的煉獄裡被淨化的時間。

不幸的是，這些贖罪券必須用錢買。這給教會提供了一個輕鬆獲得收入的方式，再說，真正窮到買不起的人，也可免費領取。

事情發生在一五一七年，在薩克森地區獨家販售贖罪券的權利，給了道明會一個名叫約翰・特茲爾（Johan Tetzel）的修士。約翰弟兄是個強行買賣的推銷員；老實說，他有點熱切過頭了。他的商業方式激怒了這個小公國的虔誠百姓。性情耿直的路德在盛怒之下做了一件衝

5 即聖彼得大教堂（Saint Peter's Basilica），是位於梵蒂岡的一座天主教宗座聖堂。傳統上認為這裡是聖伯多祿（西門彼得）的安葬地點，後來的許多教宗也都安葬於此。一五〇三年，教宗儒略二世決定在四世紀的老聖伯多祿聖堂的基礎上重建聖伯多祿大教堂，並任命多納托・伯拉孟特（Donato Bramante）擔任總設計師：大教堂於一五〇六年四月十八日動工，一六二六年宣布落成，即今日所見之聖彼得大教堂。

動的事。一五一七年十月三十一日，他在當地教會的大門上貼出了一張紙，列出了抨擊贖罪券買賣的九十五條聲明（或論綱）。這些聲明是用拉丁文寫的，旨在徵求學術辯論。路德不是革命家，他無意發動一場騷亂。他反對的是販賣贖罪券的制度，希望他的教授同事知道他對他們有什麼想法。這仍是神職人員與學院教授的圈內事，並不是要煽動平民百姓對教會有成見。

不幸的是，當時那個時間點，是全世界都開始對宗教感興趣的時刻，要討論任何事情卻不想馬上引發一場嚴重的思想衝突，是完全不可能的。不到兩個月，整個歐洲都在討論那位薩克森修士的九十五條論綱。每個人都必須選邊站。每個默默無聞的小神學家都必須發表自己的見解。教廷的權威開始有所警覺。他們命令那位威登堡的教授前往羅馬，為自己的行動做個說明。路德很明智，他記得當年胡斯的下場，因此留在日耳曼沒去，卻因此遭到開除教籍的懲罰。路德當著一群仰慕他的群眾的面燒了教宗的開除敕令，從那一刻起，他和教宗之間再也不可能相安無事了。

雖然路德本人沒有任何意願，他還是成了一群心懷不滿的基督徒大軍的領袖。像烏爾里希．馮．胡滕（Ulrich von Hutten）這樣的日耳曼愛國者都趕來保護他。威登堡、埃爾福特和萊比錫大學的學生也發出聲明，如果教廷當局要逮捕他，他們將挺身而出保護他。薩克森的選帝侯[6]再三向激憤的年輕人保證，只要路德待在薩克森的領地內，他就不會受到傷害。

所有這些事都發生在一五二〇年。彼時年滿二十歲的查理五世已經成為半個世界的統治者，並被迫和教宗保持愉快和睦的關係。他發布命令，在萊茵河畔的美麗城市沃木斯召開會議，並命令路德出席，要路德為自己奇特的行為做出解釋。路德去了，他那時已經成為日耳曼的國民英雄，但他拒絕收回自己曾經寫下或說過的任何一個字。只有上帝的話可以支配他的良心，無論生死他都不會違背自己的良心。

經過一番審慎的商議後，沃木斯會議宣布路德無論是在上帝面前還是在人面前，都是個歹徒，並且禁止所有的日耳曼人給他食物、飲水和庇護所，也不准閱讀這個卑鄙的異端者所撰寫的任何著作。但這位偉大的宗教改革家卻平安無事。對日耳曼北部的大多數人而言，沃木斯會議公布的法令該受譴責，那是一份既不公義又暴虐無禮的文件。為了更安全的考量，路德被藏在一座屬於薩克森選帝侯的城堡瓦特堡（Wartburg）裡，他在那裡將整本《聖經》翻譯成德文，讓所有的百姓都能閱讀，自行理解上帝的話，他以這種方式來藐視一切教廷的權威。

到這時候，宗教改革已經不是靈性上和宗教上的事了。那些憎恨現代大教堂之美的人，利用這個動盪的時期去攻擊和破壞他們因為不懂而不喜歡的建築。貧窮的騎士試圖藉由霸占屬於修道院的領地來彌補自己失去的財產。不滿足的王公貴族趁著皇帝不在，趕緊擴張自己的勢力。在半瘋狂的煽動者的領導，飢餓的農民逮到最佳機會攻擊他們主人的城堡，以古老十字軍的狂熱進行燒殺擄掠。

整個帝國陷入了一片混亂當中。有些王公貴族成了新教徒（英文 Protestants 的意思是「抗議者」，路德的追隨者也被稱為「抗議者」），開始迫害他們的天主教子民。其他依舊是天主

6 選帝侯是德國歷史上的一種特殊現象，意指擁有選舉羅馬人民的國王和神聖羅馬帝國皇帝的權利的諸侯。一三五六年，盧森堡家族的查理四世皇帝為了謀求諸侯對其子繼承王位的承認，在紐倫堡制定了著名的憲章「金璽詔書」，正式確認大封建諸侯選舉「羅馬人民的國王」的合法性。詔書以反對俗世的七宗罪為宗教依據，確立了帝國的七個選帝侯。他們分別是三個教會選帝侯：美因茨大主教、科隆大主教、特里爾大主教，和四個世俗選帝侯：波西米亞國王、萊茵－普法爾茨伯爵、薩克森－維騰堡公爵、布蘭登堡藩侯。七選侯選舉出來的人只能稱「羅馬人民的國王」，只有經過羅馬教宗加冕後的「羅馬人民的國王」，才能使用「神聖羅馬帝國皇帝」頭銜。

教徒的王公貴族則吊死他們的新教徒子民。一五二六年的斯佩爾會議（Diet of Speyer）試圖解決這個有關信仰忠誠的棘手問題，因此發布了諭令：「所有的子民必須和他們的領主保持一致的信仰。」這把德國變成了一個棋盤，上面布滿了上千個互相敵視的小公國和小侯國，造成了此後數百年裡德國的政治都得不到正常發展的情況。

一五四六年二月，路德去世，被安葬在二十九年前他宣告反對贖罪券販賣，貼出著名的九十五條論綱的那座教堂裡。不到三十年的時間，文藝復興時期那個對宗教漠不關心，總是戲謔和笑鬧的世界，已經搖身一變成為爭論、爭吵、毀謗和辯論的宗教改革社會了。教宗統治的整個神聖的、精神上的帝國，突然瓦解了，整個西歐變成戰場，新教徒和天主教徒彼此互相殘殺，好讓自己的神學教義可以更加發揚光大；那些神學教義對我們這個世代而言，就像古代伊特拉斯坎人留下的神祕銘文一樣讓人無法理解。

44 宗教戰爭

宗教嚴重衝突的時代。

十六、十七世紀，是宗教嚴重衝突的時代。

如果你留意，你會發現幾乎身邊的每一個人都在不斷地「談論經濟」，討論工資、工時、罷工與社會大眾生活的關係，因為這是我們這個時代最感興趣的主題。

那些生在西元一六〇〇年或一六五〇年的可憐的孩子們更慘，他們聽到的，除了宗教，還是宗教。無論他們信的天主教還是基督教，他們的腦袋裡都塞滿了用來表達「真信仰」當中一些模糊觀點的詞彙，如「預定論」、「聖餐化質論」、「自由意志」以及上百個其他奇奇怪怪詞語。他們根據父母的意願，受洗成為天主教徒、路德派教徒、喀爾文派教徒、慈運理派教徒（Zwinglians）或再洗禮派教徒[1]。他們從路德編纂的《奧格斯堡教理問答》（*Augsburg catechism*）或喀爾文所寫的《基督教要義》（*Institutes of Christianity*）當中學習神學知識，

1 再洗禮派（Anabaptist，或稱重浸派、重洗派），是在歐洲的宗教改革運動發生時，從瑞士蘇黎世的宗教改革家慈運理所領導的運動中分離而出的教派。他們不承認嬰孩的受浸禮，只認同信徒成年的浸禮，要求受過嬰兒浸禮的人成年後要再洗一次。這一派的人主張凡物公用、強調和平主義、堅持不抵抗的原則。

或不斷念誦英國《公禱書》中的「三九條信條」，並被告知唯有這些才代表了「真信仰」。

他們都聽過英國那個結過好幾次婚的國王亨利八世所做的事，他竊取了教會的財產，任命自己為英國教會的最高領袖，並假裝自己擁有教宗的權柄，擅自指派主教和神父。無論何時，只要有人提到「宗教裁判所」並它的地牢和許多刑訊的密室，小孩晚上就會做噩夢。同樣恐怖的故事還有一群憤怒的荷蘭新教徒暴民，如何抓住十來個手無寸鐵的老神父，把他們吊死，純粹為了要從殺害信仰不同的人當中獲得樂趣。鬥爭的雙方如此勢均力敵，真是不幸，否則這些鬥爭很快就能結束。結果，它消耗了八代人之久，並且發展得極其複雜，我只能揀最重要的細節告訴你，並要求你從許多講述宗教改革歷史的書中找一本來讀，把其餘的事弄清楚。

宗教裁判所

新教徒的偉大改革運動之後，接著羅馬教會的核心也發生了徹底的改革。那些原來只是業餘的人文主義者，並擔任希臘羅馬古董交易商的教宗，從此消失在歷史的舞臺上，取而代之的是一群嚴肅的人，一天花二十小時管理那些交到他們手中的神聖義務。

修道院長久以來相當可恥的快樂生活，到此結束。修士和修女被迫日出即起，研讀眾教父的著作，照顧病患，安慰垂死的人。宗教裁判所日夜監控，不容任何危險教義經由印刷出版的方式來散布。在此照例要提一提可憐的伽利略（Galileo），他有點兒太不謹慎了，竟用他可笑的小望遠鏡來說明天體，咕噥一些完全違背教會官方觀點，有關行星運行的見解，於是遭到了囚禁。但是，我們對教宗、天主教神職人員和宗教裁判所也應當公正，必須指出新教徒在這方面和天主教徒沒有差別，同樣敵視科學和醫學，雙方同樣愚昧和不寬容，都把那些自行探索和研究事物的人視為人類最危險的敵人。

日內瓦的喀爾文來自法國，他既是偉大的宗教改革家，也是位暴君（無論是在政治上還是宗教上）。當法國政府試圖吊死邁克爾．塞爾維特（Michael Servetus）時，喀爾文不但幫政府的忙，甚至當塞爾維特設法成功逃出法國監獄，逃到日內瓦後，喀爾文將這位聰明智士關入監牢，在經過冗長的審判後，將他以異端的罪名燒死在火刑柱上，完全無視於他的科學聲譽。塞爾維特是西班牙神學家和醫生，以擔任史上第一位偉大的解剖學家維薩里（Vesalius）的助手而聞名。

這樣的事層出不窮。我們沒有這類事件的可靠資料，但整體來說，新教徒比天主教徒更早對這種「狩獵異端」的遊戲感到厭倦，那些因為自己的宗教信仰而淪為受害者，遭到燒死、吊死和斬首的正直男女，大部分是被精力旺盛又十分嚴厲的羅馬教會所害。

等你們長大，請你們一定要記住，「寬容」是非常晚近才有的概念，即使我們所謂的「現代世界」裡的人，也只對那些他們不太感興趣的事才會表現出寬容。他們會對一個非洲原住民表現出寬容，不在乎他變成一個佛教徒或伊斯蘭教徒，因為這兩個宗教對他們來說都沒有意義。但是，當他們聽說某個贊成高度保護關稅政策的共和黨鄰居加入了社會主義黨，現在想要廢除所有的關稅保護政策時，他們的寬容就終止了；他們嘴裡吐出來譴責，幾乎和十七世紀一個仁慈的天主教徒（或新教徒）一樣，彼時的人聽見他們一向敬愛的摯友淪為可怕的異端新教

（或天主教）教會的受害者時，也是嚴厲抨擊。

不久以前，「異端」還被視為一種疾病。今天，當我們看見有人不重視個人或家庭的清潔衛生，把自己和孩子暴露在感染傷寒或其他可避免的疾病危險中時，我們會通知衛生局，而衛生單位會通知員警前來，協助他們把這個威脅整個社區安全的人帶走。在十六和十七世紀，那些公開質疑新教或天主教所立足的基本原則的男女，就是異端份子，會被認為是比傷寒帶原者更為可怕的威脅。傷寒可能（非常有可能）會摧毀你的身體。但是，根據他們所言，異端絕對會摧毀你不朽的靈魂。因此，所有善良又理性的公民的責任，是向警方舉報那些反對現存秩序的敵人。那些沒有這麼做的人，將如同現代人發現自己的房客染上了霍亂或天花，卻不打電話通報最近的醫生一樣，應該受到譴責。

未來，你會聽到一大堆有關「預防性醫療」的事。預防性醫療的意思很簡單，就是醫生不想等到病人生病之後才出面進行治療。相反的，他們研究某個病人以及該人在身體完全健康時的居住環境，他們藉由清除垃圾、教導他如何飲食、該避免什麼東西，以及教給他一些簡單的個人衛生習慣的觀念，以此來移除每個可能致病的原因。他們甚至採取更進一步的行動，這些好醫生會進入校園，教導孩子如何刷牙，如何避免感冒。

十六世紀的人認為（正如我努力向你們說明的），身體的疾病遠遠沒有威脅靈魂的疾病來得重要，因此他們組織了一套「心靈預防醫學」的系統。當小孩長到能夠讀書識字，大人就會教他真正的（而且是「唯一真正的」）信仰原則。這種作法間接證明了是件好事，它促進了歐洲人的整體進步。新教徒在自己的領地上大舉興學，花費大量寶貴的時間來解釋《教義問答》，並在神學之外的其他許多事上給予學生指導。他們鼓勵閱讀，這使得印刷業大大興旺，發展繁榮。

但是天主教也不落人後。他們同樣在教育上投入了大量的時間和心思。在這件事情上，羅馬教會找到一位可貴的朋友，它和新成立的「耶穌會」結成同盟。這個卓越非凡的組織的創辦人是個西班牙軍人，他在經歷了一段不聖潔的冒險生涯之後，皈依了天主教，並像過去的許多罪人一樣，認為自己有義務為教會服務。許多罪人在被「救世軍」指出他們所犯的過錯後，都將自己的餘生奉獻給教會，擔負起援助和安慰那些不幸之人的任務。

這個西班牙人名叫伊格納修斯·德·羅耀拉（Ignatius de Loyola）。他出生在歐洲人發現美洲大陸的前一年。他曾經在戰爭中受傷，瘸了一條腿。他在住院治療期間，看見聖母和聖子向他顯靈，吩咐他放棄自己從前邪惡的生活。他決定前往聖地，完成十字軍的使命。但是，去到耶路撒冷之後，他知道自己不可能達成任務，於是他返回歐洲，幫助天主教進行對路德教派這個異端的戰鬥。

一五三四年，正在巴黎的索邦神學院就讀的羅耀拉，和另外七個學生成立了一個兄弟會。這八個人彼此承諾要過聖潔的生活，他們將努力追求公義而非財富，奉獻自己的身體和靈魂來事奉羅馬教會。數年之後，這個小小的兄弟會成長成了一個正規組織，並獲得教宗保羅三世（Pope Paul III）的認可，正式定名為「耶穌會」。

羅耀拉曾經是個軍人，他相信紀律，又絕對服從上級的命令，這成為耶穌會獲得巨大成功的主要原因之一。耶穌會專門從事教育。他們的老師一定先受過最徹底完整的培訓，然後才允許教師個別指導學生。教師和學生生活在一起，參與學生的遊戲。他們溫柔地照顧學生，結果自然培養出新一代的虔誠的天主教徒，這些人會像中世紀早期的人一樣，非常認真嚴肅地看待自己的宗教責任。

不過，精明的耶穌會沒有把他們的精力全部浪費在窮人的教育上。他們進入權貴的宮殿，成為未來的皇帝或國王的私人教師。等我跟你講述三十年戰爭的時候，你就會明白這是什麼意思。不過，在宗教狂熱最終爆發成那場可怕的戰爭之前，還發生了許多其他的事。

查理五世去世了。日耳曼和奧地利落到了他的兄弟斐迪南（Ferdinand）手中。他兒子菲力浦擁有其他的領地，包括西班牙、荷蘭、印度和美洲。菲力浦是查理五世和自己的親表妹葡萄牙公主結婚後所生。近親婚姻所生的孩子很容易有問題。菲力浦的兒子唐・卡洛斯（Don Carlos）很不幸是個瘋子，最後在菲力浦的同意下被殺。菲力浦雖然不瘋，但是他對教會的狂熱已經瀕臨宗教狂的邊緣。他相信上天已經指派他做人類的救世主。因此，誰要是冥頑不化，拒絕贊同他這位陛下的觀點，這人就會被宣布是人類的敵人，必須加以消滅，以免這人的榜樣腐蝕了虔誠的鄰居們的靈魂。

當然，西班牙是個非常富有的國家。所有新世界發現的黃金白銀全流入了卡斯提爾和亞拉岡兩個王國的國庫。但西班牙卻罹患了一種古怪的經濟疾病。西班牙的農民都很勤勞，甚至女人比男人更辛勤勞作。但是她的上層階級卻極其輕蔑任何形式的勞動，唯有加入陸軍、海軍和擔任公職除外。至於非常勤勉刻苦，以工匠聞名的摩爾人族群，早就被逐出了這個國家。結果，身為世界財富寶庫的西班牙，依舊十分貧窮，因為她所有的錢財都送到海外去換取西班牙人自己不屑種植的小麥和其他生活必需品去了。

菲力浦身為十六世紀最強大的國家的統治者，卻要仰賴向荷蘭這樣繁忙的商業重地收取稅金。但是，這些法蘭德斯人和荷蘭人都是虔誠的路德派和喀爾文派信徒，他們清除了教堂裡所有的聖像和聖畫，並告知教宗，他們不再尊他為牧人，而是打算聽從自己良心的指引和新翻譯出來的《聖經》的命令。

這讓菲力浦國王的處境十分為難。他不可能容忍那些荷蘭百姓的異端信仰，但是他又需要他們的錢。如果他容許他們當新教徒，不採取各種措施來拯救他們的靈魂，他就有損當對上帝盡到的責任。但是他如果派宗教裁判所到荷蘭，把他的百姓綁在火刑柱上燒死，他又會損失大筆的收入。

生性優柔寡斷的菲力浦猶豫了很長一段時間。他軟硬兼施，試過各種手段，但是荷蘭人依然故我，繼續唱著讚美詩歌，聆聽他們的路德派或喀爾文派牧師的講道。絕望之餘，菲力浦派出他的「硬漢」阿爾巴公爵（Duke of Alba）去將這群頑固的罪人繩之以法。阿爾巴首先將那些沒有在他來到之前先聰明離開荷蘭的新教領袖都砍了頭。接著，在一五七二年（就是法國新教領袖在「聖巴托羅繆之夜」被趕盡殺絕那一年），阿爾巴公爵攻擊了好幾個荷蘭城市，屠殺當地居民，以對其他城市收取殺雞儆猴的效果。隔年，他包圍了荷蘭的製造業中心萊頓城。

聖巴托羅繆之夜

與此同時，荷蘭北部的七個小省分聯合組成了一個防禦同盟，也就是所謂的「烏特勒支同盟」（Union of Utrecht），並推舉曾經擔任過查理五世私人秘書的日爾曼的王子——奧蘭治親王威廉（William of Orange）出任他們陸軍和海軍的領袖；

荷蘭那支也從事海盜打劫活動的海軍，素來以「海上乞丐」的稱號聞名於世。威廉為了解救萊頓，挖了河流的提防，淹出一片水鄉澤國，隨後在一支裝備奇怪的海軍的協助下，解救了萊頓城；這支海軍由駁船和平底船組成，以又劃又拉又推的方式，穿過泥沼，來到萊頓城牆下。

決堤解救萊頓城

所向無敵的西班牙國王的軍隊，頭一次吃到如此羞辱的敗仗。全世界大吃一驚，就像日俄戰爭中，日本人的瀋陽勝利讓我們這代人大吃一驚一樣。新教的勢力獲得了新的勇氣，而菲力浦也想出新的方法來征服這群反叛的百姓。他雇用了一個愚蠢透頂的宗教狂去刺殺奧蘭治親王威廉。但是領導者的死亡並未讓這北方七省屈服。相反的，這讓他們越發怒火高漲。一五八一年，七省的代表在海牙聚集召開「階級大會」（Estates General），莊嚴地宣誓罷黜了「邪惡的菲力浦國王」，由他們自己擔起治國重任，在此之前，治國主權都是授予「上帝恩典所託付的國王」的。

這是人民爭取政治自由的鬥爭史上，一個非常重要的事件。它比英國貴族起義並以簽署《大憲章》告終一事，邁出了更遠的一步。這些好公民說，「在國王和他的臣民之間，本有一種不言而明的協議，就是雙方都該履行某些義務，承擔某些明確的責任。如果有一方沒有履行這份合約，另一方就有權認定合約終止了。」一七七六年，英國國王喬治三世轄下的美洲子民也做出類似的結論；不過，他們與統治者之間還隔著三千英里遠的大洋。然而，這七省聯盟的「階級大會」，是在聽得見西班牙槍炮聲的距離內，又始終懷著對西班牙無敵艦隊的恐懼的情況下，做出的決定（萬一戰敗的話，將被折磨致死）。

當信奉新教的伊莉莎白繼承信奉天主教的「血腥瑪麗」成為英國女王，就一直有傳言說，有一支神祕的西班牙無敵艦隊將會征服荷蘭和英格蘭。年復一年，碼頭的水手一直傳著這個故事。到了十六世紀的八〇年代，傳言變成了事實。根據待過里斯本的水手所言，所有西班牙和葡萄牙的船塢都在加緊造船。另外，在荷蘭的南部地區（現今的比利時），帕爾馬公爵（Duke of Parma）正在集結一支龐大的遠征軍，只等西班牙艦隊一到，就將大軍從沃斯坦德運往倫敦和阿姆斯特丹。

沉默者威廉被刺殺

一五八六年，西班牙的無敵艦隊啟程北伐。但是法蘭德斯沿岸的海港已經被荷蘭艦隊封鎖，而英吉利海峽也被英國艦隊警戒防衛著；習慣了南方平靜海域的西班牙人，在風大浪高又寒冷刺骨的北方氣候中不知道該如何駕駛船舶。無敵艦隊在暴風雨和敵艦的夾攻下有什麼下場，也不需要我來告訴你。少數繞過愛爾蘭逃離戰場的西班牙船隻，回報了可怕的戰敗的故事。其餘覆滅的船艦全都躺在北海的海底了。

無敵艦隊來了

戰局翻轉才叫公平競賽。現在，輪到英國和荷蘭的新教徒把戰火燒到敵人的領土上了。在十六世紀結束之前，霍特曼[2]在一名曾在葡萄牙軍隊服過役的荷蘭人林斯霍滕（Jan Huyghen van Linschoten）所寫的手冊的幫助下，終於發現了通往印度群島的航線。結果，偉大的荷屬東印度公司就此建立，而爭奪葡萄牙和西班牙在亞洲與非洲的殖民地的一連串戰爭，也就此嚴肅展開。

在這段殖民地征服大戰的初期，有人在荷蘭的法庭上打過一場古怪的官司。十七世紀初期，有個名叫凡·黑姆斯克爾克（van Heemskerk）的荷蘭船長，在麻六甲海峽俘獲了一艘葡萄牙船隻。這位船長曾經率領一支探險隊遠征，試圖發現通往印度群島的東北航線，結果在新地島（Nova Zembla）冰封的海岸上被困了一整個冬天，他也因此出了名。你還記得吧，教宗曾經把世界平均分成兩半，一半給了西班牙人，一半給了葡萄牙人。葡萄牙人很自然地認為圍繞印度群島的水域都是他們的私有產業。彼時，因為葡萄牙未與荷蘭七省開戰，因此他們聲稱這個私人的荷蘭貿易公司的船長，無權進入他們的私域偷走他們的船隻。他們一狀告到法院。荷屬東印度公司的董事會聘請了一位年輕聰明的律師德·格魯特（De Groot）或格魯西斯（Grotius）來為他們辯護。他的辯護詞令人震驚——海洋是屬於所有的人的。一旦超出陸地上大炮的射程範圍，在那之外的海洋，就是（根據格魯西斯的說詞）或應該是，任何國家的任何船隻都能自由往來的公開通道。這是頭一次有人在法庭上公開發表這樣駭人的理論。這理論立刻遭到所有其他航海業者的反對。為了抵銷格魯西斯著名的「公海論」的影響，英國人約翰．塞爾登（John Selden）寫出了他著名的論述「封閉海洋論」，主張主權國家的自然權利，能將國家領土周圍的海域視為屬於自己的領土。我在這裡提到這件事，是因為這項爭議還未解決，並在第一次世界大戰期間引起各種的困難和複雜問題。

我們再回到西班牙人和荷蘭人與英格蘭人之間的戰事，不到二十年，印度地區一些最有價值的殖民地、好望角、錫蘭，並中國沿海地區，甚至日本，就都落入了新教徒的手中。一六二一年，荷蘭西印度公司成立，它征服了巴西，在北美的哈德遜河口建了一個叫做新阿姆斯特丹的堡壘，那條河是由亨利．哈德遜（Henry Hudson）在一六〇九年發現的。

這些新殖民地使英格蘭和荷蘭共和國富有到一個地步，他們能夠聘請外國傭兵來為他們打仗，與此同時，他們自己可以專心從事商業和貿易。對他們來說，新教革命意味著獨立與繁榮。但是在歐洲許多其他地區，新教革命意味著連續不斷的恐怖事件，我們經歷的上一次戰爭[3]與之相比，簡直就像主日學校的乖孩子去郊遊一樣溫和。

「三十年戰爭」爆發於一六一八年，最後於一六四八年簽署了著名的《西發利亞和約》（treaty of Westphalia）作為結束，它完全是一個世紀以來越演越烈的宗教仇恨的必然結果。正如我之前說過的，這是一場可怕的戰爭。人人彼此為敵，互相廝殺，戰爭之所以能夠結束，

2 荷蘭探險家霍特曼（Cornelis de Houtman，1565-1599年）發現了一條從歐洲通往印尼的新航路，讓荷蘭從此展開香料貿易。彼時，香料貿易是由葡萄牙帝國壟斷的獨門生意，但霍特曼的成功象徵了荷蘭的勝利。霍特曼也是個間諜，他待在葡萄牙時取得了一些機密訊息，他將這些訊息帶回了荷蘭。

3 指第一次世界大戰。

是因為參戰各方都已消耗殆盡，沒辦法再打下去了。

不到一代人的時間，這場戰爭就讓歐洲中部的許多地方變成一片荒地，飢餓的農民必須和更飢餓的野狼爭奪一匹死馬來吃。整個德國有六分之五的城鎮和村莊被戰火摧毀。德國西部的帕拉丁奈特（Palatinate）被劫掠了二十八次。人口從一千八百萬減少到四百萬。

各方對彼此的敵意，差不多是從哈布斯堡王朝的斐迪南二世當選為皇帝時開始的。他是耶穌會最精心教育出來的產物，也是最虔誠又順服的教會子民。他年少時就發誓會將自己領土上所有的宗派並一切異端份子全部剷除，他也竭盡所能來守住這個誓言。在斐迪南當選前兩天，他的主要對頭，帕拉丁奈特的選帝侯暨英格蘭王詹姆斯一世的女婿斐特烈（Frederick），被推舉為波希米亞王，這直接違背了斐迪南的期望。

哈布斯堡王朝的軍隊立刻開向波希米亞。年輕的國王斐特烈四處尋求援手對抗這個可怕的敵人，卻都落空了。荷蘭共和國願意提供援助，卻心有餘而力不足，因為他們自己正和西班牙（也是哈布斯堡家族的分支）打得難分難解。英格蘭的斯圖亞特王朝（Stuarts）對強化

哈德遜之死

自己在國內的專制力量更感興趣，並不想把金錢和人力送到遙遠的波希米亞戰場上。在經過數月苦戰之後，帕拉丁奈特的選帝侯被驅逐出境，他的領地落入了巴伐利亞的天主教王室手中。這是三十年戰爭的開端。

接著，哈布斯堡王朝的大軍在提利（Tilly）和瓦倫斯坦（Wallenstein）的率領下，一路殺進德國的新教地區，所向披靡，直到抵達波羅的海沿岸。對信奉新教的丹麥國王而言，冒出這個天主教鄰居，意味著極大的危險。於是，克里斯提安四世（Christian IV）想在敵人強過自己之前先發制人，以此自保。丹麥進軍德國，但是被擊敗了。瓦倫斯坦趁勝追擊，在強勢又兇狠的進攻下，丹麥被迫求和。波羅的海沿岸只剩一座城市還在新教徒手裡，就是施特拉爾松德（Stralsund）。

一六三〇年初夏，瑞典瓦薩王朝（the house of Vasa）的國王古斯塔夫·阿道爾豐斯（Gustavus Adolphus）在施特拉爾松德登陸，他以保衛國家抵抗俄羅斯的入侵而聞名。這位新教國王雄心勃勃，渴望把瑞典打造成一個偉大的北歐帝國的核心，歐洲的新教徒王公們非常歡迎古斯塔夫·阿道爾豐斯，將他視為路德派的救世主。他擊敗了才剛大肆屠殺了馬格德堡（Magdeburg）新教居民的提利，接著，他的軍隊開始一場穿過德國腹地的大進軍，企圖攻擊哈布斯堡王朝位於義大利的領地。古斯塔夫發現軍隊後方遭到天主教徒的威脅，遂冷不防把軍隊掉頭，在呂岑會戰（battle of Lützen）中擊敗了哈布斯堡的主力軍隊。不幸的是，這位瑞典國王和自己的部隊走散了，隨後遭到了殺害。不過，哈布斯堡的勢力也就此被打破了。

得知戰敗，生性多疑的斐迪南馬上開始懷疑自己手下的將領。在他的教唆之下，他的總司令瓦倫斯坦遭到了謀殺。統治法國的波旁王朝信奉天主教，但他們痛恨哈布斯堡王朝這個對手，聽見這消息後便與信奉新教的瑞典聯手。法王路易十三世的軍隊入侵了德國的東部，法國將領圖倫（Turenne）和孔德（Conde），並瑞典將領巴納（Baner）和威瑪（Weimar），都因為大肆燒殺擄掠哈布斯堡的人民和財產而聞名。這給瑞典人帶來了巨大的威望和財富，也導致了丹麥人的嫉妒。於是，信奉新教的丹麥人，向同樣信奉新教卻與信奉天主教的法國結盟的瑞典人宣戰，因為法國的政治領袖，樞機主教黎胥留[4]罔顧一五八九年《南特敕令》中對胡格諾派（法國的新教徒）的保證，剛剛剝奪了他們可以公開崇拜的權利。

這場戰爭如同大多數這類衝突一樣，即使在一六四八年以簽訂《西發利亞和約》結束，卻沒有解決任何問題。天主教國家依舊信奉天主教，新教國家依舊忠於路德、喀爾文和慈運理等人所傳的教義。瑞士與荷蘭的新教徒建立了獨立的共和國，也獲得了承認。法蘭西取得梅茲（Metz）、圖爾（Toul）、凡爾登（Verdun）幾個城市和一部分的亞爾薩斯（Alsace）。神聖羅馬帝國繼續存在，功能如同嚇烏鴉的稻草人，它沒人、沒錢、沒希望，也沒了勇氣。

三十年戰爭帶來所帶來的唯一好處是消極的——它讓天主教徒和新教徒再也不敢彼此征伐了。從此以後，他們不會再去招惹對方。不過，這不表示宗教感受與神學憎恨從這個世界上抹除了。事實正好相反。雖然天主教和新教之間的爭吵告一段落，但是新教不同教派之間的爭議卻像過去一樣激烈。在荷蘭，由於對「預定論」的真正本質（這是神學上一個非常含糊不清的論點，但在你的曾祖父輩眼裡卻極其重要無比）的看法不同而引發的爭吵，最後竟以約翰．範．奧爾登巴內費爾特（Johan van Oldenbarnevelt）遭到斬首告終。約翰是荷蘭的政治家，在共和

4 黎胥留（Armand Jean du Plessis de Richelieu，1585-1642年）法王路易十三的宰相，在法國政務決策中具有主導性的影響力。在他當政期間，法國專制制度得到完全鞏固，為路易十四時代的興盛打下了基礎。

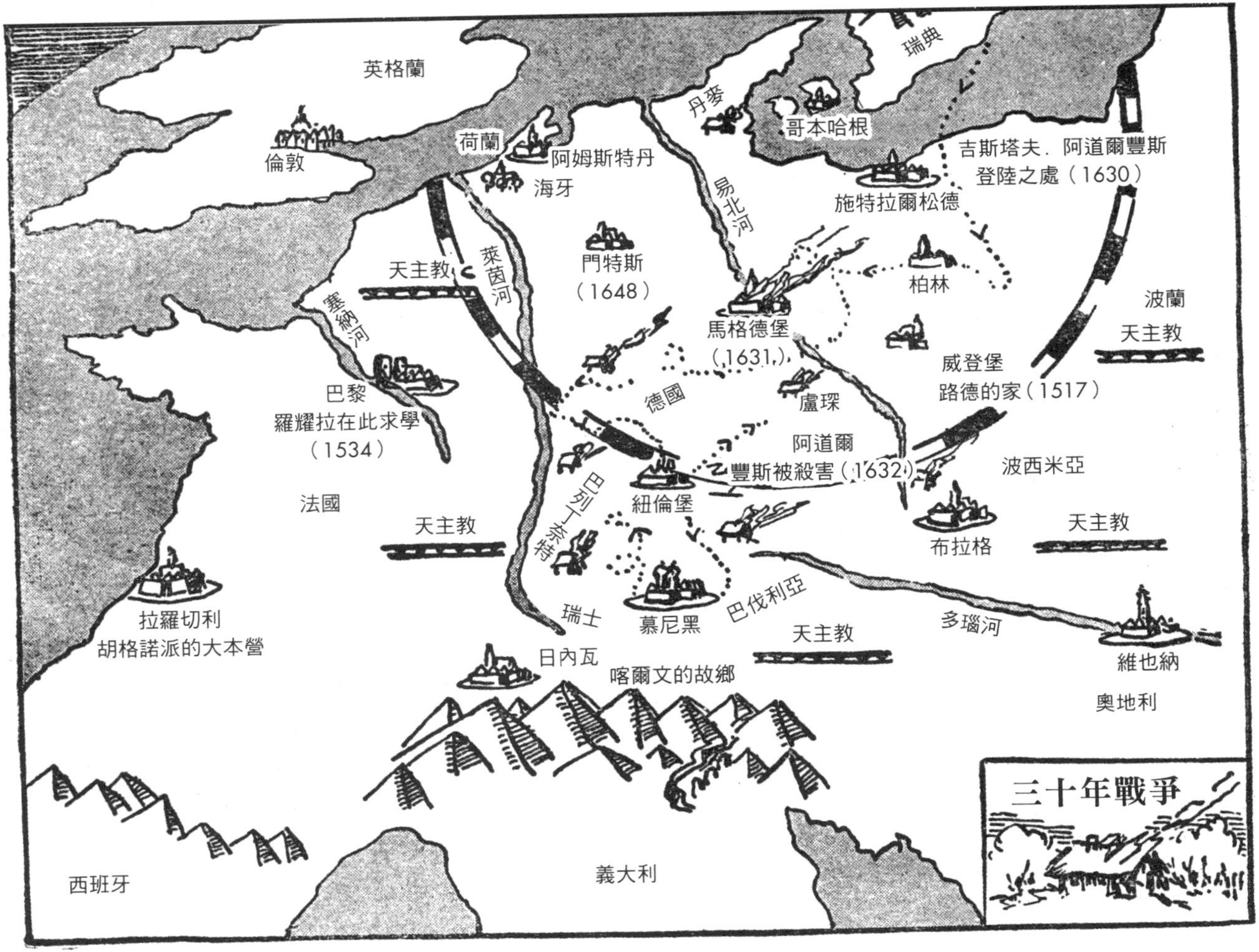
三十年戰爭
英格蘭
倫敦
荷蘭
阿姆斯特丹
海牙
丹麥
哥本哈根
瑞典
吉斯塔夫．阿道爾豐斯
登陸之處（1630）
施特拉爾松德
易北河
萊茵河
天主教
門特斯
（1648）
柏林
馬格德堡
（1631）
波蘭
天主教
塞納河
巴黎
羅耀拉在此求學
（1534）
德國
盧琛
威登堡
路德的家（1517）
阿道爾
豐斯被殺害（1632）
波西米亞
法國
紐倫堡
巴列丁奈特
天主教
天主教
布拉格
拉羅切利
胡格諾派的大本營
瑞士
慕尼黑
巴伐利亞
天主教
多瑙河
維也納
日內瓦
喀爾文的故鄉
奧地利
西班牙
義大利

國獨立的頭二十年，他是國家可以成功的大功臣，在荷屬東印度公司成立時，他表現出偉大的籌組天才。在英國，宗派爭論導致了內戰。

不過，在我告訴你這場暴動導致第一位經由法律程序遭到處決的歐洲國王之前，我該先說一段英格蘭先前的歷史。在這本書裡，我試圖只告訴你那些有助於理解現代世界的狀況的歷史事件。如果我沒有提到某些國家，並不是因為我私人的好惡。我希望我能告訴你挪威、瑞士、塞爾維亞和中國發生了什麼事，但這些國家對十六和十七世紀歐洲的發展沒有帶來很大的影響。因此，我以尊敬的態度，很禮貌地向這些國家鞠躬致歉，略過它們。然而，英格蘭的情況不同。這個小島國的人民在過去五百年間的所作所為，深刻影響了全世界每個角落的歷史發展。如果對英國的歷史背景沒有恰當的認知，你將讀不懂今天的報紙。因此，你必須知道，當歐洲大陸上的國家仍處於專制君主統治的時候，英格蘭是如何發展出議會式的政府形式的。

一六四八年的阿姆斯特丹

45 英國革命

「君權神授」和「議會權利」（雖非身神諭卻更為合理）之間的爭鬥，給查理二世帶來了災難性的結局。

凱撒是歐洲西北部最早的探索者，他在西元五五年穿過英吉利海峽，征服了英格蘭。隨後四百年間，英格蘭一直是隸屬於羅馬帝國的一個行省。但是，當蠻族開始對神聖羅馬帝國造成威脅，駐紮在英格蘭前線的軍隊被召回保衛家鄉，於是大不列顛失去了政府和也失去了保護。

這消息一傳到日爾曼北部那些覬覦已久撒克遜部族中，他們立刻橫渡北海，在這肥沃的島嶼上安家落戶。他們建立了好些獨立的盎格魯－撒克遜王國（這麼取名是因為最初的入侵者是盎格魯人，也就是英格蘭人，以及撒克遜人），但這些小王國之間老是爭吵不休，沒有一個國王能夠強大到統一全國。在那五百多年間，麥西亞（Mercia）、諾森伯里亞（Northumbria）、威塞克斯（Wessex）、蘇塞克斯（Sussex）、肯特（Kent）和東安格利亞（East Anglia），以及無論叫什麼名字的地方，都不斷遭受到斯堪地那維亞海盜的攻擊。終於，到了十一世紀，英格蘭、挪威和日爾曼北部，都成了克努特大帝（Empire of Canute）龐大的丹麥帝國的部分，島上最後幾絲獨立的痕跡也消失殆盡。

一段時日之後，丹麥人被驅逐出去，但英格蘭才獲得自由，馬上又被第四次占領。新的敵人是古代斯堪地那維亞的另一個部族的後裔，早在十世紀初便入侵法國建立了諾曼第公國。大洋彼岸的諾曼第公爵威廉對英格蘭垂涎已久，他於一〇六六年十月越過了英吉利海峽，在同年十月十四日的黑斯廷斯戰役中，擊潰了盎格魯－撒克遜最後一位國王威塞克斯的哈樂德（Harold）那不堪一擊的軍隊，並自封為英格蘭國王。然而，無論是威廉本人，還是安茹王朝（又稱金雀花王朝）的繼承人，都沒有把英格蘭當成自己真正的家。對他們來說，這個島只是他們在歐洲大陸上繼承的龐大遺產的一部分——一個居住著落後民族的殖民地，他們將

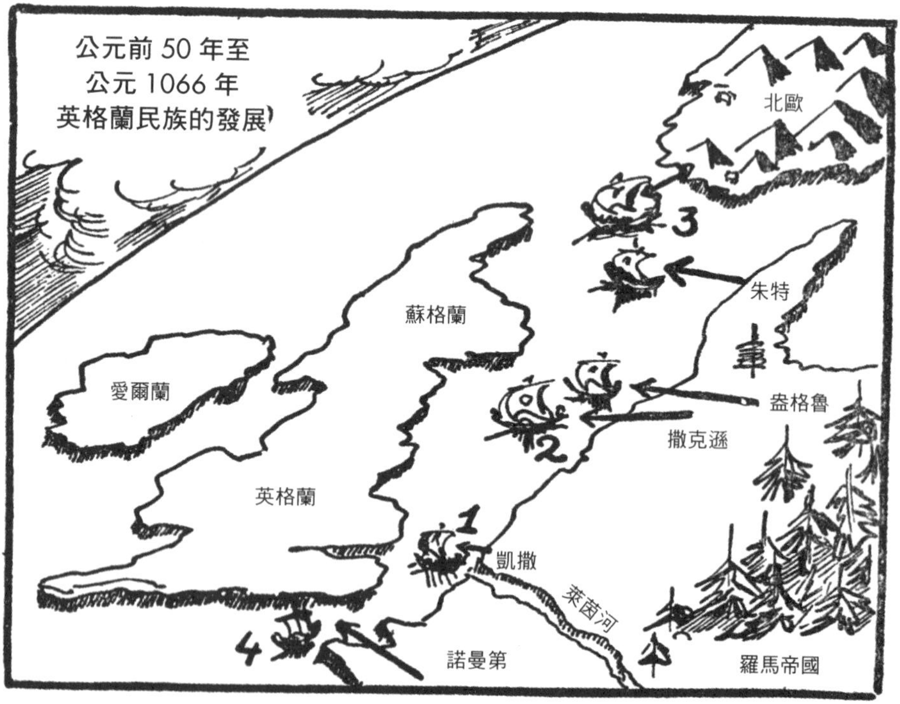

自己的語言和文明強加在那群人身上。然而不知不覺間，英格蘭這塊「殖民地」的發展反而超過了「母國」諾曼第。與此同時，法蘭西的國王們也極力想要擺脫這個強大的「諾曼第－英格蘭」鄰居，他們實際上不過是法蘭西王室不聽話的下人。經過一個世紀的爭戰，法蘭西人在一位名叫聖女貞德的少女的帶領下，將那些「外國人」驅逐出他們的領土。貞德本人卻在一四三〇年貢比涅（Compiegne）戰爭中被俘，抓到她的勃艮第人將她賣給了英格蘭士兵，最後她被當作女巫燒死。但英格蘭人從未在歐洲大陸上

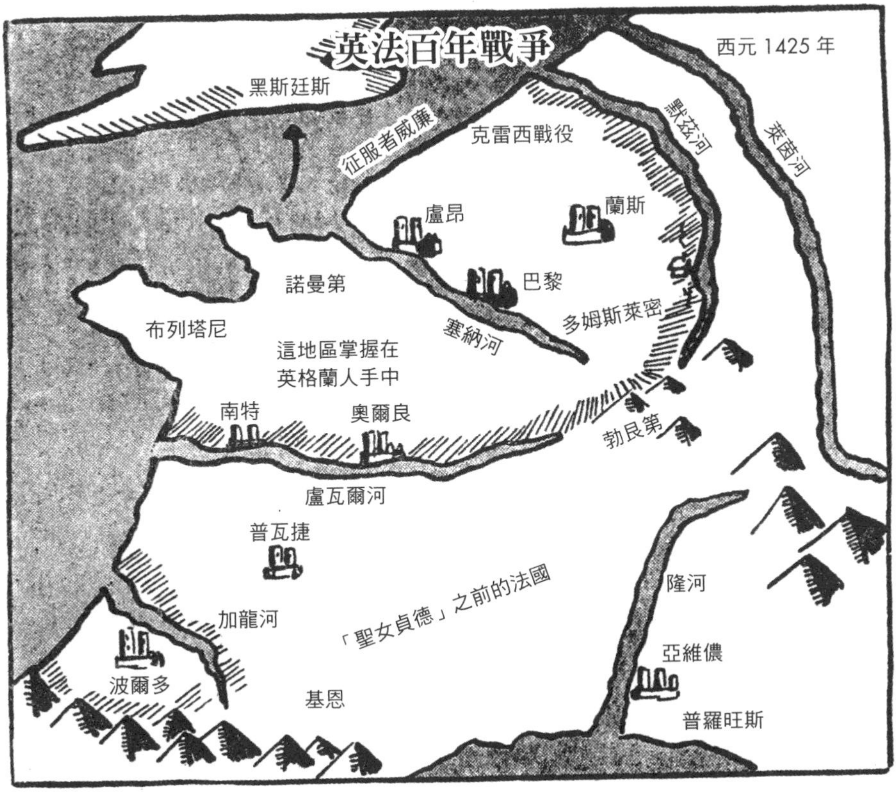

取得根據地，最終他們的國王只能把時間都投入在不列顛島上。由於這個島上的封建貴族都忙於處理彼此間的夙怨，這在中世紀就像蕁麻疹和天花一樣普遍，而大部分產業的舊主都死於那場所謂的「玫瑰戰爭」，這使國王們輕而易舉地擴張了王室的權力。到了十五世紀末，英格蘭已經成了一個強大的中央集權王國，由都鐸王朝（House of Tudor）的亨利七世（Henry VII）所統治。他給人留下恐怖回憶的著名法庭——「星法院」（Star Chamber），以極其殘酷的手段鎮壓了所有試圖取回自己從前對政府的影響力的殘餘貴族。

亨利七世的兒子亨利八世於一五〇九年繼位，從那一刻起，英格蘭的歷史產生了重大的轉折，從一個中世紀島國變成了一個現代國家。

亨利對宗教沒有太大興趣。他樂於利用私人問題（他多次離婚）與教宗之間的意見不合，宣布脫離羅馬教廷獨立，使英格蘭教會成為歐洲第一個「國家教會」，而這位世俗的統治者同時也擔任起他臣民的屬靈領袖。發生在一五三四年的這場和平的宗教革命，不但為都鐸王朝贏得了英格蘭神職人員的支援——因為長久以來，他們一直暴露在路德派傳道者的激烈抨擊之下，而且透過沒收從前修道院的財產來鞏固王權。與此同時，這場革命還讓亨利大受商人和貿易人士的歡迎，這些驕傲又富裕的島國居民，靠著一條又寬又深的海峽與其餘整個歐洲大陸隔開，他們討厭一切「外來」的事物，也不願意讓一個義大利主教來統治他們誠正的大不列顛靈魂。

亨利八世死於一五四七年，他把王位留給年僅十歲的小兒子。這孩子的幾個監護人偏向支援當代路德派教義，他們竭盡所能幫助新教的發展。但這男孩不到十六歲就夭折了，王位由他的姊姊瑪麗[1]繼承，她是西班牙國王菲力浦二世（Philip II of Spain）的妻子。她把新「國教」

的主教們統統燒死，並在其他方面都效法自己高貴的西班牙丈夫。

幸好瑪麗在一五五八年去世，繼位的伊莉莎白是亨利八世和第二任妻子安妮·博林（Anne Boleyn）所生（亨利八世總共有六任妻子），安妮最後因為不受寵而被亨利斬首。伊莉莎白也曾被囚禁過一段時間，是在神聖羅馬帝國皇帝的請求下才重獲自由，她對一切和天主教與西班牙有關的事物都深惡痛絕，勢不兩立。伊莉莎白像父親一樣，對宗教毫無興趣，但她繼承了父親精明的洞察能力，在她統治的四十五年內，王朝的力量日漸強大，她轄下這些快樂島嶼的歲收和財產也不斷增加。這些政績，得益於聚集在她王座周圍的眾多男子的輔佐而成，他們讓伊莉莎白時代變得如此重要，那些專門講述伊莉莎白時代細節的書，你應該挑一本閱讀。

儘管如此，伊莉莎白的王位並非高枕無憂。她有一個非常危險的對手，就是斯圖亞特家族的瑪麗，她母親是法國公爵夫人，父親是蘇格蘭人，她還是法國國王弗蘭西斯二世（king Francis II of France）的遺孀，她婆婆是策劃了聖巴托羅繆大屠殺的梅迪奇家族的凱薩琳。瑪麗生的兒子日後成為英格蘭斯圖亞特王朝的第一位國王。她是虔誠的天主教徒，凡是伊莉莎白的敵人，她都願意結交。瑪麗自身缺乏政治才能，又經常使用暴力手段懲罰自己的喀爾文教派的子民，結果在蘇格蘭引發一場革命，迫使她不得不逃往英格蘭尋求庇護。她在英格蘭生活了十八年，一直密謀對付提供她庇護的伊莉莎白女王。最終，女王不得不在心腹大臣的忠告下，

---

1 瑪麗一世（Mary I，1516-1558 年）是英格蘭和愛爾蘭女王，都鐸王朝的第四位君主。她在同父異母弟弟愛德華六世死後繼承王位，並恢復羅馬天主教，取代她父親亨利八世提倡的盎格魯教派（新教）。在這過程中，她下令燒死約三百名宗教異議人士，此舉為她贏得「血腥瑪麗」的綽號。瑪麗苦心經營的羅馬天主教，在她死後被繼任的伊莉莎白一世以新教所取代。

約翰與塞巴斯蒂安·卡伯特看見紐芬蘭海岸

「砍掉蘇格蘭女王的頭」。

一五八七年，蘇格蘭女王的頭及時落地，也點燃了英格蘭和西班牙的戰火。但正如我們所見，英格蘭與荷蘭的聯合海軍擊敗了菲力浦的「無敵艦隊」，而原本為了摧毀兩大反天主教統治者的勢力而發動的戰爭，卻變成一場使這兩國有利可圖的商業冒險。

於是，經過了多年的猶豫不決，英格蘭和荷蘭現在終於為自己入侵東西印度群島和美洲找到了正當理由，同時還能為長期遭受西班牙人欺壓的新教同胞們報仇雪恨。英格蘭是最早的哥倫布後繼者之一。由威尼斯領航員喬瓦尼·卡伯特所帶領的英格蘭船隻，在一四九六年最先發現並探索了美洲大陸。拉布拉多（Labrador）和紐芬蘭當時看起來沒有什麼可殖民的價值。但紐芬蘭的海岸卻為英格蘭漁船提供了豐厚的回報。一年後，即一四九七年，卡伯特完成了對佛羅里達海岸的探勘。

接下來進入亨利七世和亨利八世在位的動盪年代，英格蘭沒有餘錢拿來支持海外探索。但在伊莉莎白統治時期，國內和平，瑪麗·斯圖亞特也被關在獄中，水手們能夠安心出海，不用擔心國內家人的安危。早在伊莉莎白小時候，威洛比（Willoughby）就把航船開到了北角（North Cape），他手下一位船長理查·錢塞勒（Richard Chancellor）繼續向東推進，探索前往印度群島的路線，結果他來到了俄羅斯的阿爾漢格爾（Archangel），與遙遠的莫斯科大公國的神祕統治者建立了外交和商業關係。在伊莉莎白統治初期，有許多人順著這條航線航行。一些商業冒險家為「聯合股份公司」的利益工作，為各家貿易公司打下了基礎，在接下來幾個世紀，這些公司變成了殖民統治者。這些人半是海盜，半是外交家，願意把所有一切賭在一趟碰運氣的航行上；只要能搬上船的東西他們都走私，販賣人口或商品並無差別，除了自己利益，什麼都漠不關心。伊莉莎白時代的水手把英格蘭國旗和「童貞女王」的名聲帶到了七大洋的每個角落。與此同時，莎士比亞在國內供女王消遣逗樂，全英格蘭最出色、最機智的頭腦合力為女王出謀劃策，協助她把亨利八世留下的封建遺產改造成現代民族國家。

伊莉莎白時代的舞台

一六〇三年，女王以七十高齡去世。繼位的是她的表親詹姆斯一世（James I），也就是亨利八世的曾孫，她的對手和敵人瑪麗．斯圖亞特的兒子。感謝上帝保佑，他發現自己所統治的國家避開了歐陸對手所遭遇的命運。當歐洲的新教徒和天主教徒互相殘殺，無望地嘗試擊破對手的勢力，建立自己教派教義的絕對統治時，英格蘭卻一片和平，悠閒地完成了「宗教改革」，沒有走向極端的路德派或者羅耀拉派。這給這個島國在即將來到的殖民地爭奪中占據了極大的優勢，也確保了英格蘭在國際事務中獲得領導地位直到今日[2]。即使是斯圖亞特王朝的災難性冒險也沒有阻礙這個國家的正常發展。

斯圖亞特王朝雖然繼承了都鐸王朝，但對英格蘭而言他們是「外來者」。他們似乎不太能意識或理解到這個事實。土生土長的都鐸王朝的人就算偷盜馬匹也沒事，但「外來的」斯圖亞特王朝的人就算看一眼勒馬的轠繩，都會引起極大的公憤。老女王貝絲（伊莉莎白）可以隨心所欲地統治她的領土。當然，總體來說，她一直遵循一項政策，就是錢都能進到誠實的英格蘭商人的口袋（不誠實的商人也能獲利）。因此，女王總能得到心存感激的人民全心全意的支持。由於能從女王強勢和成功的外交政策中撈到好處，國會也樂意睜一隻眼閉一隻眼，讓女王偶爾能取走一些國會的權利或特權。

表面上，詹姆斯國王持續同樣的政策。但他缺乏鮮明的人格魅力，那是他的前任統治者最重要的特質。他繼續鼓勵對外貿易，對天主教徒也沒有給予一切自由。但是當西班牙滿臉堆笑，努力想與英格蘭重修舊好，恢復和平的關係時，詹姆斯欣然接受了。大部分的英格蘭人不喜歡這件事，但詹姆斯是國王，他們於是保持沉默。

沒過多久，就出現了其它摩擦，詹姆斯國王和一六二五年繼位的兒子查理一世（Charles I），都堅信「君權神授」的法則，治理國家時可以按照自己認為合適的方式，不需要徵詢臣民的意願。這也不是新概念。歷代教宗從各方面來說就是羅馬帝王的繼承人（或更確切地說，他們是單一不可分割的完美的羅馬帝國的繼承人，這個羅馬帝國涵蓋了整個已知世界），他們總把自己視為公認的「基督在人世間的代理人」。沒有人質疑上帝以自認為妥當的方式治理世界的權利，自然也很少人敢懷疑神聖的「代理人」有沒有權利做同樣的事，並要求大眾的順從，因為他是宇宙絕對統治者的直接代表，他只對萬能的上帝負責。

當路德派的宗教改革成功之後，許多皈信了新教的歐洲君主，便把先前掌握在教宗手裡的權力奪了過來。他們身為自己國家的統治者或教會的領導人，他們堅持自己是所轄領土範圍內的「基督的代理人」。人民沒有質疑自己統治者是否有權利這麼做。他們接受這個事實，就像我們今日接受代議政治的觀念，認為這是唯一合理並且公義的政府形式。因此，當詹姆斯國王隔三差五地反覆宣稱他的「神授權力」乃至引起民憤時，我們不能直接歸咎於路德派或喀爾文派，那不公平。誠懇的英格蘭人不相信國王的君權來自於神授，肯定有其他依據。

對君王們的「君權神授」論，最早提出積極反對的是荷蘭。一五八一年，「階級大會」決定罷免西班牙國王菲利浦二世的合法君權。他們如此說：「國王違背了他的契約，因此他像任何不忠心的僕人一樣，被解雇了。」從那以後，國王對他的子民「負有責任」這一特別的概念，在北海沿岸的許多國家傳播開來。這些國家的臣民處境十分有利，因為他們很富有。那些身處歐洲內陸核心地區的貧苦人民，可沒有本錢探討這個問題，他們只能任由統治者的護衛隊擺布，稍有不對，就會被丟入最近的城堡內最深的地牢裡。不過，荷蘭和英格蘭的商人手中擁有讓國家維持強大的軍隊和海軍的資本，他們知道如何善用那個被稱作「信用額度」的萬能武器，所以他們沒有這種畏懼。他們願意花自己的錢與「君權神授」抗衡，反對無論是哈布斯堡王朝、波旁王朝還是斯圖亞特王朝的「君權神授」。他們知道自己的荷蘭盾和英格蘭先令能夠

2 指房龍寫這書的二十世紀初期。

擊敗國王唯一的武器——那群笨拙無能的封建軍隊。他們敢於行動，而其他地區的人要麼在沉默中受罪，要麼就得冒上絞架的危險。

當斯圖亞特王朝聲稱自己有權利為所欲為，不必在意什麼責任時，英格蘭的人民終於被激怒了，中產階級透過下議院布下第一道阻止君王濫權的防線。國王拒絕妥協，解散了議會。查理一世獨掌王權長達十一年。他強行徵稅，大多數人都認為那是違法的，而他也把大不列顛王國當作自己的莊園一樣來治理。他擁有一些得力助手，我們不得不承認，他也算是敢作敢當。

查理一世本來應該確保忠誠於他的蘇格蘭臣民的支持，不幸的是，他竟然捲入了和蘇格蘭長老會的衝突。因為急需資金，查理一世雖不情願，最後還是被迫重新召開議會。一六四〇年四月，國會重新集會，與會者無不憤怒，於是幾周後國王解散了議會。同年十一月，他再次召開新的議會，但這個新議會比上一個更強硬。議會的成員終於明白，由「神聖君權來統治」還是由「議會來統治」，必須徹底解決，一勞永逸。他們攻擊逮捕了國王的首席謀臣，處決了其中半數的人。他們宣布，沒有經過他們同意，議會絕不容許遭到解散。最後，在一六四一年十二月一日，他們向國王呈上了《大諫章》（Grand Remonstrance），其中具體描述了人民對他們統治者的各種不滿。

查理一世在一六四二年一月離開了倫敦，希望自己的政策能在鄉村地區得到一些支援。國王和議會雙方都籌組了軍隊，準備為了捍衛自己的絕對權力而開戰。在這場鬥爭中，英格蘭最強大的宗教派系稱為清教徒（他們是英國聖公會，這群教徒竭力要將他們的教義淨化到最純粹的地步），他們迅速去到了前線。由奧利佛·克倫威爾（Oliver Cromwell）所率領的「虔敬者」軍團，以鋼鐵般的紀律並深信自己的目標很神聖的信念，很快就成為了所有反抗軍的楷模。查理一世兩次遭到擊敗。一六四五年內斯比（Naseby）戰役後，他逃往蘇格蘭。蘇格蘭隨後把他出賣給了英格蘭。

接下來是一段陰謀時期，以及蘇格蘭長老會發生叛亂，公然對抗英格蘭清教徒。在一六四八年的八月，克倫威爾在普勒斯頓潘戰役（battle of Prestonpans）中激戰了三天之後，攻取愛丁堡，結束了第二次內戰。與此同時，他手下的士兵厭倦了沒完沒了的談判和浪費時間的宗教辯論，決定主動採取行動。他們把議會中所有不贊同清教徒觀點的人全都剷除了。隨後，舊議會中的「殘餘成員」指控國王犯下了叛國罪。上議院拒絕組成法庭參與審判。於是他們任命了一個特殊法庭，將國王判處死刑。一六四九年一月三十日，查理一世安靜地走出「白廳」，上了斷頭臺。這一天，獨立自主的人民，通過他們選出的代表，第一次處決了一個無法正確認識到自己在現代國家中的地位的統治者。

查理死後，接下來那段時期通常被稱為「克倫威爾時期」。這位一開始未被公認的英格蘭獨裁者，在一六五三年被正式任命為護國公。他統治英格蘭五年，在執政期間延用了伊莉莎白時期的政策。西班牙再次成為英格蘭的主要敵人，向西班牙人開戰成為一項全國性的神聖大事。

英格蘭的貿易和商人的利益要擺在第一順位，以精確為本質的新教教義要嚴謹維護。在維持英格蘭的海外地位上，克倫威爾很成功。不過，身為社會改革者，他卻非常失敗。這個世界是由許許多多想法不同的人組成的。長遠看來，這是個非常明智的安排。一個屬於全民的政府，若僅由特定觀點的人組成，並只為少數人服務，這政府是無法存活的。清教徒在試圖糾正王權的濫用時，確實是一股強大的正面力量。但作為英格蘭的絕對統治者時，他們變得讓人無法忍受。

於是，當克倫威爾在一六五八年去世後，斯圖亞特王朝輕而易舉地復辟成功。事實上，人民把他們當作「拯救者」來歡迎，因為人民發現，溫和的清教徒的敬虔枷鎖，和國王查理的專橫同樣令人難以承受。只要斯圖亞特王朝願意放下他們令人遺憾的父輩堅持的「君權神授」，並願意承認議會的最高權力，人民就保證自己會當忠心可靠的臣民。

整整兩代人嘗試讓這項新協議獲得成功。但是，斯圖亞特王朝顯然沒有汲取教訓，不願意改掉他們的惡習。在一六六〇年重返朝政的查理二世是個和藹卻無能的人。他好逸惡勞、得過且過，而且還滿嘴謊言，這些都讓他成功避免了和臣民發生公開決裂。一六六二年，他藉由《統一法案》（act of Uniformity）的通過，打破了清教徒的勢力，將所有持異議的神職人員逐出了教區。一六六四年，他又藉由所謂的《祕密集會法案》（Conventicle Act of 1664），試圖阻止異議者參與宗教聚會，恐嚇要把違反者流放到西印度群島。這一切看起來太像昔日「君權神授」的時代了。人民開始流露出昔日眾所周知的不滿跡象，議會也在突然間籌不出提供給國王的資金了。

既然無法從心懷不滿的議會手中取得資金，查理二世便悄悄地向他鄰近的表親，法國國王路易借錢。他以每年二十萬英磅的代價出賣了新教徒盟友，並嘲笑可憐的議會成員頭腦太過簡單。

經濟獨立讓國王瞬間對自己的力量信心大增。他曾經流亡在外許多年，生活在信奉天主教的親戚當中，內心暗自喜歡天主教。也許，他可以把英格蘭帶回羅馬教廷的懷抱！他頒布了《寬宥令》（Declaration of Indulgence），終止了那些打擊天主教徒和非國教教徒的舊法律。這一切恰好發生在據說查理的弟弟詹姆斯要皈依天主教的時候。這一切都讓老百姓心生懷疑。人們開始擔心羅馬教廷有什麼可怕的陰謀。一股新的不安情緒在各地散播開來。大多數人都想防止內戰再度爆發。對他們來說，王權的壓迫、一個信天主教的國王、甚至是「君權神授」都要比同族相殘來得好。不過，其他人沒有這麼寬宏大量。他們才是更可怕的反對派，總是勇於堅持自己的信念。他們由幾個貴族帶領，這些人不願意看到國家走回絕對王權統治的老路。

有將近十年的時間，這兩大黨派彼此對立，但雙方都不想引發危機。一派稱為「輝格黨」（Whigs），主要是中產階級，之所以被取了這麼一個可笑的名字，是因為一六六〇年在長老會牧師的帶領下，許多趕馬為生的蘇格蘭人齊聚愛丁堡來反對國王，這群人被稱為「輝格默爾」（Whiggamores），簡稱「輝格」。一派是「托利黨」（Tories），這稱號本來是用於貶抑支持國王的愛爾蘭人，現在拿來用在國王的擁護者身上。他們耐心等候查理壽終正寢，安詳離世，又容許信奉天主教的詹姆斯二世在一六八五年繼承其兄長王位。但是，詹姆斯先是引進外國制度設立了一支「常備軍」（由信奉天主教的法國人指揮），威脅了整個國家，接著又在一六八八年頒布了第二個《寬宥令》，並下令所有的聖公會教堂都要宣讀，這次他有一點點越界了，這條敏感的界線，通常只有最受歡迎的統治者在非常特殊的情況下，才可以逾越。七位主教都拒絕執行國王的命令，他們被控「煽動誹謗罪」，並被送上了法庭。但陪審團的「無罪」判決獲得了廣大群眾的認可。

在這不幸的時刻，詹姆斯喜當爹了。他的第二次婚姻娶的是信奉天主教的摩德納－埃斯特（Modena-Este）家族的瑪利亞，她生了個兒子。這意味著接下來繼承王位的人，會是一個信奉天主教的男孩，而不是國王信奉新教的姊姊瑪麗或安妮。群眾再次起了疑心。摩德納的瑪利亞年紀太大，不可能生出小孩！這背後一定有陰謀！一定是某個耶穌會的神父把別人家的小孩抱進王宮，為了英格蘭日後有個天主教國王。傳言一發不可收拾。看來彷佛又要爆發另一場內戰了。於是，有七位分別出自輝格黨和托利黨的知名人士，聯名寫了一封信，邀請詹姆斯的長女瑪麗的丈夫，也就是荷蘭共和國的元首威廉三世（William III）前來英格蘭，將這個國家從它合法但不受歡迎的君主手中解救出來。

一六八八年十一月十五日，威廉在托貝（Torbay）登陸。由於他不希望讓自己的岳父成為殉教者，他幫助詹姆斯安全逃到了法國。一六八九年一月二十二日，他召開議會。同年二月十三日，他和妻子瑪麗被宣告成為英格蘭的共同君主，這個國家繼續信奉新教。

議會此時已經不僅僅是一個提供國王諮詢的機構了，他們充分把握住這次機會，從被遺忘的檔案室角落裡翻出那份一六二八年完成的舊的《權利請願書》（Petition of Rights）。第二版的《權利法案》（Bill of Rights）更嚴苛，要求英格蘭的君主必須是英格蘭國教教徒。不僅如此，它還規定國王無權終止法律，也無權縱容某些特權階級違背某些法律。該法案同時規定：「沒有議會的同意，國王不得徵稅，也不得組建軍隊。」就這樣，英格蘭在一六八九年獲得了任何其他歐洲國家前所未聞的自由。

不過，威廉對英格蘭的統治能讓後人始終記得的，並不僅僅是這些偉大的自由。在他統治期間，首創了「責任制」內閣的政府形式。當然，沒有任何國王能獨自管理國家。他需要一些可信任的顧問。都鐸王朝有由貴族和神職人員組成的「大議事會」（Great Council）。可是由於人數過多，它被縮減成小型的「樞密院」（Privy Council）。隨著時間發展，這些樞密院成員在王宮中某個特定的房間內與國王議事變成一種慣例。於是，他們被稱為「內閣議會」。不久之後，他們被簡稱為「內閣」。

威廉比照過去大多數的英格蘭君主，從所有的黨派中挑選顧問。但是隨著議會勢力的壯大，他發現下議院（House of Commons）中輝格黨占多數的時候，要靠托利黨的幫助去指導國家政策是不可能的，於是他遣散了托利黨，讓內閣完全由輝格黨組成。幾年後，當輝格黨在下議院失勢後，國王為求方便，不得不向占領導地位的托利黨尋求支持。威廉直到一七〇二年去世之前，一直忙著和法國的國王路易打仗，根本沒有心思治理英格蘭。實際上，所有重要的事務都交給了內閣處理。威廉的小姨子安妮在一七〇二年繼位後，依舊維持這種情況。安妮死於一七一四年（不幸的是，她的十七個孩子沒有一個活得比她長），王位於是由漢諾威王朝（House of Hanover）的喬治一世[3]繼承，他是詹姆斯一世的外孫女蘇菲的兒子。

這位有些粗俗的君主連一句英文都沒學過，他被英格蘭迷宮般複雜的政治制度搞得暈頭轉向。他把所有的事務都交給內閣議會，自己從不出席，因為他一句也聽不懂，出席會議當然變得很無聊。就這樣，內閣養成了一種不打擾國王，自行治理英格蘭和蘇格蘭（一七〇七年，蘇格蘭加入了英格蘭議會）的習慣，而國王也樂於長期待在歐洲大陸上。

在喬治一世和喬治二世在位期間，一群傑出的輝格黨人接續組成國王的內閣。其中有一位

3 喬治一世（George I，1660-1727年）原是德國漢諾威的選帝侯。一七一四年，英國女王安妮駕崩無嗣，在喬治一世的前面還有五十位血緣關係和安妮女王更接近的外國貴族，但他們都是天主教徒，依照《一七〇一年王位繼承法》不能繼承英國王位，而喬治一世是血緣和安妮女王最接近的新教徒，所以根據一七一四年的遺囑繼承英國王位，成為漢諾威王室的第一位國王，當時喬治已經五十四歲。他的母語是德語，他成了第一個無法流利使用英文的英國國王。他敕命輝格黨領袖羅伯特．沃波爾為內閣首相，自己並不出席內閣會議。從此開創了英國君主不出席先例，會議改由國王明令一名親信大臣主持，這成了英國首相制度的開端。

羅伯特・沃波爾爵士（Sir Robert Walpole），任職長達二十一年。輝格黨的領袖最終被公認既是內閣的「首相」，也是議會中多數黨的「黨魁」。喬治三世試圖將國家事務掌握在自己手裡，不讓內閣處理實際的國事，結果十分糟糕，之後再也沒人做這種嘗試。所以，從十八世紀初期開始，英格蘭就一直享受著代議政府制度，由責任內閣來管理國家事務。

坦白說，這個政府並未代表社會上所有的階層。十二個人裡面不到一個人有投票權。但它是現代代議制政府的雛形。它以一種平靜有序的方式，將國王的權力轉交到數量日益增長的民眾代表手中。它雖然沒有給英格蘭帶來太平盛世，但它讓英格蘭免於遭受十八、十九世紀歐洲大陸上那些災難性的大革命。

46 權力均衡

另一方面，「君權神授」在法國越發大行其道，盛況空前，唯有新近發明的「權力均衡」法則，能夠讓統治者的野心有所收斂。

作為前一章的對比，在這一章我要告訴你，當英國人民在為他們的自由而戰的那些年，法國發生了什麼事。在歷史上，對的人在對的時間出現在對的國家，所謂天時地利人和，是很罕見的。對法國來說，路易十四是理想的化身，但對歐洲其餘的國家而言，沒有他的話日子會更幸福。

路易十四這位少年國王所統治的法國，是當時歐洲人口最多、最榮盛的國家。路易十四登基時，正是馬薩林（Mazarin）和黎胥留兩位偉大的紅衣主教，剛把古老的法蘭西王國錘煉成十七世紀最強大的中央集權國家。路易十四本身也是一個具有非凡才能的人。我們這些二十世紀的人，依舊被輝煌的「太陽王」時代的記憶所包圍。路易十四的宮廷所發展出來的完美禮儀和優雅談吐，是我們社交生活的基礎模式。在國際和外交關係方面，法文仍是外交場合和國際會議上的官方語言，因為，早在二百年前，法文的優雅洗練和簡潔精確的表達，就已經達到其他語言無法企及的高度。路易十四的劇場仍在教導我們功課，只是我們太駑鈍，學不來。在他統治期間，法蘭西學院（黎胥留所創辦）成為全世界最好的學術機構，其他國家爭相效仿，卻無法超越。凡此種種可再寫上幾十頁。我們如今還常以法文印製菜單，這絕不是偶然的。得體的烹飪是一門非常困難的藝術，是人類文明的最高級表現之一，起初就是為了討好這位偉大的帝王開創出來的。路易十四的時代既燦爛又優雅，至今仍能教給我們許多東西。

不幸的是，這張輝煌畫作的背面，著實令人喪氣。在國際上光彩輝煌，每每意味著國內人民悲慘痛苦，法國也不例外。路易十四在一六四三年登基，於一七一五年去世。那意思是，法國政府被「一個人」獨攬大權統治了七十二年，幾近整整兩代人的時間。

我們要先好好弄清楚「獨攬大權」這個概念。路易十四開創了一種特殊的政治形式，我們稱之為「開明專制」，數百年來有許多國家的君主效法了這種高效的專制統治。路易十四不像許多國王，只是「假裝」自己是統治者，把國家事務當作兒戲來處理。啟蒙時代的國王比他們的任何一個臣民都更辛勤工作。他們比誰都更早起床，更晚睡覺，對「神授的責任」的感覺像「神授的權利」一樣強烈，而正是「神授的權利」使他們可以不諮詢臣民的意願就施行統治。

當然，國王不可能事必躬親。他身邊必須有幾位助手或顧問，一兩位將軍，幾個外交政策專家，一些精明的財政顧問和經濟學家，來幫助他治理國事。但是這些大臣只能透過君主的決定來行事，他們個人是不存在的。對廣大的群眾而言，神聖的君主本身就代表了國家和政府。祖國的榮耀變成了一個王朝的榮耀。法蘭西是由波旁王朝統治，為波旁王朝效力，屬於波旁王朝所有。這和我們美國的理想是完全背道而馳的。

這種制度的缺點非常明顯。國王代表一切。其他人什麼都不是。原本頗有用處的舊式貴族漸漸被迫放棄他們從前在地方上享有的管理權力。現在，一個手上沾著墨水的皇室小官僚，坐在遙遠巴黎的政府辦公樓裡那綠意盎然的窗前，代替封建領主執行過去上百年來他們該負責的工作。而這個沒有了事做的封建領主，乾脆搬到巴黎，在宮廷裡竭盡所能的自娛自樂。很快的，他的莊園開始染上一種非常危險的經濟疾病，就是所謂的「缺席領主制」。不到一代人的時間，那些勤勉刻苦、非常有用的封建領地的管理者，就變成了一群在凡爾賽宮裡彬彬有禮但毫無用處的懶人。

路易十四十歲那年，三十年戰爭在《西發利亞和約》簽訂後告終，哈布斯堡王朝也失去了他在歐洲的主導地位。一個擁有雄心壯志的人，必然利用如此大好時機，為自己的王朝贏取先前哈布斯堡王朝的榮耀。路易十四在一六六〇年迎娶西班牙國王的女兒瑪麗亞．德蕾莎（Maria Theresa），不久之後，他那位愚蠢的岳父，屬於西班牙哈布斯堡王朝的菲力浦四世（Philip IV）就去世了。路易十四立刻宣布西班牙屬地荷蘭（現今的比利時）是他妻子的嫁妝。這樣的併吞對歐洲的和平有可能會是災難，也會威脅到新教國家的安全。在荷蘭七省共和國的外交大臣約翰．德．維特（Johan de Witt）的領導下，瑞典、英格蘭和荷蘭在一六六一年結成了「三國同盟」[1]，這是第一個重大的國際聯盟。但是它存在的時間不長。路易十四用金錢和花言巧語收買了英國國王查理和瑞典的階級大會。荷蘭遭到盟友背叛，只能獨自面對自己的命運。一六七二年，法國入侵了那些低地國家[2]，大軍攻入了荷蘭的腹地。荷蘭人第二次挖開堤防，將法國太陽王的軍隊陷入荷蘭沼澤的泥沼裡。雙方在一六七八年於尼姆維根（Nimwegen）簽

1 此處可能是作者記憶有誤。瑞英荷三國是在一六六八年結下的「三國同盟」，支持西班牙對抗法國，起因是一六六七年路易十四入侵攻占了西班牙屬地荷蘭（現今比利時）。

2 低地國泛指如今的荷蘭、比利時等地。

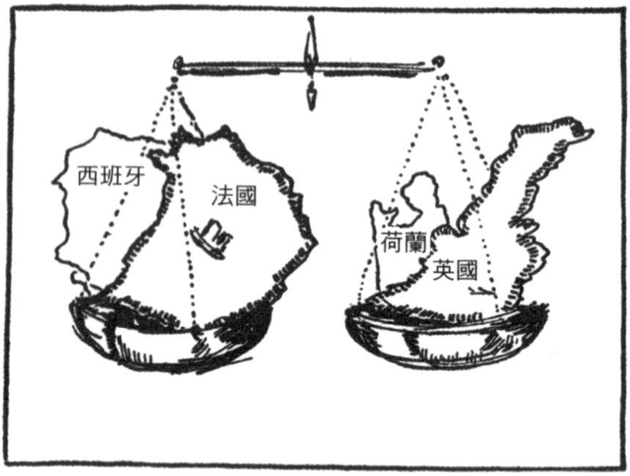

強權平衡

訂了和約，但是這和約沒有解決任何事，只預告了下一場戰爭的爆發。

一六八九年法國第二次入侵荷蘭，戰爭持續到一六九七年以簽訂《里斯維克和約》（Peace of Ryswick）告終，路易十四還是沒有取得他熱切渴望的歐洲霸主的地位。他的老對頭約翰·德·維特雖然被荷蘭的暴民所殺，但他的繼任者威廉三世（我們上一章提到過他）依舊擊碎了路易十四要讓法蘭西成為歐洲統治者的一切努力。

西班牙在哈布斯堡王朝的最後一位統治者查理二世去世後，旋即在一七〇一年爆發了爭奪王位繼承人的大戰，戰事一直持續到一七一三年簽訂了《烏德勒支和約》（Peace of Utrecht）才結束，可是同樣沒有解決任何問題，然而戰爭已經掏空路易十四的國庫。這位法國國王在陸戰上取得勝利，但是英格蘭和荷蘭的海軍破壞了法蘭西大獲全勝的希望；此外，長期的戰爭催生了一項新的國際政治基本原則：從此以後，任何國家想憑一己之力統治歐洲或統治世界，無論為期多久，都是不可能的。

那就是所謂的「權力均衡」原則。它不是成文法，但是此後三百多年裡，各國就像遵守自然法則一樣遵守它。提出這個理念的人士認為，處於民族國家發展之際的歐洲，唯有整個大陸上諸多利益互相衝突的國家維持著絕對的平衡狀態，才能存續下去。絕對不容許單一勢力或單一王朝去支配其他國家。在三十年戰爭中，哈布斯堡王朝就成了這原則的犧牲品。不過，他們是始終沒有意識過來的犧牲者。宗教衝突的迷霧深深掩蓋了那場戰爭的主要問題，使我們無法清楚看見這場大戰的主要傾向。不過，從那以後，我們開始看見，冷靜的利益思維和計算，在所有重要的國際事務上是如何盛行。我們發現，有一種新的政治家類型正在發展，一種身懷卷尺或收銀機一般平靜準確的感覺的政治家。約翰·德·維特是第一個提倡這種新政治學派的成功人物。威廉三世是他第一個偉大的門生。路易十四夾著他的威名和榮耀，做了第一個意識過來的犧牲者。此後還有許多人步上他的後塵。

47 俄羅斯的崛起

神祕的莫斯科帝國在歐洲的巨大政治舞臺上突然崛起的故事。

如你所知，哥倫布在一四九二年發現了美洲。該年年初，有個名叫舒納普斯（Schnups）的提洛爾人（Tyrolese），在提洛爾的樞機主教授意下，帶著最隆重的介紹信，率領一支科學探險隊嘗試前往神祕的莫斯科城。他沒成功。當他按著模糊的猜測，抵達了位於歐洲最東邊的莫斯科公國的邊境時，被堅決地請了回去。沒有外國人獲准入境。舒納普斯於是轉往信奉異教的土耳其君士坦丁堡，好讓自己在探險結束回國時，有點什麼可以向大主教報告。

六十一年後，航海冒險家理查．錢塞勒在試圖找尋由歐洲東北方前往印度的航線時，被狂風刮到了白海，抵達了德維納河（Dwina）河口，發現了莫斯科公國的村莊柯爾莫戈里（Kholmogory），距離一五八四年建立的阿爾漢格爾城（Archangel）只有幾小時的路程。這一次，這些外國訪客被邀請前往莫斯科去拜見大公。他們去了，並且返回英格蘭的時候，帶回了第一份俄羅斯與西方世界簽訂的貿易協定。其他國家很快循跡而至，這個神祕國度的面貌逐漸變得為人所知。

從地理上來說，俄羅斯是一片廣闊的平原。烏拉山脈低矮平緩，無法構成抵禦入侵者的屏障。河流雖然寬闊，但經常很淺。它可說是遊牧民族的理想國度。

在羅馬帝國建立、興盛又消失的這段時間裡，斯拉夫民族早已離開他們位於中亞的家園，漫無目的地在涅斯特河（Dniester）與聶伯河（Dnieper）之間的森林與平原中遊蕩。希臘人有時候會遇見這些斯拉夫人，第三、第四世紀的一些旅行者也提到過他們。否則，斯拉夫人會像西元一八〇〇年的美國內華達州印地安人一樣，鮮為人知。

不幸的是，有一條非常便利的貿易路線穿過了他們的國家，擾亂了這些原始人民的平靜生活。這條路是從歐洲北部前往君士坦丁堡的主要道路。它沿著波羅的海海岸來到涅瓦河（Neva），然後穿過拉多加湖（Lake Ladoga），沿著沃爾霍夫河（Volkhov）往南走，接著穿過伊爾門湖（Ilmen），再逆著小小的洛瓦特河（Lovat）而上，然後要走一小段陸路到聶伯河，最後順聶伯河而下進入黑海。

北歐人很早以前就知道這條路線。正如其他北歐人在日爾曼和法蘭西地區為建立獨立國家立下根基，他們在西元九世紀就開始在俄羅斯北部定居。不過，在八六二年，北歐人有三兄弟渡過了波羅的海，在俄羅斯北部建立了三個小王國。三兄弟中只有留里克（Rurik）比較長壽，他併吞了他那兩個兄弟的領土。在這些北歐人首次抵達此地的二十年後，他們建立了一個以基輔為首都的斯拉夫王國。

從基輔到黑海的距離很短。君士坦丁堡方面很快就知道有個斯拉夫國家存在。這表示那些狂熱的傳教士又有一片新天地可以去傳播基督教的信仰了。拜占庭的教士沿著聶伯河一路向北前行，很快抵達了俄羅斯的腹地。他們發現那裡的人崇拜一些大概居住在森林、河流或山洞裡的奇怪的神祇。這些教士給他們傳講耶穌的故事。羅馬的傳教士沒來這裡競爭，他們正忙於教化信仰異教的條頓人，無暇理會遙遠的斯拉夫人。因此，俄羅斯人接收了拜占庭教士所傳的宗教、字母表，也第一次學到了關於藝術和建築的理念。由於拜占庭帝國（東羅馬帝國的遺緒）已經變得非常東方化，失去了許多屬於歐洲的特性，結果俄羅斯也染上了東方色彩。

從政治上來說，俄羅斯廣大平原上的這些新興國家進展得並不好。北歐人習慣把每份家產都均分給所有的兒子。於是，一個小國成立後，很快就分給八、九個繼承人，他們依次又把自己的領地分給越來越多的後代。這些彼此競爭的小國無可避免會發生爭執，混亂成為當時的常態。當東方的地平線上發出紅光，告訴百姓一支亞洲的蠻族部落即將入侵時，這些小國已經太脆弱也太分裂，根本提不出任何防衛和對抗這個可怕敵人的辦法。

西元一二二四年，韃靼人第一次大舉入侵的事發生了，成吉思汗的遊牧部落征服了中國、布哈拉（Bokhara）、塔什干（Tashkent）和突厥斯坦（Turkestan），首次出現在西方。斯拉夫人的軍隊在卡爾卡河（Kalka）附近被擊敗，俄羅斯只能任憑蒙古人宰割了。但這支突然出現的蒙古人，又突然消失了。直到十三年後的一二三七年，他們才回來。不到五年的時間，他們征服了廣闊的俄羅斯平原的每個地方。韃靼人一直是俄羅斯人民的統治者，直到一三八〇年，莫斯科大公狄米特里·頓斯科伊（Dmitry Donskoi）在庫利科夫（Kulikovo）平原擊敗了他們。

總之，俄羅斯人花了二百年的時間，才從韃靼人的枷鎖中解放出來。這是一個最令人憎惡與反感的枷鎖。它令斯拉夫農民變成悲慘的奴隸。這些韃靼人端坐在俄羅斯南部大草原深處的帳篷裡，除非俄羅斯人願意在這骯髒矮小、對他吐口水的黃種人面前爬行，否則別指望活命。這枷鎖剝奪了人民所有的榮譽感和獨立性，使飢餓、窮困、虐待和毆打辱罵成為一個人的生活

俄羅斯的崛起
野蠻的芬蘭人居住在此地
北歐人居住在此地
拉多加湖
涅瓦河
沃爾霍夫河
諾夫哥羅德
伊爾門湖
伏爾加河
波羅的海
洛瓦特河
水陸聯運
莫斯科
德維內河
貿易大通道
頓河
基輔
聶伯河
華沙
波蘭人居住地
亞速海
黑海
拜占庭
又名君士坦丁堡
俄羅斯
亞洲

常態。直到每一個俄羅斯人，無論是平民或貴族，都如一只常常遭到毒打，精神和心靈已經崩潰的喪家之犬，只忙自己的事，沒有主人的同意甚至連尾巴都不敢搖。

他們無處可逃。韃靼人大汗的騎兵既迅捷又無情。一望無際的大草原使人根本沒有機會穿過它進到附近安全的地域去。他們只能一聲不吭，承受著黃皮膚主人決定施加在他們身上的一切，要不就得冒著喪命的危險。當然，歐洲本有可能介入。但是歐洲正忙著處理自己的事，教皇和皇帝之間又吵又打，要不就是鎮壓這個或那個異端。於是，歐洲任由斯拉夫人去面對他們自己的命運，迫使他們設法自救。

最後，俄羅斯的拯救者，是早年北歐人統治者所建的許多小國當中的一個。它位於俄羅斯平原的中心。它的首都莫斯科建在莫斯科河畔一座陡峭的山丘上。這個小公國靠著一邊討好韃靼人（當有必要討好的時候），又一邊反抗他們（當這麼做沒危險的時候），在十四世紀中期確立了自己成為一個民族嶄新生命的領袖。請記住，韃靼人完全缺乏建設性的治國能力，他們只會破壞。他們征服新疆域的目的是獲取收入。要以稅收的形式來獲得這筆收入，就必須允許舊政治組織的一些特定部分繼續運作。因此，有許多小城市在大汗的恩准下存活下來，他們要充任徵稅人，以掠奪自己的鄰邦來充實韃靼人的國庫。

莫斯科公國以犧牲周圍的領地為代價，逐漸發展壯大，最後強大到足以冒險公開謀反，對抗它的韃靼主人。反抗成功，莫斯科公國在俄羅斯獨立運動中作為領導者的名聲遠播，所有仍然相信斯拉夫民族會有更好的未來的人，自然都視莫斯科為俄羅斯的中心。一四五八年，土耳其人攻下君士坦丁堡。十年之後，在伊凡三世（Ivan III）的統治下，莫斯科通知西方世界，這個斯拉夫國家對失去的拜占庭帝國以及在君士坦丁堡存續下來的羅馬帝國的傳統，享有世俗與靈性上的雙重繼承權。一個世代之後，在恐怖伊凡的治理下，莫斯科大公已經強大到足以採用「凱撒」（轉換成俄文便是「沙皇」）的稱號，並要求歐洲的西方各國予以承認。

西元一五九八年，隨著費奧多爾一世（Feodor the First）去世，源於北歐人留里克後裔的老莫斯科王朝絕嗣告終。接下來七年，具有一半韃靼人血統的伯里斯．戈東諾夫（Boris Godunow）擔任沙皇。俄羅斯廣大人民的未來命運，就在他統治的這段期間決定了。這個帝國土地富饒，但是沒有資金；它既沒有貿易，也沒有工廠。它寥寥可數的幾個城市，其實都是髒兮兮的村莊。它是由一個強而有力的中央政府和一大群目不識丁的農民所組成。這個政府，是一個受到斯拉夫人、北歐人、拜占庭人和韃靼人影響的混合體，眼中只認國家的利益。為了保護國家，他們需要軍隊。為了徵稅來給士兵發餉，它又需要公務員。為了支付公務員薪水，它需要土地。在東西兩邊的遼闊荒原裡，對這項需求都有足夠的供應。但是，土地若沒有勞力來犁田耕種和照顧牲口，就沒有價值。因此，原本過著遊牧生活的百姓，被剝奪了一項又一項的權利。直到最後，他們也淪為自己居住的土地的附庸，這發生在十六世紀的第一年。俄羅斯的農民不再是自由人。他們變成了農奴和奴隸，這種情況一直持續到一八六一年，大量農奴不堪承受悲慘的命運，紛紛死去。

在十七世紀，這個新國家的領土不斷擴展，很快就延伸到了西伯利亞，也成為歐洲其他國家不得不估算的一股力量。一六一八年[1]，在伯里斯．戈東諾夫去世之後，俄羅斯貴族從他們自己人當中，選出莫斯科羅曼諾夫（Romanow）家族的米哈伊爾（Michael）擔任沙皇，他是

1 此處大概是房龍筆誤。米哈伊爾．費奧多羅維奇．羅曼諾夫在位的時間是一六一三年至一六四五年，他是羅曼諾夫王朝的開創者。

費奧多爾的兒子，就住在克里姆林宮外的一間小屋子裡。

一六七二年，他的曾孫彼得（Peter）出生，彼得的父親也叫費奧多爾。彼得十歲的時候，他同父異母的姊姊蘇菲亞（Sophia）奪得俄羅斯的王位。小彼得被送到首都郊區外國人聚居的地方去住。那些蘇格蘭酒吧老闆、荷蘭貿易商、瑞士藥劑師、義大利理髮匠、法國舞蹈老師、日爾曼教師，令年少的王子對遙遠又神祕的歐洲獲得一個極其特別的第一印象，那裡的人做的每一件事一定都跟俄羅斯不一樣。

彼得十七歲的時候，突然將姊姊蘇菲亞趕下了王座，自己成為俄羅斯的統治者。他不滿足於做一個半野蠻、半東方化的民族的沙皇。他一定要成為一個文明國家的皇帝。不過，要在一夕之間把俄羅斯從一個拜占庭－韃靼文化的國家變成歐洲帝國，不是一件小事。它需要有魄力的手腕和精明的頭腦。彼得二者兼具。一六九八年，將現代歐洲移植到古老的俄羅斯身上的偉大手術正式施行。這病人活了下來。但是，最近五年發生的事[2]，非常清楚顯明他一直沒有從移植的衝擊中恢復過來。

2 房龍寫作此書的一九二〇年代，俄國正在發生革命。

48 俄羅斯與瑞典之爭

俄羅斯與瑞典多次交戰，為了爭奪歐洲東北部的主導地位。

西元一六九八年，沙皇彼得啟程，踏上他的第一次西歐之旅。他先經柏林，再前往荷蘭和英格蘭。彼得小時候在父親鄉下的家裡，曾用自家做的小船在鴨塘裡划水，差點淹死。他這種對水上航行的熱愛持續了一輩子，也很實際地反映在他希望幫四面都被陸地環繞的俄羅斯取得一個出海口。

就在這位年輕、不受歡迎又苛刻的統治者到海外考察之際，俄羅斯舊體制的擁護者在莫斯科開始著手推翻他所有的改革。彼得的禁衛軍（也就是射擊軍[1]）突然叛變，迫使他飛速趕回國內。亂事平定後，他自任首席劊子手，背叛的射擊軍全數遭到吊死或五馬分屍，無一倖免。叛黨的首腦，他姊姊蘇菲亞被軟禁在一座修道院中度過餘生。彼得的統治開始雷厲風行。同樣的事件，在一七一六年彼得第二次出訪西方時，又發生了。反動份子這次擁立彼得的笨蛋兒子阿列克西斯（Alexis）為首領。這位沙皇再次匆忙返國。阿列克西斯在囚他的牢房中被活活打

1 射擊軍（Streltsi），也被稱為射擊者部隊，是十六世紀至十八世紀早期的俄羅斯衛兵單位，裝備著槍銃。射擊軍在彼得一世時代發動叛亂，遭到血腥鎮壓，並為彼得的軍事改革編練的西式陸軍所替代，徹底退出歷史舞臺。

彼得大帝在荷蘭的造船廠學習

死，那些古老拜占庭文化習俗的擁護者全部遭到流放，艱苦跋涉了幾千英里，到西伯利亞的鉛礦坑做苦役，老死在該地。此後，群眾的不滿再也沒有演變成暴動。彼得不受干擾地推動改革，直到他去世為止。

要按年代順序列出彼得的改革年表很難。這位沙皇做事急如星火，也沒有系統性規劃，他發布的改革命令速度之快，連要計算命令的數量都很難。彼得似乎認為過去的一切都是錯的，因此，整個俄羅斯必須在最短時間內改造過來。到他死的時候，他給俄羅斯留下一支訓練精良的陸軍，有二十萬人，還有五十艘船艦組成的海軍。舊的政府體制在一夜之間被廢除。貴族組成的議會，也就是所謂的「杜馬」（Duma），遭到解散，取而代之的是沙皇彼得本人和一個由國家官員組成的諮詢委員會，稱為參議院。

俄羅斯被劃分為八個「行政區」，或稱「行省」。各地開始修築道路，興建城鎮。沙皇隨興在他看中的地方興建工廠，完全不考慮原物料供給是否方便。他開通多條運河，在東部山脈開礦。他在這個滿是文盲的國家設立學校，興辦高等教育單位，以及大學、醫院和職業學校。他鼓勵荷蘭的造船工程師，以及全世界各地的貿易商和工匠，遷居到俄羅斯。印刷廠也建立了，不過所有的書籍必須先交給皇家審查員審查。他訂定了一部新法律，詳細規定了社會每個階層的責任，所有的民法與刑法都統整起來印刷成冊。皇家命令也廢止了舊式俄羅斯服裝，員警身上都配戴剪刀，守在所有鄉間的馬路上，如果見到還留著長髮長鬚的俄羅斯農民，就把他們刮臉剪鬚，改頭換面成乾淨清爽的西歐人模樣。

在宗教事務上，沙皇絕不容許任何人分享他的權力。發生在歐洲的皇帝與教宗之間的對抗，絕對不許發生在俄羅斯。一七二一年，彼得自任俄羅斯教會的領袖，莫斯科的主教遭到廢除，「神聖宗教會議」成為處理一切教會事務的最高權力機構。

但是，由於莫斯科城裡凝聚著舊俄羅斯的種種要素，有許多改革無法成功，彼得決定把他的政府遷到一個新首都，他要在波羅的海岸邊一片不宜居住的沼澤地上建立新城。他在一七〇三年開始開墾這片土地。四萬農民勞動了好幾年，為這座皇城打下了根基。其間瑞典人前來攻擊彼得，試圖摧毀他的城市，疾病與悲慘的奴役也奪走千上萬的農民的性命。但是建城的工作不分寒暑繼續著，這座事先規劃好的城市，開始很快成長起來。一七一二年，

彼得大帝建造新首都

它被正式宣布為「皇帝的居所」。十多年後，它擁有了七點五萬的居民。只不過，它每年會被氾濫的涅瓦河淹沒兩次。但沙皇以可怕的意志建造了堤防和運河，使氾濫的河水不再造成災害。當彼得在一七二五年去世時，這城已經是北歐最大的一座城市了。

當然，突然間有這麼危險的一個對手崛起，會讓所有的鄰居都感到極大的不安。至於彼得這邊，他也滿懷興味地盯著他的波羅的海對手，也就是瑞典王國的各種動靜。一六五四年，三十年戰爭中的英雄人物古斯塔夫．阿道爾豐斯的獨生女克莉絲蒂娜（Christina）宣布退位，接著前往羅馬，以虔誠天主教徒的身份終老。古斯塔夫．阿道爾豐斯的一個新教徒侄子（查理十世），接續了瓦薩家族（House of Vasa）最後一任女王的王位。在查理十世和查理十一世的領導下，新王朝將瑞典的發展帶到了頂峰。但是，一六九七年，查理十一世突然去世，繼位的查理十二世是個年僅十五歲的孩子。

這是一個北歐諸國都在等待的時機。在十七世紀的宗教大戰期間，瑞典以損害鄰邦利益的方式成長茁壯。現在時候到了，這些國家認為該討回公道了。戰爭立刻爆發，一邊是俄羅斯、波蘭、丹麥和薩克森，另一邊是瑞典。一七〇〇年十一月，在著名的納爾瓦戰役（battle of Narva）中，查理十二世將彼得那些毫無經驗又缺乏訓練的新軍打得落花流水，給予毀滅性的重創。接著，這位彼時最偉大的軍事天才之一的查理，轉去攻擊其他的敵人，隨後九年，他一路摧枯拉朽，攻打燒殺了波蘭、薩克森、丹麥和波羅的海各省的許多城鎮和村莊。與此同時，彼得在遙遠的俄羅斯養精蓄銳，加緊操練他的士兵。

此消彼長的結果，在一七〇九年的波爾塔瓦戰役（battle of Poltawa）中，莫斯科人擊潰了已經精疲力竭的瑞典軍隊。查理十二世仍是一個極其獨特的人物，一個浪漫故事中令人驚奇的英雄，但是他的復仇完全徒勞無功，他毀了自己的國家。一七一八年，查理十二世意外身亡，也許是遭到暗殺（我們不知道）。一七二一年，當交戰各國簽訂《尼斯塔特和約》（Nystadt）時，瑞典失去了她先前在波羅的海所擁有的全部領地，只剩下芬蘭。彼得一手建立的新俄羅斯一躍成為北歐勢力的領導者。不過，另一個新對手已經開始崛起，普魯士王國正在逐漸形成。

49 普魯士的崛起

一個名叫普魯士的小國，在陰沉的日爾曼北部地方非凡崛起。

普魯士的歷史，是一部邊疆開拓史。在九世紀時，查理曼將古老的文明中心從地中海區域轉移到歐洲西北部的荒野地區。他手底下的法蘭克人士兵一步步將歐洲的邊界往東推進，從信仰異教的斯拉夫人和立陶宛人手裡攻占了許多土地，這些人居住在波羅的海與喀爾巴阡山（Carpathian Mountains）之間的平原地區。法蘭克人管理這些偏遠地區，正如美國在某塊領土尚未獨立成州之前，就先行治理一樣。

布蘭登堡（Brandenburg）這個邊陲省分，最初是由查理曼建立的，為的是防禦他的東部領地，對抗野蠻的薩克森部族的襲擊。原來居住在這地區的斯拉夫部族文德人（Wends），在十世紀時被法蘭克人征服，文德人的市集叫做布蘭納博（Brennabor），它是布蘭登堡命名的由來，也成為這個新省分的中心。

從十一、十二、十三到十四世紀，各個貴族家族輪流擔任帝國的總督來管理這個邊陲省分。最後，在十五世紀時，霍亨索倫家族（House of Hohenzollern）赫然登場，成為布蘭登堡的選帝侯，開始將這片荒涼的沙土邊疆地區，改變成現代世界最有效率的帝國之一。

這個剛剛被歐美聯軍合力逼下歷史舞臺[1]的霍亨索倫家族，起初來自日爾曼南部地區，而且出身非常卑微。十二世紀時，霍亨索倫家族的某位腓特烈有幸憑著一樁婚姻關係，被任命為紐倫堡古堡的管理人。他的後代子孫利用每一次機會來擴張他們的權力，在經過幾個世紀處心積慮的巧取豪奪之後，他們終於取得了選帝侯的尊貴地位，選帝侯這個名號只會賜給那些獨立自主的王公，他們有資格選舉古老的日爾曼帝國的皇帝。在宗教改革期間，霍亨索倫家族站在新教這一邊；到了十七世紀初，他們已經是北日爾曼王公中最有勢力的家族。

「三十年戰爭」期間，新教和天主教都同樣熱切地洗劫了布蘭登堡和普魯士。但是在「大選帝侯」腓特烈．威廉（Frederick William）的治理下，損害很快就復原了，國內所有的經濟和知識力量，在他睿智又審慎的運用下，一個幾乎沒有浪費虛耗的國家被建立起來了。

現代的普魯士，是一個將個人抱負與理想都融入全體社會利益的國家。這種模樣的普魯士，要追溯到腓特烈大帝的父親，腓特烈．威廉一世。他是個辛勤工作，節儉吝嗇的普魯士軍士，熱愛酒吧裡的故事和濃烈的荷蘭煙草，極其討厭一切花稍不實用的事物（特別是當那些東西來自法國）。他腦中只有一個念頭，就是克盡職責。他嚴格律己，對臣民的軟弱也毫不容忍，無論他們是將軍還是士兵。威廉一世和兒子腓特烈之間的關係向來冷淡，這還是含蓄一點的說法。父親粗魯的作風總是冒犯到兒子細膩的心靈。做兒子的喜愛法國的禮儀、文學、哲學和音樂，這些都被做父親的視為脂粉氣而遭到否決。這兩種截然不同的氣質終於爆發了可怕的衝突。腓特烈試圖逃往英格蘭，卻被抓了回來，送上軍事法庭，並且被迫親眼看著協助他出逃

1 這裡指的是第一次世界大戰德意志帝國戰敗，霍亨索倫家族的德意志皇帝退位。

的最好的朋友遭到斬首。隨後，這位年輕的王子被送到外省某個小要塞，去學習日後作為國王該知道的詳細的治國之道，這是作為對他的懲罰的一部分。事實證明，此事對他助益良多。當腓特烈在一七四〇年繼位時，他從貧民小孩的出生證辦理到複雜的國家年度預算的細節，全都瞭若指掌。

身為作者，特別是在他那本《反馬基維利》（*Anti-Macchiavelli*）的書中，腓特烈表達了自己對那位古代佛羅倫斯歷史學家的政治觀點的蔑視。馬基維利建議他的王公學生，無論何時，只要有必要，就可以用說謊和欺騙來為國家謀取利益。在腓特烈的書裡，理想的統治者是人民的第一公僕，一種以路易十四做榜樣的開明專制君主。在現實當中，腓特烈每天為人民工作二十個小時，而且不能容忍身邊有人幫他出主意。他的大臣都只是高級書記員而已。普魯士是他的私人財產，只能按照他的意思來治理，完全不允許任何事物妨礙到國家的利益。

一七四〇年，奧地利皇帝查理六世去世。他生前與各方勢力在一張大羊皮紙上簽署了一份嚴肅的條約，試圖以白紙黑字來保護他的獨生女瑪麗亞·德蕾莎的地位。但是，老皇帝才剛安葬入哈布斯堡家族的祖墳，腓特烈的大軍就已經開向奧地利的邊界，進占西利西亞（Silesia）的那個地區。普魯士依據一些古老又很可疑的權利，叫囂著他們有權占領西利西亞（以及幾乎中歐的所有一切）。經過幾次戰爭之後，腓特烈征服了整個西利西亞，雖然在過程中他經常瀕臨失敗邊緣，但他總是守住新占領的地區，對抗奧地利的一切反攻。

歐洲對這個新興強權的突然崛起，給予了應有的注意。在十八世紀，日爾曼人是一群被宗教大戰徹底蹂躪的民族，沒有人看重他們。腓特烈以一種快速的、相當於俄羅斯的彼得那樣極端的方式，把別人這種輕蔑的態度變成恐懼。普魯士的內政事務被他處理得井井有條，百姓也比其他國家的人更少抱怨。國庫每年都有盈餘而不是出現赤字。酷刑被廢止。司法系統得到改善。路修得好，學校和大學也辦得好，同時也建立了嚴謹正直的行政部門，讓百姓感覺到無論國家要求他們付出什麼，他們（套句本地話說）都覺得自己的錢花得值得。

日爾曼人在自己的領土淪為法蘭西人、奧地利人、瑞典人、丹麥人和波蘭人的戰場幾百年之後，終於在普魯士這個榜樣的鼓勵下，開始重新恢復自信。這都是那位小老頭的傑作，他長著一個鷹鉤鼻，一身老舊的制服滿布著鼻煙粉，他論到鄰邦的話非常滑稽有趣，但也非常刻薄，使人不悅。他玩起十八世紀那種醜陋的外交遊戲毫不生疏，儘管他寫了那本《反馬基維利》的書，照樣可以完全不顧任何事實，只要能從謊言中得利就行。一七八六年，他的大限到來。他的朋友都已經去世了。他也沒有孩子。他在孤獨中去世，身邊只有一位照顧他的僕人和他一群忠心的狗。他愛狗甚於愛人類，他曾說過，因為狗不會忘恩負義，並且對朋友永遠忠誠。

50 重商主義

歐洲新成立的公民國家或王朝國家，是如何致富的？「重商主義」是什麼意思？

我們在前幾章已經看到，我們的現代世界是如何在十六、十七世紀開始發展成形的。每個國家的起源都不相同。有些全憑一個國王勵精圖治的結果，有些全憑機運，還有一些是憑天然地理優勢而成。不過，國家一旦建立，它們無一例外，全都努力強化自己的內部施政，對國際事務則儘可能發揮自己最大的影響力。所有這一切，當然，要花很多的錢。中世紀的國家，由於缺乏集中化的權利，並不依靠國庫是否有錢。國王從皇家領地獲得稅收，公務員也不靠他供養。現代的中央集權國家，情況比較複雜。古老的騎士已經消失，取而代之的是政府雇用的公務員，或說官僚體制。陸軍、海軍和國內的行政管理，都要大量的金錢。於是，問題變成：要去哪裡找這麼多錢？

黃金和白銀在中世紀都是稀有物品。正如我之前所言，普通人一輩子都沒見過一枚金幣。只有大城市的居民才熟悉銀幣。美洲的發現和秘魯礦藏的開採，改變了這一切。貿易中心從地中海轉移到了大西洋沿岸。義大利古老的「商業城市」失去了它們的金融重要性。新的「商業國家」取代了它們，黃金和白銀也不再是珍稀之物了。

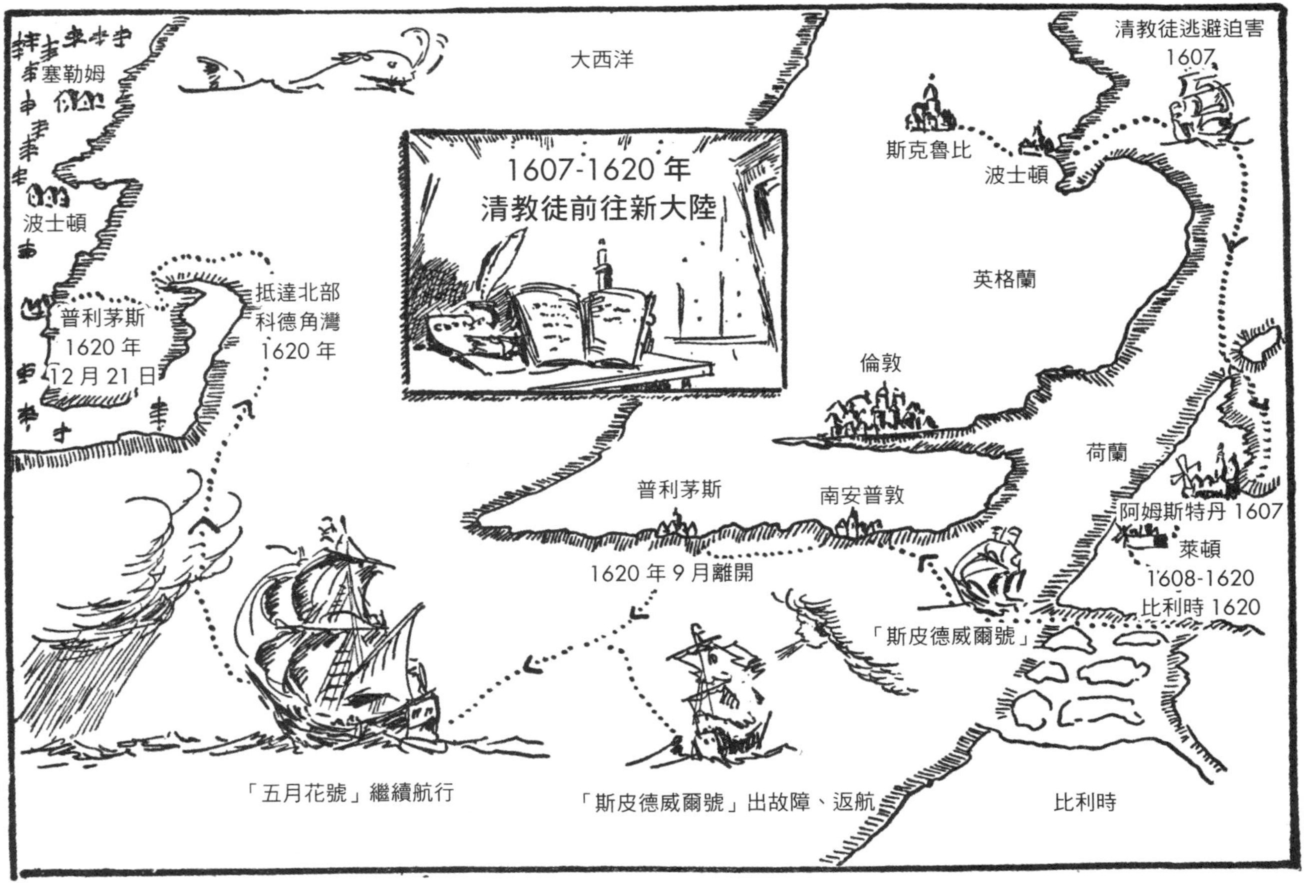
1607-1620 年
清教徒前往新大陸
大西洋
塞勒姆
波士頓
普利茅斯
1620 年
12 月 21 日
抵達北部
科德角灣
1620 年
清教徒逃避迫害
1607
斯克魯比
波士頓
英格蘭
倫敦
荷蘭
阿姆斯特丹 1607
萊頓
1608-1620
比利時 1620
普利茅斯
南安普敦
1620 年 9 月離開
「斯皮德威爾號」
「五月花號」繼續航行
「斯皮德威爾號」出故障、返航
比利時

英國清教徒的航行

貴重金屬透過西班牙、葡萄牙、荷蘭和英格蘭，開始流入歐洲。十六世紀的歐洲有了自己的政治經濟理論家，他們發展出一套國家財富的理論，並認為自己的理論完全健全可靠，可以給各自的國家帶來最大的利益。他們有理有據地說，黃金和白銀是「實際財富」。因此，他們相信，能在國庫與銀行裡儲存最多黃金和白銀的國家，就是最富有的國家。並且，由於金錢代表軍力，於是最富有的國家同時也就是最強大的國家，能夠統治整個世界。

我們把這種理論稱為「重商主義」。當時的人對這種說法深信不疑，就像早期的基督徒相信神跡，今天的許多美國商人相信關稅一樣。重商主義的實際運作方式如下：為了取得最大數量的貴重金屬，一個國家必須在出口貿易上取得順差。如果你出口給鄰國的物品可以多過從鄰國進口的物品，對方就會因為欠你錢而不得不付給你一些黃金來抵債。因此，你賺了他虧了。主張這套信念的結果，幾乎每個十七世紀的國家都採用以下的經濟計畫：

一、儘可能取得越多貴重金屬越好。
二、鼓勵對外貿易優先於國內貿易。
三、支援那些將原材料製作成出口產品的企業。
四、鼓勵生育，提供工廠所需的勞動力，農業社會無法提供足夠的勞動力。
五、讓國家監督這個過程，並在必要時介入加以干預。

十六和十七世紀的人並不把國際貿易視為某種類似於自然力的東西，也就是無論有沒有人為干預，它都會永遠遵循某種自然法則運作下去。相反的，他們努力藉由政府的行政命令、皇家法規和財政資助的幫忙，來發展國際貿易。

十六世紀，查理五世採納了「重商主義」（在那時是個全新的玩意兒），將它推廣到自己

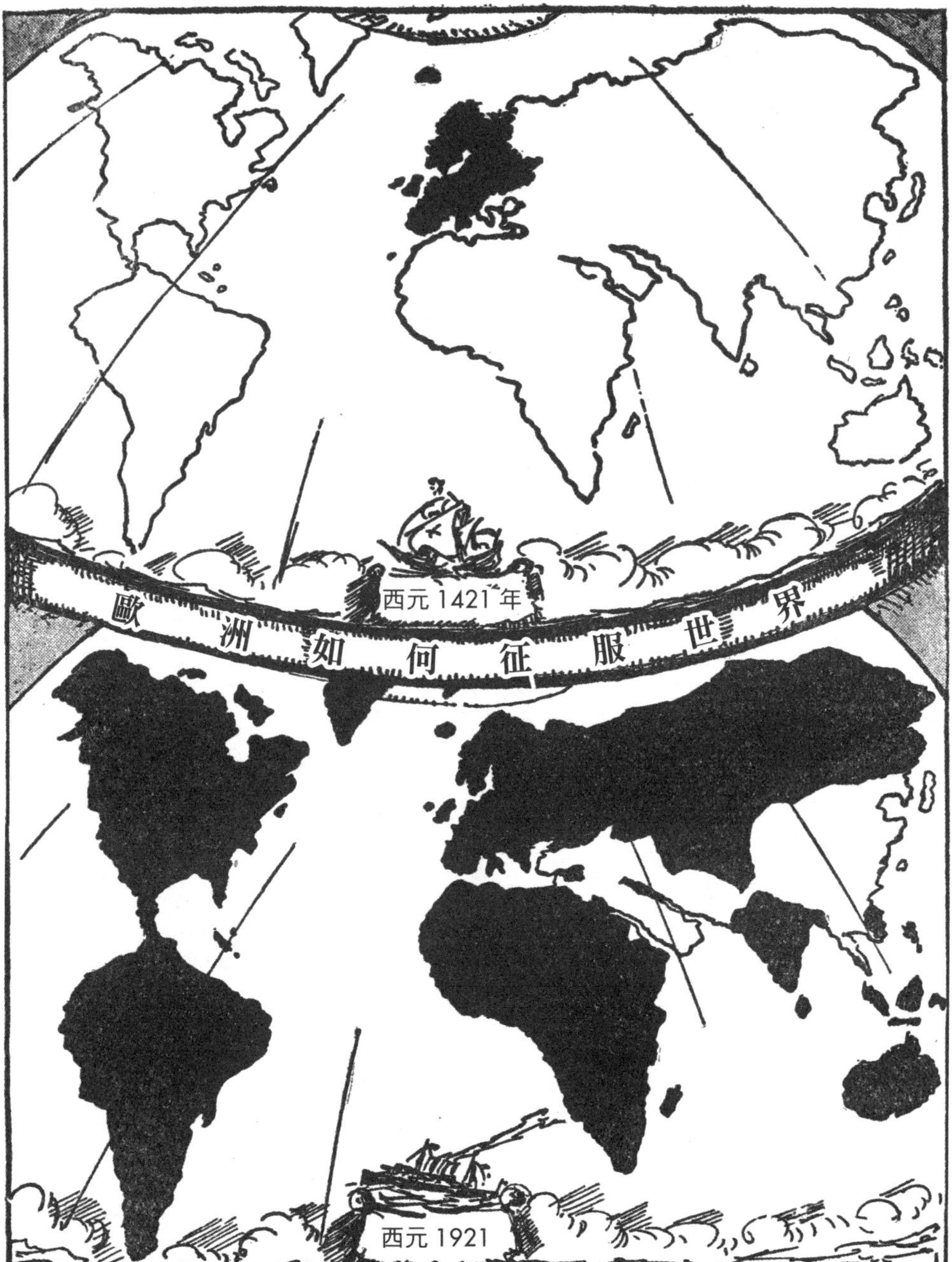
西元 1421 年
歐洲如何征服世界
西元 1921

轄下的許多領地。英格蘭的伊莉莎白女王藉由仿效這種作法來奉承他。波旁王朝，尤其是路易十四，也是這套學說的狂熱擁護者，他的財務大臣柯爾伯特（Colbert）成為「重商主義」的先知，整個歐洲都在尋求他的指引。

克倫威爾的整個外交政策，就是「重商主義」的實際應用，而這一定會和那個富裕的對手：荷蘭共和國，發生直接對抗。因為荷蘭的商船是全歐洲商品的「公共運輸者」，他們的船主傾向於自由貿易，所以英國必須不惜一切代價將其摧毀。

海權時代

可想而知，這樣一種制度會對殖民地造成多麼大的影響。「重商主義」下的殖民地，成為僅僅是黃金、白銀和香料的儲藏庫，只為母國的利益開發。亞洲、美洲和非洲的貴重金屬的供應，以及這些熱帶國家的原物料，都被碰巧擁有這處殖民地的母國所壟斷。外人不得進入該地區，而本地人也不許和船上掛著外國國旗的商人進行交易。

毫無疑問，「重商主義」激勵了那些從來沒有任何製造業的國家發展了新興產業。它讓這些國家修築道路和開挖運河來尋求更好的運輸方式。它也要求工人有更好的手藝，給商人更好的社會地位，同時它也弱化了貴族地主的勢力。

另一方面，「重商主義」也造成了極大的不幸。

它使殖民地的原住民遭到了最厚顏無恥的剝削。它使母國的百姓暴露在更可怕的命運當中。在將每個地方變成一座座軍營，把世界分割成許多小小塊的領地，各自為自身直接的利益而努力，同時又無時不刻設法去摧毀鄰邦的勢力，奪取他們的財富的這段演變過程中，「重商主義」出了大力。它是如此強調擁有財富的重要性，以致於「有錢」被視為普通人該追求的唯一美德。經濟制度來來去去，像外科手術和女性時裝一樣流行變化不斷。到了十九世紀，「重商主義」被拋棄了，大家開始贊同自由貿易和公開競爭。至少，我是這麼聽說的。

51 美國革命

十八世紀末，歐洲聽說荒涼的北美大陸發生了奇怪的事。那群因為英王查理堅持「君權神授」而懲治了他的人，他們的後裔為爭取自治這一古老的故事，書寫下新的篇章。

為自由而戰

為了方便理解起見，我們應該先回到幾個世紀前，重溫一下早期爭奪殖民地的衝突史。

在「三十年戰爭」期間以及戰後，不少歐洲國家以民族或王朝的利益為基礎，重新建立起來，這些統治者在本國商人和貿易公司的資助下，得到了資金和船隻，於是他們繼續投身搶占亞洲、非洲和美洲的領土之戰。

西班牙人和葡萄牙人很早就開始在印度洋和太平洋探險，一百多年後，荷蘭和英國才登場。這對後者來說反而有利，起初開荒艱難的部分已經完成了，而且更有利的是，早期的航海家經常把自己搞到非常不受亞洲、美洲和非洲的原住民歡迎，因此當英國人和荷蘭人到達時，他們被當作朋友和拯救者來歡迎。我們不能說這兩個民族有任何更高尚的美德，不過，他們首先是商人，他們不會讓宗教因素干預實際的常識。所有的歐洲國家，在初次接觸弱小民族時，手段都極其殘暴。不過，英國和荷蘭更懂得適可而止。只要能得到想要的香料、金銀還有稅收，他們很樂意讓原住居民按照自己的喜好過日子。

因此，對英國人和荷蘭人來說，要在全世界最富饒的地區站穩腳跟不是什麼難事。但是，一旦實現了這個目標，他們就會為占有更多領地開始相互廝殺起來。非常奇怪的是，為殖民地而起的戰爭，從未在殖民地本土上爆發，而是由三千公里外競爭兩國的海軍對決。這是從古至今最有趣的戰爭原則之一（歷史上僅有的幾條可信準則之一），那就是「擁有制海權的國家，也能控制陸地」。到目前為止，這條準則屢試不爽，但現代的飛機可能會改變這種情況。不過，在十八世紀還沒有飛行器，而正是大不列顛的海軍為英國奪取了廣大的美

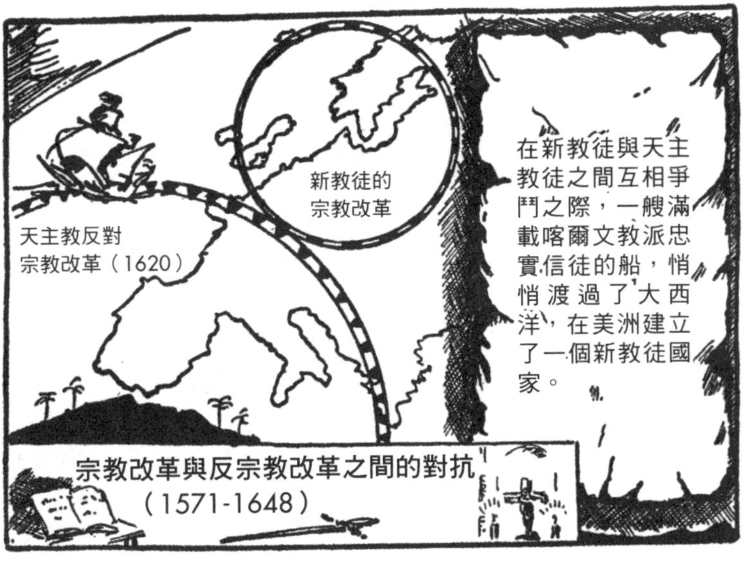
新教徒的
宗教改革
天主教反對
宗教改革（1620）
在新教徒與天主教徒之間互相爭鬥之際，一艘滿載喀爾文教派忠實信徒的船，悄悄渡過了大西洋，在美洲建立了一個新教徒國家。
宗教改革與反宗教改革之間的對抗
（1571-1648）

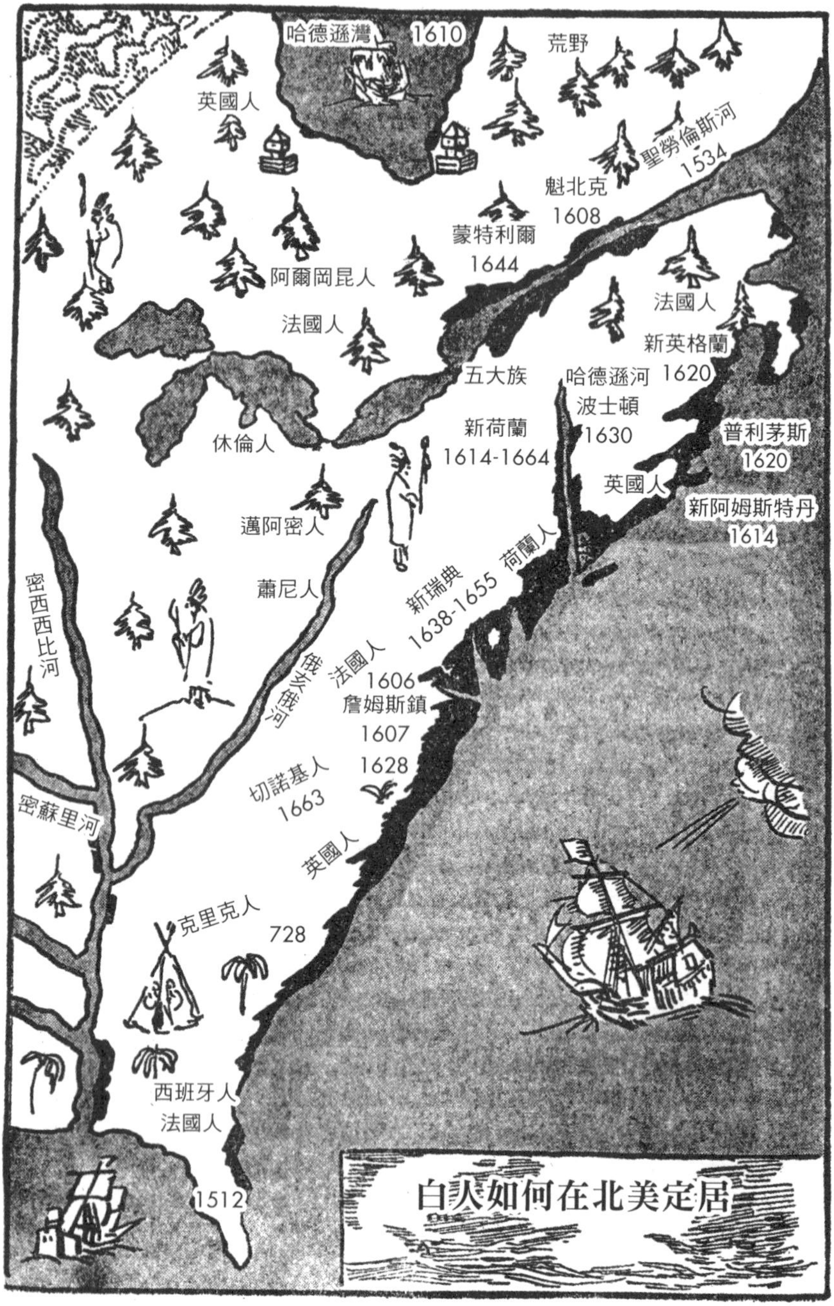
哈德遜灣
1610
荒野
英國人
聖勞倫斯河
1534
魁北克
1608
蒙特利爾
1644
阿爾岡昆人
法國人
法國人
新英格蘭
1620
五大族
哈德遜河
波士頓
1630
新荷蘭
1614-1664
休倫人
普利茅斯
1620
英國人
新阿姆斯特丹
1614
邁阿密人
荷蘭人
蕭尼人
新瑞典
1638-1655
密西西比河
法國人
俄亥俄河
1606
詹姆斯鎮
1607
1628
切諾基人
1663
密蘇里河
英國人
克里克人
728
西班牙人
法國人
1512

白人如何在北美定居

洲、印度和非洲的殖民地。

十七世紀英國和荷蘭之間一系列的海上大戰，我們沒多大興趣。它就像所有實力懸殊的戰爭一樣，以強者獲勝的方式完結。但是英國和法國（英國的另一對頭）之間的戰爭對我們來說非常重要，因為在占優勢的英國艦隊最終擊敗法國海軍之前，雙方已經在美洲大陸上打過非常多前哨戰了。法國和英國都宣稱自己擁有在這片廣袤的土地上的一切，包括白人已經發現的和更多還沒看見的，都歸他們所有。一四九七年，卡伯特在美洲北部登陸，二十七年後，喬瓦尼．韋拉札諾（Giovanni Verrazano）造訪了這些海岸。卡伯特插著英國旗，韋拉札諾的船上飄著法國國旗。於是，英法兩國都自稱是美洲大陸的主人。

在十七世紀期間，英國在緬因（Maine）和南北卡羅萊納（Carolinas）之間建立了十來個小殖民地。它們通常是對英國國教持異議者的避難所，比如一六二〇年抵達新英國的清教徒，或一六八一年定居在賓夕法尼亞（Pennsylvania）的貴格會教徒。他們是小型的拓荒者社群，坐落在海岸附近，人們聚集在此建立新的家園，遠離王權的監督和干涉，過著比較自由快樂的生活。

另一方面，法國的殖民地一直都由國王控制。胡格諾派教徒和新教徒都不許住在殖民地，因為怕他們危險的新教教義會毒害印地安人的心思，並可能影響到天主教耶穌會神父的傳教工作。因此，英國殖民地比起他們的法國鄰居和對手的殖民地，相對建立在一個更健康的基礎上。這些殖民地代表著英國中產階級的商業力量，但法國殖民地居住的都是國王的奴僕，他們遠渡重洋定居於此，卻期待著一有機會就返回巴黎。

從政治的角度來說，英國殖民地的地理位置卻不盡人意。法國人在十六世紀就發現了聖勞倫斯河（Saint Lawrence）河口。他們從五大湖區順著密西西比河一路南下，沿著墨西哥灣修建了好些防禦堡壘。經過一個世紀的探索，他們建立了六十座堡壘，連成一線，阻斷了英國殖民地從大西洋沿岸往內陸延伸。

英國發給各家殖民公司的許可證上寫著，授予他們「從此岸到彼岸之間的所有土地」。可這只是一紙空談，在現實裡，英國的領地只能延伸到法國堡壘連成的那條線。要打破這個障礙是可能的，但是需要大量的人力和財力，還會爆發一連串可怕的邊境戰爭，兩邊都會在印地安人的幫助下，殘殺他們的白人鄰居。

只要斯圖亞特王朝繼續統治著英國，就不會有向法國開戰的危險。斯圖亞特王朝需要波旁王朝的協助，才能實現他們建立獨裁統治、打破議會權力的企圖。但是，在一六八九年，斯圖亞特王朝的最後一位國王從英國的土地上消失，荷蘭的威廉繼承了英國的王位，他是路易十四的死敵。從那時起，直到一七六三年

五月花號的船艙

法國人去西部探險

《巴黎和約》（Treaty of Paris）簽訂，法國和英國一直為了爭奪印度和北美的領地而打得你死我活。

正如我之前所說的，在這些戰爭中，英國海軍無數次擊敗法國海軍。由於和殖民地之間的聯繫被切斷，法國幾乎失去了所有的領地。到《巴黎和約》簽訂的時候，整個北美大陸已經盡入英國之手。法國探險家卡地亞（Cartier）、山普倫（Champlain）、拉薩爾（La Salle）、馬奎特（Marquette）並其他二十來人為法國立下的汗馬功勞，也全數失去了。

在這片廣闊的領土上，只有一小部分有人居住[1]。最早的移民「朝聖派」（Pilgrims，是清教徒的一支，比較偏狹，因此無論是在英國的聖公會還是荷蘭的喀爾文教派，他們都過得不快樂）於一六二〇年在北部的麻塞諸塞州（Massachusetts）登陸，從麻州到卡羅萊納州（Carolinas）和維吉尼亞州（Virgina）（兩個純粹為了牟取利益而專門用來種植煙草的地區），延伸出一條人煙稀少的狹長地帶。但是，居住在這片天高氣爽的新大

1 這裡房龍說的應該是白人。

新英格蘭的第一個冬天

陸的人，和他們祖國的同胞非常不一樣。他們在荒野中學會了獨立自主和自力更生。他們的祖先都是吃苦耐勞又活力充沛的人。在那樣的時代裡，懶惰、膽怯的人根本不會遠渡重洋。這些美洲的殖民者痛恨在祖國處處受限，缺少自由呼吸的空間讓他們的生活很不快樂。他們想要成為自己的主人。英國的統治階級似乎很難理解這一點。政府的干涉惹怒了殖民者，而厭倦了聽命於英國政府的殖民者也開始令政府討厭。

厭憎導致恨惡，越演越烈。在此沒必要重複具體發生之事的細節，如果，當時的國王能比喬治三世更英明睿智，或者不要像他的首相諾斯爵士（Lord North）那麼渾渾噩噩，事情說不定可以避免。當英國殖民地的百姓明白爭端無法用和平談判解決時，他們訴諸武力，從效忠王室的臣民變成了反叛者，讓自己暴露在死亡的風險中，因為喬治三世按照當時常見的方便作法，用最高價從條頓王公手裡買下整個兵團，讓雇傭兵為他打仗，殖民地的叛軍若被這些日爾曼士兵擒獲，必死無疑。

英國和美洲殖民者之間的戰爭持續了七年。在大部分時間裡，叛軍都處於劣勢，看起來難以取最後勝利。大多數人，尤其是住在城市裡的人，還是忠於國王的。他們更傾向於妥協，十

喬治・華盛頓

分願意求和。但偉大的華盛頓堅持捍衛者殖民者的反抗事業。

在少數一群勇士的協助下，華盛頓率領著這支裝備簡陋但堅韌不拔的軍隊，削弱了國王的軍力。一次又一次，他們眼看就要敗下陣來，他以軍略扭轉了戰局。他的士兵經常吃不飽，在冬天裡沒有鞋子和大衣，被迫住在有害健康的戰壕裡。但他們對偉大領袖的信任沒有絲毫動搖，一直堅持直到最後取得勝利的一刻。

然而，比起華盛頓的各個戰役，比起去歐洲向法國政府以及阿姆斯特丹銀行家籌款的班傑明・富蘭克林（Benjamin Franklin）的外交勝利，在獨立戰爭初期，發生過一件更有意思的事。各殖民地的代表齊聚費城共商攸關全體的大事。那是獨立戰爭的第一年，大多數沿海的大市鎮都還在英國人的手中。一船又一船的後援士兵正不斷從英國運來。只有那些堅信自己是在尋求正義的人，才有勇氣在一七七六年的六、七月作出如此重大的決定。

那年六月，維吉尼亞的代表理查・亨利・李（Richard Henry Lee）向「大陸會議」提出一項議案：「這些團結的殖民地既是自由獨立的州，也有權做自由獨立的州，他們效忠英國王室

美國獨立戰爭中的主要事件
加拿大
魁北克
蒙特利爾
聖勞倫斯河
安大略湖
新斯科舍
伯格因的遠征
哈利法克斯
尚普蘭湖
伊利湖
泰康德羅加
荒原
萊辛頓
波士頓
萊辛頓戰役：1775 年 4 月 19 日，華盛頓率領美洲大陸的軍隊圍困波士頓，從 1775 年 7 月直到 1776 年 3 月 17 日，英軍退至哈利法克斯。
華盛頓將英國人趕出波士頓
I
哈德遜河
3
紐約
英軍在北部戰場失利後，於 1776 年 9 月 15 日攻下紐約，但無法摧毀華盛頓的軍隊。一支從加拿大來的英軍強行通過泰康德羅加，想將殖民地反抗軍的隊伍攔腰切斷，然而這支英軍缺乏荒野作戰的經驗，結果，伯格因和他所有的部隊於 1777 年 10 月在薩拉托加投降。
華盛頓正確決策，使手下軍團免於全軍覆沒
II
普林斯頓
特倫頓
費城
1776 年 7 月 4 日
發布獨立宣言
III
巴爾的摩
長島
華盛頓
擊敗康華里
5
約克敦
中部戰場失利後，英軍轉向南方，於 1780 年 5 月 12 日，攻占查爾斯頓，然後再向北進軍。1781 年 10 月 19 日，康華里和他所率的軍隊在維吉尼亞的約克敦投降，戰爭宣告結束。
4
伯格因投降後，法國於 1778 年 2 月 8 日承認了美國。1778 年 6 月，一支 4000 人的法國艦隊抵達了北美。
查爾斯頓

的義務應該免除，他們與大不列顛國之間的一切政治聯繫，應當也必須完全解除。」

這項議案由麻塞諸塞州約翰・亞當斯（John Adams）附議。於七月二日通過。七月四日，湯瑪斯・傑佛遜（Thomas Jefferson）起草的《獨立宣言》（Declaration of Independence）正式頒布。傑佛遜為人嚴肅，在政治學和政府管理方面造詣過人，注定會在日後成為美國最偉大的總統之一。

當美洲發布《獨立宣言》，緊接著殖民者獲得最後勝利，隨後一七八七年正式通過著名的憲法（人類第一部成文憲法），這種種消息引起了歐洲極大的關注。自從十七世紀的宗教大戰爆發以來，高度集權的君主制國家，其權力已經發展到了頂峰。無論在哪裡，國王的宮殿都是越蓋越雄偉，但是王城周圍的貧民窟卻也不斷擴大。貧民窟中的居民開始表現出騷動不安，他們太過無助。此外，上層階級的貴族和專業人士，也開始對自己所處環境的經濟和政治狀況產生懷疑。美洲殖民者們的成功，讓他們看到，許多在不久前還是不可能的事，其實是有可能的。

根據某位詩人所言，萊辛頓（Lexington）戰役的槍聲，「響徹全世界」。當然這有一點誇張。中國人、日本人、俄羅斯人，更不要說再次發現了澳大利亞的庫克船長（當地的土著因為他惹麻煩把他殺了[2]），就從未聽到這聲槍響。但這聲槍響確實橫渡了大西洋，擊中了不滿現狀的歐洲人心中的火藥庫，它在法國引發了一場大爆炸，這場爆炸撼動了從聖彼得堡到馬德

2 房龍此處的敘述有點混淆。英國海軍上校詹姆士・庫克（Captain James Cook）人稱庫克船長，是英國皇家海軍軍官、航海家、探險家、製圖師，他曾經三度奉命出海前往太平洋，帶領船員成為首批登陸澳洲東岸和夏威夷群島的歐洲人，也創下首次有歐洲船隻環繞新西蘭航行的紀錄。一七七九年，庫克和他的船員在第三次探索太平洋期間，與夏威夷島上的島民發生打鬥，他在事件中遇害身亡。

里的整片大陸，將陳舊的治國方法的代表們，以及他們迂腐的外交政策，全都埋在成噸的民主磚瓦之下。

52 法國大革命

法國大革命向全世界的人宣告了自由、博愛與平等的原則。

在我們討論一場革命前，最好先解釋一下「革命」一詞的含義。根據一位偉大的俄國作家（俄國人在這個領域可是很有話語權的）的看法，革命就是「在短短幾年內，迅速推翻一個已經扎根數百年，連最熱血的改革者都不敢在著作中抨擊的，全然牢固不動的制度。革命，就是所有構成一個國家當下的社會、宗教、政治以及經濟生活的根基，在短時間內分崩離析。」

十八世紀的法國，當國家的舊文明變得腐朽不堪時，就爆發了一場這樣的革命。路易十四時代的法國，朕即國家，君權至上。曾是封建時期國家公僕的貴族，發現自己再也沒有權職，已然淪為宮廷社交的裝飾品。

然而，這個十八世紀的法國，開支卻非常驚人。這些錢只能來自各種的稅收。不幸的是，法國國王還沒強大到能夠強制貴族和神職人員納稅。於是，國家所有的稅賦全部由農民承擔。但是，當時的農民居住在簡陋的茅屋裡，早已不再和從前的地主關係緊密，他們飽受殘酷又無能的土地代理人的剝削，生活每況愈下。他們為什麼要辛苦耕作？即使土地的收成增加，也只意味著上繳更多的稅款，自己什麼也不剩，因此他們乾脆壯起膽子，儘可能地荒廢農事。

於是，我們看見一個被空洞奢華包圍的國王，閒晃著穿過王宮中的各個廣大的廳堂，後面跟著一群吹噓逢迎、飢渴求官的人。這些人全靠從農民身上剝削稅收過活，而這些農民的日子過得比田野間的牛馬還不如。這畫面慘不忍睹，卻沒有絲毫誇大。我們必須把所謂「古老政體」的另一面謹記在心。

與貴族緊密相連的是富有的中產階級（這過程通常藉由聯姻來達成，比如有錢銀行家的女兒嫁給貧窮男爵的兒子），再加上由法國最會娛樂的人組成的宮廷，他們把文雅的藝術和優雅的生活發展到了顛峰。由於國家最出色的人士不被允許過問政經問題，於是他們把閒賦時光花在探討抽象的概念上。

思維模式和個人行為的潮流，就像衣服的流行時尚一樣，很容易走向極端。當時那個極端虛偽造作的社會，很自然會對他們所認為的「簡樸生活」產生了極大的興趣。法國及其殖民地和附屬國的至高無上、毋庸置疑的統治者——國王和王后，連同一群大臣，都跑去住在可笑的鄉村小屋裡，所有的人都穿上擠牛奶女工和牧童的服裝，扮演古希臘快樂谷中的牧羊人。圍繞在他們身邊的侍臣殷勤獻媚，宮廷樂師編奏著動聽的小步舞曲，宮廷理髮師設計出越來越精美的昂貴頭飾，就這樣日復一日，直到無聊至極，又沒有正事可做，在凡爾賽宮（由路易十四建造的，遠離他喧囂浮躁的首都的大觀園）這個虛偽的世界中，人們所談論的一切都和他們的現實生活沾不上邊，就像飢餓的人除了食物什麼都不想也不談。

當勇敢無畏的老哲學家、劇作家、歷史學家、小說家，同時也是宗教和政治獨裁者的宿敵的伏爾泰（Voltaire），把抨擊的炮彈瞄準與「既定秩序」相關的一切時，全法國都對他鼓掌叫好，他的劇作演出時也場場爆滿，只售站票。當讓．雅克．盧梭（Jean Jacques Rousseau）以動人的筆觸描述原始人的生活，向他同時代的人愉快描述這個星球最原始的居民的幸福時（他對原始人的了解和他對兒童的了解一樣少——雖然他是公認的兒童教育專家），全法國上下都在閱讀他寫的《社會契約論》（*Social Contract*）。在這個「朕即國家」的社會，當人們聽到盧梭呼籲重返主權在民，國王只是人民的公僕的幸福年代時，無不流下辛酸的眼淚。

孟德斯鳩（Montesquieu）出版了他的《波斯人信札》（*Persian Letters*），講兩個聲名顯赫的波斯旅人把法國當代社會搞得天翻地覆，上至國王、下至國王的六百名點心師傅中排名最後一位，都被他大肆取笑了一番。此書連續再版四次，並為他後來那本著名的《法意》（*Spirit of the Laws*）奠定了廣大的讀者群。在《法意》中，高貴的男爵用傑出的英國制度與落後的法國制度作比較，並鼓吹以行政、立法、司法政三權分立的政治制度來取代君主專制制度。當巴黎出版商勒布勒東（Lebreton）宣布狄德羅（Diderot）、達朗貝爾（d'Alembert）、杜爾哥（Turgot）以及其他二十多位著名的作家，共同寫一部包含「所有新想法、新科學、新知識」的《百科全書》（*Encyclopaedia*）時，普羅大眾的反應非常積極。二十二年後，當最後一本第二十八卷出版時，員警遲來的干預也無法壓抑法國社會對這套書籍的熱情，它已經成為探討當時問題最重要也最危險的書籍。

在此，容我給你一點小小的提醒。當你讀到一本關於法國大革命的小說，看一部關於法國大革命的戲劇或是電影時，你很容易得出這樣一個印象——這場革命似乎是法國貧民窟裡的烏合之眾鬧起來的。事實絕非如此。革命舞臺上出現的經常是暴民，但毫無例外是中產階級專業人士在背後煽風點火，他們利用飢餓的群眾作為自己有力的盟軍，向國王及其朝臣開戰。但是引發革命的根本思想是由少數的菁英頭腦構想出來的。他們起初被介紹進到「舊制度」中迷人的上流社會，以供國王陛下宮廷中那些百般無聊的紳士、貴婦消遣解悶。這些生活愉快、無憂無慮的人玩起了社會批判這種危險的煙火，直到四濺的火星落入地板的縫隙，而整棟建築就像那些地板一樣老舊腐朽。不幸的是，火星落在地下室那堆龐大混亂的舊垃圾堆上，於是，傳來了失火的驚叫聲。可是，對什麼都感興趣的房子主人偏偏無心打理房產，不知道該如何撲滅這小小火苗。火焰迅速蔓延，最終整棟建築都被大火吞噬，這就是我們所說的法國大革命。

斷頭臺

為了方便起見，我們把法國大革命分為兩個階段。從一七八九年到一七九一年是第一個階段，人們或多或少嘗試以和平的方式引入君主立憲。可惜失敗了，一部分原因是國王本人的愚蠢且缺少誠信，另一部分原因是當時的局勢已經沒有人能掌控。

第二個階段是從一七九二年到一七九九年，那時出現了一個共和國，這是法國首次嘗試建立民主政府。但是，多年的動盪不安，以及許多真誠卻無效的改革嘗試，最終演變成以暴力革命的形式爆發。

當法國負債四十億法郎，國庫空空如也，並且再也想不出名目開徵新稅時，就算是好國王路易十六（他是個專業的鎖匠和出色的獵人，卻是個糟糕的政治家）也隱約感到有必要採取一些措施了。於是，他召來杜爾哥，任命他為財政大臣。勞內男爵安·羅伯特·雅克·杜爾哥（Anne Robert Jacques Turgot）年紀六十出頭，他是迅速消失的鄉紳地主的傑出代表，曾經是個很成功的省長，又是個能力非凡的業餘政治經濟學家。他竭盡全力救國，可惜的是，他無法創造奇蹟。因為實在沒有辦法從衣衫襤褸的農民身上榨出任何一點稅收了，他只好轉向從未繳過一分稅金的貴族和神職人員收取必要的資金。這使他成了凡爾賽宮裡最招人恨的人。此外，他還不得不面對王后瑪麗·安東尼（Marie Antoinette）的敵意，她反對一切敢在她面前提起「節省」二字的人。很快的，杜爾哥就被人稱為「不切實際的空想家」、「理論派教授」，當然，他的官位也變得朝不保夕了。在一七七六年，他被迫辭職。

「教授」下臺後，接任的是個務實的生意人，這個勤勉刻苦的瑞士人名叫內克爾（Necker），是靠穀物投機生意和充當國際銀行合作人而發家致富的。他那野心勃勃的妻子把他推向了政界，希望藉此提升女兒的身份地位。隨後他們的女兒嫁給了瑞典駐巴黎大使德·斯特爾男爵，成為十九世紀早期的文化界名媛。

內克爾最初投入工作的時候和杜爾哥一樣滿腔熱情。他在一七八一年發布了一份詳細的法國財政審核報告。可是國王對這份「財務表」一竅不通，他才剛剛派了部隊前往美洲去幫助殖民者對抗他們的共同敵人——英國。這次遠征耗資之巨出人意料，內克爾奉命籌集這筆資金。當他沒把錢生出來，反倒公布了更多資料，做了統計，並重新提出令人厭煩的「必須節約」的警告時，他的任期也屈指可數了。一七八一年，他被當作無能的公僕撤職了。

在教授和務實商人之後，出現了一位討人喜歡的財政大臣，他向每個人保證，只要他們信任他那絕對可靠的財務制度，每個人每個月不會少拿一分錢。

這個一心想要出人頭地的官員叫做查理斯·亞歷山大·德·卡洛訥（Charles Alexandre de Calonne）。他靠著勤奮努力、不擇手段和言而無信，爬到了這個位置。他發現這個國家負債

路易十六

累累，但他是個聰明人，願意取悅所有的人，於是他發明了一種快速的解決方案。他借新債來抵舊債。這方法並不新鮮。這麼做，自古以來都是以災難告終。不到三年的時間，這位迷人的財政大臣又給法國增添了八億法郎的巨債，因為他總是無憂無慮，笑容可掬地簽下國王和他可愛的王后要求的一切開支。這位王后年輕時在維也納就養成了揮金如土的習慣。

到最後，就連巴黎議會（這是司法的最高法院而不是立法機關）——雖然他們對王權忠心耿耿——都意識到該做點什麼了。卡洛訥打算再借八千萬法郎。這一年莊稼收成不好，鄉村地區處處鬧饑荒，災情嚴峻。倘若不採取一些明智的措施，法國會走向破產。國王一如既往，沒有意識到現實的嚴重性。這難道不是尋求人民代表意見的最好時機嗎？可是，自從一六一四年起，就沒有召開過三級會議。眼看經濟危機導致的恐慌日益緊逼，人們呼籲召開三級會議。然而，毫無決斷力的路易十六拒絕走到那一步。

為了平息眾怒，路易十六在一七八七年召開了一次貴族會議。這僅僅是一場顯赫家族們的聚會，討論在不觸及他們封建地主和教會的免稅特權的情況下，該做什麼，能做什麼。指望社會的特定階層為其他階層的同胞放棄政治和經濟上的利益，是不切實際的。這一百二十七個貴族堅定拒絕放棄他們自古以來享有的權利。那群飢餓到了極點的街頭群眾，要求重新讓他們信任的內克爾上臺，但是貴族們拒絕了。街上的人群開始砸窗戶，做出其他脫序的事。貴族們紛紛逃離，卡洛訥也被免職了。

新上任的財政大臣是呆板無趣的紅機主教洛梅尼．德．布里耶納（Cardinal Lomenie de Brienne）。路易被飢民的暴力威脅所迫，同意在可行的情況下「儘快召開」三級會議。這個模糊的承諾當然滿足不了任何人。

當時的法國正遭遇到百年未有的寒冬。莊稼不是被洪水沖毀，就是被凍死在田地裡。普羅旺斯所有的橄欖樹都死了。一些私人慈善機構試圖做些什麼，但是面對一千八百萬的飢民，他們的救助只是杯水車薪。到處都有因爭搶麵包而爆發的騷亂。要是趕在一個世代以前，這樣的騷亂早就被軍隊鎮壓下去了。但新的哲學思潮已經開花結果。人們開始懂得，對於飢腸轆轆的人民，武力鎮壓絕不是有效的解決辦法。即使是士兵（來自於人民）也不再是法國政府的靠山了。這種時候，國王必須果斷的做出決定，以重獲民心，但是，他再次猶豫不決。

在法國各省各地，新思想的追隨者建立起一些小型的獨立共和政體。連忠於王室的中產階級當中，也聽到了「無代表，不納稅」的呼聲（四分之一個世紀前，美洲的反叛者也喊出這樣的口號）。法國面臨了全面無政府狀態的威脅。為了安撫人心，提升皇室的人氣，政府意外地取消了之前非常嚴格的書籍審查制度。剎那間，印刷刊物有如洪水一般席捲了法國。每一個人，無論高低貴賤，都參與了批評和被批評。兩千多本小冊子相繼出版。洛梅尼．德．布里耶納在一片謾罵之聲中被趕下臺。內克爾被匆促召回，盼他儘可能平息舉國上下的騷亂。他一上任，股市立刻回升了三十%。在群眾的認可下，大家批判的火力稍作緩歇。三級會議將於一七八九年五月召開，屆時舉國上下的智慧將聚集起來，迅速解決這個難題——將法蘭西王國重建成一個健康、快樂的國家。

事實證明，這個當時所盛行的，集眾人之智就能解決一切難題的想法，是災難性的錯誤。在情勢非常重要的那幾個月裡，它削弱了所有個人的努力。在這個關鍵時刻，內克爾也沒有把政府的主導權緊握在自己手中，而是放任一切讓它自然發展。於是，對於何者才是老舊的王國的最佳改革方案，又爆發了一場新的激烈辯論。全國各地的警力都在減弱。巴黎郊區的人民在專業煽動者的領導下，逐漸找到自己的力量，並開始扮演起此後在大動盪的年代裡他們始終該扮演的角色，他們成為大革命領導者所利用的野蠻暴力，用來奪取在法制狀態下無法獲得的東西。

為了討好農民和中產階級，內克爾決定讓他們在三級議會擁有雙倍名額的代表。西耶神父（Abbe Sieyes）就這個問題撰寫了著名的小冊子《第三階級相當於什麼？》（*To what does the Third Estate Amount?*）他在書中得出結論，第三階級（也就是中產階級）應當代表一切。在過去，第三階級什麼也不是，現在他們渴望有所作為。他表達了真正關心國家利益的絕大多數人的心情。

最後，選舉在難以想像的混亂情況下舉行了。選舉結束後，三百零八名神職人員、二百八十五名貴族和六百二十一名第三階級代表，整理行裝前往凡爾賽宮。第三階級不得不攜帶額外的行李，是厚厚一疊被稱作「記錄」的報告，裡面記載的是各地選舉者內心的抱怨和不滿。舞臺已經備妥，拯救法國的最後一幕即將上演。

三級會議於一七八九年五月五日召開。國王心情很糟。神職人員和貴族們明確地表示不願放棄任何一項特權。國王下令三組代表分別在不同的房間裡討論各自的不滿。第三階級拒絕服從國王的命令。他們於一七八九年六月二十日在一個壁球場（為了這次非法會議而倉促準備的場地）

舉行了一場鄭重的宣誓。他們堅持三個階級——貴族、神職人員和第三階級，應當一起開會，他們把誓言上呈給國王，最後國王讓步了。

作為「國民議會」，三級會議開始探討法蘭西王國的處境。國王十分憤怒。接著，他再次猶豫不決。他說他「永遠不會放棄自己的絕對權利」。隨後，他出門打獵去了，把國家要關心的事全拋在腦後，等到打獵完回來，他又放棄了堅持。這似乎成了這個國王的習慣，他總是在錯誤的時間，用錯誤的方式來做正確的事。當人民喧嚷著提出一項要求時，國王把他們斥責一番，拒絕要求。隨後，當王宮被大群咆哮的貧民包圍，國王便放棄原來的堅持，把百姓先前的要求給他們。但這時候百姓想要的就是第一項加上第二項了。這樣的鬧劇一再上演，當國王終於在皇家命令上簽字，授予他所愛的百姓第一和第二項要求時，百姓已經變卦，除非他們得到第一、第二和第三項要求，否則他們威脅要殺了王室所有的成員。就這

巴士底監獄

樣，要求一項接一項疊加，到最後把國王送上了斷頭臺。

不幸的是，國王總是慢一步。他始終沒弄明白這一點。甚至當他把頭擱在斷頭臺上時，他依然覺得自己是個深受傷害的人，受到了老百姓最不公正的對待，而這些百姓是他盡了自己有限的能力去關愛的子民。

正如我經常告誡你的，歷史上的「假如」沒有任何價值。我們可以輕易地說，「假如」路易更精力充沛、心狠手辣一些，君主制或許能夠倖存。可是國王並不是獨自能成事。「就算」他具有拿破崙那樣冷酷無情的力量，但在那段艱難的日子裡，他妻子也可能輕易地毀掉他所有的作為。這位王后是奧地利皇太后瑪麗亞．德蕾莎的女兒，具備了那個時代最專橫的中世紀宮廷成長的少女所擁有的美德與惡習。

她決定要採取行動，於是計畫了一場反革命運動。內克爾突然遭到免職，皇家軍隊被召回了巴黎。人民聽到這些消息，開始猛烈攻擊巴士底監獄的碉堡，在一七八九年七月十四日攻下了這座人人皆知又極度恨惡的專制權力的象徵，雖然這座監獄早已不關押政治犯，只用來關押扒手和低階層人的拘留所。許多貴族心知大勢已去，紛紛離開了法國。但是國王一如既往，毫無作為。在巴士底獄被攻陷當日，他正在打獵，射殺了幾頭鹿，感覺非常愉快。

現在，那個國民議會開始行使權力，八月二日，在巴黎群眾的歡呼喧囂中，他們廢除了一切特權。緊接著在八月二十七日，他們發布了《人權宣言》（Declaration of the Rights of Man），也就是法國第一部憲法的著名序文。目前為止，一切順利。但是王室似乎沒有吸取教訓。人們普遍懷疑國王又想干涉這些改革，結果，在十月五日，巴黎發生了第二次暴亂。這次暴亂蔓延到凡爾賽宮，人們不肯消停，直到他們把國王帶回巴黎的王宮為止。他們不放心把他留在凡爾賽宮，他們希望他待在可以受到他們監視的地方，以便掌控他與維也納、馬德里以及其他歐洲皇室親戚之間的書信往來。

在國民會議中，貴族米拉波（Mirabeau）成為第三階級的領袖，開始著手整治混亂的局面。但是，米拉波還沒來得及保住國王的王位，就在一七九一年四月二日去世了。他的死，讓國王開始擔心自己的性命，並在六月二十一日嘗試出逃。由於法國的錢幣上有他的頭像，他在瓦雷內村（Varennes）附近被國民自衛軍認出並攔截下來，然後帶回了巴黎。

一七九一年九月，法國通過了第一部憲法，國民議會的成員各自返鄉。一七九一年十月一日，法國召開立法議會，接手國民議會的工作。在新的平民代表當中，有許多激進的革命分子。其中最強悍的一派就是雅各賓黨（Jacobins），他們因為常在老雅各賓修道院舉行政治會議而得名。這些年輕人（大多數人來自專業人士階級）發表非常激烈的演說，報紙將這些演說傳到了柏林和維也納，普魯士國王和奧地利皇帝決定採取行動，拯救他們的好兄弟和好姊妹。當時他們正忙著瓜分波蘭王國的領土，波蘭由於內部政治爭鬥，國家陷入一片混亂，任何鄰國都能可以過去占據一兩個省。但他們還是設法派出一支軍隊侵入法國去解救國王。

驚慌和恐懼席捲了法國全地。多年來因為飢餓和苦難所積壓的所有的仇恨，達到了可怕的頂峰。巴黎的暴民們衝向杜樂麗宮（Tuilleries）。忠誠的瑞士護衛隊試圖保護他們的主人，但優柔寡斷的路易十六在暴民撤退時，下了「停火」令。於是，在熱血、喧囂和灌飽了廉價酒精的影響下，狂亂的群眾殺光了瑞士護衛隊，侵入了皇宮追捕路易十六，他逃到了會議大廳，在那裡被剝奪了王權，然後被當作囚犯帶去坦普爾（Temple）老城堡囚禁。

但是奧地利和普魯士的軍隊繼續挺近，人民的恐慌已經上升為歇斯底里，男男女女都變成了野獸。一七九二年九月的第一周，暴民闖入多個監獄，殺死了所有的囚犯。政府沒有插手這件事。由丹東（Danton）領導的雅各賓黨意識到這場危機關乎這場大革命的成敗，只有最殘忍、最厚顏無恥的手段能夠拯救他們。於是，在一七九二年九月二十一日，他們終止了立法會議，取而代之的是全新的「國民公會」。公會的成員幾乎全由激進的革命黨人組成。國王被帶到公會面前，正式以最高叛國罪起訴。他被判有罪，以三六一票對三六〇票被判處死刑，這關鍵的一票來自國王的表親奧爾良公爵。一七九三年一月二十一日，路易十六安平靜又不失尊嚴地被帶上了斷頭臺。他從來不明白那些槍聲和騷亂到底是為了什麼，而他的自尊心也不容他開口詢問。

隨後，雅各賓黨把矛頭指向了公會裡的溫和派——吉倫特黨（Gironde），因為他們來自南部的吉倫特地區。雅各賓黨組成了特別的革命法庭，將二十一位吉倫特黨的領導人物判處死刑，其他成員相繼自殺。他們都是才能出眾、誠實正直的人，但因為太富於哲思、太溫和，而無法在這個恐怖的時代存活下來。一七九三年十月，雅各賓黨宣布暫時終止憲法的實施，「直到宣布和平到來為止」。國家大權全部落入由丹東和羅伯斯庇爾（Robespierre）所領導的小型「公安委員會」手中。他們廢除了基督教和舊曆法。湯瑪斯．潘恩（Thomas Paine）在美國革命時期大力鼓吹的「理性的時代」到來了，伴隨而來的還有為期一年多的「恐怖統治」，以每天七、八十人的速度，將好人、壞人、不好不壞的人，全都送上斷頭臺。

君主專制被摧毀了，隨之而來的是少數人的暴政。這些人是如此熱愛民主，以致於覺得自己是被迫殺掉所有抱持異議的人士。法國變成了一座屠宰場，人人相互猜忌，人人自危。幾個舊國民議會的成員知道他們會是下一批被送上斷頭臺的人，純粹出於恐懼，他們決定聯合反抗羅伯斯庇爾。而這位早已砍掉大多數昔日戰友的腦袋，號稱「唯一真正、純粹的民主人士」的羅伯斯庇爾，試圖自殺未遂。人們草草包紮了他受傷的下巴，然後把他拖上了斷頭臺。一七九四年七月二十七日（根據奇怪的大革命新曆法，這是第二年的熱月九日），恐怖統治告終，整個巴黎歡欣鼓舞。

不過，法國的危險情勢，讓它必須把大權仍然交在少數強人手中，直到革命的眾多敵人被逐出法國的領土為止。當那些衣不蔽體，食不果腹的革命軍在萊茵、義大利、比利時和埃及和敵軍拚死作戰，將大革命的敵人一一擊退的時候，國內產生了五位督政官，他們統治法國四年。隨後權力歸到一位常勝將軍手中，他名叫拿破崙．波拿巴。拿破崙於一七九九年成為法國的「第一執政」。在接下來的十五年間，古老的歐洲大陸成為一系列世所未見的政治試驗的實驗室。

法國大革命蔓延到荷蘭

53 拿破崙

拿破崙生於一七六九年，父親卡洛．馬利亞．波拿巴（Carlo Maria Buonaparte）來自科西嘉島首府阿雅丘（Ajaccio），是一名誠實的公證人，他賢良的母親名叫萊蒂西亞．拉莫利諾（Letizia Ramolino），拿破崙是他們的第三個兒子。換句話說，拿破崙不是法國人，而是義大利人，他生長的科西嘉島（曾是古希臘、迦太基和羅馬在地中海的殖民地）多年來一直在為重獲獨立而奮鬥。最初他們試圖擺脫熱那亞人，十八世紀中期以後則是法國人。法國人先是好心地幫助科西嘉人爭取自由，隨後卻因為自己的利益而占領這座島嶼。

在人生的頭二十年裡，年少的拿破崙全心投入科西嘉的愛國運動，可說是個科西嘉的「新芬黨人」[1]，一心希望把他深愛的家園從他痛恨的法國仇敵的枷鎖下解救出來。沒想到，法國革命竟然接受了科西嘉人的獨立訴求，於是，在布里耶納（Brienne）軍事學校受過良好教育的拿破崙，逐漸轉移立場，為他的宗主國效力。雖然他從來沒學會正確地拼寫法文，說起法文也操著一口濃重的義大利腔，他還是成了一個法國人。隨著時間過去，他成為法國品德的最高表率。如今，他被視為高盧天才們的代表。

拿破崙可說是效率驚人。他的政治軍事生涯不超過二十年。在這麼短的時間內，他打過的仗、取得的勝利、行軍的里程、征服的領土、殺戮的人數、推行的改革，總的來說就是顛覆歐洲的程度，遠遠超過任何人，即便是亞歷山大大帝和成吉思汗都難以望其項背。

拿破崙身材矮小，早年健康狀況也不好，他沒有令人印象深刻的容貌，終其一生，每當他不得不出席社交場合時，他總是顯得格外笨拙。良好的教養、高貴的出身或巨大的財富，這些優勢他一樣也沒享有。青春時期的大部分時候，他都窮得不得了，經常吃不上一頓飽飯，或被迫用些奇怪的法子賺幾個錢。

他在文學方面沒有什麼天賦。當他為了獎品去參加里昂學院舉辦的比賽，他的文章得了倒數第二名，一共十六人參賽，他排名十五。然而，憑著對自己命運和光榮的未來所抱持的堅定信念，他克服了所有一切困難。野心是他人生的主要動力。他對自我的堅信，對大寫字母「N」的崇拜（他在所有信件末尾都會簽上N，在他倉促建成的王宮中N也反覆出現在各種裝飾上），正是這種一心要讓「拿破崙」這個名字在世界上的重要性僅次於上帝的執念，正是這些欲望，將拿破崙帶上了過去從未有人觸及的名望巔峰。

當年輕的波拿巴還是一個領著半薪的中尉時，他就非常喜歡希臘歷史學家普魯塔克（Plutarch）撰寫的《名人傳》（*Lives of Famous Men*）。但他從未打算效法這些古代英雄的

1 新芬黨（Sinn Féin，中文意譯為「我們」），是一個愛爾蘭（北愛爾蘭和愛爾蘭共和國）政黨，由前愛爾蘭總統亞瑟·格里菲斯（Arthur Griffinth）在一九〇五年建立。新芬黨在一九一〇年代一直主張武力促成愛爾蘭脫離英國獨立，並於一九二二年成功爭取建立愛爾蘭自由邦。自由邦成立後，該黨開始式微，當中大量黨員轉投愛爾蘭共和黨，實力大減。

崇高品德標準。拿破崙似乎缺乏所有那些能把人和動物區分開來的，能設身處地體貼人意的細膩情感。除了自己以外，他是否還真正愛過其他人，這點實在很難說得準。他對母親說話向來恭敬有禮，不過，萊蒂西亞本身就具有大家閨秀的氣質和儀態，她也像所有的義大利母親一樣，知道該如何管教自己的孩子，贏得他們的尊敬。有好幾年，拿破崙鍾情於他美麗的妻子約瑟芬（Josephine），她是克里奧爾（Creole）人，父親是馬丁尼克島（Martinique）上的法國軍官。約瑟芬是德．博阿內子爵（Vicomte de Beauharnais）的遺孀，他在對抗普魯士人的戰役中落敗，被羅伯斯庇爾處死。但是，當約瑟芬沒給皇帝生育子嗣時，他休了她，隨後為了政治便利而娶了奧地利皇帝的女兒。

在土倫（Toulon）圍城戰中，拿破崙因為指揮炮兵連而聲名大噪，他在那段期間努力鑽研了馬基維利的著作。他遵循了這位佛羅倫斯政治家的建議，只要食言對自己有利，就絕不信守承諾。拿破崙的字典裡沒有「感激」這個詞。當然，公平地說，他也從來沒指望他人的感激。他對人類的苦難毫不在意。他曾經答應饒戰俘一命，後來卻把他們全部處死（一七九八年發生在埃及）；當他發現在敘利亞的傷兵無法移送上船時，他悄悄下令用氯仿把他們全部殺死。他下令讓一個不公的軍事法庭宣判昂吉安公爵（Duke of Enghien）死刑，在完全沒有法律依據的情況下，單憑「給波旁王朝一個警告」的理由將他槍決。他下令把那些為自己國家獨立而戰，卻失敗被俘的日爾曼軍官就地槍決。當提洛爾的英雄安德列亞斯．奧夫（Andreas Hofer）在經過英勇抗戰，卻落入拿破崙手中之後，也被他當作普通叛國賊處決了。

簡而言之，當我們研究這位皇帝的性格，就開始理解為什麼那些煩躁的英國媽媽，會嚇唬不肯乖乖上床睡覺的小孩說：「波拿巴會把不聽話的小男孩小女孩抓走，當成早餐一個一個吃掉。」然而，儘管我們說了這麼多這位奇怪暴君的壞事，他卻對軍隊中的每個部門都悉心照顧，唯獨忽略醫療服務；由於受不了可憐的士兵們身上的汗臭味，他把自己的軍服灑滿古龍水，就算毀了衣服也在所不惜；在說了這麼多他讓人厭惡之處，並且還有更多能說之後，我必須承認，我內心深處潛伏著一股疑慮。

此時此刻，我舒舒服服地坐在書桌前，桌上堆滿了書本，我一眼盯著打字機，一眼盯著我的小貓（它名叫甘草），它特別喜歡複寫紙，而我正在告訴你拿破崙皇帝是個最卑鄙的人。但是，假如我碰巧望向窗外的第七大道，假如路上川流不息的卡車和馬車突然全停下來，假如我聽到震耳欲聾的鼓聲並看見那個穿著破舊的綠軍服騎在白馬上的矮小傢伙，那麼，我不知道接下來會發生什麼，但我怕我會拋下我的書、我的貓、我的家以及所有一切，追隨他去到天涯海角。我祖父當年就這麼做了，天知道，他根本不是當英雄的料。好幾百萬人的祖父都這麼做了。他們沒得到任何獎賞，他們也沒期望得到獎賞。他們興高采烈地把自己的胳膊、腿兒、甚至性命都貢獻給了這個外國佬，為他離鄉背井，行軍千萬里，衝向俄羅斯、英國、西班牙、義大利或是奧地利的炮火，當這些人在死亡中痛苦掙扎時，他只是靜靜地凝視著遠方。

如果你讓我解釋他們為什麼這麼做，我得說我也沒有答案。我只能猜或許有個原因是，拿破崙是個最偉大的演員，而整個歐洲大陸都是他的舞臺。無論何時何地，在任何情況下，他都能精準地做出最能打動觀眾的姿態，他明白怎樣的話能給人留下最深的印象。無論是在埃及沙漠裡的獅身人面像和金字塔前面的演說，還是在寒露浸透的義大利平原上向冷得發抖的士兵講話，效果都一樣好。在任何時候，他都能掌控局勢。即使到了最後，成了一個被流放到大西洋中小島上的病老頭，任憑一個無趣又無法忍受的英國總督擺布時，他依舊是舞臺上的焦點。

在滑鐵盧之役戰敗後，除了幾個他信得過的朋友，再也沒有人見過這位偉大的皇帝。歐洲人民知道他住在聖赫勒拿島上，他們知道有一支英國警衛隊日夜看守著他，他們也知道英國的艦隊守衛著在朗伍德農場上看守著皇帝的警衛隊。但他從未從朋友和敵人的腦海中消失。當病痛和絕望終於奪走他的生命，世人依舊覺得他無言的雙眼還在盯著他們。時至今日，他在法國人民的生活中依然像百年前那樣充滿強大的力量。當年，人們看見這個面色灰黃的男人會暈過去，他曾把自己的坐騎安置在俄羅斯克里姆林宮中最神聖的殿堂裡，他把教皇和世上其他大人物當做自己的僕役一樣使喚。

光是給你列一個「拿破崙生平」的大綱，可能就會變成幾本書。假如要向你說清楚他在法國實施的偉大政治改革，他所制定且日後被大部分歐洲國家採納的新法典，以及他在各種公共領域中發揮的作用，可能要寫上成千上萬頁。但我可以用幾句話來說明他前半生的事業為什麼這麼成功，而他人生的最後十年為什麼會失敗。從一七八九年到一八〇四年，拿破崙是法國革命的偉大領袖。他不僅僅是為自己的光榮而戰。他能夠擊敗奧地利、義大利、英國和俄羅斯，是因為他本人以及他的士兵，都是「自由、博愛、平等」這個新信條的宣導者，他們是王室帝制的敵人，是人民的朋友。

但是，一八〇四年，拿破崙自封為法國的世襲皇帝，派人把教皇庇護七世（Pope Pius VII）接來為他加冕，正如利奧三世（Leo III）在西元八〇〇年為另一個偉大的法蘭克君王查理曼加冕一樣，查理曼的榜樣時常出現在拿破崙的眼前。

一旦登上帝位，這位老革命領袖就變成了哈布斯堡君主的拙劣模仿者。他忘記了自己的精神源頭——雅各賓黨。他不再保護受壓迫的人民。他變成了壓迫者的頭領，讓自己的行刑隊隨時準備好射殺那些膽敢反對皇帝意願的人。一八〇六年，當神聖羅馬帝國的殘餘被掃進歷史的垃圾堆，當古羅馬榮光的最後一絲遺跡被一個義大利農民的孫子所摧毀時，沒有人掉一滴眼淚。但是，當拿破崙的軍隊入侵西班牙，強迫西班牙人接受一個他們憎惡的人當國王，又屠殺依舊效忠原統治者的馬德里人時，公眾輿論就轉過來開始反對這個曾經贏得馬倫戈（Marengo）、奧斯德立茲（Austerlitz）以及其他上百場革命戰役的英雄。從那一刻起，拿破崙不再是革命英雄，反而成了舊政權的一切劣根性的化身。也正是從那時起，英國才找到機會引導那股飛快散播的仇恨情緒，讓所有正直的人都變成法國皇帝的敵人。

打從法國大革命一開始，英國人就從報紙上得知這場恐怖動亂的可怕細節，並感到深惡痛絕。一個世紀前，英國人自己也發動過一次革命（在查理一世統治期間），但和巴黎的大動亂比起來，簡直是小巫見大巫。在一般英國人眼裡，雅各賓黨人是見到就該殺的惡魔，而拿破崙是惡魔之首。英國艦隊從一七九八年開始就封鎖法國，這阻礙了拿破崙要經由埃及入侵印度的計畫，迫使他在尼羅河沿岸取得一些勝利之後，便灰溜溜地撤軍了。一八〇五年，英國終於等到了期盼已久的機會。

在西班牙西南沿岸的特拉法加角（Trafalgar Cape）附近，納爾森（Nelson）徹底擊潰了拿破崙的艦隊，使它沒有任何捲土重來的機會。從那以後，這位皇帝只能待在陸地上了。即便如此，他若識時務，接受列強提出的體面的和平條件，他還是能維持公認的歐陸霸主的地位。但拿破崙被自己耀眼的光榮蒙蔽了雙眼，不認可別人和他平起平坐，也不能忍受有對手存在。他把仇恨轉向了俄羅斯，那片神祕的土地上有廣袤無垠的草原和數之不盡的人可以當他的炮灰。

只要俄羅斯還在凱薩琳女皇那個半瘋癲的兒子保羅一世（Paul I）的統治下，拿破崙就有辦法對付整個局勢。但是保羅越來越任性，憤怒的臣民不得不殺了他（免得他們都被發配到西伯利亞的鉛礦場去做苦力）。保羅的兒子亞歷山大皇帝不像他父親那麼景仰那個篡位者，他認為拿破崙是全人類的公敵，是和平的終極擾亂者。他是個虔誠的人，相信自己是蒙上帝揀選，要把世界從「科西嘉詛咒」中解救出來。他與普魯士、英國和奧地利聯手作戰，卻被擊敗了。他嘗試了五次，五次都以失敗告終。一八一二年，他再次奚落拿破崙，這位法國皇帝被憤怒沖昏了頭，發誓要打到莫斯科，讓俄國人求饒。於是，他從全歐各地抽調軍隊，從西班牙、德國、荷蘭、義大利、葡萄牙，一支支不情願的軍隊向北進發，為偉大皇帝受了傷的自尊心報仇。

餘下的故事人盡皆知。經過兩個月的行軍，拿破崙抵達俄羅斯首都，在神聖的克里姆林宮裡設下總部。在一八一二年九月十五日深夜，莫斯科發生了大火，整座城市燒了四天四夜。到了第五天夜晚，拿破崙下了撤軍命令。兩周之後，開始下雪，部隊在雨雪交加的泥濘中蹣跚前行，直到十一月二十六日才抵達貝爾齊納河（Berezina）。這時，俄羅斯才開始全面認真反擊。哥薩克騎兵蜂擁而上，圍剿著早已潰不成軍，猶如一群烏合之眾的「大軍」。直到十二月中，第一批倖存者才出現在德國東部的城市裡。

於是，起義反抗的謠言滿天飛。歐洲的人民說，「我們擺脫這忍無可忍的枷鎖的時機終於到了。」他們開始把躲過無處不在的法國間諜監視的舊獵槍找出來。但是在他們弄清楚事情發展之前，拿破崙帶著一支新軍隊回來了。他把殘兵敗將拋在戰場上，乘著小雪橇趕回了巴黎，發出最後的徵召士兵懇求，好讓他能保衛法蘭西神聖的國土，免於被外敵入侵。

大批十六、七歲的孩子跟隨他向東挺近，去迎戰聯軍。一八一三年十月十六、十八、十九日，慘烈的萊比錫戰役打響了，穿綠軍裝的少年和穿藍軍裝的少年相互廝殺了三天，鮮血染紅了易北河。在十月十七日下午，兵力充沛的俄羅斯步兵團突破法軍的防線，拿破崙落荒而逃。

他回到了巴黎，宣布退位，要讓小兒子繼承，但是聯軍堅持要他把王位傳給路易十八，他是先王路易十六的弟弟。於是，這位目光呆滯的波旁王朝的親王，在哥薩克騎兵和烏蘭騎兵[2]的擁簇下，以凱旋之姿進入了巴黎。

至於拿破崙，他被流放到地中海上的厄爾巴島（Elba），在那裡當最高領導人，他可以將馬僮組織成迷你軍隊，或在棋盤上演練廝殺。

但是，拿破崙一離開法國，人民就開始意識到自己失去了什麼。在過去的二十年間，無論付出了多大的代價，那都是一段輝煌的歲月，巴黎成了世界的首都。這個波旁王朝的胖

2 烏蘭（德語：Ulan）是裝備騎槍、軍刀、手槍的波蘭輕騎兵。這個頭銜在後來的俄羅斯、普魯士與奧地利軍隊中被用來稱呼槍騎兵團。

法軍撤出莫斯科

國王在流亡的歲月裡既未記取教訓，也毫無長進，一直對自己的遭遇耿耿於懷，他的好逸惡勞讓所有的人厭惡。

一八一五年三月一日，當聯軍代表正準備重新劃分歐洲的領土時，拿破崙突然在坎城附近登陸。不到一周的時間，法國軍隊就拋下了波旁王朝，紛紛南下效忠那個「小個子下士」。拿破崙直接向巴黎進發，於三月二十日到達。這次他更加謹慎，提出了和談的要求，但是聯軍堅持開戰。整個歐洲奮起反抗這個「背信棄義的科西嘉人」。拿破崙迅速揮師北上，想搶在敵人聯軍集結完成之前把他們各別殲滅。然而，拿破崙如今已不比

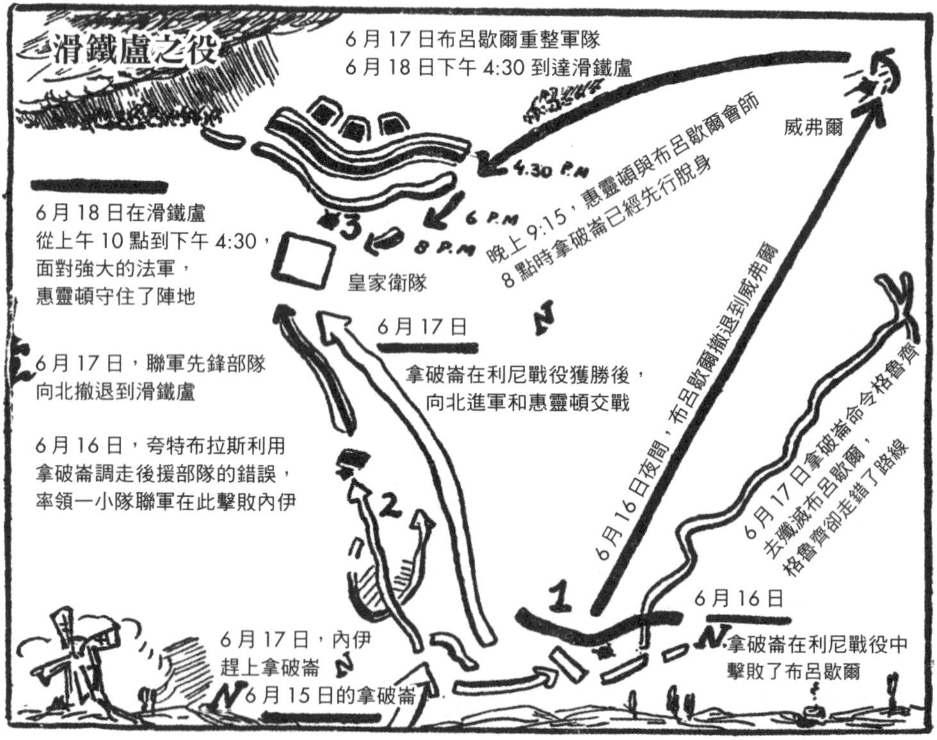

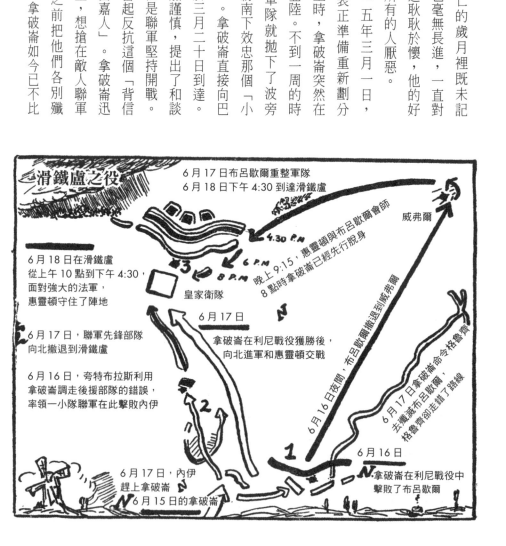

滑鐵盧之役
6月17日布呂歇爾重整軍隊
6月18日下午4:30到達滑鐵盧
威弗爾
4:30 P.M
6 P.M
8 P.M
3
晚上9:15，惠靈頓與布呂歇爾會師
8點時拿破崙已經先行脫身
6月18日在滑鐵盧
從上午10點到下午4:30，
面對強大的法軍，
惠靈頓守住了陣地
皇家衛隊
6月17日
拿破崙在利尼戰役獲勝後，
向北進軍和惠靈頓交戰
N
6月17日，聯軍先鋒部隊
向北撤退到滑鐵盧
6月16日，夸特布拉斯利用
拿破崙調走後援部隊的錯誤，
率領一小隊聯軍在此擊敗內伊
6月16日夜間，布呂歇爾撤退到威弗爾
6月17日拿破崙命令格魯齊
去殲滅布呂歇爾，
格魯齊卻走錯了路線
2
1
6月16日
拿破崙在利尼戰役中
擊敗了布呂歇爾
6月17日，內伊
趕上拿破崙
6月15日的拿破崙

拿破崙遭到流放

從前，他疾病纏身，時常感到疲倦，他在應該指揮先遣部隊進攻的時候，卻睡覺起不來。此外，他沒有了許多忠貞的老將，他們都過世了。

六月初，他的部隊進入了比利時。六月十六日，他擊敗了布呂歇爾（Blucher）領導的普魯士軍隊。但是，他手下的一名副將沒有按照他的命令，將撤退的敵軍徹底殲滅。

兩天之後，也就是六月十八日星期天，拿破崙在滑鐵盧附近遭遇惠靈頓的軍隊。當天下午二點，法軍看起來已經勝券在握。三點的時候，東方的地平線上揚起了一陣煙塵，拿破崙以為那是他的騎兵部隊到了，現在可以把處於下風的英軍打得落花流水。到了四點鐘，他才弄清楚，那是老布呂歇爾一邊咆哮痛罵，一邊驅趕著自己疲憊不堪的部隊殺進了戰場中心。法軍在震驚中亂了陣腳，拿破崙沒有後備軍力可用了。他吩咐自己的手下儘可能自救，然後自己也逃離了戰場。

他第二次退位要把王位傳給小兒子。在他逃離厄爾巴島正好一百天時，他來到了海邊，想要前往

航向特拉法加角

美國。在一八〇三年，僅僅為了一首歌，他把險些被英國搶走的法國的殖民地路易斯安那州（Louisiana），賣給了年輕的美利堅合眾國。因此，他說：「美國人會因此感謝我，給我一小塊地和一棟房子，讓我安度晚年。」但是英國的艦隊監視著所有的法國港口。夾在聯軍的軍隊和英國艦隊之間，拿破崙別無選擇。普魯士人堅持要槍斃他。英國人或許寬大一些。他在羅什福爾（Rochefort）期待局勢產生變化。滑鐵盧戰役一個月後，他收到法國新政府的命令，要他在二十四小時內離開法國領土。背負著悲劇命運的拿破崙給英國的攝政王寫了一封信（當時的國王喬治三世在瘋人院裡），向殿下秉明他「願意像特米斯托克力（Themistocles）一樣讓自己任憑敵人的處置，希望能在敵人的壁爐旁找到一席接納之地……」。

七月十五日，拿破崙登上「柏勒羅豐號」，解下配劍交給了霍瑟姆上將（Admiral Hotham）。他在普利茅斯港（Plymouth）被移送「諾森伯蘭號」上，隨後駛向聖赫勒拿島。在那裡，他度過了生命中的最後七年時光[3]。他嘗試撰寫回憶錄，不時和看守爭吵，緬懷往日的時光。最奇怪的是，他回到了（至少在想像中）自己最初的起點。他回憶當年為法國大革命而戰的日子。他試圖說服自己，他始終是「自由、博愛、平等」這些偉大原則的真朋友，議會裡那些衣衫襤褸的士兵曾把這原則帶到世界的每個角落。他喜歡沉湎於自己作為總司令和執政官的生涯，很少提及帝國。有時候他會想念兒子賴希施塔特公爵（Duke of Reichstadt），他的小雄鷹，當時住在維也納，被他那些哈布斯堡的表兄弟當做「窮親戚」看待，這些人的父輩當

3　拿破崙是一八一五年十月十六日被流放到聖赫勒拿島，一八二一年五月五日去世，實際算起來六年不到。

年光聽到拿破崙的名字就會嚇得發抖。當大限來到，他正率領大軍迎向勝利，他命令內伊[4]率領衛隊進攻，然後才咽氣。

如果你想要為拿破崙奇特的一生找個合理的解釋，如果你想知道一個人是如何單憑意志力統治這麼多人這麼長的時間，就別去閱讀那些寫他的書。那些作者若不是恨這個皇帝，就是熱愛他。那些書可以讓你得知不少事實，但「感受歷史」遠比知道歷史重要。在你有機會聽到一位出色的藝術家演唱「兩個擲彈兵」（The Two Grenadiers）這首歌之前，絕對不要去閱讀那些書。歌詞是德國大詩人海涅（Heine）寫的，他是拿破崙同時代的人。曲子是德國音樂家舒曼所作，每當他前去拜訪岳父時，都能親眼見到拿破崙——他祖國的敵人。因此，這首歌是兩位有充分理由憎恨那個暴君的人所作的。

去聽聽這首歌。然後你會明白上千卷的書都無法對你說清楚的故事。

4 米歇爾．內伊（Michel Ney，1769-1815年），被稱為勇士中的勇士，是拿破崙手下十八名法國元帥之一。據傳，在俄羅斯撤退期間，內伊是最後一個越過大橋和離開俄羅斯的法國人。一八一五年六月十八日的滑鐵盧之戰，內伊任戰場指揮官，戰爭中他的坐騎換了五次，最終戰敗。八月三日內伊被波旁王朝逮捕，押送巴黎，十二月四日以叛國罪接受審訊。十二月六日被判有罪。十二月七日在盧森堡戈登附近被槍決。為了元帥的尊嚴，他拒絕戴上眼罩，獲准由他自己下令開火，報導說他自己下令：「士兵們，當一聽到我下令開火，就馬上直射向我的心臟！等待我的命令，這將是我最後一次向你們下令了。我抗議對我的判決！我為法蘭西打了一百次仗，沒有一次調轉槍對著她……士兵們，開火！」

54 神聖同盟

拿破崙一被送到聖赫勒拿島，那些屢次敗在至這個「可恨的科西嘉人」手下的統治者們，立刻聚集在維也納，試圖消除許多法國大革命帶來的改變。

歐洲各國的皇帝、國王、公爵、首相、特命全權大臣、林林總總身份地位顯赫之人，還有他們底下眾多的秘書、僕役、隨從，這些人的工作曾經因為那個可怕的科西嘉人的突然返回而被粗暴地打斷。現在，那人只能在聖赫勒拿島的烈日下曬到中暑，而他們也可以重新返回自己的工作崗位了。這場勝利當然要用宴會、花園派對、舞會來慶祝，舞會中所跳的新穎的「華爾滋」舞令人十分震驚，那些念念不忘舊時代的小步舞曲的淑女與紳士，認為這種新式的舞太敗德了。

他們活在隱退的狀態裡將近一代人的時間，現在危險終於過去了，他們講起那段期間遭受的痛苦與可怕艱難的狀態時，個個滔滔不絕。他們期望自己損失在無法形容的雅各賓黨手裡的每一分錢，都獲得賠償，那些可怕的人竟敢殺害他們那位蒙上帝冊命的國王，還廢除假髮，並用巴黎貧民窟才穿的破爛緊身褲來取代凡爾賽宮廷的短褲。

你們可能覺得我盡提這些細瑣的事很可笑。但是，請稍稍忍耐一下，維也納會議就是由一

令神聖同盟驚懼的幽靈

長串這類荒謬的事構成的。與會代表們花了幾個月的時間討論「短褲好還是長褲好」，比討論薩克森未來的定居地或西班牙的問題更感興趣。普魯士國王陛下甚至特意訂製了一條短褲，向眾人表明他蔑視所有跟革命有關的事。

對於大革命，另一位德國統治者在表現出高貴的憎恨上也不落人後，他頒布了一條法令：他的臣民，凡是向那位法蘭西篡位者繳過稅的，必須再繳一次給這位合法的統治者，因為他雖身在遠方避禍，但內心還是深愛他這群落在科西嘉魔人手中的子民。諸如此類，維也納會議上的荒謬劇一幕接一幕，直到有人倒吸一口氣驚呼：「看在老天爺的份上，為什麼老百姓不抗議或反對？」是啊，為什麼？因為，老百姓已經精疲力盡，不抱任何期望，不在乎發生什麼事，不在乎統治他們的是什麼人、從什麼地方、或用什麼方式來統治他們，他們只要能夠擁有和平就好。他們厭倦了戰爭、革命和改革。

在十八世紀的八〇年代，他們曾經全圍繞著自由之樹歡欣起舞。王公們擁抱自己的廚子，女公爵和自己的僕役跳著卡爾馬尼奧拉舞（Carmagnole），誠心相信平等和博愛的太平盛世終於來到這個邪惡的世界上了。未料，來的不是太平盛世，造訪他們的是「革命委員」，他還帶著十幾個髒兮兮的士兵在他們家裡白吃白住，走的時候還把主人家裡祖傳的餐具順手偷走，當這位革命委員返回巴黎向政府報告時，說的是「被解放國家」的人民以極大的熱情來接受法國人民送給好鄰居的《憲法》。

當他們聽說巴黎最近一次爆發的革命暴動，有一位名叫波拿巴還是布拿巴的年輕軍官把槍口轉向暴民，把暴亂鎮壓了，他們都大鬆一口氣。犧牲一點自由、平等和博愛來換取安寧，似乎成了讓人非常渴望的事。但是，沒過多久，那個名叫波拿巴還是布拿巴的年輕軍官變成了法蘭西共和國的三大執政之一，接著變成唯一執政，最後當上了皇帝。由於他比過去任何統治者都更能幹、有效率，他對可憐的人民的壓迫就更強大。他對他們毫無憐憫。他逼他們的兒子從軍，把他們的女兒嫁給他手下的將軍，把他們家中的名畫和雕像拿去裝飾他自己的博物館。他把整個歐洲變成一個大軍營，讓幾乎一整個世代的男子都為此送了性命。

現在，他終於走了，老百姓（少數職業軍人除外）只有一個願望。他們只想不被打擾。有一段時間，他們獲准自治，選舉自己的市長、議員和法官。這套制度慘遭失敗。新的統治者們既缺乏經驗，又揮霍無度。十足絕望的老百姓只能轉向舊制度的代表們，說：「由你們來統治我們吧，就跟以前一樣。告訴我們欠了你們多少稅款，我們照單全付，別再來煩我們。我們都在忙著修復自由時期受到的損害。」

那些主宰著大名鼎鼎的維也納會議的人，

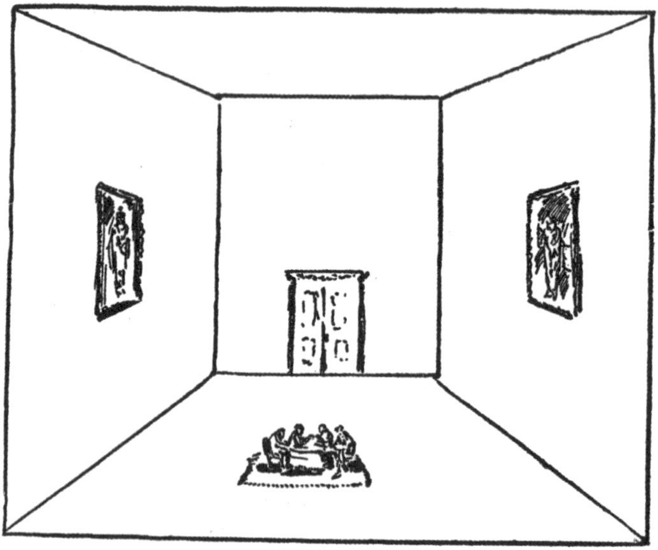

維也納會議的真相

確實盡了他們最大的努力來滿足人民休養生息和安靜度日的渴望。會議的主要成果是締結了「神聖同盟」（Holy Alliance），讓員警成為國家最重要的權勢，讓膽敢批評任何官方作為的人受到最恐怖的懲罰。

歐洲終於獲得了和平，但那是墳場才有的平靜。

維也納會議上，最重要的三個人是俄國皇帝亞歷山大、代表奧地利哈布斯堡家族利益的梅特涅（Metternich）首相，以及前奧頓地區（Autun）的主教塔萊朗（Talleyrand）。塔萊朗全憑自己的狡猾和聰明，設法在法國政局的種種巨變當中生存下來，現在他來到奧國的首都，要盡力拯救被拿破崙毀剩的祖國。就像打油詩裡描述的快樂青年對旁人的白眼渾然不覺一樣，他不請自來地出現在宴會上，開心地吃喝應酬，彷彿真的受到邀請一般。事實上，沒多久他就坐到主桌上，用他妙趣橫生的小故事逗得眾人樂不可支，憑著自己迷人的風度贏得眾人的好感。

塔萊朗抵達維也納還不到二十四小時，已經得知反法同盟分裂成兩個敵對陣營。一邊是想取得波蘭的俄國和想占領薩克森的普魯士，一邊是試圖阻止這場併吞的英國和奧地利，因為無論是讓普魯士或俄羅斯獲得主宰歐洲的地位，都會損害奧地利和英國的利益。塔萊朗運用高超的手段使兩邊互相對抗，多虧他的努力，法國人民才不必因為歐洲過去十年在帝國官員手下吃盡苦頭，現在得付出大代價。塔萊朗辯論說，法國人民在這件事上也沒有選擇的餘地。拿破崙強迫他們照他的命令去做。但是，現在拿破崙已經滾蛋了，坐在王位上的是路易十八。塔萊朗請求說：「給他一個機會吧。」同盟各國都樂見一個合法的國王坐在大革命國家的王座上，因此都很親切地讓步，波旁王朝也獲得了機會。對這樣的機會，波旁王朝濫用到在十五年後他們再一次被趕下了台。

維也納會議三巨頭中的第二號人物，是奧地利首相梅特涅，哈布斯堡王朝外交政策的領導者。這位梅特涅－溫尼堡親王的名字叫做文策爾．洛塔爾[1]，從其姓名知其顯貴。他是一位顯赫的封建諸侯，又是個英俊瀟灑、風度翩翩的紳士，家財萬貫，能力出眾，但他所成長的環境與那些在城市中和農地裡揮汗辛苦工作，甚至受人奴役的平民百姓，距離十分遙遠。梅特涅年輕的時候曾在史特拉斯堡的大學讀書，法國大革命正好在那時候爆發。史特拉斯堡，這座誕生了《馬賽曲》（Marseillaise）的城市，也曾是雅各賓黨活動的中心。梅特涅記得他愉快的社交生活悲傷地中斷了，一大堆能力不足的公民突然被派去擔任他們無法勝任的職務，還有暴民藉由殺害完全無辜的人來慶祝新自由的黎明到來。他沒看到的是，群眾在革命期間的真誠熱情，沒看到婦女和兒童給衣衫襤褸的士兵送上麵包和水的時候眼中所含的那道希望光彩，這些經過城市的士兵被國民大會派往前線，去為法蘭西祖國慷慨捐軀。

整件事都令這個年輕的奧地利人厭惡，它太不文明了。如果真要訴諸武力，也應當由穿著漂亮制服、活力充沛的年輕人，騎著精緻鞍轡的駿馬，在碧綠的原野上衝鋒交戰。但是法國大革命把整個國家變成臭氣沖天的軍營，當中的流浪漢可以在一夜之間被提拔成將軍，那不止邪惡，還很愚蠢。梅特涅時常出席奧地利王公們舉辦的無數私人小宴會，他會對遇到的法國外交官說：「看看你們那些美好的構想都帶來了什麼結果，你們要自由、平等和博愛，結果得到了拿破崙。假使你們安於現狀，滿足於既有的秩序，情況會好得多。」然後他會開始說明他那套「穩定至上」的制度。他會宣導重返大革命之前美好舊日的正常狀態，那時每個人都很快樂，沒有人談論什麼「人人平等」的鬼話。梅特涅是真心誠意地相信自己的看法，由於他具有堅定的意志力，又擁有說服別人的卓越才能，他成了大革命思想最危險的敵人之一。他一直活到一八五九年才過世，因此，他因為活得夠久而親眼目睹自己所有的政策全部失敗，一八四八年的歐洲革命將它們橫掃一空。梅特涅發現自己成了全歐洲最痛恨的人，好幾次差點被生氣的群眾和暴怒的市民用私刑處決。但是，直到他嚥氣，他依然堅定地相信自己做的是正確的事。

他始終深信人民想要和平甚於自由，他也努力把對人民最好的東西給他們。為了公平起見，我必須說，他努力建構的普遍和平相當成功。有將近四十年的時間，歐洲各個強權沒有對彼此動武，一直到一八五四年，俄國、英國、法國、義大利和土耳其之間才爆發了克里米亞戰爭（Crimean war）。這在歐洲大陸是一個新紀錄。

在這場「華爾滋」會議上的第三位人物，是沙皇亞歷山大。他是在他祖母，著名的凱薩琳大帝的宮廷中長大的。這位精明的老女皇教導他要把俄羅斯的榮耀擺在人生的第一位，而他的私人教師，一位景仰伏爾泰與盧梭的瑞士人，卻對他幼小的心靈灌輸了人道主義的博愛思想。夾在這兩種教育中成長，亞歷山大變成一個奇怪的混合體，他既是一個自私的暴君，又是一個多愁善感的革命者。他發了瘋的父親保羅一世在世時，他受到極大的屈辱。他被迫目睹俄軍在拿破崙的戰場上被大肆屠殺。隨後，情勢翻轉。他的大軍為聯軍贏得了勝利。俄羅斯成為歐洲的救世主，這個偉大民族的沙皇也被奉為可以匡正世界上眾多弊病的神人。

但是，亞歷山大並不聰明伶俐。他不像塔萊朗或梅特涅那樣了解人性，也搞不懂外交角力

---

1 他的全名應該是克萊門斯·文策爾·馮·梅特涅（Klemens Wenzel von Metternich），他是後拿破崙時代由歐洲列強組成的維也納會議（一八一四年九月至一八一五年六月）的主席。為表彰他為帝國做出的貢獻，帝國在一八一三年十月授予他親王的頭銜。在他的影響之下，「梅特涅體系」維繫著奧地利與俄國、普魯士的聯盟十數年之久。這是梅特涅在奧地利外交上的最高峰，此後梅特涅逐漸被國際外交邊緣化。

的奇妙規則。他很虛榮（在那種情況下，誰會不虛榮？），喜歡聽到群眾的歡呼和掌聲，他很快就成了維也納會議上最引人注目的焦點。當大家都注意他的時候，梅特涅、塔萊朗和卡斯雷爾（非常能幹的英國代表）就可以在桌前坐下，一邊喝著匈牙利葡萄酒，一邊把真正該做的事決定下來。他們需要俄國，因此他們對亞歷山大非常客氣有禮，不過亞歷山大本人越少插手會議的實際事務，他們就越高興。他們甚至贊同亞歷山大提出的「神聖同盟」計畫，如此一來，亞歷山大有事可忙，他們就可以處理眼前重要的事。

亞歷山大喜愛社交活動，樂於參加宴會並與人會面。在這些場合裡，他總是快樂又開心，不過，他的個性裡有非常不同的一面。他一直想忘掉一件他無法忘掉的事。一八〇一年的三月二十三日晚上，他坐在聖彼德堡聖米迦勒宮（St. Michael Palace）的一個房間裡，等候他父親退位的消息。但是，保羅一世拒絕簽署那份放在他面前桌上的文件，那些喝得醉醺醺的官員，在盛怒之下用一條圍巾繞住他脖子，勒死了他。然後，他們下樓告訴亞歷山大，現在他是全俄羅斯的皇帝了。

這個可怕夜晚的回憶，一直停留在這位沙皇心裡，而他是個非常敏感的人。他曾在學校教育裡受過法國偉大哲學家的薰陶，那些哲學家相信理性，不相信上帝。但是理性不能滿足這位陷在困境中的皇帝。他開始產生幻聽，看見幻象。他努力想找到一條讓他的良心平靜下來的途徑。他變得非常虔誠，開始對神祕主義產生興趣，這種對神祕與未知的奇特熱愛，就像底比斯和巴比倫的神廟一樣古老。

大革命時期的可怕激情，以一種奇怪的方式影響著那個時代的人的個性。在焦慮和恐懼中度過了二十個年頭的男男女女，都不再是正常人。就連門鈴聲都會把他們嚇得跳起來，因為那有可能是他們的獨子「光榮戰死沙場」的噩耗。大革命所呼喊的「自由」和「兄弟的博愛」這類口號，在飽受痛苦的農民的耳裡，都是空洞無意義的。在生命可怕的苦難中，他們會抓緊任何能給他們新的把握的東西。身在悲痛與不幸當中，他們很容易受到為數甚眾的騙子的欺騙。這些騙子以先知的模樣出現，到處宣講他們從《啟示錄》那些含糊難解的經文裡挖掘出來的奇怪新教義。

一八一四年，已經求教過許多通靈異士的亞歷山大，聽說有位新的女預言家正在預告世界末日的來臨，並敦促世人悔改，以免太遲。這位女士就是馮．克呂德納男爵夫人（Baroness von Krudener），她是俄羅斯人，年齡不詳，名聲如何也不詳，沙皇保羅一世在位時，她丈夫是俄羅斯的外交官。她不但揮霍丈夫的錢財，還因為一些奇怪的緋聞令丈夫顏面盡失。她曾經過著非常放蕩的生活，有一段時間甚至神智出了問題，使她變得精神不太正常。後來，因為目睹一位朋友的突然死亡，她皈依了信仰。從此以後，她蔑視一切享樂，又向她的鞋匠懺悔從前所犯的罪；這鞋匠是一個虔誠的摩拉維亞（Moravian）兄弟會成員，是昔日宗教改革家約翰．胡斯的追隨者，胡斯在一四一五年被康士坦茨大公會議判為異端，處以火刑燒死。

接下來十年，這位男爵夫人都待在德國，專門為王公貴族的「皈依」忙碌著。她一生最大的抱負，就是感化這位歐洲的救世主亞歷山大，讓他知道自己過去犯了多少錯誤。而身陷悲苦中的亞歷山大，也願意傾聽任何能給他帶來一絲希望之光的人，這場會面很快就安排好了。一八一五年六月四日傍晚，她獲准來到沙皇的行營晉見他，她發現他正在閱讀《聖經》。我們不知道她對亞歷山大說了什麼，但是三小時後，當她離開時，他淚流滿面並發誓「他的靈魂終於得到了安寧」。從那一天開始，男爵夫人就成了亞歷山大忠心的同伴與心靈導師。她跟隨他到巴黎，接著去了維也納，亞歷山大沒去出席舞會的時間，都花在克呂德納夫人的祈禱會上。

你大概會問我為什麼要這麼詳細地說這個故事？十九世紀的社會變遷難道不比一個精神不穩定的女人更重要嗎？把她遺忘不是更好嗎？那些事當然重要，不過，市面上已經有許多書籍能精確又詳細地告訴你那些歷史大事。我卻希望你從這段歷史中學到比一連串的事實更多的東西。我希望你在接觸所有的歷史事件時，都能帶著「不把一切都視為理所當然」的心態。千萬別滿足於「某時某地發生了某件事」這樣簡單的陳述，而是努力去發掘藏在每個行動背後的動機。如此一來，你會更了解你所處的世界，也會有更多機會去幫助他人；當你身體力行之後，就會知道這才是唯一能讓生活得到真正滿足的方式

我希望你別把一八一五年簽署的「神聖同盟」當作一紙空文，躺在國家檔案館內某處，猶如死亡並被遺忘。它或許遭到了遺忘，但沒有死亡。神聖同盟直接導致了「門羅主義」的誕生，而門羅主義主張的「美洲是屬於美洲人的」，對你的生活有非常重要的影響。這是為什麼我希望你確實了解這份文件是在怎樣的情況下產生的，以及在這份表面顯示著基督教對責任的熱愛和虔誠的文件背後，隱藏著什麼樣的真實動機。

神聖同盟是兩個人共同努力的結果，一位是遭受了可怕的心靈創傷，試圖撫平靈魂不安的不幸男人；另一位是個野心勃勃的女人，她虛耗半生，已經人老珠黃，只能靠自命為一種新奇教義的先知，來滿足自己的虛榮和出名的渴望。我告訴你這些細節，不是洩漏任何祕密。像卡斯雷爾、梅特涅、塔萊朗這些頭腦清醒的人，完全明白那個多愁善感的男爵夫人沒多大能耐。梅特涅能輕而易舉地送她回她德國的莊園去，他只要給神通廣大的皇家員警總長寫張便條，事情就可以辦妥。

但是，法國、英國、奧地利都要依靠俄國的友好合作，他們得罪不起亞歷山大。他們容忍那個瘋瘋癲癲的老男爵夫人，是因為他們必須如此。儘管他們心裡認為神聖同盟根本是垃圾，價值還不如用來寫它的紙，他們還是耐心聆聽沙皇向他們朗讀了以《聖經》為基礎建構一個「人人皆兄弟」的同盟初稿。神聖同盟試圖達到的是，簽字國必須聲明他們會「在管理各自國家的事務並處理與別國政府的外交關係時，會以神聖宗教的信條，也就是正義、和平與基督的慈愛作為唯一指引，這些信條不僅適用於私人事務，更應當對各王公的會議產生直接影響，它作為強化人類制度、改進人性缺陷的唯一方法，必須指引他們的每一步路。」接著，他們向彼此保證，他們會保持團結，「本著忠誠、牢不可破的兄弟之情，將彼此視為自己的同胞，在任何情況、任何地點都會互相施以援手。」凡此種種，不再贅述。

最後，奧地利皇帝在「神聖同盟」上簽了字，雖然他完全不明白這份文件是做什麼用。法國波旁王朝也簽了字，他們需要這些拿破崙的宿敵的友誼。普魯士國王也簽了字，他希望亞歷山大支持他的「大普魯士」計畫，所有歐洲其他任憑俄國擺布的小國都簽了字。英國始終沒簽字，因為卡斯雷爾認為這東西通篇都是廢話。教宗沒簽字，因為他憎惡一個希臘東正教徒和一個新教徒插手他的事。土耳其蘇丹也沒簽字，因為他完全不知道這件事。

不過，歐洲的老百姓很快就被迫注意到這份條約。在神聖同盟那些空洞言詞的背後，是梅特涅在列強之間組織起來的五國同盟的軍隊。這些軍隊可是認真的。他們讓人知道，歐洲的和平絕不容所謂的自由黨人來擾亂，那些自由黨人是偽裝過的雅各賓黨，都希望回到大革命的時代。歐洲人對一八一二、一八一三、一八一四和一八一五的偉大解放戰爭的熱情開始消退，緊隨而來的是真誠相信幸福日子即將來到。在戰爭中衝鋒陷陣的士兵也想要和平，他們都這麼說。

但是，他們要的不是神聖同盟和歐洲列強會議現在安放在他們頭上的那種和平。他們大喊自己被騙了。但是他們非常小心，以免自己的話被祕密員警聽見。反動獲得了勝利。策劃反動的人真誠相信他們的方法對人類的福祉是必要的。但這結果令人難以承受，彷佛他們的出發點是惡意的一樣。它不僅造成大量不必要的苦難，也大大阻礙了政治發展的正常進程。

55 強大的反動勢力

他們試圖藉由壓制所有的新思想，來確保世界擁有一個安靜和平的時代。他們使祕密員警成為國家最重要的官員。不久，各國的監獄裡就塞滿了那些宣稱人民有權按照他們視為合適的方式來進行治理的人。

要將拿破崙大洪水所造成的破壞完全消除，是不可能的。各種古老的藩籬都被洪水沖走了。有大約四十個王朝的宮殿被毀壞到無法居住的地步，其他王國則大力擴張地盤，兼併了那些不幸的鄰居。大革命的洪水退去之後，留下了各種革命理論的奇怪剩餘物，若要強行清除，可能會給整個社會帶來危險。但是維也納會議的政治工程師們還是盡了他們最大的努力，以下就是他們所完成的。

這麼多年來，法國一直攪得世界不得安寧，人們幾乎是本能地懼怕這個國家。波旁王朝經由塔萊朗之口保證自己會循規蹈矩，但「百日政權」讓歐洲各國學了個教訓，如果拿破崙再次逃脫，將會帶來什麼後果。因此，荷蘭共和國被改成王國，比利時成為這個新尼德蘭王國的一部分（比利時在十六世紀時沒有參與荷蘭的獨立運動，因此它一直是哈布斯堡王朝的領地，先是由西班牙統治，後來是由奧地利統治）。新王國北方的新教徒和南方的天主教徒，都不喜歡這次合併，但是沒有人提出反對。合併似乎對歐洲和平有益，而和平是當時最主要的考量。

波蘭原本對這場會議寄予厚望，因為波蘭親王亞當．查多伊斯基（Adam Czartoryski）是沙皇亞歷山大的摯友，無論是在戰爭期間或維也納會議期間，他都一直擔任亞歷山大的顧問。但是，最終波蘭被劃為屬於俄國的半獨立國家，亞歷山大出任波蘭國王。這個結果沒有人滿意，並且造成許多怨恨，最後導致第三次革命。

丹麥從頭到尾都是拿破崙的忠誠盟友，因此受到了嚴厲的懲罰。其實早在七年前，就有一支英國艦隊闖入卡特加特海峽（Kattegat），沒有宣戰也沒有警告就開炮攻擊哥本哈根，然後擄走了丹麥艦隊，以免它為拿破崙所用。維也納會議採取了進一步懲罰，把挪威從丹麥手中拿走——自從一三九七年結成卡爾馬聯盟（union of Calmar），挪威就隸屬丹麥——給了瑞典的查理十四，作為他背叛拿破崙的獎賞，雖然當年是拿破崙幫助查理十四登上了王位。離奇的是，這位瑞典國王本來是個法國將軍，名叫貝納道特（Bernadotte），他是以拿破崙副手的身份來到瑞典，當霍爾斯坦–戈托普（Hollstein-Gottorp）王朝的統治者去世，沒有留下兒子或女兒，和善的瑞典人就請他登上了王位。從一八一五到一八四四年，十分有才幹的查理十四將這個收養他的國家治理得很好（雖然他從來沒學會瑞典語）。他是個聰明人，他的治理贏得瑞典和挪威兩邊子民的尊敬，但是他無法成功將這兩個天性和歷史都格格不入的國家結合在一起。雙重的斯堪地那維亞國從來就沒成功過。一九〇五年，挪威以最和平又有序的方式，建立了獨立王國，瑞典非常明智地讓她走自己的路，並祝福她「一路順風」。

從文藝復興時期以來，長期受到一連串入侵者蹂躪的義大利人，也曾對波拿巴將軍寄予厚望。然而，拿破崙皇帝卻讓他們大失所望。義大利不但沒有如人民所要求的成為統一的國家，反而被分割成許多小公國、小侯國、小共和國和教宗國。教宗國的治理之糟糕（僅次於那不勒斯），是整個義大利半島上人民過得最悲慘的地區。維也納會議廢除了一些拿破崙所立的共和國，讓幾個舊公國在原地重新復活，然後交給應得的人，無論男女皆可，只要是哈布斯堡王朝的成員就行。

至於可憐的西班牙人，他們發動過反抗拿破崙的偉大民族主義起義，又為了國王犧牲了國家最優秀的一批人，但是當維也納會議允許西班牙國王回去重新執政，西班牙人受到了嚴厲的懲罰。這個邪惡的國王是斐迪南七世（Ferdinand VII），過去四年，他是在拿破崙的監獄裡度過的。被囚期間，他幫自己最喜愛的守護聖像編織衣服來打發時間。他慶祝回歸的方式是，再次恢復已經被大革命給廢除了的宗教裁判所和酷刑。他是個令人作嘔的傢伙，無論他的百姓或他的四個妻子，都非常看不起他。但是神聖同盟堅持維護他合法的王位，正直的西班牙人為了除掉這個暴君，讓西班牙成為君主立憲國所做的一切努力，最後都以屠殺鎮壓告終。

葡萄牙王室在一八〇七年逃到巴西殖民地後，葡萄牙就處於沒有國王的狀態。在一八〇八年到一八一四年的半島戰爭（Peninsula war）期間，這個國家被威靈頓公爵的軍隊拿來做補給基地。一八一五年後，葡萄牙繼續被當作一個英國的行省，直到布拉剛札（Braganza）王室重返王位為止，他們把一位王室成員留在里約熱內盧擔任巴西皇帝，這個美洲唯一的帝國維持了相當一段時間，直到一八八九年，巴西改為共和國，這個帝國才結束。

東歐這邊，維也納會議沒有做出任何事來改善斯拉夫人和希臘人的悲慘處境，他們依舊是蘇丹統治的百姓。在斯拉夫人方面，一八〇四年有個暱稱「黑喬治」的塞爾維亞養豬農——卡拉喬戈維奇王朝（Karageorgevich dynasty）的建立者——發動起義對抗土耳其人，但他先是被敵人打敗，隨後又被他自以為是朋友的另一個塞爾維亞領袖所殺害，那人叫做米洛什．奧布倫諾維奇（Milosh Obrenovich），是奧布倫諾維奇王朝的建立者。總之，土耳其人依舊是巴爾幹半島上無可置疑的主人。

希臘人早在兩千年前就喪失了獨立，先後遭受到馬其頓人、羅馬人、威尼斯人和土耳其人的統治。現在，他們把希望寄託在兩個人身上，一個是自己的同胞，土生土長的科孚島人卡波．德．伊斯特里亞（Capo d'Istria），一個是沙皇亞歷山大私交最好的朋友查托里斯基（Czartoryski）；希臘人盼他們能為希臘爭取點什麼。但是維也納會議對希臘人不感興趣，他們感興趣的是保住所有「合法的」君王坐穩各自的王位，無論這個君王信的是基督教、伊斯蘭教或其他什麼教。因此，希臘人什麼也沒得到。

維也納會議犯下的最後一個，也可能是最嚴重的一個錯誤，是對德國的處置。宗教改革和三十年戰爭，不但摧毀了這個國家的繁榮，還將它變成一個毫無指望的政治垃圾堆，三十年戰爭結束所簽署的《西發利亞和約》將這地區劃分成幾個王國、一些大公國、許多的公爵領地和上百個侯爵領地、男爵領地、選帝侯領地、自由市和自由村，由一些千奇百怪，只有在喜劇歌劇舞臺上才會見到的權勢人物統治著。當腓特烈大帝建立強大的普魯士時，曾改變過這種局面，但是他去世後沒多久一切又恢復了舊觀。

這一大群小國，絕大部分都要求獨立，但那不是拿破崙的計畫，他在一八〇六年將這三百多個小國改成五十二個[1]。在日爾曼民族尋求獨立的偉大奮鬥過程中，許多年輕軍人都夢想著建立一個統一又強大的「新祖國」。但是，沒有一個強大的領導人，就不會有統一，這個領導人會是誰呢？

彼時，說德語的地區總共有五個王國。其中奧地利和普魯士這兩國的國王，王權是上帝恩賜的。另外三個王國是巴伐利亞、薩克森和維騰堡，國王的王權是拿破崙恩賜的。由於他們一直是拿破崙皇帝的忠實追隨者，因此，在其他德國人眼裡，他們的愛國信譽並不好。

維也納會議確立了新的「日耳曼邦聯」，一個由三十八個主權國家組成的聯盟，由奧地利國王——這時已經成為奧地利皇帝——擔任邦聯的主席。這種權宜性的安排沒有人滿意。沒錯，他們在古老的加冕典禮城法蘭克福召開了一次「日耳曼議會」，目的是討論「共同的政策與重大議題」。但是，在這個議會上，三十八位代表分別代表了三十八國不同的利益，而做出任何決定都需要全體投票一致通過（在十八世紀，強大的波蘭王國就是被這種議會規則給毀掉的），這個著名的日耳曼邦聯很快就成為全歐洲的笑柄，這個古老帝國的政治狀況，開始變得類似我們中美洲鄰居在十九世紀四、五十年代時那樣。

這對那些為了民族的理想而犧牲一切的人民來說，真是可怕的羞辱。但是維也納會議對「人民」的個人感覺從來不感興趣，會議討論到此告一段落。

難道沒有人反對？當然有。當大家對拿破崙的憎恨情緒平息下來，對大戰的熱情開始消退，當大家開始透徹意識到有多少罪惡是以「和平與穩定」的名義犯下的，他們就開始抱怨了。他們甚至發出公開起義的威脅。但是他們能做什麼？他們是毫無權勢的升斗小民。他們還將遭到這世界上前所未見的，最無情又最有效率的員警體系所宰制。

1 這個一八〇六年至一八一三年間於德意志地區的政治實體，是俄國亞歷山大一世及奧地利弗朗茨一世於奧斯特里茨戰役戰敗後，由拿破崙所建立的「萊茵邦聯」（Confederation of the Rhine），又稱萊茵聯盟，其創始成員有十六個前神聖羅馬帝國的邦國，後來又加入了二十三個。此處房龍寫五十二個，不知還包含了哪些成員。

維也納會議的成員都真誠地相信「大革命的信條導致前皇帝拿破崙犯下篡奪王位的罪行」。他們覺得自己是被召喚來根除所謂的「法國思想」的擁護者，正如菲力浦二世在燒死新教徒或吊死摩爾人時，只是隨從自己良心的召喚。在十六世紀初，一個人若不相信教宗有神聖的權利可以按照自己的意思統治他的臣民，這個人就是「異端」，殺了他是所有忠誠市民的責任。到了十九世紀初，在歐洲大陸上，一個人若不相信自己的國王具有神聖權利，可以按照自己（或他的首相）的意思來統治臣民，這個人就是「異端」，所有忠誠市民的責任是向最近的員警檢舉這個人，看見他得到懲罰。

不過，一八一五年的統治者已經在拿破崙那裡學到了統治效率，因此他們肅清異端的效率比一五一七年時要強了許多。從一八一五年到一八六〇年這段時期，是政治間諜大行其道的時代。上至君王居住的王宮下至社會最底層的酒館，間諜無所不在。他們透過鑰匙孔窺視內閣會議，偷聽在市政公園的長椅上呼吸新鮮空氣的人民的閒聊。他們監視邊界，以免那些沒有合法護照的人離開；他們檢查所有的行李，確保帶有危險的「法國思想」的書籍，一本都進不了他們國王陛下的領土。他們在講堂裡坐在學生當中，要是有教授說出哪怕一句反對現存秩序的話，這教授就會大禍臨頭。他們會一路跟著小男孩小女孩去到教堂，以免他們翹課。

在許多這類任務中，他們都得到神職人員的幫助。教會在大革命期間受了極大的苦，教會財產被沒收，好幾個牧師、神父被殺害，當公共安全委員會在一七九三年十月廢除上教堂禮拜時，那個從伏爾泰、盧梭和其他法國哲學家那裡尋求信仰答案的世代，都圍著「理性的祭壇」歡欣起舞。於是，教會的牧師、神父也隨著「逃亡者」一起進入漫長的流亡。現在，他們隨著聯軍一起重歸故里，帶著復仇的心態開始工作。

就連耶穌會也在一八一四年捲土重來，重新開始他們原本教育年輕一代的工作。他們打擊教會敵人的指示頗為成功。他們在世界各地建立「教區」，把基督教的福音傳給當地的住民，但是它很快就發展成一個正規的貿易公司，總是干預當地政府的施政。葡萄牙在偉大的改革家——首相龐巴爾侯爵（Marquis de Pombal）當政的時候，曾把耶穌會整個趕出了葡萄牙的勢力範圍。而且，一七七三年，在歐洲絕大多數天主教國家的要求下，教宗克勉十四世（Pope Clement XIV）發出敕令解散了耶穌會。現在，耶穌會又返回工作崗位了，對孩子們傳講「順服」和「熱愛合法的君王」的道理，這些孩子的父母曾經租過臨街店鋪的窗口，為了在瑪麗·安東尼被送往斷頭臺去結束她的不幸時能嘲笑她。

不過，在新教國家，比如普魯士，情況也好不到哪去。那些在一八一二年掀起偉大愛國運動的領袖，那些向人民鼓吹要對那位篡位者發動聖戰的詩人和作家，現在都被貼上了危險的「煽動者」的標籤。他們的住家遭到搜查。他們的信件遭到拆閱。他們被強制定期向員警報到，說明自己的行蹤和所作所為。普魯士的教官把所有的憤怒都發洩在年輕一代的身上。當有一群學生在古老的瓦特堡（Wartburg）以吵鬧但無害的方式歡慶宗教改革三百周年時，普魯士的官員會將它視為革命的前兆。當一個誠實有餘但智慧不足的神學院學生，殺害了一個在德國從事間諜活動的俄羅斯間諜時，所有的大學都會遭到員警嚴密監管，而教授們沒有經過任何正式的審訊就被關入監獄或解聘。

俄羅斯在這些反革命的活動上，當然做得更荒謬。亞歷山大雖然已經從他虔誠的狂熱中恢復過來，卻慢慢患上了憂鬱症。他很清楚自己的能力有限，也明白過來自己在維也納的時候，如何成了梅特涅和克呂德納男爵夫人的犧牲品。他越來越不理會西方，徹底變成一個名符其實的俄羅斯統治者，把興趣放在君士坦丁堡，那座古老的聖城曾是斯拉夫人的啟蒙老師。隨著年紀越大，他工作越努力，能達成的就越少。當他坐在書房裡努力時，他的大臣們把整個俄羅斯變成了一個軍事營地。

這不是一幅美好的景象。也許我對「大反動」時期的描述應該再減少一些。但是，能讓你們對這個時代有個通盤的了解，會比較好。須知，這種倒行逆施、阻礙歷史進步的嘗試已經不是第一次了，其結果也不問可知。

56 民族獨立

然而，人民對民族獨立的熱愛太強烈，即使用這種方式也摧毀不了。南美洲人第一個起來反抗維也納會議的反動措施，希臘、比利時、西班牙以及歐洲大陸上許多其他國家也群起效尤，讓十九世紀充滿了許多獨立戰爭的傳說。

「如果維也納會議做了這樣那樣的事，而不是採取這樣那樣的措施，那麼，十九世紀歐洲的歷史將會大不相同。」說這種話毫無意義。維也納會議的參與者，是一群剛剛經歷了法國大革命，經歷了二十年幾乎不曾間斷的可怕戰亂的人。他們聚在一起的目的，就是為了賦予歐洲「和平與穩定」，他們認為這才是人民需要和想要的。他們是我們所說的反動派。他們由衷相信，群眾沒有治理自己的能力。他們以一種看起來最能保持長治久安的方式，重新劃定了歐洲的版圖。他們失敗了，但並不是因為他們用心邪惡。總的說來，他們是一群老派的人，念念不忘自己平靜的年輕時代快樂的日子，並熱切盼望著重返那個蒙天祝福的時代。他們沒有意識到，許多革命的思想已經牢牢抓住歐洲大陸人民的心。這真是不幸，但不算是罪。總之，法國大革命教導了人一件事，不只教了歐洲人，也教了美洲人，就是人民有權認同自己的「民族性」。

向來不尊重任何人與事的拿破崙，在處理民族和愛國情操上絕對毫不留情。但是，革命早期的將軍們宣揚過一種新思想，「民族性跟政治疆界無關，也跟圓顱骨或寬鼻樑無關，乃是跟心和靈魂有關。」他們一邊教導法國的孩子說法蘭西民族有多麼偉大，一邊鼓勵西班牙人、荷蘭人和義大利人做同樣的事。很快的，這些認同盧梭的信念，相信原始社會裡的人德行最高的人，都開始挖掘自己民族的過去，並發現埋在封建體系廢墟下那些強大種族的遺骨，然後再假設自己是那些遺骨的軟弱無能的後裔。

十九世紀的前半葉是一個歷史大發現時代。到處都有歷史學家在忙著出版中世紀的憲章和中世紀初期的編年史，每一個國家都對自己古老的祖國產生了新的自豪感。這種情感很大一部分奠基在對歷史事實的錯誤解讀。不過，在現實政治中，真相是什麼並不重要，重要的是人們願意相信的才叫真相。絕大多數國家的國王和百姓，都對自己祖先的光榮和聲名深信不疑。

維也納會議沒有被這種情感左右。大人物們在劃定歐洲的版圖時，是根據五六個王朝的最大利益做考量，他們把「民族情感」視為是跟「法國革命思想」一樣危險的東西，一概列入禁書名單裡。

但是，歷史不會遵從任何會議。出於某種原因（它或許是一種歷史法則，至今仍未引起學者們足夠的關注），「民族」對於人類社會的有序發展似乎是必要的，任何阻擋這股潮流的嘗試，都會像梅特涅這類試圖阻止人們思考的努力一樣，以失敗收場。

令人想不到的是，第一個麻煩竟是起於遙遠的南美洲。在拿破崙戰爭[1]期間，南美洲大陸上的西班牙殖民地享受過一段相對獨立的時期。當西班牙國王淪為拿破崙的囚徒時，殖民地的人民依舊效忠他，並拒絕承認這位法國皇帝在一八〇八年所任命的西班牙新國王，他自己的兄弟約瑟夫．波拿巴（Joseph Bonaparte）。

事實上，美洲唯一深受法國大革命影響，發生嚴重動亂的地方是海地島，也就是哥倫布首航美洲時發現的那個伊斯帕尼奧拉島[2]。一七九一年，法國議會突然迸發了一股博愛之情，決定賦予海地的黑人兄弟所有迄今為止，只有白人統治者才享有的權利。但是，法國人就像之前做出這步決定時一樣，突然後悔了，想要出爾反爾，這導致了海地的黑人領袖杜桑．盧維杜爾（Toussaint L'Ouverture）和拿破崙的姊夫勒克雷爾將軍（General Leclerc）之間進行了多年可怕的戰爭。一八〇一年，杜桑應邀去和勒克雷爾商議和平的條件。他獲得對方鄭重保證，絕不會加害他。杜桑相信自己的白人對手，未料被帶上一艘船，不久之後就死在法國監獄裡。但是，海地的黑人最終還是獲得了獨立，建立了自己的共和國。順帶一提，在南美洲第一個偉大愛國者領導自己的國家脫離西班牙人的枷鎖時，海地黑人大大助了他一臂之力。

一七八三年，西蒙．波利瓦爾（Simon Bolivar）出生於委內瑞拉的卡拉卡斯（Caracas），他在西班牙接受教育，曾經去過巴黎，見過法國大革命政府運作的情況，他還在美國住過一段時間。當他返回自己的國家時，委內瑞拉人民對其母國西班牙的不滿，已經遍地都是，並開始採取明確的反抗形式。一八一一年，委內瑞拉宣布獨立，波利瓦爾成為革命軍的將領之一。但是不到兩個月的時間，反抗失敗，波利瓦爾只得逃亡。

1 由拿破崙發動的戰爭，或為了討伐他所起的戰爭，經常統稱為「拿破崙戰爭」。

2 伊斯帕尼奧拉島（西班牙語：Española），或譯西班牙島，泰諾人稱為海地島（意為「群山之地」），是加勒比海地區第二大島，僅次於古巴。東側是多明尼加共和國，西側是海地共和國。起初整個島都是西班牙的，後來西側割讓給了法國。

接下來五年，他是這項顯然沒有勝算的獨立運動的領袖。他將自己全部的家產都投入其中，但是，若不是海地總統的大力援助，他還是無法發動最後一次遠征並獲得最終的勝利。此後，起義行動擴散到整個南美洲，很快的，西班牙就表現出無法靠自己鎮壓住叛亂了，只得向神聖同盟請求支援。

這個舉動讓英國深感憂慮。彼時英國的船隊已經取代荷蘭船隊，是全球海運最主要的承運商，他們十分期待在整個南美洲的獨立運動中大撈一筆。他們希望美國出面干涉，但是美國參議院沒有這種打算，眾議院也有許多人認為不該干涉西班牙的事務。

就這時候，英國內閣交替，輝格黨下臺，托利黨上臺組閣。喬治．坎寧（George Canning）出任國務大臣。他暗示美國，如果美國政府願意宣布反對神聖同盟鎮壓南美洲殖民地叛亂的計畫，英國會很樂意用她全部的海上力量來支援美國政府。於是，一八二三年十二月二日，門羅總統在美國國會發表了一場演講，說：「神聖同盟若將其體制延伸到這西半球的任何部分，美國國會將這類企圖視為對我們的和平與安全的威脅。」他並進一步警告說：「美國政府將把神聖同盟的這類行動，視為對美國不友善的戰略部署的證明。」一個月後，英國報紙刊登了「門羅主義」的全文，神聖同盟的成員不得不做出他們的決定。

梅特涅遲疑了。就個人而言，他願意冒觸怒美國的風險（自從一八一二年對英國的戰爭結束後，美國的陸軍和海軍就懈怠了軍備）。但是坎寧擺出的威脅態度，以及歐洲大陸的問題，都迫使他要謹慎。於是，遠征軍始終沒有出動，南美和墨西哥最終獲得了獨立。

至於歐洲大陸上的各種麻煩，也是來勢迅疾又兇猛。神聖同盟在一八二〇年曾派法國軍隊到西班牙去擔任和平守護者。奧地利的軍隊也在義大利執行類似的任務，因為「燒炭黨」

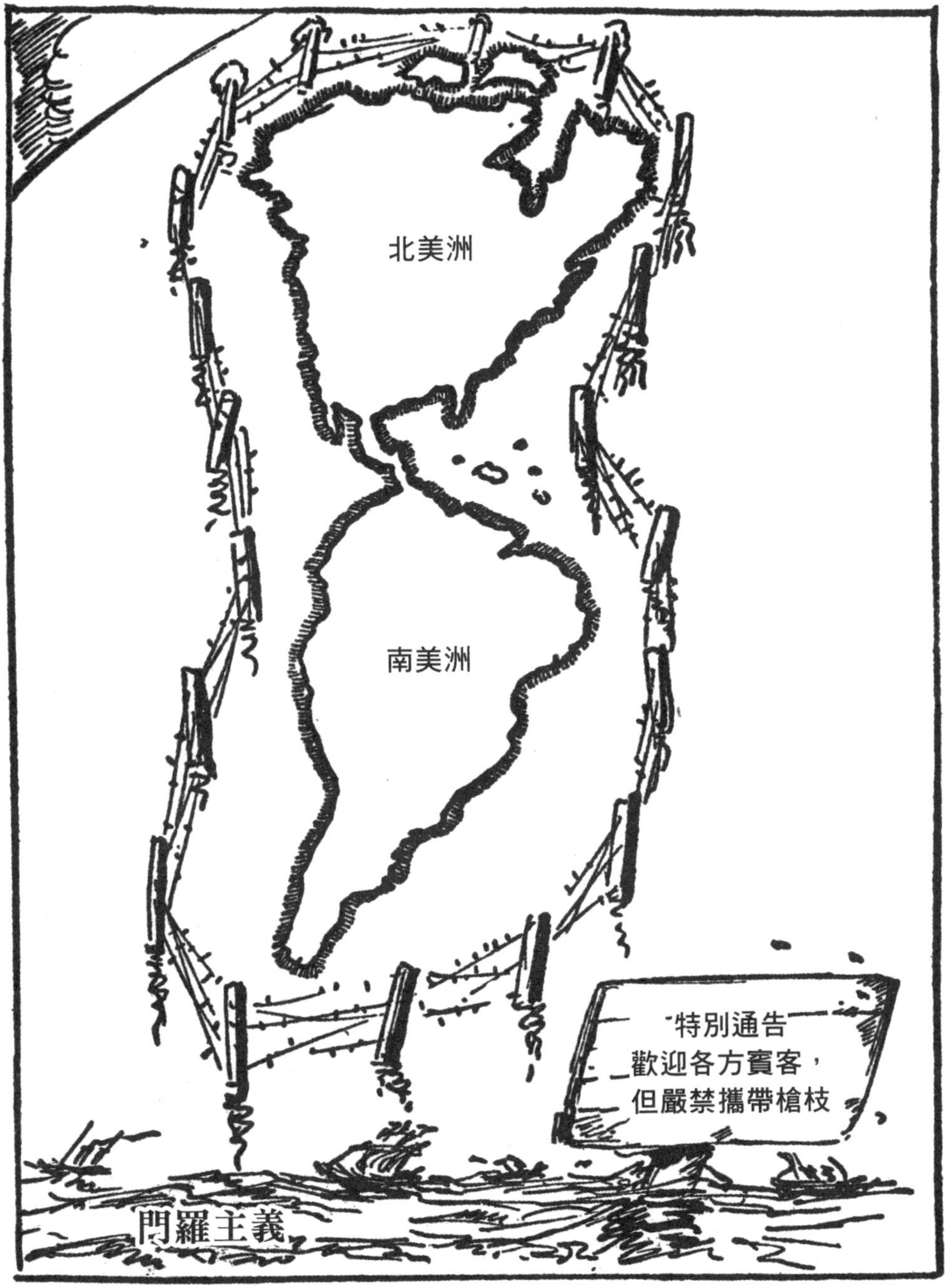
北美洲
南美洲
特別通告
歡迎各方賓客，
但嚴禁攜帶槍枝
門羅主義

（Carbonari，由燒炭工人組成的祕密組織）為建立統一的義大利而四處宣傳，這導致了那不勒斯王國起義反抗無能的國王費迪南。

俄羅斯也傳來了壞消息。沙皇亞歷山大去世，是聖彼德堡爆發革命的前兆，這場發生在十二月，被稱為「十二月黨人起義」的動亂，雖然短暫卻很血腥，其結果是眾多傑出的愛國者被絞死，因為這些人對亞歷山大晚年的反動統治十分厭惡，他們試圖給俄羅斯建立一個立憲體制的政府。

然而，更糟的還在後面。梅特涅依序在艾克斯－拉－夏貝爾[3]（Aix-la-Chapelle）、特拉波[4]（Troppau）、萊巴赫（Laibach）並最後在維也納召開了一連串的會議，試圖確保歐洲宮廷會繼續支持他的政策。各大強權的代表們當然出席了這些景色宜人的臨水之地，它們都是這位奧地利首相用來度假避暑的地方。這些代表始終保證會盡力鎮壓反抗的事，但他們都不敢保證一定會成功。人民的精神和情緒開始越來越壞，尤其是在法國，國王的地位已經岌岌可危了。

然而，真正的麻煩是從巴爾幹半島開始的，此地自古以來就是歐洲大陸入侵者進入西歐的必經門戶。暴動首先發生在摩爾達維雅（Moldavia），該地是古羅馬帝國的達西契省，在三世紀時脫離了羅馬帝國。從那時起，它就成了猶如亞特蘭提斯一般的「失落之地」，那裡的人民繼續說著古羅馬語，說自己是羅馬人，稱自己的國家是羅馬尼亞。一八二一年，一位年輕的希臘王子亞歷山大·伊蒲賽蘭提（Alexander Ypsilanti）開始發起反抗土耳其人的起義行動。他告訴追隨者，他們將會得到俄國的支持。但是，梅特涅的信使快馬加鞭趕到聖彼德堡，用奧地利偏愛的「和平與穩定」的理論徹底說服了沙皇，使他拒絕出兵。伊蒲賽蘭提被迫逃往奧地利，在那裡被囚禁了七年。

同樣是一八二一年，希臘也開始發生動亂。自從一八一五年開始，希臘愛國份子就組了一個祕密社團，一直準備起義。一八二一年，他們突然在摩里亞（Morea）——也就是古代的伯羅奔泥撒——舉起了獨立的大旗，成功趕走了土耳其的駐軍。土耳其人以慣常方式的反擊。他們抓了君士坦丁堡的希臘大主教，他是希臘人和許多俄羅斯人眼中的教宗，並在一八二一年的復活節那天把他和多位東正教的主教都處以絞刑。希臘人的回應是屠殺了摩里亞首府特里波利（Tripolitsa）的所有伊斯蘭信徒，土耳其人的報復是攻擊希俄斯島（Chios），殺了島上兩萬五千名基督徒，把其他四萬五千人賣到亞洲和埃及當奴隸。

隨後，希臘人向歐洲宮廷求援，但是梅特涅大肆批評他們說，這是他們「自作自受」，（我不是故意說雙關語或俏皮話，我是引用這位首相閣下對沙皇說的話：「起義反抗的烈火應當讓它在文明的範圍之外自生自滅。」）歐洲關閉了邊界，阻止各國的志願者前去救援希臘的愛國志士。他們的起義看似失敗了。在土耳其的要求下，一支埃及的軍隊在摩里亞登陸，很快的，土耳其的國旗再次在雅典古老的要塞——衛城上空飄揚。當埃及的軍隊用「土耳其的方式」來蕩平這國的動亂時，梅特涅安靜地袖手旁觀整個過程，等候這場「破壞歐洲和平的企圖」能夠成為過去。

英國再次破壞了他的計畫。英國最值得稱讚之處，不在她廣大的殖民地，不在她的財富或她的海軍，而在她每一個公民身上那種獨立自主的精神和隱而不顯的英雄主義。英國人守法，因為他們知道，文明社會與野蠻的區別，在於懂得尊重他人的權利。不過，他們也拒絕別人干

3 德國的亞琛。
4 捷克的奧帕瓦。

涉自己思想的自由。如果國家做了某種他認為不對的事，他會挺身而出，大聲說出來，而被他批評的政府會尊重他，給他完全的保護，讓他免於遭受大量盲目群眾的迫害。自蘇格拉底的時代開始，盲目的群眾就愛攻擊那些在勇氣和智識上超群的人。世上的善義之舉，無論多麼勢單力薄，距離多麼遙遠，都可看見該事項的忠誠擁護者當中有英國人的身影。英國的一般群眾和其他國家的人民沒有什麼不同，他們也是抓緊日常生計，沒時間去搞那些不切實際的「冒險活動」。但是，不同之處在於，他們非常欣賞那些拋下一切，離鄉背井去為亞洲或非洲一些底層百姓奮鬥的古怪鄰居，並且，當這位鄰居為此丟了性命時，他們會為他舉行莊嚴的公祭和葬禮，並以他的英勇和騎士精神做榜樣來教育孩子。

即使是神聖同盟的祕密員警，也拿這種民族性沒有辦法。一八二四年，那位筆下詩句令所有歐洲人都感動落淚的英國富家子弟，年輕的拜倫爵士（Lord Byron），揚起他的帆船，向南出發去幫助希臘人。三個月後，他們的英雄死於希臘最後一座未失陷的堡壘邁索隆吉（Missolonghi）的消息，傳遍了歐洲。拜倫孤寂的死亡擄獲了人們的想像力。所有的國家都有人自發組織幫助希臘的團體。美國獨立革命中的老英雄拉法葉[5]（Lafayette）在法國為希臘人四處請願。巴伐利亞的國王派出數百名官兵前往希臘。金錢和物資潮水般湧進邁索隆吉，支援那些斷糧挨餓的人。

在英國，曾經阻止神聖同盟在南美洲的計畫的喬治·坎寧，現在已經是英國首相了。他看見了再次挫敗梅特涅的機會。英國和俄羅斯的艦隊已經在地中海準備就緒，他們是由政府派遣的，政府不敢繼續壓制群眾支援希臘愛國志士的熱情了。法國的海軍也出現了，自從十字軍東征結束後，法國就扮演起在穆斯林的土地上捍衛基督教信仰的角色。一八二七年十月二十日，三國海軍聯手在納瓦里諾灣（bay of Navarino）攻擊了土耳其艦隊，將其摧毀。很少有戰爭獲勝的消息獲得如此廣大的歡喜和慶祝。西歐和俄羅斯那些在本國都享受不到自由的百姓，藉由在想像中打一場使受壓迫的希臘人獲得自由的戰爭，來使自己得到安慰。一八二九年，他們獲得了回報。希臘成為獨立的國家，「反動和穩定」的政策再次受到重創。

如果我嘗試在這本簡短的書裡，向你們詳述所有其他民族的獨立鬥爭，那就太荒謬愚蠢了，因為市面上已經有了大量關於這個主題的優秀書籍。我之所以描述希臘爭取獨立的艱辛，因為維也納會議所樹立的「維持歐洲穩定」的反動堡壘，第一次被成功擊破。雖然這座鎮壓百姓的強大堡壘依舊存在，梅特涅等人也還在繼續發號施令，但是結局已經不遠了。

在法國，波旁王朝為了去除法國大革命的成果，完全無視文明衝突當守的規則和法律，把員警的職權擴張到令人無法忍受的地步。當路易十八在一八二四年去世時，法國百姓已經享受了九年的「和平生活」，這生活甚至比法蘭西帝國那十年戰爭的歲月更不幸。繼承路易十八王位的是他弟弟查理十世。

路易十八所屬的著名的波旁王室，雖然從來學不會教訓，卻也從不健忘。路易十八始終記得他哥哥被砍頭的消息傳到哈姆鎮（Hamm）的那個早晨，那對他是一個歷歷在目的警告，提醒那些沒有正確理解時代變化的國王，會遭到何種下場。查理十世是另一種人，他在二十歲之前就欠下了五千萬法郎的債務，什麼也不懂，也不記住前車之鑑，還打定主意什麼都不學。他一繼承哥哥的王位，就建立了一個「為神父所治、為神父所有、為神父所享」的政府，這是威

5　他是參與美國獨立戰爭的法國人。

靈頓公爵所做的評論，公爵可不是什麼激進的自由派，但查理十世這種方式的統治，讓十分信賴法律與秩序的公爵深感厭惡。當查理十世試圖打壓膽敢批評他的政府的報紙，並解散支持新聞界的國會時，他的日子也快到頭了。

一八三〇年七月二十七日晚上，一場革命在巴黎爆發了。到了三十號，查理十世已經逃到海岸，乘船去了英國。著名的「十五年鬧劇」以這樣的方式收場。法國的政權終於徹底擺脫了波旁王室，他們的無能委實無藥可救。接下來，法國有可能轉向共和體制的政府，但是梅特涅無法容忍這樣的舉動。

情勢變得非常危險。反抗的火花越過了法國的邊界，點燃了另一個早就充滿民族抱怨的火藥庫。維也納會議強制合併的新荷蘭王國始終沒有成功。比利時人和荷蘭人沒有共同之處，他們的國王，奧蘭治的威廉（「沉默者威廉」之叔的子孫）雖然勤於政事，又是傑出商人，卻在治理這兩群志趣不同的子民時，非常缺乏政治手腕和靈活的彈性。此外，當初那群屈尊下到法國去的神父，在合併後立刻設法進占了比利時，無論信奉新教的威廉嘗試做什麼，都會被一大群激憤的市民咆哮指責是對「天主教的宗教自由」有新的企圖。八月二十五日，布魯塞爾爆發了反對荷蘭當局的暴動。兩個月之後，比利時逕自宣布獨立，並選出英國維多利亞女王的舅舅，科堡的利奧波德（Leopold of Coburg）為新國王。這真是解決問題的絕佳辦法。這兩個從來就不該合併在一起的國家，就此分道揚鑣，從此不但相安無事，還像有風度的鄰居一樣相處融洽。

在只有幾條短程鐵路的年代，消息的傳播是很慢的，不過，當法國和比利時革命成功的消息傳到波蘭以後，立刻引爆了波蘭人與俄國統治者之間的衝突，並導致長達一年的可怕戰爭，最後以俄國的全然獲勝告終。俄國人以眾所周知的俄國方式，「重建了維斯杜拉河（Vistula）沿岸地區的秩序」。一八二五年，尼古拉一世繼承哥哥亞歷山大的王位，他堅信自己的家族擁有神授的君權，成千上萬逃到西歐尋求庇護的波蘭難民見識到這項事實——神聖同盟的信條，在神聖的俄羅斯帝國依舊不是一紙空文。

義大利也有一段時間不太平。曾是拿破崙皇帝之妻的帕瑪女公爵瑪麗．路易士（Marie Louise），在拿破崙滑鐵盧兵敗之後拋棄了他。她在這波動盪中被逐出了自己的國家，群情激憤的教宗國人民想要建立一個獨立共和國。但是奧地利的軍隊開進羅馬之後，所有的事很快就恢復如常。梅特涅繼續坐在普拉茲宮中（Ball Platz），那是哈布斯堡王朝的外相官邸，祕密員警也重返工作崗位，和平仍是最高指導原則。要等十八年後，人民才又進行了一場更為成功的嘗試，將歐洲從維也納會議的可怕決議中解救出來。

率先發出起義信號的，又是法國這個歐洲革命的風向球。查理十世的王位由路易．腓力（Louis Philippe）繼任，他父親就是那位著名的奧爾良公爵，曾經倒向雅各賓黨，投下關鍵性一票把他堂兄路易十六送上了斷頭臺。這位奧爾良公爵在革命初期曾經扮演重要角色，享有「平等的腓力」的美譽。最終，當羅伯斯庇爾想要淨化革命陣營，肅清所有的「叛徒」（這是他對所有不贊同他的意見者的稱呼）時，奧爾良公爵還是被處死了，他兒子也被迫逃離革命軍的隊伍。從那時起，年輕的路易．腓力遠離家鄉，漂泊到過許多地方。他曾在瑞士當過學校教師，又花了好幾年時間在美國未知的「大西部」探險。在拿破崙倒臺之後，他才返回巴黎。他比他波旁王室的堂兄弟們聰明多了。他是個生活簡單樸素的人，經常腋下夾把紅雨傘去公園散步，像天底下所有慈愛的父親一樣，後面跟著一群孩子。但是法國已經不再需要國王了，而路易還不知道這一點，直到一八四八年二月二十四日早晨，一群吵嚷的群眾湧進杜樂麗宮將他趕走，宣布法國成為共和國。

當這消息傳到維也納，梅特涅滿不在乎地表示，這不過是一七九三年的翻版，神聖聯同盟會再次派軍進入巴黎，終結這場非常不體面的民主鬧劇。但是，兩星期之後，他自己的奧地利首都也公然發生了暴動。梅特涅躲開暴民，從自己官邸普拉茨宮的後門逃走，奧地利皇帝斐迪南被臣民強迫公布一部憲法，當中包含的絕大多數改革原則，都是他的首相在過去三十年裡竭力打壓的。

這次，整個歐洲都震動了。匈牙利宣布獨立，在路易士·科蘇特（Louis Kossuth）的領導下，展開反對哈布斯堡王朝的戰爭。這場實力不對等的戰爭持續了一年以上，直到沙皇尼古拉派軍越過喀爾巴阡山脈進入匈牙利，才鎮壓住革命，讓匈牙利再次保住君主體制。隨後哈布斯堡王朝設立了一個特別軍事法庭，把絕大部分他們無法在戰場上擊敗的匈牙利愛國志士，全都送上了絞刑台。

至於義大利，西西里島也宣布脫離那不勒斯王國獨立，並驅逐了他們那個屬於波旁王朝的國王。在教宗國，總理羅西（Rossi）遭到謀殺，教宗被迫逃亡。隔年，教宗在一支法國軍隊的護衛下返回，這支軍隊駐紮在羅馬，保護教宗陛下對抗臣民，直到一八七〇年為止。那年，普法戰爭爆發，這支軍隊被召回法國對抗普魯士人，羅馬成為義大利的首都。在北方，米蘭和威尼斯也起身反抗他們的奧地利統治者。他們獲得薩丁尼亞國王亞伯特（Albert of Sardinia）的支持，但是年邁的拉德茨基（Radetzky）元帥率領一支強大的奧地利軍隊開進波河平原，在庫斯托扎（Custoza）和諾瓦拉（Novara）附近擊敗了薩丁尼亞軍隊，迫使亞伯特國王讓位給兒子維克多・伊曼紐爾（Victor Emanuel），幾年之後，維克多・伊曼紐爾成為統一後的義大利的第一位國王。

一八四八年歐洲的動盪局面，在德國呈現的是一場浩大的民族示威，人民要求統一和代議制度的政府。在巴伐利亞，國王把時間和金錢都浪費在一位自稱是西班牙舞蹈家的愛爾蘭女士身上（她名叫洛拉・蒙特茨，死後葬在紐約的波特公墓），憤怒的大學生把他趕下了台。在普魯士，國王被迫站在棺材前，脫帽向那些在街頭巷戰中的死難者致哀，並保證成立立憲體制的政府。一八四九年三月，來自日爾曼各地區的五百五十位代表在法蘭克福聚集，召開德國的國民議會，並推舉普魯士國王腓特烈・威廉出任統一的德意志皇帝。

然而，不久之後情勢又逆轉。無能的奧地利皇帝斐迪南讓位給了自己的侄子法蘭西斯・約瑟夫（Francis Joseph）。訓練有素的奧地利軍隊依舊效忠他們的戰爭統帥，劊子手也有忙不完的工作，哈布斯堡家族憑著他們「九命怪貓」的特性，再次站穩腳跟，並迅速強化了自己在東歐和西歐的統治地位。他們憑著精明圓滑的外交手腕玩弄政治遊戲，利用其他德意志國家的嫉妒心理，阻止了普魯士國王升任德意志皇帝。長久以來，哈布斯堡家族在失敗的磨難中學會了忍耐的價值，他們知道如何等候自己的時機到來。當那些完全沒有受過實際政治洗禮的自由主義者，在不停地高談闊論，並陶醉在自己優美的演說中時，奧地利人靜靜地集結軍力，然後解散了法蘭克福的國會，重建了令人無法忍受的舊日耳曼聯盟，這聯盟是維也納會議想強加在毫無戒心的世界上的。

不過，這個由一堆不切實際的熱心人士所組成的奇怪議會，出席者中有一個名叫俾斯麥的普魯士鄉紳，他好好利用了這個機會觀察和聆聽。他對那些高談闊論完全不屑一顧。他知道（凡是富於行動力的人都知道）空談成就不了任何事。他有一套自己真誠愛國的方式。他曾在老式的外交學院受過訓練，他能輕易矇騙對手，正如他在散步、喝酒、騎馬各方面都比對手強一樣。

俾斯麥深信，這個由許多小國組成的鬆散聯盟，如果要抵抗其他的歐洲強權，它自身必須轉變成一個強大統一的國家才行。在忠誠的封建觀念當中成長的俾斯麥，是霍亨索倫家族最忠心的臣僕，他決定該由霍亨索倫家族，而不是那個無能的哈布斯堡家族，來擔任這個新德國的統治者。為了達成這個目的，首先必須擺脫奧地利的影響，於是他開始為這場痛苦的手術進行必要的準備。

在這期間，義大利已經解決了自己的問題，擺脫了她所厭惡的奧地利主子。義大利的統一，要歸功於三個傑出的人物：加富爾（Cavour）、馬志尼（Mazzini）和加里波第（Garibaldi）。三人當中，戴著一副鋼絲框近視眼鏡的土木工程師加富爾，扮演一位謹慎的政治舵手的角色；馬志尼是個善於演說的煽動家，因此他大部分的日子都藏在歐洲各地的閣樓裡，躲避奧地利員警的抓捕；加里波第率領著一群身穿紅衫的糙漢子騎兵，負責喚起大眾的想像力。

馬志尼

馬志尼和加里波第都是共和體制政府的信徒。不過，加富爾支持君主立憲制度。馬志尼和加里波第都承認加富爾在實際治國的事上眼光比他們強，因此，為了心愛祖國的最大利益著想，他們放棄了自己的雄心，接受了他的決定。

正如俾斯麥偏向霍亨索倫家族一樣，加富爾偏向薩丁尼亞王室。他以無比的謹慎與絕佳的精明手腕，一步步誘騙薩丁尼亞國王，直到國王陛下認為自己足以擔起領導整個義大利人民的的重任。歐洲其他地區的動盪局勢，大大幫了他的計畫一把，而對義大利的獨立大業提供最多幫助的，正是她可靠的（經常也很不可靠）老鄰居——法國。

在這個動盪不安的國家，執政的共和政府在一八五二年十一月，不出眾人意料的突然垮臺了。前荷蘭國王路易．波拿巴的兒子拿破崙三世（那個名震四方的拿破崙是他叔叔），重新奠定了帝國體制，並「靠著上帝的恩典與百姓的意願」自封為皇帝。

這位在德國受教育的年輕人，說法文時帶著濃重的條頓語系的喉音（正如拿破崙一世說法文時總帶著很重的義大利口音）。他竭力運用拿破崙這名字所遺留的力量來給自己謀好處。但是他有太多敵人，因此對自己這個現成的王位就覺得坐得不太安穩。他已經贏得維多利亞女王的友誼，但這不是什麼難事，這位好女王不怎麼聰明能幹，而且非常容易被奉承話打動。至於其他的歐洲君主，他們總是擺出侮辱人的高傲態度來對待這位法國皇帝，並且每晚想些新花招來對這位一夕登天的「好兄弟」表達出他們如何打從心底鄙視他。

拿破崙三世不得不找出一個辦法來打破這種敵意，要不就讓人愛他，要不就讓人怕他。他很清楚「光榮」一詞仍令他的臣民癡迷不已。既然他被迫為自己的王位賭上一把，他決定以豪賭的方式來玩這場帝國的遊戲。他拿俄羅斯出兵攻打土耳其做藉口，發動了克里米亞戰爭，讓英國和法國聯手站在土耳其蘇丹這一邊，一同對抗沙皇。這場戰爭花費極大，卻所獲極微。無論法國、英國或俄國，都沒有獲得多少光榮。

不過，克里米亞戰爭做了一件好事。它給了薩丁尼亞王國一個自願站到獲勝一方的機會，在戰爭結束和談時，加富爾能趁機向心存感激的英國和法國提出要求。

薩丁尼亞王國利用國際局勢獲得歐洲列強更多的重視之後，加富爾這個精明的義大利人又在一八五九年六月挑起了薩丁尼亞和奧地利的戰爭。他拿薩伏（Savoy）地區的幾個省和確實屬於義大利的城鎮尼斯（Nice）做交換，確保拿破崙三世會出兵援助他。法國和義大利聯軍在馬戈塔（Magenta）和索爾費里諾（Solferino）擊敗了奧地利人，將原本屬於奧地利的幾個省分和公國併入了統一的義大利王國。佛羅倫斯成為這個新義大利的首都，直到一八七〇年，駐守在羅馬的法國軍隊被召回抵禦德國人。法軍一走，義大利的軍隊就開進了這座永恆之城，薩丁尼亞的王室住進了古老的奎里納宮（Palace of the Quirinal），一座某個古代教宗在君士坦丁大帝浴室的廢墟上修建的宮殿。

教宗只好渡過台伯河，躲到梵諦岡高牆後面；自從一三七七年教宗結束亞維儂的流亡歲月之後，梵諦岡就是歷代許多教宗的住所。教宗大聲抗議這種專橫竊取他的領地的行為，並向那些對他的損失可能感同身受的忠誠天主教徒寫信求助。然而，忠誠信徒的人數不多，並且還在穩定地下降。不過，教宗一旦從治國的俗事中解脫出來，就能把他所有的時間都專注在靈性的問題上。他能站在比歐洲政客們的瑣碎爭吵更高的位置，讓教宗的職位獲得一種新的威信，這事證明對教會極為有利，它讓天主教廷在社會和宗教的進步上成為一股國際力量，並能比絕大部分新教教派更明智地評估現代經濟問題。

這樣，維也納會議想把義大利半島變成奧地利的一省，以此解決義大利問題的企圖，終於破滅了。

但是，德國的問題還是沒有解決。事實證明，它是所有問題中最棘手的一個。一八四八年那場革命的失敗，導致德國人當中比較有活力、也比較有自由思維的人，大舉移民。這些年輕人移居到美國、巴西，以及亞洲和美洲的新殖民地。他們追求民族獨立的事業，在德國由性格完全不同的另一種人承繼下去。

在德意志國民議會垮臺，自由派人士建立一個統一的國家失敗之後，新的議會在法蘭克福召開，普魯士王國的代表，正是前幾頁提到的奧托·馮·俾斯麥（Otto von Bismarck）。俾斯麥這時已經設法獲得了普魯士國王的完全信任，而這也是他唯一所求的。他對普魯士國會或普魯士人民的意見，完全不感興趣。他曾親眼目睹過自由派的失敗。他知道，不打一仗，是沒辦法擺脫奧地利的，因此他開始強化普魯士的軍隊。被他的高壓手段激怒的普魯士國會，拒絕提供他必要的資金。俾斯麥甚至懶得跟國會討論這件事。他在普魯士國王與部分貴族的資金支援之下，逕自擴充軍備。然後，他開始尋找一個民族議題，目的是用來在所有德國人當中掀起一股滔天的愛國主義浪潮。

在德國北部有兩個公國，什列斯威（Schleswig）和霍爾斯坦（Holstein），它們從中世紀起就是麻煩的來源。兩個國家都住著相當數量的丹麥人和德國人，雖然他們都由丹麥國王統治，卻不是丹麥版圖的一部分，這導致了沒完沒了的困難。我不是故意翻開舊帳，重提這個現在似乎已經由最近簽署的《凡爾賽和約》解決了的問題。彼時，霍爾斯坦的德國人大聲抱怨丹麥人惡待他們，而什列斯威的丹麥人則大費功夫維護他們的丹麥傳統，整個歐洲都在討論這個問題，連德國的男聲合唱團和體育協會都會聆聽「身陷他國的同胞兄弟」的煽情演講。就在各國大使館努力想搞清楚究竟怎麼回事的時候，普魯士已經動員自己的軍隊去「收復失土」。奧地利身為日耳曼聯邦的官方領袖，自然不允許普魯士在這麼重要的事情上單獨行動，哈布斯堡的軍隊也動員起來，兩大強權的聯軍一同攻入了丹麥，雖然丹麥人奮勇抵抗，兩個公國還是被占領了。丹麥人向其他歐洲國家求援，但他們都有事纏身，可憐的丹麥人只能自己面對命運。

俾斯麥緊接著準備他的帝國計畫的第二幕。他利用戰利品的分配問題，和奧地利起了爭端。哈布斯堡王朝落入了陷阱。俾斯麥和他忠誠的將軍們所造就的新式普魯士軍隊，入侵了波希米亞，不到六個禮拜，奧地利的最後一支軍隊就在科尼拉茨（Koniggratz）和薩多瓦（Sadowa）被殲滅了，普魯士軍隊可以長驅直入維也納。不過，俾斯麥不想做得太過分。他知道自己在歐洲需要一些朋友。他給戰敗的哈布斯堡王朝提出非常體面的和談條件，只要他們願意辭去日耳曼聯盟的領導權。但是他對許多支持奧地利的德意志小邦國就沒那麼仁慈，他將它們全部併吞入普魯士。接著，北部的大部分國家組成了一個新組織，所謂的北日耳曼聯邦，而獲勝的普魯士成為德意志民族默認的非正式領袖。

德國的合併統一完成得如此迅速，整個歐洲都驚呆了。英國對此並不在意，但法國顯出大不以為然的態度。法國人心對拿破崙三世的支持度正穩定下降，克里米亞戰爭花費甚大，卻一事無成。

一八六三年，拿破崙三世又冒了一次險，他派出法國軍隊去強迫墨西哥人民接受一位名叫馬克西米連（Maximilian）的奧地利大公當皇帝。這事在美國南北戰爭由北方獲勝結束後，立刻悲慘收場。華盛頓政府強迫法國撤軍，這給了墨西哥人機會肅清自己國內的敵人，槍決了那個不受歡迎的皇帝。

因此，拿破崙三世必須給自家王座重新披上光榮的外衣。眼看那個北日耳曼聯邦將在幾年之內成為法國強勁的對手，拿破崙三世決定，跟德國打一仗對他的王朝會是一件好事。他在找尋開戰的藉口時，那個不斷陷入革命的倒楣受害者西班牙，給了他機會。

那時，西班牙王位正好發生空缺。王位本來該由一支信奉天主教的霍亨索倫家族來繼承，但是法國政府反對，於是霍亨索倫家族委婉地拒絕了邀請。不過，此時已顯出生病跡象的拿破崙三世，深受他美麗妻子尤金妮．德．蒙提荷（Eugenie de Montijo）的影響。尤金妮的父親是一位西班牙紳士，祖父威廉．基爾克帕崔克（William Kirkpatrick）是美國駐馬拉加（Malaga）的領事，馬拉加盛產葡萄。尤金妮雖然很精明，但就像當時大部分的西班牙婦女一樣，沒受過什麼良好教育。她對自己的宗教顧問們言聽計從，這些有頭有臉的紳士非常不喜歡信奉新教的普魯士國王。這位王后給她丈夫的建議是「要勇敢」，但她省略了這句著名的普魯士格言的後半句。這整句勸誡英雄的話是，「要勇敢，但不要魯莽」（be bold but not too bold）。拿破崙三世對自己軍隊的實力深具信心，他親自寫信給普魯士國王，堅持要對方保證「絕不允許再有一位霍亨索倫家族的親王來競逐西班牙的王位」。由於霍亨索倫家族才剛婉拒了這項榮譽，這個要求就是多餘的，俾斯麥也如此照會了法國政府，但拿破崙三世仍不滿意。

一八七〇年，普魯士國王威廉在埃姆斯河遊憩。有一天，一位法國外交官來晉見國王，試圖舊話重提。國王非常愉快地回答，今天天氣這麼好，而且西班牙的問題早就解決了，這件事沒有再談的必要。這場會面談話，按照例行公事做成報告，用電報發給負責外交事務的俾斯麥。為了普魯士和法國新聞界的方便，俾斯麥將報告編輯之後才發給他們。許多人對他這種作法大加指責。然而，俾斯麥辯解說，自古以來，修訂官方新聞就是所有文明政府的特權。當這份經過「編輯」的電報發布後，柏林的善良百姓覺得他們那位留著漂亮的白鬍子，德高望重的老國王，遭到一個傲慢又矮小的法國人的侮辱，而巴黎的善良百姓同樣怒氣衝天，因為他們畢恭畢敬、彬彬有禮的外交大臣，竟被一個普魯士皇家僕役賞了閉門羹。

就這樣，雙方都決定開戰。不到兩個月的時間，拿破崙三世和他手下絕大部分軍隊，都成了德國人的俘虜。法蘭西第二帝國到此結束，繼之而起的第三共和準備保衛巴黎，抵禦德國入侵者。巴黎堅守了五個月之久，在該城投降之前十天，普魯士國王在其近郊的凡爾賽宮正式宣布登基為德意志皇帝；須知，凡爾賽宮的興建者法王路易十四，曾是德國最危險的敵人。登基的隆隆禮炮聲告訴飢餓的巴黎人，一個取代古老條頓聯盟那些大大小小鬆散邦國的新德意志帝國，誕生了。

德國的問題，最終以這樣粗魯的方式解決了。到了一八七一年底，在那個值得紀念的維也納會議召開五十六年之後，會議的成果徹底化為烏有。梅特涅、亞歷山大和塔萊朗曾經努力要給歐洲的百姓一個持久的和平，但他們採用的方法卻導致了沒完沒了的戰爭與革命。隨著十八世紀那種「世人皆兄弟」的感覺而來的，是一個過度強調民族主義的時代，它的影響至今仍在持續。

57 機器的時代

就在歐洲人為自己的民族獨立奮戰時，他們所生活的世界已經被一連串的發明徹底改變了。這些發明使十八世紀的笨重老式蒸氣機，變成人類最忠實又最能幹的奴隸。

人類最偉大的恩人，已經去世超過五十多萬年了。他是個渾身長毛、眉骨很低、眼眶很深、下顎厚重、牙齒如老虎一般有力的動物。在一場現代科學家的集會上，他看起來不會像個帥哥，但是那些科學家會把他當作大師來尊敬。因為，他曾用石頭砸開堅果，用棍子撬起巨石。他發明了我們人類的第一個工具：槌子和槓桿。他比在他之後出現的任何人類做得都多，並讓人類擁無比巨大的優勢，遠超過跟他共用這個地球的其他動物。

從那時起，人類就藉由運用大量的工具來使自己的生活過得更容易。第一個輪子（用一棵老樹做成的圓盤）被創造出來時，它在西元前十萬年的人類社會所造成的轟動，應該不亞於數年前飛機的問世。

在華盛頓流傳著這麼一個故事，在一九三〇年代初，專利局局長建議裁撤專利局，因為「所有能發明的東西，都已經發明出來了。」當第一次有人在木筏上張起一面風帆，讓人可以不必依靠搖槳、撐篙、或拉縴，就從一個地方移動到另一個地方時，史前時代的人一定也產生過同樣的想法。

事實上，人類歷史最有趣的篇章，就是人如何努力讓別人或別的東西為他幹活，這樣他就可以享受悠閒，坐下來曬曬太陽，在岩石上繪畫，或訓練幼狼和幼虎，讓它們的舉止像家畜一樣溫馴。

當然，在古時候，奴役弱小的鄰人，強迫他去做生活中那些討厭的工作，一直都是可行的。像我們一樣聰明的希臘人與羅馬人，之所以沒有發明更有意思的機械，原因之一就在他們普遍施行的奴隸制度。當一位偉大的數學家，能在市場上以最少的花費買到他需要的全部奴隸時，他何必再把時間浪費在繩圈、滑輪和齒輪上，把周圍搞得吵雜不堪又煙霧瀰漫？

中世紀期間，雖然奴隸制度遭到廢除，只有一種比較溫和的農奴制度存在，但是各行業的行會都不鼓勵使用機械工作的想法，因為，他們認為這樣會使大量行會的兄弟失業。此外，中世紀的人也對大量生產商品完全不感興趣。他們的裁縫、屠夫和木匠，只為滿足他們所在小社區的直接需要而工作，他們沒有和鄰居競爭的欲望，也不想生產超出社區需求的商品。

到了文藝復興時期，當教堂已經不能像過去一樣，嚴厲強迫人接受反對科學研究的偏見時，便有一大群人開始將自己的一生獻給數學、天文學、物理學和化學。在三十年戰爭爆發之前兩年，蘇格蘭人約翰．內皮爾（John Napier）出版了一本小書，記述了他對「對數」的新發現。在三十年戰爭期間，萊比錫的戈特弗里德．萊布尼茲（Gottfried Leibnitz）完善了微積分的體系。《西發利亞和約》簽訂之前八年，偉大的英國自然哲學家牛頓誕生，同一年，義大利天文學家伽利略去世。在三十年戰爭將中歐的繁榮摧毀殆盡的同時，當地突然人人都對「煉金術」產生了興趣。這是中世紀一門奇怪的偽科學，人們希望藉由它將普通金屬變成黃金。這當然是不可能的，但煉金術士們在自己的實驗室裡誤打誤撞所產生的許多新構想，大大幫助了他們的繼任者的工作，那些人就是化學家。

所有這些人的努力成果，給世界提供了穩固的科學基礎，讓更複雜的發動機能在這個基礎上被建立起來，也使一些有實際操作精神的人對它充分加以利用。中世紀的人使用木頭製作少數幾種必要的機器。但是木頭很容易耗損。鐵是比較耐用的材料，但是整個歐洲除了英國，其他地方鐵礦稀少。因此，冶煉工作大部分在英國完成。冶鐵需要高溫猛火。一開始，人們用木柴做燃料，但隨著森林逐漸被砍伐殆盡，人們開始使用「煤炭」（史前時代的樹木化石）。但是，你知道煤都是從地下挖出來，再運到冶煉爐去的，並且，煤礦坑必須保持乾燥，防止水的滲入。

運煤和防水是兩個必須立刻解決的問題。在當時，馬仍然可以用來拖拉煤車，但是抽水的問題勢必要用特別的機器。好幾位發明家致力於解決這個難題。他們都知道新的發動機必須用蒸氣作為動力才行。蒸氣發動機的構想很古老了。西元前一世紀，亞歷山大港的希羅（Hero）就曾向我們描述過幾個用蒸氣驅動的機器。文藝復興時期的人已經設想過製造蒸氣戰車。有一位與牛頓同時代的沃斯特侯爵（Marquis of Worcester）就在他的發明手冊裡記述了一種蒸氣機。稍後，在一六八九年，倫敦的湯瑪斯．薩弗里（Thomas Savery）為自己發明的抽水機申請了專利。與此同時，荷蘭人克利斯蒂安．惠更斯（Christian Huygens）正在努力完善一種發動機，使用火藥在機器內引發規律性的、受到控制的爆炸，很像我們今天的汽車使用汽油來驅動。

整個歐洲，人人都在為這個構想忙碌。惠更斯的朋友兼助手，法國人鄧尼斯．帕平（Denis Papin），曾在幾個國家做過蒸氣機實驗。他發明了蒸氣推動的小貨車和輪船。但是，當他想

現代城市

要試航這艘船時，當局在船員工會的抱怨下把船沒收了，那些船員懼怕這樣的船會剝奪他們的生計。帕平為了自己的發明傾家蕩產，最後窮困潦倒死於倫敦。但是，在他去世的時候，有另一位名叫湯瑪斯．紐科門（Thomas Newcomen）的機械迷，正在全力解決新蒸氣幫浦的問題。五十年後，格拉斯哥一個名叫詹姆斯．瓦特（James Watt）的工具製造商，改良了紐科門的發明。一七七七年，瓦特向世界推出了第一台真正具有實用價值的蒸氣機。

不過，在這段實驗「熱力機」的數百年間，世界的政治局勢也有天大的變化。英國人取代荷蘭人成為世界貿易的海上霸主。他們開闢了新的殖民地，將殖民地生產的原物料運回英國，在英國製成成品，再把成品出口到全世界各角落。在十七世紀，北美的喬治亞州（Georgia）和卡羅萊納州的人開始種植一種新灌木，它會長出一種奇怪的、類似羊毛的物質，稱做「棉毛」。這種棉毛采下來後，運到英國，由蘭卡郡（Lancastershire）的人將它織成布料。工人是在家裡用手工織布。不久，紡織的工序就有了好些改進。一七三〇年，約翰．凱伊（John Kay）發明了「飛梭」。一七七〇年，詹姆斯．哈格里夫斯（James Hargreaves）給自己發明的「珍妮紡紗機」申請了專利。美國人伊利．惠特尼（Eli Whitney）發明了軋棉機，可將棉花和棉籽分開；原來用手工揀棉籽時，每人每天只能挑出一磅棉花。最後，理查．阿克賴特（Richard Arkwright）和艾德蒙．卡特賴特牧師（Reverend Edmund Cartwright）發明了由水力驅動的大型紡織機。接著，十八世紀的八〇年代，就在法國的三級會議開始召開那些著名的、將徹底改變歐洲政治制度的會議時，瓦特發明的蒸氣機被組裝到阿克賴特的紡織機上，成功以蒸氣動力來驅動紡織機。這項創意給社會和經濟帶來的變革，徹底改變了全世界人與人之間的關係。

固定式發動機一被確證成功後，發明家們便把注意力轉到用機械裝置來拉動船隻和貨車的問題上。瓦特設計過「蒸氣火車頭」的藍圖，但就在他完善自己的構想之前，理查．特里維西克（Richard Trevithick）在一八〇四年已經製造出火車頭，在威爾斯的潘尼達蘭（Pen-y-darran）礦區載著二十噸的貨物上路了。

與此同時，美國寶石匠和肖像畫家羅伯特．富爾頓（Robert Fulton），正在巴黎試圖說服拿破崙採用他的「鸚鵡螺號」潛水艇和他的「蒸氣船」，這樣法國就有可能摧毀英國的海上霸權。

約翰．菲奇的蒸氣船於 1788 年進行了一次 20 英里的試航，1790 年開始在德拉維爾河上航行。票價參見 1790 年費城的報紙。

第一艘蒸氣船

富爾頓的蒸氣船構想並非原創。他顯然抄襲了康乃狄克州的機械天才約翰．費奇（John Fitch）的創意。費奇精巧建造的蒸氣船早在一七八七年就在德拉瓦河（Delaware）上進行了首航。但是，拿破崙和他的科學顧問們不相信這種自動船的實際可行性，儘管這艘裝配了蘇格蘭發動機的小船已經歡快地噴著氣在塞納河上航行，偉大的皇帝還是錯過了利用這個強大武器的機會，它說不定能幫他報特拉法戰役之仇。

富爾頓返回美國，身為務實的商人，他馬上找羅伯特．李文斯頓（Robert R. Livingston）合夥，成立了一家成功的蒸氣船公司。李文斯頓是《獨立宣言》的簽署人之一，當富爾頓在巴黎努力兜售自己的發明時，李文斯頓是美國駐法國大使。這家新公司的第一艘蒸氣船「克萊蒙號」（Clermont），獲准壟斷紐約州全部水域的航運業務，船上裝配的是英國伯明罕的伯爾頓與瓦特公司（Boulton and Watt）生產的發動機，它開始在紐約與奧爾巴尼（Albany）之間定期航行，載客運貨。

至於可憐的約翰·費奇，他比任何人都更早把「蒸氣船」拿來用作商業營運，最後卻死得淒慘。當他採用螺旋槳推進設備所建造的第五艘船也損毀後，他已經疾病纏身，一貧如洗，什麼資源都沒有了。他的鄰居都嘲笑他，就像一百年後，人們嘲笑蘭利教授（Professor

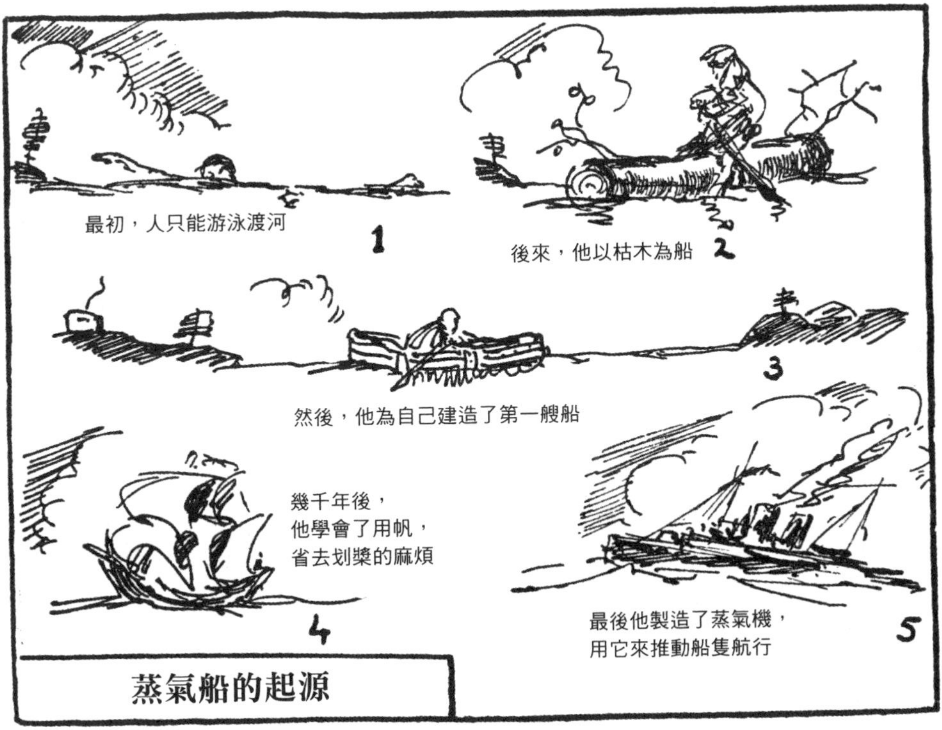
最初，人只能游泳渡河
1
後來，他以枯木為船
2
然後，他為自己建造了第一艘船
3
幾千年後，
他學會了用帆，
省去划槳的麻煩
4
最後他製造了蒸氣機，
用它來推動船隻航行
5
蒸氣船的起源

Langley）所造的滑稽飛行器一樣。費奇一直希望給自己的國家開闢一條通往西部大河的便利通道，但他的同胞寧可搭平底船，甚至徒步旅行。一七九八年，費奇在全然的絕望與悲慘中，服毒自盡。

不過，二十年後，那艘一千八百五十噸重的蒸氣船「薩凡納號」（Savannah），以每小時六海里的速度（「茅利塔尼亞號」〔Mauretania〕的速度是它的四倍）從薩凡納抵達利物浦，創造了二十五天橫渡大西洋的新記錄。於是，群眾的嘲笑聲戛然而止，但眾人在狂熱之餘卻將這項發明的讚譽歸錯了人。

六年後，那位致力於建造火

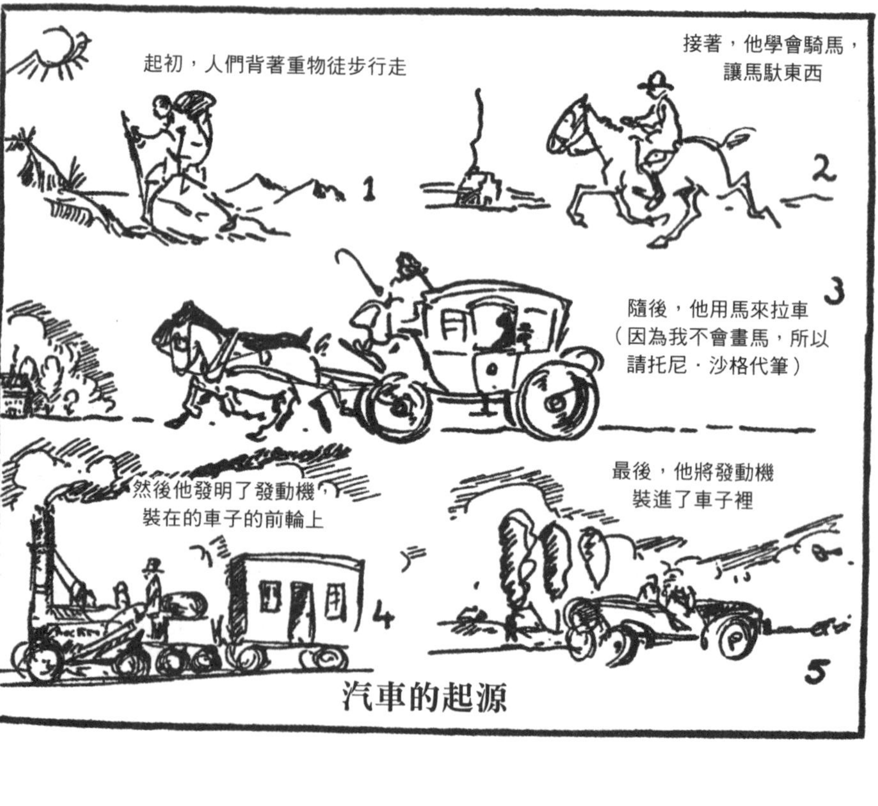
起初，人們背著重物徒步行走
1
接著，他學會騎馬，
讓馬馱東西
2
隨後，他用馬來拉車
（因為我不會畫馬，所以
請托尼．沙格代筆）
3
然後他發明了發動機，
裝在的車子的前輪上
4
最後，他將發動機
裝進了車子裡
5
汽車的起源

車頭，要把煤從礦坑拉到冶煉爐和棉布廠的蘇格蘭人喬治．史蒂文生（George Stephenson），製造出他著名的「移動引擎」，這使煤的價格降低了將近七成，還讓曼徹斯特與利物浦之間開通第一條客運路線成為可能。從此，人們可以用前所未聞的每小時十五英里的速度，從一個城市奔向另一個城市。十多年後，火車的速度提高到每小時二十英里。現在，任何一輛車況良好的廉價福特汽車（十九世紀八〇年代戴勒姆與內瓦沙〔Daimler and Levassor〕的小型車的直系後裔），都可以跑得比這些早期的「冒煙的傢伙」更快。

不過，就在這些思想務實的工程師忙著改良他們的「熱力引擎」時，有一群「純粹」的科學家（這些人每天投入十四小時研究那些「理論性」的科學現象，沒有這些研究，就不可能有機械方面的進展）正在跟隨一條新線索，這線索有可能引領他們進入大自然最神祕和隱蔽的領域。

兩千年前，一些希臘和羅馬的哲學家就注意到，拿一根稻草或羽毛靠近一塊拿羊毛摩擦過的琥珀時，稻草或羽毛會出現一些古怪的動作。這些哲學家中較為人知的有米利都的泰勒斯（Thales of Miletus），以及在西元七九年為了研究維蘇威（Vesuvius）火山爆發而喪生的普林尼（Pliny），那次火山爆發把龐貝和赫庫蘭尼姆（Herculaneum）全都埋在火山灰底下。中世紀的學者對這種神祕的「電力」不感興趣。但是文藝復興之後，伊莉莎白女王的私人醫生威廉．吉伯特（William Gilbert）立刻寫了他那篇著名的、有關磁力的性質與作用的論文。在三十年戰爭期間，抽氣幫浦的發明者，也是馬格德堡市長的奧托．馮．格里克（Otto von Guericke），製作了有史以來第一台發電機。接下來一個世紀，有一大群科學家致力於電學的研究。一七九五年，至少有三位教授發明了著名的「萊頓瓶」[1]（Leyden Jar）。與此同時，世界聞名的美國天才富蘭克林繼本傑明．湯普森（Benjamin Thompson）——他因為贊同英國而逃離新罕布夏，後來成為知名的倫福德伯爵（Count Rumford）——之後，也開始專心研究這個領域。他發現閃電和電火花都屬於電力現象，在他忙碌又貢獻卓越的一生中，他一直持續這項電力的研究。接下來是伏特（Volta）和他著名的「電堆」[2]，還有伽伐尼（Galvani）、戴伊（Day）、丹麥教授漢斯．克里斯提安．厄斯特（Hans Christian Oersted），安培（Ampere）、阿拉戈（Arago）、法拉第（Faraday）等，他們都是孜孜不倦的探索者，致力於探索電力的本質。

他們慷慨地將自己的發現貢獻給世界，不求回報。薩繆爾．摩斯（Samuel Morse，他像富爾頓一樣，起初是個藝術家）認為他可以用這種新發現的電流，把資訊從一個城市傳到另一個城市。他計畫採用銅線和他發明的一台小機器來進行。大家都笑他。因此，摩斯不得不自己掏錢做實驗，並且很快就把積蓄都花完了。他變得很窮，大家對他的嘲笑更厲害了。於是，他向國會請求幫助，國會底下一個特別的商業委員會答應資助他。但是，那些國會議員對他的事完全不感興趣，摩斯一直等了十二年，才拿到一小筆國會的撥款。隨後，他在巴爾的摩和華盛頓之間建了一條「電報線」。一八三七年，他在紐約大學的一個演講廳中向大家展示了他第一封成功傳送的「電報」。最後，在一八四四年的五月二十四日，人類史上第一封長途電報從華盛頓發到了巴爾的摩。今天，電報線覆蓋了全世界，我們將消息從歐洲發到亞洲，只需要幾秒鐘時間。二十三年後，亞歷山大．格拉漢．貝爾（Alexander Graham Bell）使用電流原理發明了電話。半個世紀以後，馬可尼[3]在這些構想上更進一步，發明了一種完全不需要用老式電線來傳遞訊息的系統。

一八八一年，歐洲因為法國七月革命的關係仍處於震盪中，維也納會議所定下的計畫也遭到嚴重打亂；那時，美國的新英格蘭人摩斯正在鑽研他的「電報」，而英國約克郡人法拉第建造出了第一台「發電機」。這台小機器隨後不斷改良，變得越來越大，也越來越精密，如今它能提供我們熱能和照明（你們都知道，愛迪生發明的小白熱燈泡，是他以十九世紀四〇和五〇年代英國和法國的實驗做基礎，在一八七八年首次做出來的），也能提供所有機器的動力。如果我沒估計錯誤，電能動力機將很快全面取代「熱力機」，就像遠古時代，更具高度組織性的史前動物會取代他們生存效率低下的鄰居。

這種趨勢令我個人（我對機械一竅不通）非常快樂。因為由水力驅動的發電機是人類一個乾淨又友好的僕人，反觀十八世紀最令人驚異的「熱力機」，它是個又吵又髒的傢伙，始終在世界各地豎起可笑的大煙囪，不停噴出灰塵和煤煙，又要求吞吃無數的煤，於是有成千上萬的

1 此處房龍所寫年代有誤。西元一七四五年，曾在荷蘭就讀於萊頓大學的德國人克拉斯特主教（Ewald Georg von Kleist）做出了第一個有紀錄的電容瓶。直到一七四六年，一位來自荷蘭的物理學家彼得．范．穆森布羅克（Pieter van Musschenbroek）在萊頓大學任教時，製作出了一個和克拉斯特的電容瓶構造及原理十分相似的電容器。這個電容器比克拉斯製作的電容瓶更容易攜帶，能裝在機械上，並能因應不同的狀況去調整，適應不同的環境。之後電容器才被廣為流傳，而萊頓瓶的名稱也因此而來。

2 伏特電堆（Voltaic pile），是最早出現的化學電池。

3 義大利工程師古列爾莫．馬可尼（Guglielmo Marconi）專門從事無線電設備的研製和改進，是一九〇九年諾貝爾物理學獎得主。他在一八九五年春季利用電磁波作通信試驗，但是向義大利政府請求資助未果。一八九六年在英國進行了十四點四公里的通訊試驗成功，並取得專利。一八九七年起又進行了一系列的無線電通信實驗，並在倫敦成立馬可尼無線電報公司。一九〇一年十二月十二日，馬可尼的研究小組，在紐芬蘭接收到從英國發送出來的第一個橫跨大西洋的無線電信號。

人必須冒著生命危險，費勁去地底深處把煤挖出來。

如果我是一個小說家，而不是必須貼緊事實、不可隨意想像的歷史學家，我會描述說，當人類把最後一輛蒸氣火車頭送進自然歷史博物館，把它和恐龍及翼手龍的骨架，以及過往歲月中其他早已滅絕的動物的骸骨，並列在一起的那一日，是無比快樂的一日。

58 社會革命

但是，新發動機非常昂貴，只有富人才買得起。那些原本是自己小工作坊老闆的木匠或鞋匠，現在不得不受雇於大型機具的擁有者，雖然他現在賺的錢比以前多，卻失去了從前的獨立性，他不喜歡這種狀況。

從前，這世界上的工作，都是由那些坐在自家屋子前的小工作坊裡，獨立勞動的人完成的。他們擁有自己的工具，可以任意搧手下學徒的耳光，只要在行會規定的範圍內，他們可以隨心所欲經營自己的生意。他們過著簡單的生活，每天必須工作很長的時間，但他們是自己的主人。假如某一天早上起床，看見天氣好適合釣魚，他們就會關了店門去釣魚，不會有人對他們說「不准去」。

但是，機器的問世讓這一切都改變了。事實上，機器不過是一個極度放大的工具。一列以每分鐘一英里速度載著你飛奔的火車，事實上就是一雙飛毛腿；一個能把厚重的鐵板捶平的蒸氣槌，就是一個鋼鐵做的可怕大拳頭。

儘管我們人人都能擁有一雙快腿和有力的拳頭，但是一輛火車、一台蒸氣槌或一個棉花工廠，卻是非常昂貴的機器設備，不是個人能夠擁有的，通常擁有者是一群人，他們投資一定的額份，然後等他們的鐵路或棉花工廠賺了錢，他們再按當初投資的比例去分配利潤。

因此，當機器被改良到真正具有實用價值時，這些大型工具的製造者，也就是機器製造商，便開始找尋有能力支付他們現款的買主。

在中世紀初期，當土地幾乎是唯一的財富形式時，貴族是唯一稱得上富有的人。但是，正如我在前幾章對你說過的，貴族並不看重自己擁有的黃金白銀，他們仍使用古老的以物易物的制度，拿牛去換馬，拿蛋去換蜂蜜。在十字軍東征期間，城市的小商販能從東西方之間再度復興的貿易裡聚集財富，於是他們成為領主和騎士不可忽視的對手。

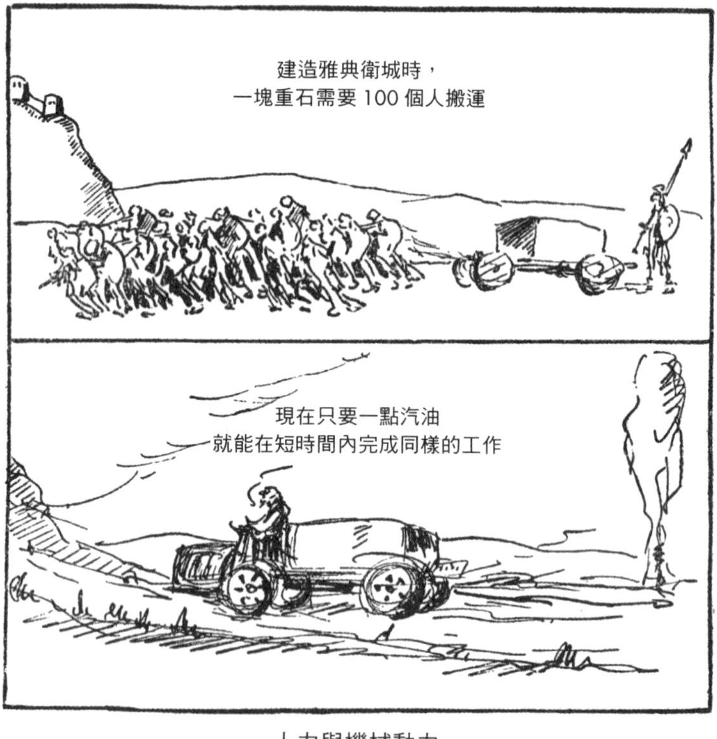

建造雅典衛城時，
一塊重石需要 100 個人搬運
現在只要一點汽油
就能在短時間內完成同樣的工作

人力與機械動力

法國大革命完全摧毀了貴族的財富，並大量增加了所謂的「布爾喬亞」——中產階級。緊隨著大革命而來的動亂年代，提供了許多中產階級的人機會，讓他們大發橫財。教會的資產被法國國民公會沒收，然後拍賣，其中的貪污舞弊十分驚人。土地投機客竊取了幾千平方英里的寶貴土地，在拿破崙戰爭期間，他們運用自己的資金大做糧食和軍火買賣，牟取暴利。現在，他們擁有的財富已經遠遠超出他們的日常生活所需，他們有能力自己興建工廠，雇用男女工人來操作機器。

這導致成千上萬人的生活發生了急遽的變化。幾年之內，許多城市的居民以倍數增加，曾經是市民真正「家園」的古老城中心，被醜陋又低廉的城郊建築所包圍，它們是工人在工廠裡工作了十一、十二或十三個小時之後，回去睡覺的地方，等起床哨音吹響，他們再從那裡返回工廠工作。

鄉村裡到處都在談論進城可以賺大錢。於是，那些已經習慣了開闊鄉野生活的農家子弟，起身進城去。他們在那個通風不良，充滿煙霧、粉塵和污垢的工廠裡勞動，逐漸失去了昔日的健康，最後，他們通常都死在貧民收容所或醫院裡。

如此眾多的人從農村前往工廠，這種改變過程，當然不會在毫無反對的情況下完成。既然一台機器可以做一百個人的工作，其餘那九十九個失業的人當然不會喜歡它。他們經常攻擊工廠，放火燒機器，但是保險公司早在十七世紀就組織起來了，依據慣例，廠主們的損失都能獲得充分的賠償。

很快的，更新更好的機器再度裝配好，工廠周圍築起了高牆，於是，暴亂終結。在這個蒸氣與鋼鐵的新世界裡，古老的同業公會不可能生存。當他們絕跡之後，工人們設法組織了正規的勞工工會。但是，工廠擁有者靠著他們的財富，可以對不同國家的政治人物施展巨大的影響力，迫使立法機關通過禁止組織工會的法律，因為工會妨礙了工人的「行動自由」。

請不要認為國會中通過這些法律的議員都是邪惡的暴君。這些人都是大革命時代的忠誠產物，那時人人高喊「自由」，人們經常因為鄰居不夠熱愛自由而殺了他們。既然「自由」是人最重要的美德，那就不應該由工會來命令他們的成員每天該工作幾個鐘頭、該領多少工資。勞工必須隨時可以「在公開市場上自由地出賣自己的服務」，雇主必須同等「自由地」照自己看為合適的方式來經營自己生意。由國家控制整個社會工業生活的「重商主義」時代，至此告終。新的「自由經濟」觀念，堅持要國家完全靠邊站，讓貿易按照自己的路線發展。

十八世紀的下半葉不僅是個對知識和政治都充滿懷疑的時代，古老的經濟觀念也同樣

工廠

被更符合當時情勢的新觀念所取代。在法國大革命爆發前幾年，路易十六那位失敗的財政大臣杜爾哥就提倡過「自由經濟」的嶄新學說。杜爾哥生活在一個有太多繁文縟節、太多法條規章、太多官員拚命執行太多法律的國家。「取消這些官方的監督管理，」他寫道：「讓百姓按照自己的意思去做，所有的事情都會好起來的。」不久，他這項著名的「自由放任」的建議，便成為那時代經濟學家們衝鋒吶喊的口號。

與此同時，英國的亞當・斯密（Adam Smith）正在撰寫他的巨著《國富論》（*Wealth of Nations*），這是另一本鼓吹「自由」和「貿易的天然權利」的書。三十年之後，拿破崙垮臺後，當歐洲的反動勢力在維也納取得勝利後，那個在政治關係上拒絕賦予人民的「自由」，卻在工業生活上強加在人民身上。

正如我在本章開頭所言，機器的普遍使用，證明對國家大有好處。社會財富迅速增加。機器可以讓單一國家，比如英國，憑一己之力承擔拿破崙戰爭耗費的全部巨資。資本家（那些出錢購買機器的人）收穫了龐大的利潤，他們變得更具野心，開始有興趣參與政治。他們嘗試與那些擁有土地的貴族競爭，在歐洲絕大多數國家的政府中，貴族依舊握有巨大的影響力。

在英國，國會依舊按照一二六五年的皇家法令選出議員，大批新近形成的工業城市在國會中沒有自己的代表。資本家們在一八三二年推動通過了《改革法案》（Reform Bill），改變了選舉制度，讓工廠老闆階級在立法機構裡擁有更多的影響力。不過，這事引發了數百萬工人巨大的不滿，因為他們在政府中沒有任何的發言權。他們也發動爭取投票的權利。他們把自己的要求書寫成文，就是後來眾所周知的《人民憲章》（People's Charter）。這份憲章引發了越來越激烈的爭論，直到一八四八年歐洲革命爆發時，爭論還沒有結束。由於害怕爆發新的動亂或雅各賓黨那樣的流血革命，英國政府任命當時已經八十多歲的威靈頓公爵擔任軍隊統帥，並徵召志願軍。倫敦處於圍城狀態，為鎮壓即將到來的革命做好了準備。

但是，憲章運動因為領導者的無能而胎死腹中，暴力行動沒有發生。新興的富裕工廠老闆階級（我不喜歡「布爾喬亞」這個詞，它已經被新社會秩序的信徒們給用爛了）慢慢增加了他們對政府的掌控力，而大城市裡工業生活的環境，繼續把廣大的牧場和麥田轉變成陰沉的貧民窟，守護著每一座歐洲城市走向現代化。

59 解放

機器的普遍使用，並沒有像親眼看見鐵路取代了馬車的那一代人所預言的，帶來一個幸福又繁榮的時代。人們提出了幾項補救措施，但沒有一個徹底解決了問題。

一八三一年，就在英國通過第一份《改革法案》前夕，當時英國最傑出的立法方法論學者與最務實的政治改革家傑瑞米．邊沁（Jeremy Bentham），在寫給朋友的信中說：「要讓自己過得舒服，得讓別人也過得舒服。要讓別人過得舒服，得讓對方覺得你愛他們。要讓對方覺得你愛他們，你得真正去愛。」傑瑞米是個誠實人。他說了他相信是真理的事。成千上萬的英國人贊同他的意見，他們覺得自己有責任讓那些比較不幸的鄰居獲得幸福，也傾盡全力去幫助他們。的確，是到了該採取行動的時候了！

「自由經濟」（杜爾哥的「自由放任」）的觀念，在那個仍被中世紀的種種限制綁住所有工業努力的舊社會裡，是必要的。但是，當這個「行動自由」被當作國家的最高法則時，卻會導致一個很壞的，對，令人懼怕的後果。工廠裡的工時長短，只能以工人的體力來限制。只要一個女工還能坐在織布機前，尚未因為過度疲勞而昏倒，她就必須繼續工作。孩子五、六歲就被送到棉花廠做工，這可避免他們在街頭閒蕩發生危險，或染上遊手好閒的惡習。政府通過一項法律，強迫窮人的孩子去工作，否則就用鏈子把他們鎖在他們該操作的機器旁，作為懲罰。他們辛苦勞動所獲得的回報，是得到讓他們足以生存的差勁食物，以及像豬舍一樣可以在夜裡睡覺的地方。他們經常累到在工作時睡著。為了讓他們保持清醒，監工拿著鞭子來回巡視，必要時揚鞭抽打工人的指關節來幫他們保持清醒。在這種環境下，當然有成千上萬的孩子死去。這真令人痛惜，雇主畢竟也是人，也有惻隱之心，他們誠心希望能夠廢止「童工」。但是，由於人是「自由的」，因此孩子也是「自由的」。此外，如果鐘斯先生的工廠不雇用五、六歲的孩子，他的競爭對手，史東先生就能雇用到比原來更多的小男孩，於是鐘斯先生將會被逼到破產。因此，在國會頒布法令禁止所有的雇主雇用童工之前，鐘斯先生不可能不雇用童工。

但是，國會已經不再是由過去擁有大片土地的貴族（他們瞧不起荷包滿滿的暴發戶工廠老闆，並對這些老闆公開表示輕蔑）所控制了，如今主導國會的是來自工業都市的眾議員，只要法律不准工人組織工會，事情就不可能獲得改善。當然，彼時那些聰明又高尚的人對這種可怕的情況並非視若無睹，他們只是無能為力。機器冷不防地征服了世界，要讓它扮演它該扮演的角色，也就是人類的僕人而不是主人，還需要經過漫長的歲月和成千上萬高尚男女的努力。

令人想不到的是，對這個暴虐兇殘的雇傭制度（這制度隨後遍及了世界各地）發出的第一個攻擊，是為了解救非洲和美洲的黑奴。美洲大陸的奴隸制度是由西班牙人引進的。他們試過使用印地安人做農場和礦區的勞工，沒想到，印地安人離開自由廣闊的生活以後，便一個接一個病倒死亡。為了避免印地安人滅絕，一個好心的牧師建議，從非洲帶一些黑人來做工。黑人很強壯，能承受粗暴的對待。此外，讓黑人與白人接觸，可以給黑人一個認識基督教的機會，這樣，他們就能拯救自己的靈魂。因此，無論從哪個方面來考量，這對仁慈的白人和他無知的黑人兄弟都是個絕佳的安排。但是，隨著機器的問世，對棉花的需求更大，黑人被迫要比過去更辛苦地工作，於是他們也像印地安人一樣，開始在監工的殘酷對待下陸續死亡。

令人難以置信的殘酷故事不斷流傳到歐洲，於是，歐洲各國的男女開始鼓動廢除奴隸制度。在英國，威廉·威伯福斯（William Wilberforce）和札查里·麥考利（Zachary Macaulay，他兒子是偉大的歷史學家，如果你想知道一本歷史書可以多麼引人入勝、妙趣橫生，那你一定要讀他所寫的英國史）組織了一個禁止奴隸制度的社團。首先，他們讓國會通過一條法律，讓「販賣奴隸」成為非法。到了一八四〇年以後，英國並其殖民地連一個奴隸都沒有了。一八四八年的革命也讓法國所有的屬地禁止了奴隸制度。葡萄牙在一八五八年通過一項法律，承諾在法律生效起的二十年內，讓奴隸重獲自由。荷蘭在一八六三年正式廢除奴隸制度。同一年，沙皇亞歷山大二世也將自由還給他的農奴，這些農奴是在二百多年前被奪走自由的。

在美利堅合眾國，這問題導致了嚴重的麻煩和一場漫長艱難的戰爭。雖然《獨立宣言》明確定下「人人生而自由平等」的原則，但是，那些在南方各州的大農場裡勞動的黑皮膚男女，卻被排除在這個原則之外。隨著時間過去，北方人越來越厭惡奴隸制度，並且他們毫不隱藏自己的感覺。然而，南方人卻宣稱，沒有奴隸來當勞工，他們就無法種棉花。這個問題在參議院和眾議院激烈辯論了將近五十年。

北方堅持己見，南方也不讓步。當妥協顯然無望時，南方各州威脅要退出聯邦。這是聯邦史上最危險的時刻。許多事情都「有可能」發生。它們之所以沒有發生，要歸功於一個很偉大又很善良的人。

一八六〇年十一月六日，自學成材的伊利諾州（Illinois）律師亞伯拉罕·林肯（Abraham

Lincoln）代表共和黨當選為總統，共和黨在反對奴隸制度的各州勢力強大。林肯的親身經驗讓他知道奴役人類是多麼邪惡，他天生精明的判斷力也讓他知道，北美大陸上容不下兩個敵對的國家。當南方幾個州正式脫離並組成「美利堅聯盟國」時，林肯接受了挑戰。北方各州開始徵召志願軍。成千上萬的年輕人熱烈響應，隨之而來的是四年的艱苦內戰。南軍準備得比較充分，又有李將軍（Lee）和傑克遜將軍（Jackson）的卓越領導，因此一再擊敗北軍。隨後，新英格蘭與西部的經濟實力開始顯現。一位籍籍無名的北軍軍官格蘭特（Grant）異軍突起，成為這場偉大的廢奴戰爭中的查理．馬特[1]。他對南軍逐漸崩潰的防線持續不斷地發動猛烈攻擊。一八六三年初，林肯總統發布了《解放宣言》（*Emancipation Proclamation*），要釋放所有的奴隸自由。一八六五年四月，李將軍與他最後一支英勇的南軍在阿波馬托克斯（Appomattox）投降。幾天之後，林肯總統被一個瘋子暗殺身亡。但是他完成了他的工作。除了還在西班牙統治下的古巴，奴隸制度在文明世界的每個角落都結束了。

　但是，就在黑人享受著日益增加的自由時，歐洲「自由」勞工們的日子卻過得不大好。事實上，勞工群眾（所謂的「無產階級」）在這全然的悲慘中竟然沒有死絕，讓當時的作家和觀察家十分驚訝。他們住在骯髒的屋子裡，那些屋子位在貧民窟最陰暗的區域。他們吃很糟糕的食物。他們受的教育剛好夠應付他們所做的工作。他們要是出了意外或死亡，全家人就會頓失依靠。但是釀酒業的老闆們（他們對立法機構有極大的影響力）會給工人一項福利，以非常低廉的價錢無限量提供工人威士忌和杜松子酒，鼓勵他們借酒澆愁，忘掉自己的悲苦。

　一九三〇、四〇年代出現的巨大進步，不是單靠一個人的努力。為了把世界從突然問世的機器所造成的災難性後果中拯救出來，接連兩個世代都有最聰明的人獻身其中。他們並不想摧毀資本主義體系。那麼做太愚蠢，因為少部分人累積的財富，如果運用得當，也許能給全人類帶來極大的福祉。他們全力反對的概念是，擁有工廠可以隨意關廠也不會冒挨餓之險的工廠老闆，以及只要有工作無論工資多低都得接受否則自己和妻小就得挨餓的勞工，兩者之間存在真正的平等。

他們費盡心力制定了好些規範勞資雙方的法律。在這方面，世界各國的改革者不斷獲得成功。今天，大多數勞動者都獲得良好的保護；他們的工時減少到絕佳的平均每日八小時，他們的孩子可以上學，而不是去礦坑或棉布廠的梳棉車間做工。

不過，還有一些人望著所有冒著黑煙的高大煙囪，聽著火車駛過鐵軌的隆隆聲，看著倉庫裡堆滿各種剩餘的物資，不禁陷入了沉思，好奇這巨大的活力會在未來把人領向什麼終極的目的。他們記得人類曾經在沒有商業與工業競爭的情況下生活了幾十萬年。他們能改變事物存在的秩序，廢除那個經常為了利潤而犧牲人類幸福的競爭制度嗎？

具有這種構想——模糊企盼著一個更好的未來——的人，不僅限於一個國家。在英國，擁有許多棉布廠的羅伯特．歐文（Robert Owen）建立了一個所謂的「社會主義社區」，也獲得了成功。但是，當他去世以後，新拉納克（New Lanark）的成功也就結束了。法國記者路易士．布蘭克（Louis Blanc）在法國各地建立「社會主義工作坊」的嘗試，也成效不彰。事實上，越

1 查理．馬特（法文：Charles Martel）是歐洲中世紀最重要的人物之一，其功績包括奠定加洛林王朝的基礎，確立了采邑制，鞏固與發揚當時的封建社會制度。他也是一位名將，最著名的一戰便是西元七三二年在圖爾戰役中阻擋了信奉伊斯蘭教的倭馬亞王朝入侵法蘭克王國的軍隊。此戰制止了穆斯林勢力對歐洲的入侵，許多歷史學家認為查理．馬特的勝利拯救了歐洲的基督教文明。他也是查理曼的祖父。

來越多的社會主義作家很快就察覺到，在規則的工業生活之外所建立的個別小社群，永遠做不成任何事。在能夠提出真正有用的解決方案之前，他們必須先研究整個工業和資本主義社會所仰賴的根本原則才行。

接替羅伯特．歐文、路易士．布蘭克和法蘭西斯．傅立葉（Francois Fournier）這些「實用社會主義者」的，是像卡爾．馬克思（Karl Marx）和弗里德里希．恩格斯（Friedrich Engels）這樣的「理論社會主義者」。這兩人中，馬克思最為人所知。馬克思是個非常聰明的猶太人，他的家族世居德國。當他得知歐文和布蘭克的實驗之後，他開始對勞工、工資和失業問題產生濃厚的興趣。但是，他的自由主義的觀點使他成為德國警方的眼中釘，他被迫逃往布魯塞爾，隨後又去了倫敦，在倫敦做《紐約論壇報》（*New York Tribune*）的記者，過著窮困的生活。

到那時候為止，沒有人注意過他探討經濟學的著作。不過，他在一八六四年組織了第一個「國際工人協會」，三年之後，也就是一八六七年，他出版了著名的《資本論》（*Capital*）的第一卷。馬克思相信，人類全部的歷史就是一部「有產者」和「無產者」之間漫長鬥爭的歷史。機器的問世與普遍使用，在人類社會創造出一個新階級，也就是資本家。資本家用他們剩餘的財富去購買設備，然後勞工操作這些設備生產出更多的財富，這些財富再拿去建造更多的工廠等等，直到時間的盡頭。同時，根據馬克思的看法，由於第三階級（資產階級）越來越富有，第四階級（無產階級）將會越來越貧窮。因此，他預測，到了最後，全世界的財富會集中在一個人手上，其他所有的人都淪為他的雇工，要仰賴他的善心過活。

為了防止這種事情發生，馬克思勸告全世界的工人要聯合起來，為爭取一連串政治和經濟措施而鬥爭，他在一八四八年發表的《共產黨宣言》中列舉了這些措施，這一年，最後一場歐洲大革命爆發。

歐洲各國的政府當然非常不歡迎這些觀點，許多國家，尤其是普魯士，制定了嚴厲的法律來打擊社會主義者，員警會接到命令，然後闖進社會主義者的聚會，逮捕演說者。不過，這類迫害向來收效甚微。對於如星星之火般寂寥的事業，烈士能成為最好的廣告宣傳。在歐洲各地，社會主義者的人數穩定增長，大家很快就明白，社會主義者並不打算進行一場暴力革命，而是利用他們在不同國會裡逐漸增加的力量，來促進工人階級的利益。社會主義者甚至擔任起內閣部長，他們也和思想進步的天主教徒及新教徒合作，消除工業革命所造成的傷害，把隨著機器問世與財富增長所創造的許多利潤，做出更合理的分配。

60 科學的時代

但是，世界還經歷了另一場比政治革命或工業革命更重大的改變。在經歷了許多世代的鎮壓和迫害之後，科學家終於獲得了行動自由，現在，他嘗試去探索那些主宰宇宙的基本定律。

埃及人、巴比倫人、迦勒底人、希臘人和羅馬人，全都對科學和科學研究初期那些模糊的概念做過貢獻。但是，第四世紀的蠻族大遷徙摧毀了地中海地區的古典世界，而對靈魂的生命比對肉體的生命更感興趣的基督教教會，把科學視為人類傲慢自大、想要窺探屬於全能上帝領域中的神聖事物的證明，因此，科學是和「七宗罪」[1]緊密相連的。

文藝復興在某種程度上（儘管有限）確實打破了中世紀的偏見之牆。不過，在十六世紀初取代了文藝復興的宗教改革，卻對「新文明」的理想抱有敵意。科學家如果試圖越過《聖經》所定下的、狹窄的知識範疇，就將再次面對嚴厲懲罰的威脅。

在我們的世界裡，到處充滿著偉大將軍的雕像，他們騎在躍起的駿馬上，率領著歡呼的士兵迎向光榮的勝利。世界各地，也有毫不起眼的大理石碑，告訴世人這是某位科學家的長眠之處。一千年後，我們可能會以不同的態度對待這二者，那個幸福年代的孩子，將知道那些科學

哲學家

家們非凡的勇氣與令人難置信的奉獻精神。他們是抽象知識領域的拓荒者，是這些抽象知識，使我們的現代世界的存在，成為可能。

這些科學先驅者有許多人深受貧窮、輕視和羞辱之苦。他們活在閣樓裡，死在地牢中。他們不敢把名字印在自己著作的封面上，不敢在祖國出版自己研究的成果。他們必須把手稿偷渡出國，帶到阿姆斯特丹或哈勒姆（Haarlem）的某個地下印刷廠印製。他們面對的是教會深重的敵意，無論對方是新教還是天主教，他們永遠都是教會講道時抨擊的對象，教會呼籲教區居民要以暴力對付這些「異端份子」。

不過，他們還是可以在這裡或那裡找到一個庇護所。在最具有寬容精神的荷蘭，雖然政府當局對這些科學研究沒什麼好感，卻也拒絕干涉人民思想的自由。因此荷蘭成為知識自由的一個小庇護所，讓法國、英國、德國的哲學家、數學家和醫生，可以來此享受短暫的休息，呼吸一點自由的空氣。

1 七宗罪（Seven deadly sins），或稱七大罪或七原罪，屬於人類惡行的分類，由十三世紀道明會神父聖多瑪斯．阿奎納舉出各種惡行的表現。這些惡行，最初由受過希臘神學及哲學的修士埃瓦格里烏斯．龐帝古斯定義出八種，分別是暴食、色欲、貪婪、憂鬱、憤怒、怠惰、虛榮及傲慢。六世紀後期，教宗額我略一世將這八種罪行減至七項，並將虛榮併入傲慢，憂鬱併入怠惰，另外加入嫉妒。他的排序準則在於對愛的違背程度，依序為：傲慢、嫉妒、憤怒、怠惰、貪婪、暴食及色欲。

伽利略

我在前面的章節對你提過，那位十三世紀的偉大天才羅傑·培根被禁止拿筆寫字許多年，以免他又和教會當局發生新的衝突。五個世紀之後，那套偉大的哲學巨著《百科全書》的編著者，也長期處在法國員警部隊的監視下。又過了半個世紀，達爾文竟敢質疑《聖經》所揭示的創造人類的故事，所有教會的講壇都指責他是人類的敵人。

即使到了今天，那些冒險踏入未知科學領域的人，也未能完全免於迫害。就在我寫作本章時，布萊恩先生[2]（Mr. Bryan）正在向廣大的群眾講述「達爾文主義的威脅」[3]，告誡他的聽眾要反對這位偉大的英國博物學家的錯誤思想。

不過，所有這些都是枝微末節。事情該來的一定會來，該完成的也一定會完成。那些總是詆毀具有遠見者是不切實際的空想家的人，到頭來也跟廣大的群眾一起享受了各種科學發現與發明的最終利益。

十七世紀的人依然喜歡研究遙遠的天體，鑽研地球的位置在太陽系裡的關係。即便如此，教會還是反對這種不合宜的好奇心。第一個證明太陽是宇宙中心的哥白尼，直到臨終前才發表了他的著作。伽利略一生大部分的時間都處在教會當局的監視下，但是他繼續用自製的望遠鏡觀察天體，並留下了龐大的實用觀測紀錄，當英國數學家牛頓在發現物體下落的有趣規律，也就是後來著名的「萬有引力定律」時，伽利略的紀錄提供了極大的幫助。

這個定律，至少在一段時間之內，耗盡了眾人對天體的興趣，大家開始研究地球。十七世紀下半葉，安東尼．范．雷文霍克（Anthony van Leeuwenhoek）發明了實用的顯微鏡（一台奇怪又笨拙的小玩意），讓人有機會研究只有靠顯微鏡才看得見的微生物，人類有那麼多疾病是因為它們的緣故。這項發明奠定了「細菌學」的基礎，過去四十年來，因著許多致病的微生物的發現，讓世人得以脫離大量的疾病痛苦。顯微鏡也讓地質學家可以更仔細研究從地層深處發現的、不同的岩石和化石（已經石化的史前植物）。這些研究讓他們相信，地球比《聖經．創世記》裡所記載的更古老許多。一八三〇年，查理斯．賴爾爵士（Sir Charles Lyell）發表了他的《地質學原理》（*Principles of Geology*），否定了《聖經》中創世的故事，並提出一個更加奇妙的，地球緩慢成長與逐漸發展的敘述。

與此同時，拉普拉斯侯爵（Marquis de Laplace）正在研究一種新的創造理論，這理論認為，與構成行星體系的浩瀚星雲之海相比，地球只是這滄海中的一粟。而邦森（Bunsen）和克希荷夫（Kirchhoff）也藉由分光鏡來觀測星星與我們的好鄰居太陽的化學成分，順帶一提，首先注意到太陽那些古怪斑點的人是伽利略。

差不多也是這時候，解剖學家和生理學家在經過漫長的、最艱苦與冷酷的鬥爭之後，天主教和新教的教會當局終於允許他們解剖屍體，用正確的人體器官並其習性的知識，來取代中世紀江湖郎中的瞎猜。

2 當時美國的重要政治人物。

3 達爾文本人的學說，和後來的人從他的學說衍生出來的各種「達爾文主義」，並不相同，但是一般人不會去分辨。

飛船

從人類第一次看見星星，好奇它們為什麼在那裡，時間已經過去了幾十萬年。而就在一代人（從一八一〇到一八四〇年）的時間裡，科學每個領域的進步，都超過了過去幾十萬年。對那些在舊體制下受教育的人來說，這一定是個令人非常悲傷的時代。因此，我們可以理解他們痛恨拉馬克（Lamarck）和達爾文的感覺，這兩個人雖然沒有明確告訴大家，人類是「猴子的後裔」（我們的父祖輩會把這樣的說法視為人身攻擊），但他們暗示，驕傲的人類是由一長串的祖先演化而來，這些祖先的家譜可以追溯到我們這顆行星最早的居民——小水母的身上。

富裕的中產階級所構築的威嚴世界，掌控著十九世紀，他們願意使用煤氣或電燈，以及許多偉大科學發現的實際運用，但是，那些純粹研究「科學理論」的研究者（沒有他們，科學就不可能有進步）卻繼續得不到信任。終於，他們的貢獻在近期獲得了肯定。那些在過去把自己的財富捐獻給教會去建大教堂的富人，在今天會出資設立大型實驗室，讓一群無聲的英雄在裡面與人類潛在的敵人作戰，他們常常犧牲自己的一生，為了讓未來的世代享受更幸福與健康的生活。

這個世界上發生過的許多疾病，我們的祖先將其視為不可避免的「上帝的作為」，事實證明，那只是出於我們自己的無知和疏忽。今天每個小孩都知道，只要注意選擇自己的飲用水，就可以避免罹患傷寒。但醫生要說服人相信這個事實，卻費了許多年的辛苦功夫。現在已經很少有人害怕看牙醫。對我們口腔中存在的微生物的研究，讓我們終於可能避免蛀牙。萬一必須拔牙，我們還可以吸一口笑氣做麻醉，拔完牙走的時候還很開心。當一八四六年的報紙報導美國的醫生在乙醚的幫助下進行了「無痛手術」，歐洲那些信仰虔誠的人還會搖頭不以為然。在他們看來，人類竟然逃避所有凡間生物都當承受的疼痛，這似乎違反了上帝的旨意。因此，又過了很長一段時間之後，在外科手術中使用乙醚和氯仿做麻醉才得以普及。

無論如何，進步之戰還是贏了。陳舊的偏見之牆上的破口，越來越大，隨著時間過去，古老的無知巨石終將崩塌。那些追求一個新的、更快樂的社會秩序的熱心戰士們，個個勇往前衝。突然間，他們發現自己又面對一道新的障礙。從舊時代的廢墟中，又豎立起了另一座反動勢力的堡壘；在這最後一道壁壘被摧毀之前，又會有無數的人必須獻出自己的生命。

61 藝術

本章的主題是藝術。

一個健康開心的小嬰兒吃飽睡足之後，會哼個小曲表示自己有多快樂。聽在成人的耳裡，這小曲只是嗯嗯啊啊不成調、也不具任何意義，但對小嬰兒而言，這就是完美的音樂，是他對藝術的首次獻禮。

當他（或她）再大一點，開始能坐直，捏泥巴餅的時期就開始了。為數龐大的幼兒在世界各地同時製造數量驚人的泥巴餅，這些泥巴餅無法引起外界的注目，但對於幼兒而言，是另一次長驅直入藝術領域的愉悅活動。這個小嬰兒現在儼然是位雕塑家了。

到了三、四歲大，雙手開始聽從大腦的指揮，這孩子就變成了畫家。他親愛的媽媽給他一盒彩色蠟筆，家裡每張白紙便迅速布滿各種奇形怪狀的塗鴉，據說那代表一棟棟的房子、一匹匹馬，還有激烈的海戰。

然而，這段純粹「創作」的快樂便告一段落。大家開始上學，一天之中絕大部分的時間都被課業占滿。生活，或不如說是「謀生活」，變成每個男孩女孩生命中最重要的事。他們在學習九九乘法表和法文不規則動詞變化之外，已無多餘的時間留給「藝術」。除非創作的欲望純粹是因為創作本身帶來快樂，並不期望任何實質回報的欲望非常強烈，否則這孩子長大成人後，便會忘記他生命中最初的五年主要都是獻給了藝術。

族群的發展與這些孩子並無二致。穴居人一脫離了危及性命、漫長寒冷的冰河時期，並將住處打理得井然有序，便開始製作一些他認為美麗的東西，即使這些東西對他在跟叢林中的野獸搏鬥時根本沒有任何的用處。他在居住洞穴的岩壁上畫滿他狩獵的大象及野鹿，又用一塊石頭鑿出他眼中最美的女人的體型輪廓。

埃及人、巴比倫人、波斯人以及其他東方民族沿著尼羅河與幼發拉底河建立了自己的小國，一旦建國完成，他們即刻開始為自己的國王建造雄偉的宮殿，為心愛的女人創作閃亮的珠寶，並在庭園中種植鮮豔的花朵，交織出色彩的幸福之歌。

我們自身的先祖是遙遠亞洲大草原上的遊牧民族，是享受自由與舒適生活的戰士與獵人，以歌曲傳唱族裡偉大領袖的豐功偉業，並發明了一種詩的形式，流傳直至今日。一千年後，當他們落腳希臘半島，並建造了「城邦」之後，便以雄偉的神廟、雕像、喜劇與悲劇，以及每一種可以想像得到的藝術形式，來表達他們的喜樂與悲傷。

羅馬人跟他們的死對頭迦太基人一樣，都忙於治理別人、忙於賺錢，對「既無用又無利可圖」的精神探索活動沒什麼熱情。他們征服了世界，修築了道路橋梁，卻照單全收了希臘人的藝術。羅馬人依照時代需要發明了某些很實際的建築形式，但是他們的雕像、歷史、鑲嵌壁畫、詩歌，卻完完全全是希臘的拉丁翻版。若是沒有那種模糊、難以定義，世人稱之為「個性」的東西，就不能稱之為藝術品。而羅馬世界特別不信任「個性」這玩意兒。帝國需要的是有效率的士兵和商賈，寫詩作畫這檔子事留給外國人就好。

黑暗時代接踵而至。野蠻民族就是不解風情的牛，西歐文明之於蠻族就如對牛彈琴。他無法理解的東西就是沒用的東西。用我們今天的話來說，他喜歡雜誌封面的美女，卻把祖產中林布蘭的版畫扔進垃圾桶。不久之後他比較有見識了，想彌補幾年前自己捅的婁子，但是垃圾桶早已不知去向，裡面的版畫亦然。

不過，此時他自己從東方帶來的藝術已經發展成非常具有美感的，所謂的「中世紀藝術」，足以彌補他過往的疏忽和漠不關心。以北歐而言，中世紀藝術是日爾曼民族思想的產物，其中只商借了微量的希臘與拉丁元素，與更古老的埃及與亞述的藝術形式完全沒有關係，印度和中國的就更不用提，這兩國對當時的人來說根本不存在。的確，歐洲北方的民族幾乎沒受有到南方鄰居的任何影響，因此，義大利人完全無法理解北方民族的建築作品，並且直截了當、毫不掩飾地表示輕蔑。

你們都聽過「哥德式」這個詞。你大概會聯想到的畫面是美麗古老的大教堂，它細長的尖塔高聳直入雲霄。但是，「哥德式」到底是什麼意思？

這詞的原意是「粗鄙」和「野蠻」——就是「未經教化的哥德人」會做出來的事，那些粗獷不文的野人毫不尊重古典藝術的既定規則，為滿足自己低俗的品味，造出「醜到不行的現代建築」，完全不尊敬古羅馬廣場及雅典衛城的典範。

然而，這種哥德式建築是真摯藝術情感的最高表現形式，它啟發了整個北歐大陸長達數百年之久。從之前的章節，你記得中世紀末的人是怎麼生活的。除非他們是農民住在村莊裡，否則他們就是住在「城市」或「civitas」（拉丁文「部落」的意思）裡的市民。的確，住在高聳的城牆與深鑿的護城河之內，這些好市民都是貨真價實的部落人，他們在守望相助的保護制度下，有福同享，有難同當。

在古希臘與羅馬的城市中，神廟所在的市集廣場，就是市民生活的中心。在中世紀時期，教堂——也就是上帝的居所——成為這樣的中心。我們現代新教徒，每個禮拜只去教堂一次，一次只有幾個小時，我們很難理解中世紀的教堂對社區的意義。彼時，你出生一周之內會被帶到教堂去領洗。孩童時期，你去教堂學習《聖經》上的神聖故事。年紀稍長，你成為教會會眾的一份子；如果你夠有錢，你會給自己蓋一間私人使用的小聖堂，敬獻給你家族的守護聖人。至於大家公用的教堂，它是晝夜都開放。某種意義上，它像是現代的俱樂部，是所有住在此鎮的居民所專用。在教堂裡，你很可能會對某個女孩一見鍾情，她在未來成了你的新娘，你們在這座教堂的主祭壇前舉行隆重的婚禮。最後，當人生的終點來臨時，你會被葬在這棟熟悉的建築物的石磚底下，你的子子孫孫將在你的墳墓上來來往往，直到末日審判來臨的那一天。

由於教堂不僅是上帝的居所，同時也是所有日常生活真正的中心，它的建築本身必須異於以往人手建造出來的任何形式。埃及人、希臘人、羅馬人的神殿都只不過是地方神祇的神龕。既然在歐西里斯或宙斯的神像前不需要進行講道，神龕內部就不需要雄偉的空間來容納眾多的人。古地中海地區的民族都是在露天之下舉行宗教活動。但是在天氣經常很糟的北方，大部分的聚會及宗教典禮都是在教堂內部舉行。

許多世紀以來，建築師們都在苦思如何建造出夠大的建築物。羅馬的傳統讓他們知道怎麼建造厚重但窗戶很小的石牆，以免石牆失去支撐力。在主體石牆上方，再放上同樣厚重的石造屋頂。但是，十二世紀十字軍東征開始之後，建築師們目睹了伊斯蘭教工匠建造的尖拱，這種新風格的發現，讓他們第一次有機會造出一種符合當時火熱的宗教生活所需求的建築。他們發展出的這種奇異的建築風格，義大利人輕蔑地以「哥德式」名之（就是野蠻的意思）。他們為了達到目的，發明了以「肋拱」支撐的拱頂，但是這種拱頂如果太重，就有可能壓垮牆壁。這就像一個三百磅重的男人坐在一個小孩的椅子上，會壓垮椅子一樣。為了克服這個困難，法國建築師開始用「扶壁」來加強原本的石牆，扶壁只是與石牆相連的巨大石堆，從旁扶住支撐屋頂的牆體。為了進一步確保屋頂的安全，他們再以所謂的「飛扶壁」來支撐肋拱。飛扶壁是一種非常簡單的建築方法，你一看我畫的圖就能明白。

這種新的建築方法，讓人可以在建築物上開一些巨大的窗戶。在十二世紀，玻璃仍是一種昂貴的稀有物，很少私人建築能擁有玻璃窗。就連貴族們的城堡也只有窗孔，沒有玻璃的保護，內部永遠吹著穿堂風，這說明了為什麼當時的人無論在室內室外都得要整天穿著毛皮。

幸好，古地中海地區的人已經精通彩繪玻璃的製作技術，而且沒有完全失傳。彩繪玻璃的製造這時再度復興，不久之後，哥德式教堂的窗戶就開始裝上由一小片一小片色彩鮮豔的玻璃拼成的，嵌在長型鉛製框架裡，用來講述《聖經》故事的玻璃窗。

於是，看啊，上帝嶄新光輝的殿堂誕生了，熱切翹首仰望的信眾充滿其中，以空前絕後的狀態「活出」他們的宗教信仰！對

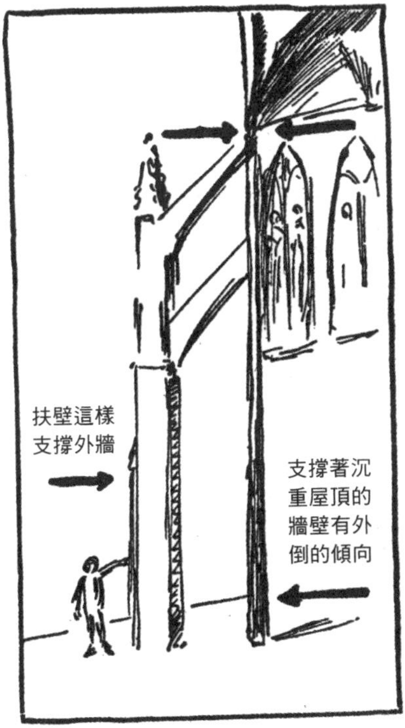

扶壁這樣
支撐外牆
支撐著沉
重屋頂的
牆壁有外
倒的傾向

哥德式建築

於這座「上帝的殿堂」和「人類的避難所」，無論用上什麼都不會嫌太好、太貴、或太華麗。自從羅馬帝國瓦解之後就失業的雕塑家們，緩慢地重拾他們這項高貴的技藝。無論正門、支柱、扶壁、簷楣都布滿了耶穌及聖人們的雕塑。刺繡工匠為牆面製出織錦掛毯。珠寶金匠獻出最高的技藝，好讓聖壇的神龕值得人全心的朝拜。甚至是畫家也竭盡所能。可憐的畫家，因為缺少適當的表達媒介而施展不開。

這下就有故事可講了。

初代基督教時期的羅馬人，用鑲嵌畫[1]覆蓋神殿及住家的地板與牆壁，鑲嵌畫是以彩色的小塊玻璃製成，但是此項藝術極端困難，以致畫家沒有餘裕表達內心所有想表達的，正如所有試過用彩色積木去排出人像的孩子，都知道它的難度。因此，到了中世紀晚期，除了俄國，鑲嵌畫的藝術已經消失了。當君士坦丁堡陷落之後，拜占庭的鑲嵌畫師逃到了俄國避難，並繼續為東正教教堂裝飾壁面，直至布爾什維克當政的年代，停止興建教堂為止。

當然，中世紀的畫師可以用水把他的顏料調進濕灰泥裡，在塗著濕灰泥的教堂牆壁上作畫。這種在「新塗灰泥」上作畫的方法（通稱「濕壁畫」）流行了好幾個世紀。今日，濕壁畫就如古代手抄本中的細密畫一樣稀罕，我們當代城市裡成百上千的藝術家當中，能成功掌握這種媒材的人，可能百不得一。然而在中世紀之時沒有其他的媒材，藝術家們只能當濕壁畫匠。而且濕壁畫有很嚴重的缺點，灰泥經常過不了幾年就從牆面脫落，或是濕氣損壞壁畫，就像濕氣會損壞我們壁紙上的花樣一般。人們想出各種權宜之計要擺脫灰泥的限制——把顏料混和酒、醋、蜂蜜、黏黏的蛋白，但是沒有一種方法能獲得滿意的結果。這種實驗進行了一千年以上。至於在手抄本的羊皮紙頁上作畫，中世紀的藝術家做得非常成功。但是要使顏料能覆蓋在大面積的木料或石材上並且不脫落，他們還是束手無策。

終於，在十五世紀上半葉，荷蘭南部的揚和休伯特・范・艾克兄弟（Jan and Hubert van Eyck）解決了這個棘手的問題。這對著名的弗拉芒（Flemish）兄弟檔將顏料和特製的油料混合，這種新顏料讓他們可以在木頭、石頭、帆布、或任何材質的表面上作畫。

不過，到這時候，中世紀早期的宗教熱忱早已成為過去。城市裡富有的中產階級承繼了主教們的角色，成為藝術的贊助者。由於藝術免不了落入有奶便是娘的窘境，藝術家們現在開始為那些世俗的雇主工作，他們為國王、公爵、銀行家們作畫。就在眨眼之間，新的油畫創作形式便席捲整個歐洲，並且每個國家都發展出某種特別的畫派，它們顯示了這些人像畫、風景畫背後出資者的特殊品味。

例如，在西班牙，維拉斯奎茲（Velasquez）畫侏儒弄臣、皇家織錦工廠裡的織布工人，以及任何與國王和宮廷有關的人物和主題。而在荷蘭，林布蘭、弗蘭斯・哈爾斯（Frans Hals）與維梅爾（Vermeer），則是畫某個商賈房舍的庭院、他稍嫌土氣的妻子、他健康但自以為是的孩子，以及為他帶來財富的商船。另一方面，在義大利，教宗仍然是藝術最大的贊助者，米開朗基羅和科雷吉歐（Correggio）繼續畫聖母像和聖人像；然而，在貴族依然有錢有勢的英國，在國王是最高政權的法國，藝術家們畫在政府擔任要職的顯赫士紳，以及國王陛下的美女密友。

繪畫，隨著古老教會的沒落和社會新階級的興起，發生了巨大的改變，這改變也反映在

1 如果音譯，就是馬賽克（mosaics）。

藝術的所有其他形式上。印刷術的發明，讓作家能為廣大讀者寫書而聲名大噪，於是專職小說家和插畫家應運而生。但是有錢買新書的人，並不是那種晚上喜歡坐在家裡，望著天花板發呆的人。他們想要找樂子。幾個中世紀的吟遊詩人已經不足以應付大眾對娛樂的需求。自從兩千年前的早期希臘城邦時代過去之後，專業劇作家首次有生意上門。中世紀的戲劇只是某些教堂慶典的一個片段，十三、十四世紀的悲劇訴說的故事千篇一律都是吾主耶穌受難的故事。但在十六世紀，世俗的劇院開始嶄露頭角。不可否認，在一開始，專業劇作家和演員的地位都不高。莎士比亞只被當作某種雜耍團的成員，用自己寫的悲劇和喜劇娛樂鄉親。但是，在他一六一六年去世以前，他已經廣受鄉親的尊敬和讚美，而演員也不再是員警監視的賤民。

與莎士比亞同時代的洛佩・德・維加（Lope de Vega），是個妙極了的西班牙作家，創作了不下一千八百部世俗劇與四百部宗教劇，作品曾受教皇讚譽，地位甚高。一世紀之後的法國劇作家莫里哀（Molière），在同胞心目中的地位，可與法王路易十四平起平坐。

從此以後，劇院受到人們日漸增加的喜愛。時至今日，每個發展良好的城市都會有「劇院」，「默片」電影[2]更是滲透至最微小的草原村莊。

不過，有另外一種藝術，注定要成為最受歡迎的藝術。那就是音樂。大部分傳統的藝術形式都需要非常繁複的技巧。我們笨拙的手要花許多年的練習才能跟上頭腦的指揮，將腦海中的影像重現於畫布或大理石材上。如何演好戲或寫出優秀的小說，都要花一輩子的時間。同樣，在藝術欣賞方面，大眾也需要許多的訓練，才有能力欣賞最佳的繪畫、文學和雕塑。但是，幾乎任何人，只要不是絕對的音盲，都能跟著曲調哼一哼，而且幾乎所有的人都可以從某種類型的音樂中自得其樂。中世紀時已經有少量的音樂，但全都是教堂當中的聖樂。神聖的吟詠必須遵守極其嚴謹的節奏與和聲格律，不久之後就變得很單調。況且，人們又不能在街頭或市集上放聲高唱這些聖歌。

文藝復興時期改變了這個情況。音樂再度回歸本質，成為人們喜悅及痛苦中最親近的密友。

埃及人、巴比倫人和古代的猶太人都是音樂愛好者。他們甚至結合不同樂器組成正規的管弦樂團。但是希臘人就不喜歡這種野蠻的外國噪音，他們喜歡聆聽男聲獨誦詩人荷馬與品達（Pindar）的莊嚴磅礴的詩歌，他們允許朗誦者用里拉琴（所有絃樂器裡最糟糕的一種）伴奏，再多一點花樣就有引起群情激憤的危險。從另一方面來說，羅馬人喜好在晚餐及宴會當中欣賞管弦樂，並且發明了大部分我們到今天仍在使用的樂器（當然已經大大改良過）。早期的教會鄙視此種音樂，因為當中參雜太多才剛剛消滅掉的邪惡異教的元素。幾條全體會眾齊唱的聖歌已經是第三、四世紀時主教所能容忍的極限。由於教會的會眾在沒有樂器的引導下很容易唱走調，後來教會容許使用管風琴，這項人類第二世紀的發明，是牧神潘的幾根舊笛子和一對風箱的組合。

接下來，蠻族大遷徙時代來臨。羅馬最後的音樂家們不是橫死，就是淪落成流浪街頭的提琴手，從城鎮流浪到城鎮，在大街上拉琴討點零錢維生，就像現代渡輪上的豎琴師一樣。

但是，中世紀晚期那些比較世俗化的文明在城市裡復興起來，創造了對音樂家的新需求。像號角這種樂器，原本只是用於狩獵及作戰中發出信號，經過不斷改良，終於能夠發出悅耳的

---

2 那個時候有聲電影尚未普及。

聲音，適用於舞池與宴會廳。用馬鬃製成弦的琴弓，被用來演奏舊式的吉他，在中世紀結束前，這種六絃樂器（是最古老的絃樂器，可追溯至埃及和亞述）逐漸變成我們現代的四弦小提琴，在十八世紀時由史特拉底瓦里（Stradivarius）與其他義大利製琴師將小提琴的製作帶到登峰造極的地步。

最後，現代鋼琴也被發明出來了，它是所有樂器中最廣泛普及的，曾經跟隨人類進入叢林荒野，甚至去到格陵蘭的冰原。管風琴是最早的鍵盤樂器，但是表演者總是必須仰賴另一個人推拉風箱（現在是用電力）。因此，音樂家們都在尋找一個更方便也不那麼繁複的樂器，來幫他們訓練許多教堂詩班的學生。在偉大的十一世紀，阿雷佐城——詩人佩脫拉克的出生地——的一位本篤會的修士桂多（Guido），給了我們現代的音樂記譜法。同樣是這個大眾對音樂產生濃厚興趣的世紀，第一個具有琴鍵與琴弦的樂器誕生了。它聽起來一定很像你在各玩具店都可以買到的小孩子的玩具鋼琴。一二八八年，中世紀的流浪樂師（跟雜耍人和老千歸為同一階級）在維也納成立了第一個獨立的樂師行會。同樣在維也納，這個小小的單絃樂器逐步發展到一個程度，足以成為我們認得的、現代史坦威鋼琴（Steinway）的直系遠祖。當時稱作「小鍵琴」（clavichord，因為它配有琴鍵）的樂器，從奧地利流傳到義大利，由威尼斯人吉歐凡尼·史賓聶提（Giovanni Spinetti）完美發展成「小型立式鋼琴」（原名 spinet 是源自發明者的姓氏 Spinetti）。最後，到了十八世紀，約一七〇九至一七二〇年間，巴爾托洛梅奧·克里斯多弗里（Bartolomeo Cristofori）製造出一種「鍵盤」，讓表演者能彈奏出大聲及輕柔的變化，如義大利文的 piano（輕柔）和 forte（大聲）。這樂器經過某些改良之後，就變成我們所說的 pianoforte，或稱為 piano（鋼琴）。

吟遊詩人

於是，世界上第一次有了簡單方便，可以在兩三年內學得精通的樂器，而且不像豎琴和提琴需要不斷的調音，又比中古時期的低音號、單簧管、伸縮喇叭、雙簧管等等更加悅耳。就像留聲機讓數百萬現代人第一次愛上了音樂，早期的鋼琴也將音樂的知識擴展至更廣的圈子。音樂變成每個出身良好的男男女女必備的教育。王公貴族與富商巨賈會養一支私人的管弦樂團。音樂家不再是流浪的「吟遊詩人」，而是社群內很受看重的人。劇院裡的戲劇表演中加入了音樂，我們現代的歌劇隨之衍生而出。原本只有少數富有的王公貴族才養得起一支「歌劇班子」，但隨著人們對這種娛樂形式的喜好增加，許多城市建造了自己的劇院，讓所有的人民都可享受義大利歌劇以及後來的德國歌劇所提供的無盡喜悅。僅有極少數教義極嚴謹的基督教派，依舊對音樂抱有深沉的懷疑，認為太美好的事物對靈魂不見得都是好事。

到了十八世紀中期，歐洲的音樂生活發展到了全盛時期。接著，一個最偉大的人物降臨了，他名叫約翰．塞巴斯蒂安．巴哈（Johann Sebastian Bach），是德國萊比錫聖多馬教堂的一名普通管風琴師。他為所有當時已知的樂器都做了曲子，從喜劇小曲、流行舞曲，到莊嚴肅穆的讚美詩與清唱神劇，他為所有的現代音樂奠定了基礎。巴哈於一七五〇年逝世之後，莫札特（Mozart）承繼了他的地位，他為樂曲結構創作出的非凡美感，讓我們彷佛看見以和諧與節奏編織成的精緻蕾絲花邊。接著來臨的是路德維希．范．貝多芬（Ludwig van Beethoven），最具悲劇色彩的音樂家，他雖然帶給我們帶來了現代交響樂，卻因為貧苦歲月染上的感冒導致雙耳失聰，使他聽不見任何一首自己最偉大的作品。

貝多芬歷經了整個法國大革命時代。他滿懷著對未來嶄新光榮的時代的盼望，將自己的一首交響樂曲獻給了拿破崙。但他後來為此深感後悔。貝多芬於一八二七年過世之時，拿破崙、法國大革命都已成過往雲煙，世界迴蕩著的是蒸氣引擎的聲音，一種與他在《第三號交響曲》中所譜寫的夢想全無共通之處的聲音。

確實，由蒸氣、鋼鐵、煤炭、大型工廠所構成的新秩序一點也用不上藝術，繪畫、雕塑、詩歌、音樂都沒有容身之處。舊日的藝術保護者，中世紀和十七、十八世紀的教會、王公貴族與富商巨賈，都已不復存在。新工業世界的領導者們都太忙碌，教育程度太低，沒辦法在乎什麼蝕刻畫、奏鳴曲、象牙小雕像，更不在乎創造這些東西的藝術家，這些對他們所居住的社會毫無實際用處的傢伙。工廠裡的工人日日夜夜聽到的是機器單調低沉的轟鳴，直到他們也喪失了自己農民先祖對長笛和小提琴的旋律的鑒賞力。藝術變成新工業時代的繼子女。藝術和生活完全分家。無論有什麼畫流傳下來，都會在博物館裡慢慢死去。音樂變成由某幾位「鑒賞家」獨享的事物，他們將音樂帶離了普通家庭，捧進了音樂廳。

不過，雖然進展緩慢，但是藝術正以穩健的步伐返回它們原來的樣子。人們開始了解，林布蘭、貝多芬、羅丹都是人類真正的先知和領袖，一個沒有藝術與喜悅的世界，就像沒有歡笑的托兒所。

62 殖民擴張與戰爭

這一章本來應該要對你仔細說明過去五十年來的世界政治局勢，但事實上，它包含的只是幾條解釋和幾則道歉。

如果我知道要寫一部世界歷史這麼困難，我絕不會攬下這項任務。當然，任何足夠勤奮的人，只要願意花個五、六年時間，埋首於圖書館滿是灰塵和霉味的書堆中，都能編纂出一本厚重的巨書，裡面記載著所有國家在每一世紀所發生的所有事件。但那不是本書的目的。出版商想要出版一本有韻律感的歷史書，一個飛躍奔騰而非緩步慢移的故事。現在，就在我快要寫完的時候，我發現有些篇章確實飛躍奔騰，有些篇章卻步履艱難，如同跋涉穿越過古老的沙漠，而且有些部分還深陷泥沼、毫無進展，還有另一些又像耽溺於動感與浪漫的爵士樂。我不喜歡這樣，建議出版商毀掉全部手稿，一切從頭再來。但是，出版商不同意。

於是我退而求其次，把打字稿拿給幾位好心的友人，請他們讀過之後不吝賜教，使我可以從他們的意見中獲益。這個經驗頗令人沮喪。他們每一個人都有自己的喜好和偏見，他們都想知道，為什麼我竟敢省略他們最喜歡的國家、最喜歡的政治人物、甚至最喜歡的罪犯。對於有些人來說，拿破崙和成吉思汗是該獲得最高讚譽的英雄。我解釋我已經竭盡所能公平地對待拿破崙了，但是在我心目中，拿破崙就是遠遠遜於喬治．華盛頓、古斯塔夫．瓦薩（Gustavus Wasa）、奧古斯都、漢摩拉比、或者林肯，以及其他二十來個了不起的人物，都因為篇幅有限，只能委屈他們簡單幾筆帶過。至於成吉思汗，我只承認他在大肆屠殺方面能力超凡，因此我不打算在書中為他著墨更多。

「到目前為止都還不錯」，另一個批評者說：「但是清教徒呢？我們正在慶祝他們抵達普利茅斯三百周年紀念，他們應該多占點篇幅吧。」我的答覆是，如果我寫的是美國歷史，清教徒會在前十二章裡占掉一半的篇幅；但是這本書是講人類的歷史，發生在普利茅斯岩岸的事件，還要等上好幾個世紀之後才具有深遠的國際意義；而美利堅合眾國是由十三個殖民地共同建立的，並非只有清教徒的那一個；美國頭二十年的歷史中最傑出的領袖人物，是來自維吉尼亞州、賓夕法尼亞州、和尼維斯島，而不是來自麻薩諸塞州；因此，清教徒得到一頁文字和一幅專門論及他們的地圖，就該滿足了。

拓荒者

接下來發難的是一位研究史前時代的專家。看在偉大的暴龍份上，我為什麼沒有把更多的篇幅獻給令人讚歎的克羅馬儂人（Cro-Magnon）？他們在一萬年前就發展出了那麼高度的文明。

是呀，為什麼沒有呢？理由很簡單。我沒像某些最著名的人類學家那樣思考那麼多，讚歎原始人類的完美性。盧梭和十八世紀的哲學家們創造了「高貴的野蠻人」的說詞，認為生活在太初時代的這些人，是身在完美的幸福中。現代科學家摒棄了我們父祖輩心愛的「高貴野蠻人」，並以法國河谷地區發現的「光輝的野蠻人」取而代之。「光輝的野蠻人」在三萬五千年前終結了眉低額矮、原始低下如畜生的尼安德塔人和其他日爾曼鄰居的統治。科學家讓我們看到克羅馬儂人畫的大象和刻的雕像，而且大力讚揚克羅馬儂人。

我不是要說他們不對。但是我認為我們對於這整段時期的了解實在太少，無法以任何精確程度（再小也好）來重塑早期西歐社會。我寧願不說也不要冒著可能說錯的風險來講某些事。

還有一些批評者指控我完全不公。我為什麼省略愛爾蘭、保加利亞、暹羅這些國家不談，卻扯進其他比如荷蘭、冰島、瑞士這些國家？我的答覆是，我沒把任何國家扯進來，是時局使然，使這些國家自己擠進來的，我無法將他們排除在外。為了讓我的論點可以獲得理解，且容我先陳明，我是依據什麼原則來篩選可以登上這本史書的會員資格。

審查標準只有一個：「問問這個國家或這個人，是否提出過創新的思想或創造性的作為，使得整個人類的歷史沒有它就會不同？」這就不是個人品味的問題，而是冷靜、幾近數學計算之判斷的問題。歷史上，沒有任何民族比蒙古人所扮演的角色更多采多姿，但是從正面成就或智識進步的角度來看，也沒有任何民族比蒙古人對全人類更無價值。

亞述國王提格拉特帕拉沙爾三世（Tiglath-Pileser）的一生可謂高潮迭起，充滿有趣的故事。但是對我們而言，他就跟完全不存在一樣。同樣的，荷蘭共和國的歷史有趣之處，不是因為德・魯伊特[1]麾下的水手曾在泰晤士河裡捕魚，而是這個濱臨北海的小小泥岸國家，曾經提供一個友善的避難所給各式各樣離經叛道的怪人，這些怪人對各式各樣不討喜的議題懷有各式各樣的怪想法。

確實，雅典或佛羅倫斯，在全盛時期的人口都只有坎薩斯城的十分之一。但是，如果這兩個地中海盆地邊上的小城不曾存在過的話，我們今天的文明將會完全不同。同樣說法就不能套在密蘇里河畔的繁華都會——堪薩斯城——身上（且容我向懷恩多特郡的良民們獻上最誠摯的歉意）。

既然我已經說了這麼多個人的意見，不妨就讓我再說說另一項事實。

我們去看醫生之前，會先了解一下他是外科醫生、門診醫生、順勢療法專家或是信仰療法專家，因為我們想知道他會用什麼角度來看我們的病徵。我們在選擇自己的歷史學家時，應該像選擇醫生時一樣審慎。我們以為，「唉呀，歷史就是歷史嘛」，然後就隨便拿起一本來讀。但是，讓我舉個例子：兩位作者，一個生長在蘇格蘭邊遠落後地區，受到嚴格的長老教會家庭教育的史學家，和另一個從小就被拖去聽羅伯特・英格索[2]——他認為鬼神不存在——慷慨激昂的的演講，在這種環境下長大的史學家，兩人對人類關係所產生的每一個問題，看法絕對不同。隨著時間過去，兩人長大後也許都逐漸淡忘早年受過的薰陶，也不再進教堂或演講廳。但是，那段可塑性最高的歲月裡所受的影響，會跟著他們一輩子，無論他們寫什麼、說什麼、做什麼，都避免不了展現出那種影響。

在本書的前言當中，我告訴過你們，我不是一個決不會犯錯的嚮導，現在我們既然已接近旅途的終點，我再次重申我的警告。我是在一個舊式自由主義的環境中出生和受教育的，薰陶我的是達爾文與其他十九世紀先驅們的發現。童年時期，我大部分時間跟一位叔叔在一起，他收藏了十六世紀偉大的法國散文家蒙田的全部著作。因為我出生在鹿特丹，又在高達市（Gouda）受教育，因此我對伊拉斯謨很熟悉，出於莫名的原因，這位宣導寬容的大師收服了毫不寬容的我。之後，我又發現了法國作家安那托爾・佛朗士（Anatole France），而我與英語的初次邂逅是偶然看到一本薩克雷（Thackeray）所寫的《亨利・艾斯蒙》（*Henry Esmond*），這本書對我的影響遠勝任過何其他英文

1 米希爾・德・魯伊特（Michiel de Ruyter，1607-1676年）是荷蘭歷史上最著名且最優秀的海軍上將。德・魯伊特在十七世紀英荷戰爭中因為優異的表現而聞名，被許多人認為是當時代最偉大的海軍將領。

2 羅伯特・英格索（Robert Ingersoll，1833-1899年），十九世紀美國紐約州律師，著名的演說家和政治領袖。

征服西部

著作。

假如我出生在一個令人心曠神怡的美國中西部城市，我或許會對兒時常聽的讚美詩懷有某種情感。但我對音樂最早的記憶，是某天下午我母親帶我去聽的巴哈的賦格曲。這位偉大的基督新教音樂大師，其數學般完美的樂章深深影響了我，讓我後來在聽我們祈禱會中的普通讚美詩時，就忍不住感到備受折磨，苦不堪言。

同樣地，假如我出生在義大利，沐浴在快樂的阿諾河谷的溫暖陽光中，我大概會喜歡色彩明亮鮮豔的畫作，但是我現在對它們無動於衷，因為我對美術的最初印象得自一個鮮有陽光的國家，當偶爾出現的太陽照在雨水浸透的濕軟土地上時，又近乎殘忍地將一切景物丟入光明與黑暗的強烈對比。

我特意說明這些事實，好讓你們知道，寫這本歷史書的人有什麼個人偏見，或許你們可以因此了解他的觀點。關於歷史的書籍——代表各式各樣的意見與看法——會容許你們將我的觀點與其他人的想法做比較。這樣，你們就能得出自己的最後的結論，我想不出比這更公平的做法。

在這個簡短但必要的離題之後，我們回到過去這五十年來的歷史。這段期間發生了許多事情，但是在發生的當下看起來極其重要的很少。大多數世界強權都不再只是政治機構，還變成了大型企業。他們築鐵路，成立並資助航向世界各地的輪船航線，用電報線將自己分散的殖民地聯繫起來，並穩定地增加在其他大陸上的地盤。非洲及亞洲的領土上每一丁點可以占據的地方，都被列強宣布為己有。法國成為一個殖民國家，擁有阿爾及爾、馬達加斯加，和東亞的安南和東京[3]（Tonkin）。德國占領非洲西南部及東部地區，在西非海岸的喀麥隆（Kameroon）

和新幾內亞，以及許多太平洋島嶼建立殖民地，並且利用幾位傳教士被謀殺為藉口，趁機占領中國黃海膠州港地區。義大利則試圖占領阿比西尼亞（今天的衣索比亞），卻慘遭當地國王尼古斯（the Negus）的軍隊擊潰，只好退而求其次，占領土耳其在北非的屬地的黎波里（Tripoli）。俄國在占領整個西伯利亞之後，從中國手中奪走旅順港。日本於一八九五年甲午戰爭擊敗中國，占領了福爾摩沙島（臺灣），又在一九〇五年開始逐步將高麗帝國納入自己的版圖。一八八三年，世界有史以來最大的殖民帝國——大英帝國——開始動手「保護」埃及。她以最高的效率執行這項任務，大大造福了這個久被忽視的國家，可憐的埃及自從一八六八年蘇伊士運河開通之後，就一直面臨外國入侵的威脅。在接下來的三十年當中，大英帝國在世界各地打了幾場殖民戰爭，並在經過三年苦戰後，於一九〇二年征服了兩個獨立的波爾人（Boer）共和國：德蘭士瓦（Transvaal）與奧蘭治自由邦（Orange Free State）。與此同時，英國也鼓勵塞西爾·羅德斯（Cecil Rhodes）為一個非洲大國打下基礎，這個大國從南邊好望角一直向北延伸到尼羅河口，並且滴水不漏地將尚未被歐洲列強占領的小島小郡都納入自己的囊中。

比利時足智多謀的國王利奧波德二世（Leopold），利用亨利·莫頓·史坦利（Henry Stanley）的探險發現，在一八八五年創立了剛果自由邦（Congo Free State）。這片巨大的熱帶帝國原本是「絕對君主專制」，但是經過多年令人髮指的殘酷統治後，比利時人民於一九〇八年將這塊國王的私人領地收歸政府統治，使它正式成為比利時的殖民地，廢除利奧波德二世的恐怖虐待，這位陛下無所不用其極，只要能得到象牙和橡膠，毫不顧慮土著的死活。

3 這是年代比較早的舊地名，都在今天的越南。

至於美國，他們的國土已經很大了，所以無意再往外擴張領土。但是西班牙人在古巴（西班牙在西半球最後的屬地之一）的暴政統治，實際迫使華盛頓政府非出手不可。經過一場短暫又平淡無奇的戰爭後，西班牙人被逐出了古巴、波多黎各和菲律賓群島，後兩者變成了美國的殖民地。

世界的經濟發展其實非常自然。英國、法國、德國國內日益增加的工廠需要日益增加的生產原物料，同樣日益增加的歐洲勞工人口需要日益增加的食物。每個地方都在吶喊著要更多、更富有的市場，更易取得的煤礦、鐵礦、橡膠種植地和油井，更多小麥和穀物的供給。

人們忙著籌畫開通維多利亞湖（Victoria Nyanza）的輪船航線，或深入山東半島內陸的鐵路。在他們的眼中，歐洲大陸上純粹政治意義的事件根本微不足道。他們知道歐洲仍有許多問題必須解決，但就是懶得去管，因為全然的冷漠與疏忽，他們給後代子孫留下一筆充滿憎恨與痛苦的可怕遺產。不知有多少個世紀，歐洲的東南角一直上演著謀反與殺戮。十九世紀的七〇年代，塞爾維亞、保加利亞、蒙特內哥羅（Montenegro）和羅馬尼亞的人民，再次揭竿而起努力爭取自由獨立，而土耳其人在西方列強的支持下，繼續努力鎮壓。

一八七六年，保加利亞發生了極其殘酷的屠殺，一段時間之後，俄國人民忍無可忍，俄國政府被迫介入，就像美國總統麥金利（McKinley）不得不出兵古巴，去制止惠勒（Weyler）將軍的行刑隊在哈瓦那的暴行。一八七七年四月，俄國軍隊渡過多瑙河，席捲希普卡山口（Shipka pass），在攻下普列文（Plevna）之後，繼續南進，直到兵臨君士坦丁堡城門下。土耳其向英國求援。當英國政府決定站在土耳其蘇丹這一邊，許多英國人起來譴責政府。但是，首相迪斯雷利[4]（他才剛讓維多利亞女王當上印度女皇，喜愛熱情奔放的土耳其人，又憎恨俄國人殘忍虐待境內的猶太人）決定插手。一八七八年，俄國被迫簽署了《聖斯特凡諾條約》（the peace of San Stefano）締結和平，巴爾幹國家的問題則留待同年六至七月進行的柏林會議去解決。

這場著名的會議完全被迪斯雷利的個性左右。這位卷髮梳得油亮、無比高傲、懷著憤世嫉俗的幽默感、又精於吹捧奉承之道的精明老頭，就連俾斯麥也畏懼三分。在柏林會議當中，這位英國首相小心地守護他土耳其盟友的命運。蒙特內哥羅、塞爾維亞和羅馬尼亞被承認為獨立王國。保加利亞大公國得到半獨立的地位，由沙皇亞歷山大二世的侄子，巴滕堡（Battenberg）的亞歷山大親王治理。但是，這些國家都沒有獲得發展自身政權和資源的機會，若不是英國過分關心土耳其蘇丹的命運，他們本有機會一試。但是土耳其的領地是大英帝國確保自身安全，防範俄國進一步入侵的必要屏障。

讓情況更糟的是，柏林會議允許奧地利從土耳其手中奪走波士尼亞（Bosnia）與赫塞哥維納（Herzegovina），成為哈布斯堡王朝「管理」的領地。的確，奧地利治理得極佳，這兩個被忽視的省分被治理得井井有條，直追英國最好的殖民地，這其實很了不起。但是這裡住了許多塞爾維亞人。很久以前，它們都是斯特凡．烏羅什四世（Stephan Dušan）統治下的偉大的塞爾維亞帝國的一部分，早在十四世紀，斯特凡．烏羅什四世就曾捍衛西歐，抵擋土耳其人的

4 班傑明．迪斯雷利（Benjamin Disraeli，1804-1881 年），英國保守黨政治家、作家和貴族，曾兩次擔任首相。他在保守黨的現代化過程之中扮演了中心角色，確立了一國保守主義或「托利黨民主主義」的政策，因此世人將保守黨和大英帝國的榮譽與力量聯繫在一起。時至今日，他仍然是唯一一位猶太裔英國首相。

入侵，其首都于斯屈普[5]，在哥倫布發現西方新大陸之前一百五十年就已經是文明的中心。塞爾維亞人還記得他們古老的榮耀，誰不會呢？所以，他們怨恨奧地利人出現在這兩個省分，認為此地傳統上本來就屬於塞爾維亞人。

於是，一九一四年六月二十八日，奧地利王儲斐迪南大公在波士尼亞的首都塞拉耶佛（Sarajevo）被刺身亡。刺客是一名塞爾維亞學生，動機純粹是出於愛國。

這個可怕的災難，雖然不是造成第一次世界大戰的唯一原因，卻是最直接的導火線。然而，追究起來，都不能歸咎於那位失去理智的塞爾維亞男孩或命喪他手下的奧地利受害者。戰爭的源頭必須追溯到著名的柏林會議的時代，彼時歐洲群雄太忙於物質文明的建設，無暇顧及古老巴爾幹半島上的一個沉悶角落裡，一支被遺忘的民族的渴望與夢想。

5 今日馬其頓共和國的首都史高比耶（Skopje）。西元一二八二年開始，史高比耶由塞爾維亞統治。西元一三四六年，塞爾維亞帝國將史高比耶設為首都。西元一三九二年，史高比耶被鄂圖曼帝國征服，鄂圖曼人稱史高比耶為于斯屈普（Üsküp）。

63 新世界

世界大戰[1]實際上是為了建立一個更美好的新世界而進行的鬥爭。

應當對法國大革命爆發負責的人當中，有一小群正直真誠的狂熱者，孔多塞侯爵（Marquis de Condorcet）是這一小群人當中最高尚的人物之一。他曾不遺餘力地為貧窮和不幸的人奔走。他曾是達朗貝爾和狄德羅的助手之一，協助編纂了著名的《百科全書》。在革命開始的頭幾年，他是國民公會溫和派的領導人。

當國王和保皇黨的叛國給了極端激進分子奪得政權、除掉對手的機會時，孔多塞侯爵由於寬容、善良和堅定不移的理智態度，變成了受懷疑的對象。他被宣布為「不受法律保護者」，也就是不法之徒，從而成了任何一個真正的愛國者都可隨意處置的被棄之人。他的朋友們冒著生命危險想要藏匿他，但孔多塞不肯接受他們的犧牲。他逃走了，企圖回到家鄉，到了那裡他或許就安全了。他在野外過了三夜之後，衣衫破爛、傷痕累累地進了一家客棧，想要吃點東西。鄉民起了疑心，搜查了他。在他的口袋裡，他們找到了一本拉丁詩人賀拉斯的書。這表明，他

1 這裡指的是第一次世界大戰。這書在一九二一年出版，那時房龍還不知道會有第二次世界大戰。

們抓住的人出身高貴，而在那個時代，所有受過教育的人都被視為這個革命國家公敵，這樣的人不該出現在大路上。他們逮捕了孔多塞，給他上綁，堵住他的嘴，把他丟進了村裡的牢房。次日早上，士兵們來了，要把他拖回巴黎去砍頭，但是且慢！他已經死了。

這個人奉獻了自己的一切，卻沒有得到任何回報，他有充分的理由對人類感到絕望。但他曾寫過一段話，這些話今天聽來，就像在一百三十年前一樣真實。我在此引用他這段話，以饗讀者。

「自然界不曾對我們的希望設下任何限制，」他寫道，「如今擺脫了桎梏的人類，正在通往真理、美德和幸福的道路上堅定地前行。這樣的圖畫為哲學家提供了一幅光明的前景，縱然謬誤猶存，縱然罪惡和不公仍然污染、折磨著這個世界，他也可以從這光明的前景中得到安慰。」

這個世界剛剛經歷了巨大的苦難，與此相比，法國大革命只不過是小事一樁。人們受到的震撼如此之大，以至於它撲滅了數以百萬計的人心目中的最後一點希望之火。他們曾高唱進步的頌歌，然而尾隨他們的和平禱告而來的，是四年的屠殺。因此，他們發問：「如此鞠躬盡瘁，為這些尚未脫離原始穴居

戰爭

階段的生物謀福利，值得嗎？」

答案只有一個。

那就是：「值得！」

世界大戰是一場可怕的災難，但它並不意味著末日。相反，它促成了新時代的到來。

為古希臘、古羅馬或中世紀撰寫歷史是很容易的。在那個早被遺忘的舞臺上扮演一角的演員都已經死了，我們可以頭腦冷靜地評判他們。為他們的努力表演而鼓掌的觀眾也已經散去，我們的評論不可能傷害他們的感情。

但是，要如實講述當代的事件卻十分困難。那些占據了我們同時代人的頭腦的問題，正是我們自己的問題，他們要麼給我們造成了太大的傷害，要麼太令我們開懷，以致於我們無法以撰寫史書時必備的客觀公正態度去描述，而不去大肆宣揚歌頌。即便如此，我還是要盡力向你解釋，為什麼我贊同可憐的孔多塞的說法，堅定相信會有一個更美好的未來。

我在前文中常常提醒你注意，要小心我們所謂的「歷史時代」這種劃分所造成的錯誤印象，它將人類的故事分為四個部分——古代世界、中世紀、文藝復興和宗教改革、現代。其中最後一個說法最危險。「現代」這個詞，意味著我們這些身處二十世紀的人，正處在人類成就的巔峰。五十年前，以格萊斯頓（Gladstone）為首的英國自由黨認為，偉大的第二部《改革法案》，經由給予工人在政府中與雇主同等的發言權，已經一勞永逸地解決了真正的代議制與民主形式的政府的問題。當迪斯雷利和他的保守黨朋友提及這是不是危險的「輕舉妄動」時，自由黨的回答是：「不。」他們篤信自己的主張，並相信今後社會各個階層都將合作，使他們共同的國家政府取得成功。自從那時到現在，發生了很多事，少數如今還在世的自由黨，開始意識到他們當年錯了。

任何歷史問題都沒有一個明確的答案。

每一代人都必須重新為進步而戰，否則就會像史前世界那些遲鈍的動物一樣，走向滅亡。

一旦掌握了這個偉大的真理，你就會形成一種嶄新的、眼界更開闊的人生觀。然後，請更進一步，試著想像西元一萬年你自己的玄孫所處的境地。他們也將學習歷史。但是，我們對我們的行動和思想保有書面記載的時光只有短短的四千年，他們會怎麼看待這段歷史？他們會把拿破崙看作與亞述征服者提格拉特帕拉沙爾三世同時代的人物。說不定他們還會把他當作成吉思汗，或馬其頓的亞歷山大。剛剛結束的這場世界大戰，會被理解為是長期貿易衝突之下，為了確立地中海地區的商業霸權導致的，就像羅馬和迦太基為了地中海的制海權打了一百二十八年的仗一樣。十九世紀的巴爾幹爭端（塞爾維亞、希臘、保加利亞和蒙特內哥羅為爭取自由而進行的戰爭），將會變得像是蠻族大遷徙造成的混亂狀況的延續。他們看著剛剛被德國槍炮毀掉的蘭斯大教堂（Rheims cathedral）的圖片，就像我們看著兩百五十年前，被土耳其人和威尼斯人的戰爭摧毀的雅典衛城的照片一樣。他們會把至今仍存在許多人心中的對死亡的恐懼，視為一種幼稚的迷信，不過，對一個直到一六九二年還在燒死女巫的物種來說，這迷信或許是天生的。就連我們引以為豪的醫院、實驗室和手術室，在他們看來也只比煉金術士和中世紀外科醫生的作坊稍強一點罷了。

之所以如此，原因很簡單。我們現代的男男女女，一點也不「現代」。相反地，我們仍然屬於末代的穴居人。新世代的基礎，剛剛在昨天才打下。人類直到鼓起勇氣質疑萬物，使「知識和理解」成為構建更合情合理的人類社會的基礎之後，才得到了第一個真正走向文明的機

帝國概念
的力量
自 1876 年起，
英王兼任印度皇帝。
10
1452 年之後，東羅馬帝國
的傳統由莫斯科的俄羅斯
大公繼承，直至 1918 年。
1718 年，
德意志之鷹
被關在這裡。
9
7
1870 年，法國與德國開戰。
法蘭西帝國告終。一個新的
德意志帝國建立了。
8
1804 年，
拿破崙稱帝。
東羅馬
帝國存
續到了
1450 年。
15 世紀時，
羅馬帝國
一分為二。
6
5
4
自西元 962 年至
1801 年，日耳
曼民族的神聖羅
馬帝國都存在。
西元 800 年，法
蘭克的查理曼王
稱帝，統一並保
衛了基督教的歐
洲。
3
亞洲
西元前 48 年，
凱撒被授與皇帝的
頭銜。奧古斯都建
立的羅馬帝國持續
了五個世紀。
2
西元前 336 年，
亞歷山大大帝在
亞洲得到帝國的概念。
1
波斯
西元前 3000 年，
尼羅河流域似乎
就產生了帝國的概念。

會。世界大戰就是這個新世界的「成長的痛苦」。

將來會有很長一段時間，人們將連篇累牘，企圖證明是這個或那個人引發了戰爭。社會主義者將發表鴻篇巨著，指責「資本家」為了「商業利益」引發了戰爭。資本家則會回答，他們在戰爭中失去的，遠遠超過他們所得到的——他們的孩子就在第一批前去戰場、搏殺送命者之列。他們會證明，在每一個國家，銀行家們如何竭盡全力去避免衝突的爆發。法國歷史學家會從頭細數德國的種種罪惡，從查理曼的時代開始直到霍亨索倫王朝的威廉二世的時代為止。而德國歷史學家會同樣回以顏色，從查理曼的時代直到龐加萊總統（President Poincare）的時代，歷數法國的種種恐怖暴行。然後他們會得出自己心滿意足的結論——「導致戰爭」是對方的罪過。每一個國家的政治家，無論死活，都會長篇大論地解釋自己曾經如何努力避免衝突，然而邪惡的對手又是如何強迫他們參戰。

一百年後的歷史學家不會理睬這些歉意和辯解。他會看透那些潛在問題的真正本質，會明白個體的野心、個體的邪惡、個體的貪婪與最後的爆發沒有什麼關係。我們的科學家開始創造一個鋼鐵、化學和電力的新世界，卻忘記了人類的心智比諺語中的烏龜還要緩慢，比出名的樹懶還要怠惰，落後那一小群勇敢的先驅者一百至三百年。這才是他們最初犯下的錯誤，是它造成了這一切苦難。

一個披著羊皮的祖魯人（Zulu）仍然是祖魯人。一隻受過訓練，學會騎自行車和抽煙斗的狗仍然是狗。一個駕駛一九二一年產的勞斯萊斯汽車，心智無異於十六世紀商人的人，仍然是心智無異於十六世紀商人的人。

如果你乍看不懂這一點，請再讀一遍。它很快就會變得更清晰明確，它將解釋過去那六年中發生的很多事。

也許我能再給你舉個更熟悉的例子，說明我是什麼意思。在電影院裡，笑話和有趣的旁白常常會打在銀幕上[2]。下次你有機會去看電影時，不妨觀察一下觀眾。有些人似乎一眼就能明白那些話的意思，只要一秒鐘就能讀懂。有些人就慢一拍，還有一些需要二、三十秒才反應得過來。最後，還有一批勉強只能識得幾個字的男男女女，他們要等那些反應快的觀眾已經開始破譯下一段打出來的字幕時，才能領會上一段。人生也與此無異，我接下來就向你說明。

在前面的某一章中，我已經告訴過你，羅馬帝國的理念是如何在最後一位羅馬皇帝死後又延續了一千年之久。它導致了一大批「仿帝國」的建立。它還給了羅馬主教們取得整個教會首腦地位的機會，因為他們代表了羅馬至上的理念。它驅使一些完全無害的蠻族頭領投身於犯下罪惡與無休無止的戰爭，因為他們終生都無法擺脫「羅馬」一詞的魔咒。所有這些人，無論是教宗、皇帝還是平凡的戰士，都與你我沒有多大區別。但是他們活在一個認為羅馬傳統至關重要的世界上，它是一種活生生的東西，由父及子代代相傳。因此，他們為了一項在今天連十幾個支持者都找不到的事業，奮鬥並犧牲了自己。

在另一章中，我還告訴過你，大規模的宗教戰爭是如何在宗教改革公開出現一個多世紀之後爆發的。如果你比較一下講述三十年戰爭的那一章和講述發明創造的那一章，你就會發現，這場可怕的大屠殺發生的時候，第一批笨拙的蒸氣機已經在一些法國、德國和英國科學家的實驗室裡噴出蒸氣了。但是，整個世界對這些奇怪的精妙裝置沒有興趣，仍然忙於討論堂皇的神

2 當時的電影是默片，只在特別有必要時才打上字幕。

學問題，而那些問題在今天已經不會引發憤怒，只會令人呵欠連天了。

事情就是這樣。一千年後，歷史學家將用同樣的詞句來形容十九世紀的歐洲。他將看到，人們致力於發動可怕的民族鬥爭，與此同時，他們身邊的實驗室裡卻充滿了嚴肅的學者，他們對政治絲毫不感興趣，只想迫使大自然從她數百萬的祕密中多吐露幾個答案。

你會逐漸明白我旨在說明什麼。在不到一代人的時間裡，工程師、科學家、化學家就讓歐洲、美洲和亞洲充斥著他們的龐大機器、電報、飛行器和煤焦油產品。他們創造了一個新世界，在這個世界裡，時間和空間都被大大壓縮，完全不再重要。他們發明了新產品，他們又降低了新產品的價格，使得幾乎人人都買得起。這些我在前文中已經告訴過你，但是反復重申並不為過。

工廠的數量不斷增加，而已經成為土地統治者的工廠老闆們，為了維持這些工廠的運轉，需要原材料和煤炭——尤其是煤炭。與此同時，多數人的思想仍然停留在十六世紀和十七世紀，固守著國家就是一個王朝或政治組織的陳舊觀念。然後，這個笨拙的中世紀體制，突然被要求處理機械和工業世界那些高度現代化的問題。它盡了全力，不過是按照幾個世紀前制定的遊戲規則來盡力。各個國家組建了人數眾多的陸軍和龐大的海軍，為的是遠渡重洋為國家奪取新的屬地。無論哪裡，只要還有一小塊土地可占，那裡就會出現一塊英國、法國、德國或俄國的殖民地。當地居民如果反抗，就會被殺。大多數情況下，他們沒有反抗。只要不阻撓鑽石礦、煤礦、油田、金礦的開採，或橡膠園的種植，他們就被允許平平安安地生活，也從外國占領中得到了很多利益。

有時候，兩個尋找原材料的國家，碰巧在同一時間想占領同一塊土地。這時戰爭就會爆發。

十五年前，俄國和日本就曾為了占領一片本來屬於中國人民的領土而動武。然而，這樣的衝突屬於例外。沒有人真正想要開戰。事實上，二十世紀初期的人開始覺得出動軍隊、戰艦和潛艇作戰這種事是荒謬的。他們覺得動用暴力的概念屬於很久以前那些不受制約的君主和勾心鬥角的王朝。每一天，他們在報紙上讀到更多的發明，讀到一群群英國、美國和德國的科學家友好至極地合作，致力於推動醫學或天文學的進步。他們生活在一個充滿繁忙的貿易、商業和工廠的世界裡。但只有很少的人注意到，國家（認可某些共同理念的人們組成的巨大共同體）的發展，已經落後了幾百年。他們試圖向其餘的人提出警告。但那些人專注於自己的事物，沒有理會。

我已經用了太多的比喻，請原諒我還要再用一個。埃及人、希臘人、羅馬人、威尼斯人以及十七世紀的商業冒險家們的「國家之船」（這個古老又可靠的說法永不過時，總是那麼形象），是一件堅固的工藝品，它以精心曬乾的木材建成，由既熟悉船員也熟悉船隻性能的領導者來指揮，他們也都了解祖先傳下的航海術有何局限。

然後，鋼鐵和機械的新時代到來了。舊的國家之船一點一點改變了，先是一個部分，接著又是一個部分。船隻的尺寸增加了。風帆被拋棄了，改用蒸氣機。條件更好的住艙建成了，但是有更多的人被迫下到了鍋爐艙，儘管工作安全，報酬也頗為優渥，但是他們更喜歡過去那操縱索具的危險活計。最後，幾乎不知不覺，舊日的木製橫帆船脫胎換骨，成了一艘現代的遠洋輪船。但船長和船員並沒有變。他們被任命或被選中的方式，與一百年前一模一樣。他們學到的航海知識，與十五世紀的水手們用的沒有區別。他們在艙室內懸掛的航海圖和信號旗，與路易十四和腓特烈大帝時代用過的別無二致。簡而言之，他們是完全不稱職的（這並不是他們自己的過錯）。

國際政治的大海並不是十分遼闊。當帝國和殖民地的輪船隻開始試探並想超越彼此的時候，注定要發生事故。事故也確實發生了。如果你冒險從那片海域穿過，你仍然能看到殘骸。

這個故事的教訓很簡單。世界迫切需要新的領導者。他們要擁有貫徹自己遠見的勇氣和意志，要清楚認識到我們的航程才剛剛開始，他們必須掌握一套全新的航海規則。

他們必須從學徒幹起幹很多年。他們必須與形形色色的反對鬥爭，才能登上領導人的地位。當他們到達艦橋，心懷嫉妒的船員可能發動譁變，除掉他們。但是，終有一天，會有一個將船隻安全帶入港口的人物問世，他將成為不世的英雄。

64 永恆真理

「我越思考我們人生中的問題，就越相信我們應該選擇『諷刺』與『憐憫』做我們的陪審團與法官，就像古代埃及人為他們的死者求告『女神伊西斯和奈芙蒂斯』一樣。」

「『諷刺』與『憐憫』都是一流的辯護人；前者用她的微笑使人生愉快，後者用她的淚水滌淨人生的罪孽。」

「我所祈求的諷刺不是殘酷之神。她既不嘲弄愛，也不嘲弄美。她既溫柔又仁慈。她的歡笑解除人的武裝，是她教導我們對流氓和蠢貨發出笑聲，若沒有她，我們將軟弱到只會蔑視和憎恨那些人。」

我就用這位很偉大的法國人[1]的智慧之語，作為給你們的臨別贈言。

紐約巴羅街八號

一九二一年七月二十六日星期六

1 就是前面提及的安那托爾·佛朗士，他是一九二一年的諾貝爾文學獎得主。

THE END.

65 七年之後

《凡爾賽和約》是在刺刀的威脅下簽訂的。無論范塞格上校（Colonel Fuysegur）的這項發明在近身纏鬥中多麼有用，但是作為和平工具，它從來沒被認為成功過。

更糟糕的是，使用這件致命武器的，無一例外，全是老人。一群年輕人一言不合打起來是一回事——他們會因為憤恨對彼此痛下死手，可是一旦出了那口憋住的惡氣，他們就會重歸日常生活，不會對那些片刻之前的敵人懷著個人的怨恨。但是，當六個鬍子刮得整整齊齊的老傢伙，滿懷一輩子雄心受挫而不得發洩的怒火，圍著一張綠桌子就坐，預備對另外六個此刻已無防禦能力，但在他們大獲全勝時罔顧一切法律和國際道德準則的對手，做出判決時，那就是大不相同的另一回事了。

面對這種場合，願上帝憐憫我們！

哀哉！仁慈之主的名號在過去那四年裡是如此橫遭濫用，以致於他沒有心情把慈悲的手伸向那些不配得到憐憫的子女。

這場大屠殺是他們自己做的好事。現在，就讓他們盡力去解決自己的難題吧！

在那之後，我們已經見識了這個「盡力」是什麼意思。過去七年來的故事，幾乎是一連串可恥的失誤、貪婪、殘忍以及短視卑鄙行徑的清單。這個時代低能得令人髮指，在人類愚蠢得令人厭煩的編年史中，也堪稱獨一無二，（容我這麼說）這充分說明了問題所在。

當然，我們完全不可能預測西元二五〇〇年的人，會怎麼解釋這場毀壞歐洲文明，把領導人類的權力拱手讓給不明就裡的美國人民的巨大動盪，是出於什麼原因。不過根據過去的情況來看，自從國家成為高度組織化的商業機構之後，他們可能會得出結論：兩個互相競爭的巨大商業派別之間，爆發衝突絕對不可避免，遲早必定發生。坦白地說，他們將認識到：德國已經對大英帝國的繁榮造成了太大的威脅，大英帝國無法容忍德國繼續發展下去，成為世界多種需求的總供應商。

我們這些親身經歷過衝突的人，發現很難客觀地評價過去十年間發生的種種大事，但是現在過了七年之後，我們是可以得出幾個相當明確的結論，又不致於在我們愛好和平的鄰居和朋友當中引起太大騷動。

過去五百年的歷史，其實是一段所謂的「領導強權」與其挑戰者之間大規模鬥爭的真實記載；那些挑戰者希望奪走「領導強權」的幸運地位，成為他們的繼承人，被承認擁有海上霸權。西班牙踏過偉大的義大利商業共和城邦以及葡萄牙的屍體，迎來光榮。西班牙一建立聲名遠播的日不落帝國（地理或誠實的原因），荷蘭便試圖來搶奪她的財富。考慮到兩國大小如此懸殊，荷蘭共和國可謂取得了十分顯著的成功。但是，不等荷蘭把世界上那些很可能最有機會立刻獲利的地方收入囊中，法國和英國就登場了，搶走了荷蘭人新獲得的財產。等這搶奪塵埃落定之後，法國和英國又為戰利品大打出手，在經過漫長又代價高昂的衝突之後，英國終於勝出。此後，英國統治世界達一個多世紀之久。她不容任何對手存在。擋在她路上的小國被無情碾壓，不能被輕易顛覆的大國則突然發現自己面對著神祕的政治聯盟，其祕密似乎掌握在英國統治者（過去精通外交的大師）手中。

鑒於這些眾所周知的經濟進步（每本初級歷史教科書都如實地介紹了這些進步），德國統治者在二十世紀頭二十年間施行的政策簡直天真幼稚得一塌糊塗。

有人聲稱這都要怪前德皇，他們的觀點值得我們密切注意。威廉二世是個老實人，能力非常有限，又是一種奇怪的自我欺騙的受害者——在那些一出生就位高權重，坐在神授的高塔頂端睥睨世界，很快就與平民百姓脫節的人當中，這種自我欺騙非常常見。可以肯定是，從來沒人如此努力地想要贏取英國人的善意，也從來沒有外國人如此丟臉地不了解英國人的真實天性。

那個坐落在北海對岸的奇特島國之所以得以存在，所恃與所圖只有一點——貿易。不阻撓英國商業貿易的人，即便不完全是「朋友」，至少也是「可以容忍的陌生人」。另一方面，那些有可能威脅帝國霸權的人，無論其可能性多麼微小，都是「敵人」，一有機會就必須徹底消滅。那位親英的條頓皇帝，無論做出什麼動聽的演講，無論直白表達什麼善意和友誼，都不能使英國大眾忘記——連一刻都不能——德國人是最危險的競爭對手，遲早會嘗試在文明世界與未開化世界的每一個地方，傾銷自己更便宜的商品。

但這只是問題的一個方面——固然是最重要的方面，但還不足以說明大規模的殺戮為何會成為之前那場大戰的顯著特色。

在鐵路和電報問世以前的快樂日子裡，每個國家或多或少都是一個確定的實體，以大象推動馬戲團車輛的決心，穩步推進自己的事業。兩個競爭對手因爭取商業統治地位而產生的爭端，進展很慢，而善於謀略的老派外交官很可能會成功地把爭端局限在一個地方。不幸的是，到了一九一四年，整個世界已經成了一個龐大的國際工廠。阿根廷發生一場罷工，能輕易給柏林帶來衝擊。倫敦某些原材料價格的上漲，能給數以萬計辛勞已久的中國苦力帶來災難，而這些苦力根本沒聽說過那個泰晤士河上的大城市。德國三流大學裡一個默默無聞的編外講師的發明，能迫使十幾家智利銀行關門，而瑞典哥德堡（Gothenburg）一家老牌商號經營不善，就可能剝奪澳大利亞數百男女兒童上大學的機會。

當然，並非所有國家的工業發展都達到了同樣的階段。有些國家仍然完全依賴農業，還有一些剛剛脫離那種近乎中世紀封建主義的狀態。但是，這並沒有使他們在工業化鄰國的眼中成為不受歡迎的盟友。相反，這些國家通常擁有幾乎無限的人力資源儲備，要說充當區區炮灰，誰也比不過俄國農民。

所有這些不同的、相互衝突的利益，是以什麼方式，如何整合成一個龐大的聯合國家集團，以及他們為什麼在超過四年的時間裡都同意為一個共同目標而戰——這些問題的答案，我們最好留給我們的孫輩去尋找。今天，全世界的人對大戰之前的形勢了解得遠遠不夠，必須先了解，才能對那些自誤誤人，使整片歐洲大陸陷入巨大動盪的愛國者們做出評判。

在西元一九二六年八月這個炎熱的日子裡，我們所能希望的，僅僅是提醒大家注意一個顯著的事實，這事實幾乎總是被自稱歷史學家的人所忽視，請注意：歐洲這場巨大的衝突，以一場世界性的大戰開場，也以一場世界性的革命結束，它並沒有（像過去三百年中每一場戰爭那樣）短暫打斷了事物的正常發展進程，而是標誌著一個全新的社會與經濟時代的開始。負責簽訂《凡爾賽和約》的那些老人受他們原來的環境影響太深，無法認識到這一點。

他們思考、交談、行動的方式，都是舊時代的產物。

大概就是這個原因，使得他們的努力竟帶給其餘的人類那麼大的災難。但這場爭取民主和小國權利的大戰之所以會有災難性的後果，還有一個主要原因，那就是美利堅合眾國遲遲不肯參戰。

作為一個國家，美國人民認為自己前面有三千英里寬的海洋保護，國土安全穩固，所以從未對外國政治產生任何濃厚的興趣。威爾遜總統的大多數同胞都習慣跟著口號、標語和頭條新聞思考，樂於對過去兩千年間的歐洲歷史發展（或世界上其他任何地方）一無所知，因此也就只能獲得二手的歷史資訊。靠著德國陸軍和海軍領導人犯下的一些巨大罪行的幫助與煽動，為協約國宣傳造勢的人輕易地使他們的美國朋友把大戰視為一場是非分明的鬥爭，一場黑白之間的衝突，一場自詡天使的盎格魯－撒克遜與如同魔鬼的條頓獨裁政府之間的殊死搏鬥。結果，心地善良、感情用事（因而容易走向某些奇怪的情緒化與殘酷極端）的美國人認為，他們只要忠於自己善良體面的人性，就不可能對這場鬥爭袖手旁觀。一股如十字軍般熱情和渴望的浪潮橫掃全國。美國工業的巨大機器緩慢卻穩定地開動了，不久，就有兩百萬人匆匆奔赴歐洲戰場，以制止野蠻德國那令人無法容忍的邪惡行為。

這下，數以百萬認真又誠摯的年輕人，試著重新評價他們的戰鬥理想，將之化為他們所有同胞都能理解的說法，就是再也自然不過了。「戰以止戰」的口號由此誕生。威爾遜總統著名的十四點和平原則——國際正義的新十誡——由此誕生。因此讓小國自主的呼聲高漲，還有「保障民主政治能安全存在於世界上」這種好笑的願望。

在貝爾福（Balfours）、普恩加萊（Poincares）和邱吉爾這些人（不必說還有俄國舊政權的流亡領導人）聽來，這些話就像放肆的異端邪說。如果他們自己的國民有誰膽敢提出這種口號，立刻就會被送去面對行刑隊。但是，面對二百萬人的指揮官與受託守護全世界財富的人所說的話，他們必須表現出表面上的尊重。因此，在大戰最後的一年半，歐洲各國的領導人，是在為一些他們看來毫無用處的理念在作戰，這些理念無用的程度，就像老克里姆林宮的城垛上，用上百種不同口音高呼出來的異想天開的經濟改革方案一樣。因此，當德國人得知他們深深忌憚的美國對手提出的合理條件之後，又驚又喜，立刻罷黜了自己的皇帝，把國家的名字從「帝國」改為「共和國」，並戴著紅色帽徽唱著流行的國際友誼歌曲，開始向萊茵河進行那場著名的撤退時，協約國首腦們就忙不迭地丟棄了那些愚蠢又令人尷尬的美國理想，準備在那條眾所周知的「敗者無幸」的原則基礎上講和。這條原則從穴居人的時代以來，就被認為是規則完備的肉搏戰的合理下場。

如果威爾遜總統沒有突然惦記那項不幸的計畫，親自參與了一九一九年的外交談判，他們的任務會簡單得多。要是威爾遜總統留在家裡，歐洲大國就會按照自己的是非標準講和。從美國的角度來看，他們是錯的，但無論是對是錯，他們的決定都肯定會忠實表達出明確的一派看法。然而，美國的理想和歐洲的理想（向來不曾混合）交織的方式如此可怕，以致於什麼都沒有明確解決，協約國的每個成員都心懷怨懟，和平的代價被證明不知要比大戰高出多少倍。

不過，還有一個因素對《凡爾賽和約》帶來的混亂有很大的貢獻。威爾遜總統自己是一個由許多半獨立國家組成的聯邦的領導人，他有建立世界聯邦的宏圖偉願。在美洲大陸，這證明是可能的。一個多世紀以來，它給了越來越多的自主州一定程度的政治自由和經濟福利，這使整個國家成為全球最繁榮、最富有的國家。為什麼歐洲的人民不學學維吉尼亞州、賓夕法尼亞州和麻塞諸塞州在一七七六年學到的教訓？

是啊，為什麼不學呢？

因此，當威爾遜先生闡述他的「國際聯盟」（League of Nations）計畫時，協約國首腦們姿態謙卑地洗耳恭聽了。他們受形勢所迫，甚至同意將「世界合眾國」（United States of the World）的原則納入和約。但是，總統的坐船甫一起錨，航向西半球，他們就開始廢除這位偉大總統最重視的工作，重拾祕密條約和暗中結盟的舊日外交理念。

與此同時，美國國內也爆發了一股非常確定的反感。當然，許多與威爾遜先生同時代的人，可以輕易地把這種對「國際聯盟」的態度的轉變，歸咎於他的某些個人性格。但還有另外的，極為微妙的力量在發生作用。

首先，參戰的士兵正在返回家園。他們對歐洲情況的親身體驗，可沒讓他們對繼續過去兩年的親密關係焦慮過頭。

第二，全體人民正在擺脫大戰引發的憤怒。他們不再擔憂至親兒女的生命，又能清醒地思考了。對歐洲那根深蒂固的不信任，開始再次萌生。很快，情勢清楚起來，喬治·華盛頓反對「與他國結盟」（entangling alliances）的不祥警告，對一九一八年的社會大眾而言，就像一個世紀前一樣具有強大的影響力。

第三，在經過兩年充滿遊行、四分鐘演講和自由貸款的日子之後，回歸昔日例行安穩賺錢的事業是非常令人愉快的。

簡而言之，「國際聯盟」這個嬰兒被威爾遜總統隨隨便便丟在歐洲的門檻上，並未被自己精神上的父母撇棄。這個孩子沒死，但過著朝不保夕的日子，並且成長成一個軟弱膽怯的人，孱弱得無法以任何果斷的方式讓別人感受到其影響力，只能靠偶爾發出無用的責罵和搖搖食指以示警告來激怒那些其實是朋友的人。

再一次，我們遭遇到一個不祥的歷史性「如果」。

「如果國際聯盟真的把整個文明世界變成了一個成功的世界合眾國……」

我說不好，但即使在最有利的情況下，威爾遜總統的計畫也只有微小的機會取得成功。

因為，我們現在開始意識到，那場大戰與其說是一場戰爭，不如說是一場革命，而勝利被意想不到的協力廠商摘走了。事到如今，已經可以確定這個協力廠商是一個名叫詹姆斯．瓦特的人的子孫，會有越來越多的人認識這位「鋼鐵人」。

起初，蒸氣機（與他弟弟電動機）受到了歡迎，加入了文明人類的大家庭，因為他是個心甘情願的奴隸，總是樂於減輕人畜的工作負擔。

但是，情況很快就明朗了：這個沒有生命的差役充滿了狡詐和惡意，當大戰把生命的一切尊嚴規範都暫放一邊時，這種鋼鐵裝置便有機可趁，奴役了現實中本應主宰它的人。

各地都有一些明智的科學家，預見這個不受駕馭的僕人對人類的威脅，但只要這個不幸的先知開口發出警告，就會被譴責為社會的敵人、放肆的布爾什維克、煽動人心的激進份子，他被命令閉嘴，否則後果自負。因為那些該為大戰負責的政治家和外交官，現在正忙於一項嚴肅的任務，就是虛構出一種適宜得體的和平，他們的神聖努力絕不能被打斷。不幸的是，這麼一個由傑出人物所構成的階層，對那些碰巧支配著我們目前的工業化、機械化社會的自然科學和政治經濟的基本原則，幾乎總是一無所知；我此刻能想到的任何一群人，都比他們更適合處理複雜的現代問題。巴黎那些全權代表也不例外。他們在鋼鐵人的陰影下會面，他們談到一個受鋼鐵人支配的世界，卻從來沒有意識到他的存在，直到最後，他們談話時所用的詞句和符號，始終代表十八世紀的頭腦，而不是二十世紀的智力。

結果是不可避免的。以一七一九年的方式思考，當然不可能在一九一九年取得繁榮。但是，越來越明顯的是，凡爾賽那群老人就是這麼做的。

現在，看看這個在仇恨和無理性的狂歡之後，尾隨而來的世界——東一塊西一塊幻影似的新興國家，它們或許保有一些珍貴的歷史品質，但永遠無法在一個被煤炭、石油、水力和大規模信用往來所控制的世界裡生存。一片被人工劃分出邊界的大陸，在兒童的地圖上看起來十分漂亮，但與現代文明的迫切需求沒有任何關係。在一座巨大的軍營裡，人們穿著黃、綠、紫色的制服，拙劣地假扮模仿他們神話中的祖先，但那些祖先對我們當代社會的實際用處，還不如一個在廉價地下商場的小雜貨店裡工作的收銀女孩。

這聽起來像是對數百萬靈魂中仍充滿感激和自豪的誠實歐洲愛國者的現狀，發出的殘酷譴責。

我很抱歉，但是歐洲的政權若是不願意把現代問題交給具有現代頭腦的人來解決，就不可能有任何持久的改進。與此同時，在他們的痛苦和貧困中，人們將投向布爾什維克主義和法西斯主義提供的萬靈丹。

順帶一提，以下這段噴湧而出的華麗修辭，將解釋所有近期政治發展中，最危險、也最令人遺憾的一種趨勢——歐洲人和美國人之間迅速加深的厭惡。我這本書是為世界各國各族的兒童所寫的，不僅僅包括那些幸運地生活在這片從大西洋延伸到太平洋的土地上的兒童，如此明顯地揮舞星條旗，展示的趣味可能被認為非常值得懷疑。但是，現在已經到了直言無忌的時候了，哪怕要冒著被誤認為是十足愛國者（這是我最不想要的榮譽）的風險，我也要努力說明我的觀點。

我永遠不會宣稱，美國作為一個民族，比他們在舊世界裡的親族優越。不過很幸運的是，美國人對本族的過去沒有多大意識，因此他們比幾乎所有其他種族的成員都更能看清當前的問題，放眼未來。因此，他們毫無保留地接受了那個現代世界，包括它全部的善與惡，他們正在迅速達到一種「暫時的妥協」，有生命的人類與無生命的僕人能夠就此和平共處，相互尊重。這聽起來很荒唐，但事實確實如此，第一個實現最完美機械化的國家，也是第一個迫使鋼鐵人就範的國家。為了做到這一點，美國人不得不拋棄大量祖宗傳下來的壓箱寶。他們犧牲了成百上千的理念、偏見和理想典範，這些在兩千多年前非常有用，但在今後還不如一輛驛馬車或一張有靈力的神像照片有價值。依我所見，除非德國民眾、英國民眾、西班牙民眾，乃至天知道該怎麼稱呼的其他區域的那些民眾，都群起效尤，歐洲才有希望。

在這樣的一個章節裡，要長篇大論地評論《羅加諾公約》[1]的成就、馬克思主義應用經濟方案的不可行性、那些還沒意識到路易十四和拿破崙的時代已經被歸入石器時代的法國小鎮政治家有多麼愚蠢，都是再容易不過的事。但那只會浪費作者的精力和印刷的油墨。

世界在過去十年中所遭受的苦難（世界大戰加速了苦難惡化，苦難絕不是那場血腥衝突造成的），實際上是因為整個世界的經濟和社會結構發生了極深的變化。但是，歐洲還沉湎在過去的傳統中，迄今仍不願或無法認清這個事實。

《凡爾賽和約》是舊政體做出的最後一個高姿態，訂立者打算使它成為最後一座堡壘，對抗無可避免的現今時代的到來。不到八年的時間，它就變成了陳舊的廢墟。要是在西元一七〇〇年，它會被認為是一份國際政治管理上的卓越典範。但在今天，一萬個人裡也不會有一個人願意花精神去讀它。因為主宰二十世紀的那些經濟和工業原則，不承認任何政治邊界，並將勢不可擋地將整個世界變成一個單一的大型繁榮的工廠，將語言、種族或昔日祖先的光榮全都置於不顧。

這個工廠最後會產生什麼結局，人類和機械之間有意識的主動合作會發展出什麼樣的文明，我並不知道，也實在不重要。生命意味著改變，這不是人類第一次面臨類似的危機。

我們的祖先與父輩經歷過這樣的危機。

毫無疑問，我們的子孫也會。

但是，對我們這些生活在今天的人，有一個、且只有一個嚴肅的問題，就是依照經濟原則，而不是破舊的政治原則，進行全球性的重組。

七年前，我們的耳朵被大炮的轟鳴震聾，我們的眼睛被探照燈的閃光眩盲，我們茫然至極，無法理解巨大的動亂把我們帶向何方。在那一刻，任何還算體面和真誠的人，只要假裝他能引導我們回到一九一四年的快樂時光，都會被當作領導獲得擁護，並且肯定贏得我們忠心耿耿的支持。

今天，我們更明智了。

1 羅加諾公約（Locarno Treaties）是在一九二五年十月五日至十六日歐洲多國在瑞士羅加諾商議的七項協議，在同年十二月一日於英國倫敦簽署，隔年九月十四日於日內瓦批准生效。一戰中的歐洲協約國與中歐及東歐新興國家嘗試確認戰後領土界線，並爭取與戰敗的德國恢復正常關係。

我們已經開始認識到，那個我們曾經毫無戒心、一直居住生活到戰爭爆發的舒適舊世界，其實已經在幾十年就出了問題，超限運轉了。

這並不意味我們對如今擺在面前的道路擁有十足的把握。我們很可能要走過十幾次彎路，才會找到正確的方向。與此同時，我們正在快速領略非常重要的一則教訓——未來屬於生者，作古的人管好自己的事就好了。

66 結語

最終章，作者給出版社的一封私人來信。

在最近這十天的暴風雨天氣裡，我有足夠的時間，再次思考我們已經多次探討過的問題：是否要把這十年來發生的每一件事，歸納整理出一份五星級的額外總結，記載在這本書的末尾。但是我很遺憾地決定，這事沒法做到，以下我要說明為什麼我認為無法做到。

照理來說，一本書的終章應該是一種總結，一個完整簡潔的回顧，回過頭去看看過去發生的事，也許還要提出幾點關於未來的可能預測。而現在，過去十年裡已經發生了這麼多事（尤其最近這五年），即使只是一份浮面的記載，也需要三、四冊書的份量。但是這每一件事都還是一團渾沌，仍在不斷變化，所以對於眼前的未來可能有何發展，實在無法做出哪怕一句預測，所以，何不乾脆再等二十年，到一九五八年這本書印第一百刷的時候再說？

不過，我還是可以把我們讀者的注意力帶到某些事上，那對他們判斷今日之事可能有些用處。首先，我們（包括全世界的所有地區，或多或少）正在經歷一場變革，而且這是人類所經歷過最深遠的變革。與今天正在發生的事比起來，過去的一些改變，比如法國大革命，天主教的宗教改革，都只是一些可以忽略不計的事件，就像是密西西比河的一次嚴重洪水，或者中國的一次大地震一樣。

這次的變革，並不是由一個人的意志導致的。革命不是列寧、希特勒或墨索里尼造成的。革命是自發的，而這幾個人無力干預，就像我無力干預明天的天氣一樣。革命一旦開始，只要這些人比其他人更能夠把握情勢，他們就可以成功地把自己塑造成革命思想的代表人物。但是在這樣的時機到來之前，他們依然無助，跟躲避日本飛機轟炸的山東平民苦力沒有兩樣。

我們必須把這一點牢記在心，才能避免做出各種錯誤的結論。

第二個問題，跟第一個問題一樣重要，也一樣很難用幾句話回答：「為什麼會發生革命？」對此我已經思慮多年，卻始終還沒找到一個完全令我滿意的答案。現在我們總是很簡單地把革命解釋為一種經濟變化現象，就好像傳染病一樣：城市裡如果環境不潔，再有一群人住屋不理想，營養不良，那麼就會爆發傷寒或者霍亂。任何一個地區如果經濟不振累積到了一定程度，那麼眼看著就會有一次革命。

不過我恐怕事情沒有那麼簡單，因為，在歷史上曾經有許多時期，經濟情勢廣泛低落，但是沒有發生革命。十八世紀末俄國的農奴，以及普魯士的半農奴，比起同時代的法國農民，所謂的「大地牲口」，恐怕景況還更糟，但是他們並沒有揭竿而起，因為在同樣的狀態下，還有足夠的不同因素，產生了不同的影響，防止了崩潰。

於是我們就面臨了這次討論裡最困難的一個問題：這樣的崩潰，什麼時候才會發生？我只能說，人們為了維持日常生活，必須接受現實裡的生活情況，而當任何一個型態的社會裡的文化理念，再也無法與這些現實生活情況保持和諧的一致時候，革命就不可避免了。你可以在我們自己的國家裡觀察到這種過程。教師們的夢魘，就是必須為學生啟蒙一套理念，但是現實生活教給學生的又是另一套。政治家們感到無力，覺得自己彷彿在一片虛無裡侃侃而談。他們宣揚鼓吹，但是他們的話語沒有任何份量，除非現實裡存在的事實，與我們生活裡遵循的理念，彼此不再話不投機，而是至少能有一點模糊的相似之處。目前在這過渡時期，古老的諸神已死，新神尚未出現，我們只能姑且試試一些偏方，就好比當洪水沖走了舊橋，工程師還在準備藍圖，人們只能指望一座臨時搭建的便橋。

如果你思考德國、俄國、日本、義大利、西班牙、土耳其以及世界上幾乎每一個地方發生的事，你會突然開始以一種新的眼光去看它們。儘管你不會因此喜歡它們，但是你就能理解，為什麼這些事會是現在這種情況，然後你會對它們更有耐性，因為這些國家的獨裁者也跟我們一樣，是當下社會、經濟、心靈災難的受害者。

所以，現在無計可施，面對讓人不自在的交易，只能盡力而為。我們碰巧生不逢時，或正好躬逢其盛，這完全以你的看法而定。但是那些生來具備了勇氣與上天恩賜好奇心的人，卻完全能感到滿足，因為時代給了我們機會，我們是目擊者，正見證著歷史舞臺上最引人入勝的一幕，而我這個對人類最終命運仍算有信心的人，接受人類社會裡這些沒完沒了的劇變與動亂是一個新時代的序章，在那新時代裡，人類終將擁有信念的勇氣，終將無畏地擺脫自己最可怕的敵人——任性的無知，以及精神上的極度怯懦。

亨德里克・威廉・房龍

瑞典斯德哥爾摩

一九三八年六月十七日

圖畫年表

西元前 50 萬年到 1922 年

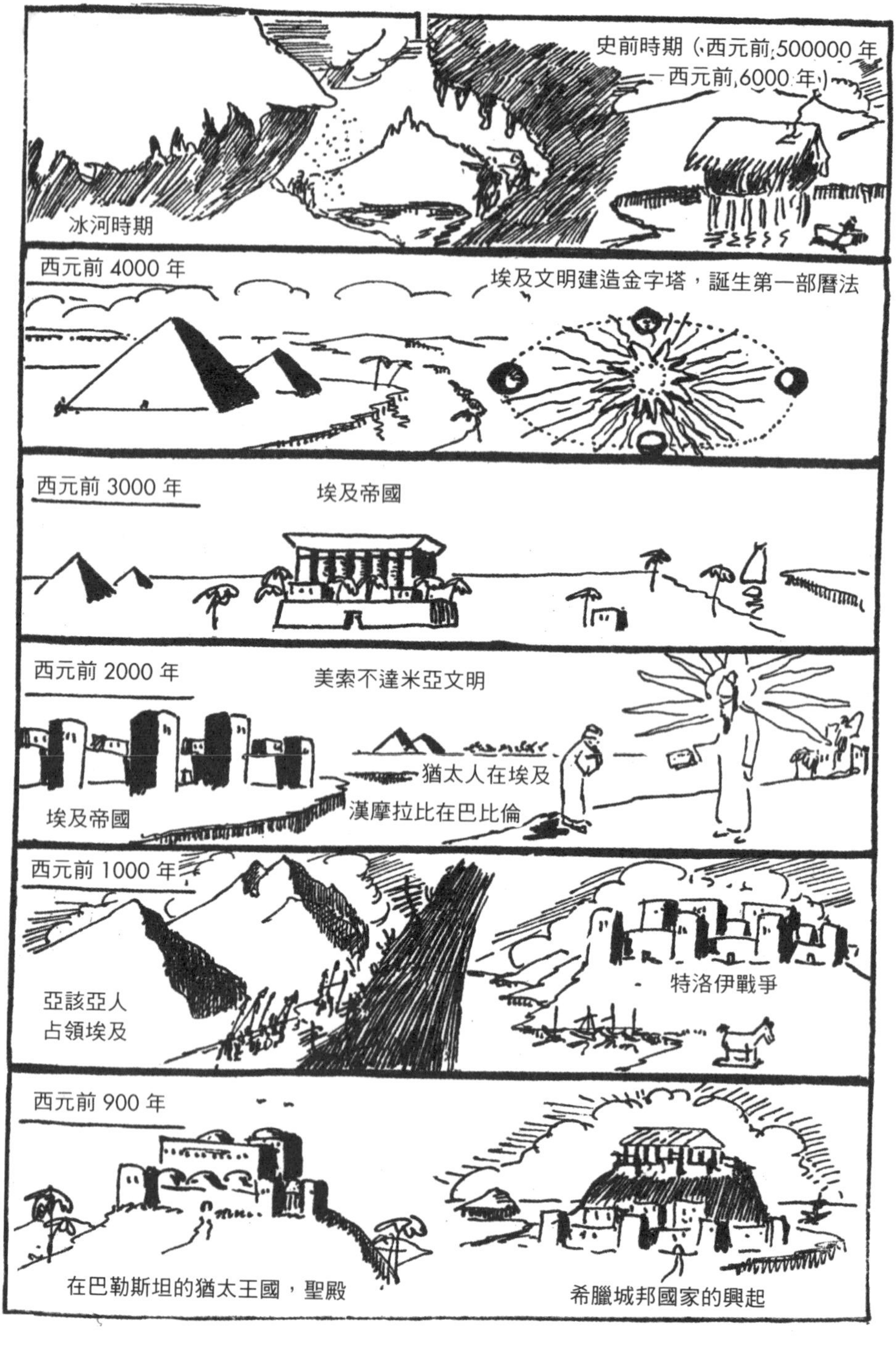
史前時期（西元前 500000 年－西元前 6000 年）
冰河時期
西元前 4000 年
埃及文明建造金字塔，誕生第一部曆法
西元前 3000 年
埃及帝國
西元前 2000 年
美索不達米亞文明
埃及帝國
猶太人在埃及
漢摩拉比在巴比倫
西元前 1000 年
亞該亞人
占領埃及
特洛伊戰爭
西元前 900 年
在巴勒斯坦的猶太王國，聖殿
希臘城邦國家的興起

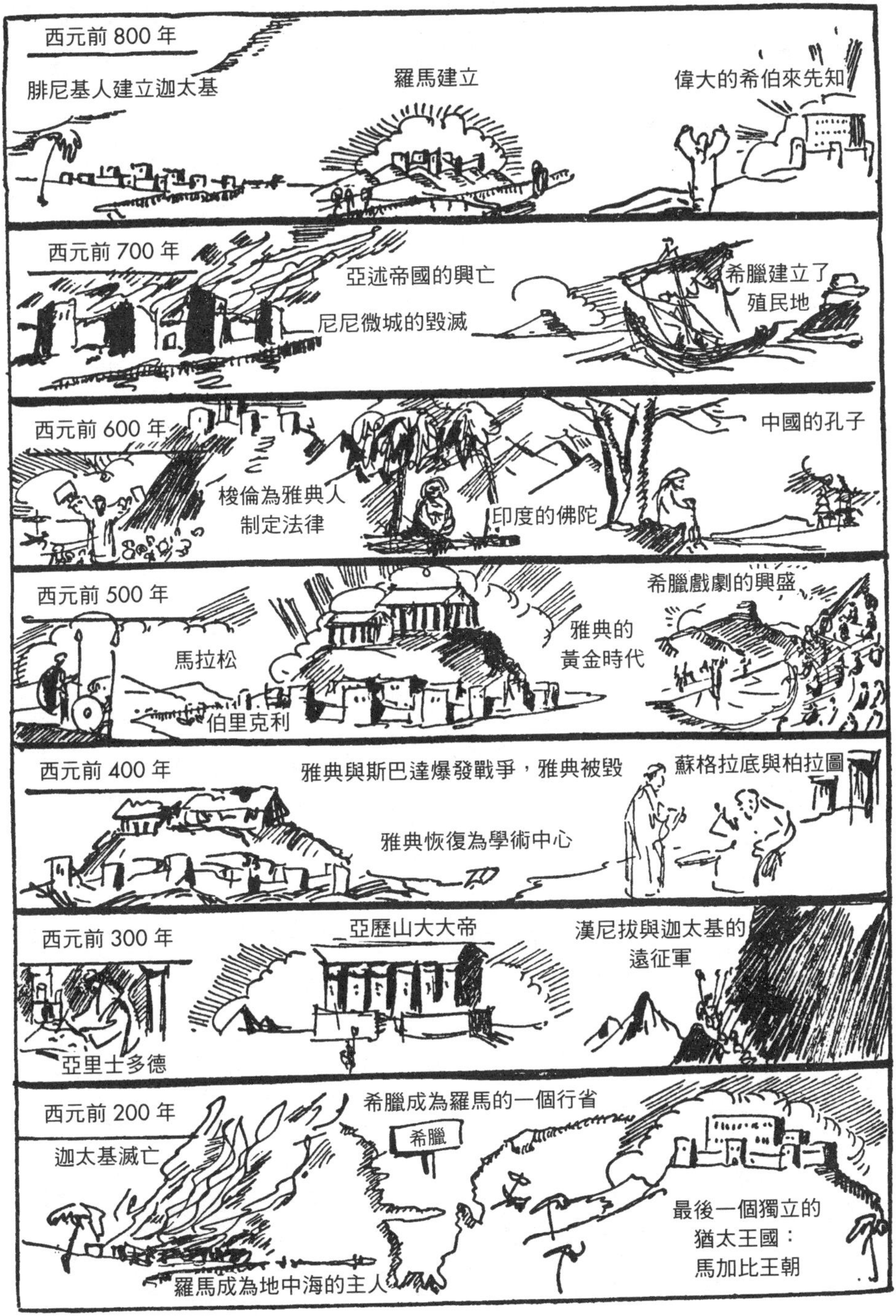

西元前 800 年
腓尼基人建立迦太基
羅馬建立
偉大的希伯來先知
西元前 700 年
亞述帝國的興亡
尼尼微城的毀滅
希臘建立了
殖民地
西元前 600 年
梭倫為雅典人
制定法律
印度的佛陀
中國的孔子
西元前 500 年
馬拉松
伯里克利
雅典的
黃金時代
希臘戲劇的興盛
西元前 400 年
雅典與斯巴達爆發戰爭，雅典被毀
雅典恢復為學術中心
蘇格拉底與柏拉圖
西元前 300 年
亞里士多德
亞歷山大大帝
漢尼拔與迦太基的
遠征軍
西元前 200 年
迦太基滅亡
希臘成為羅馬的一個行省
希臘
最後一個獨立的
猶太王國：
馬加比王朝
羅馬成為地中海的主人

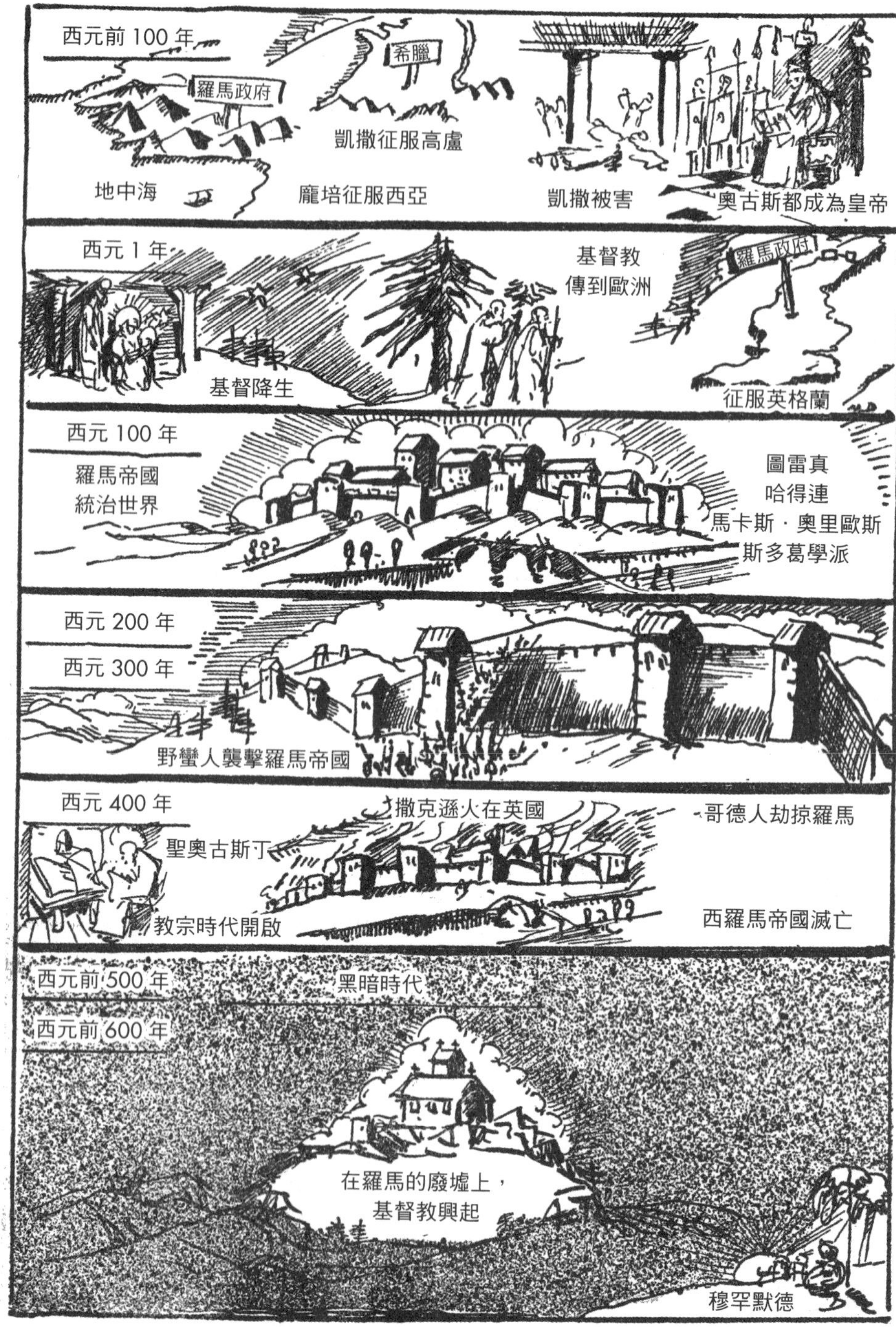
西元前 100 年
羅馬政府
希臘
凱撒征服高盧
地中海
龐培征服西亞
凱撒被害
奧古斯都成為皇帝
西元 1 年
基督教
傳到歐洲
羅馬政府
基督降生
征服英格蘭
西元 100 年
羅馬帝國
統治世界
圖雷真
哈得連
馬卡斯．奧里歐斯
斯多葛學派
西元 200 年
西元 300 年
野蠻人襲擊羅馬帝國
西元 400 年
撒克遜人在英國
哥德人劫掠羅馬
聖奧古斯丁
教宗時代開啟
西羅馬帝國滅亡
西元前 500 年
黑暗時代
西元前 600 年
在羅馬的廢墟上，
基督教興起
穆罕默德

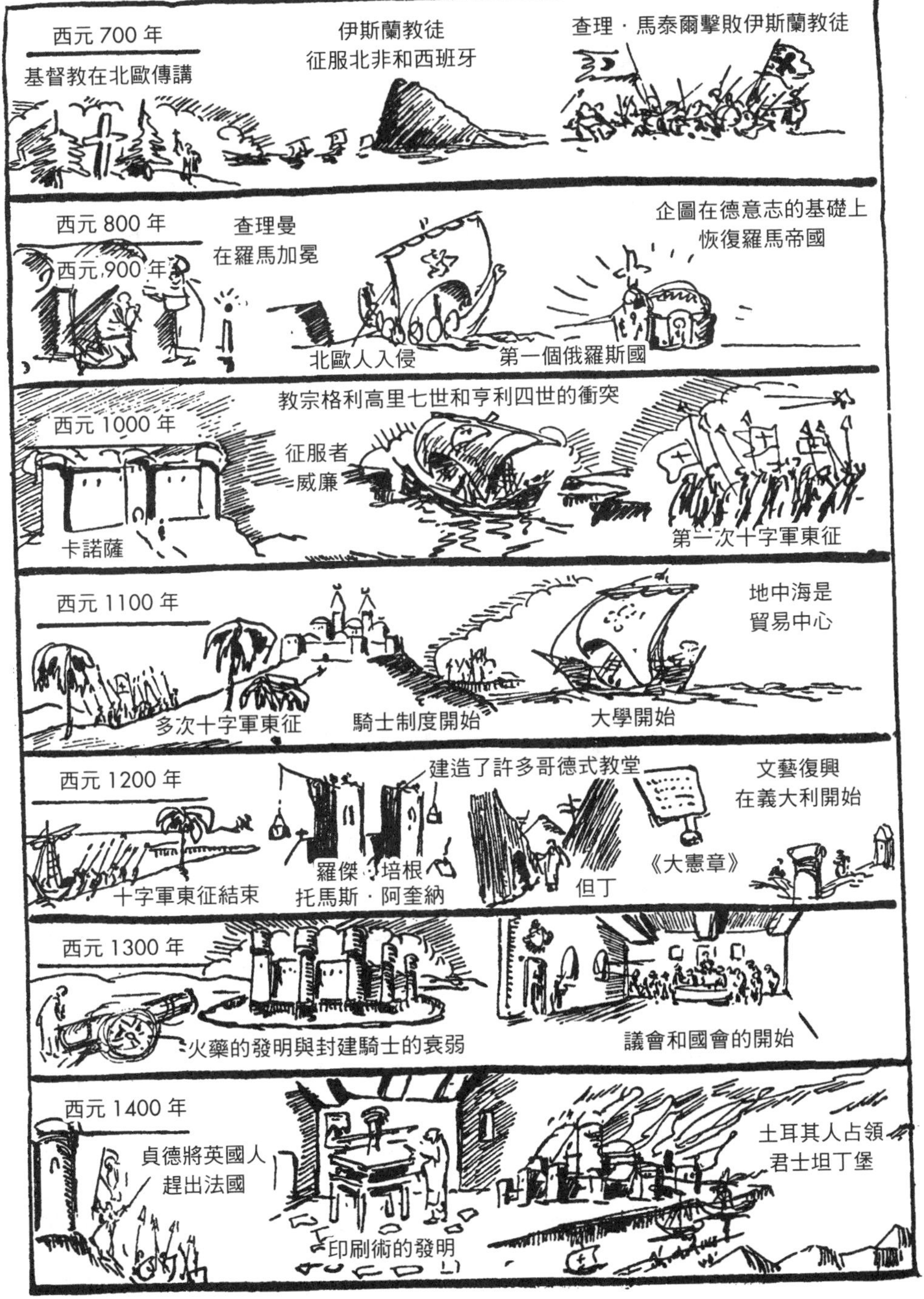
西元 700 年
基督教在北歐傳講
伊斯蘭教徒
征服北非和西班牙
查理．馬泰爾擊敗伊斯蘭教徒
西元 800 年
西元 900 年
查理曼
在羅馬加冕
北歐人入侵
第一個俄羅斯國
企圖在德意志的基礎上
恢復羅馬帝國
西元 1000 年
教宗格利高里七世和亨利四世的衝突
征服者
威廉
卡諾薩
第一次十字軍東征
西元 1100 年
地中海是
貿易中心
多次十字軍東征
騎士制度開始
大學開始
西元 1200 年
建造了許多哥德式教堂
文藝復興
在義大利開始
十字軍東征結束
羅傑．培根
托馬斯．阿奎納
但丁
《大憲章》
西元 1300 年
火藥的發明與封建騎士的衰弱
議會和國會的開始
西元 1400 年
貞德將英國人
趕出法國
印刷術的發明
土耳其人占領
君士坦丁堡

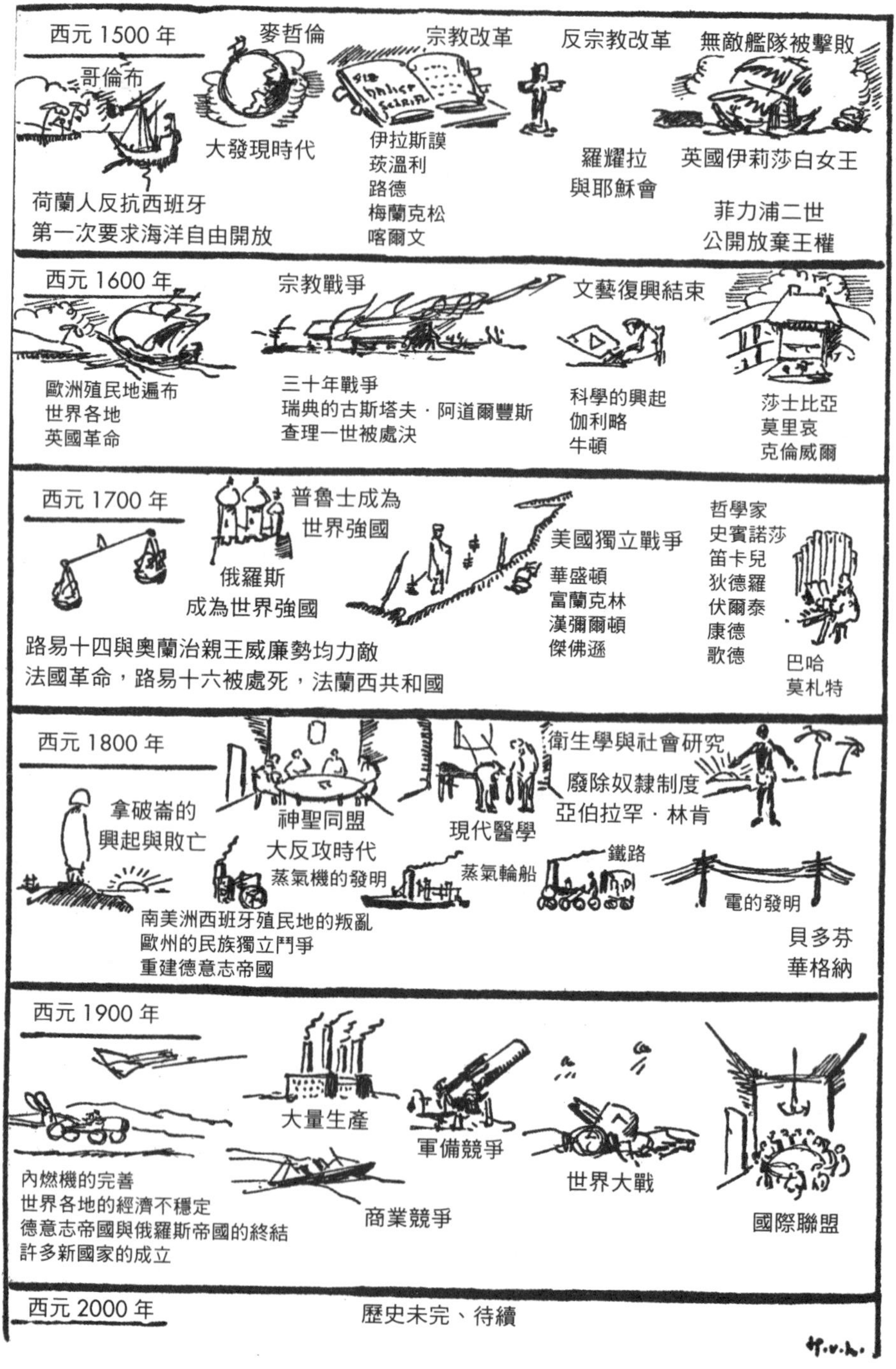
西元 1500 年
麥哲倫
宗教改革
反宗教改革
無敵艦隊被擊敗
哥倫布
大發現時代
伊拉斯謨
莰溫利
路德
梅蘭克松
喀爾文
羅耀拉
與耶穌會
英國伊莉莎白女王
荷蘭人反抗西班牙
第一次要求海洋自由開放
菲力浦二世
公開放棄王權
西元 1600 年
宗教戰爭
文藝復興結束
歐洲殖民地遍布
世界各地
英國革命
三十年戰爭
瑞典的古斯塔夫．阿道爾豐斯
查理一世被處決
科學的興起
伽利略
牛頓
莎士比亞
莫里哀
克倫威爾
西元 1700 年
普魯士成為
世界強國
俄羅斯
成為世界強國
美國獨立戰爭
華盛頓
富蘭克林
漢彌爾頓
傑佛遜
哲學家
史賓諾莎
笛卡兒
狄德羅
伏爾泰
康德
歌德
巴哈
莫札特
路易十四與奧蘭治親王威廉勢均力敵
法國革命，路易十六被處死，法蘭西共和國
西元 1800 年
拿破崙的
興起與敗亡
神聖同盟
大反攻時代
現代醫學
衛生學與社會研究
廢除奴隸制度
亞伯拉罕．林肯
蒸氣機的發明
蒸氣輪船
鐵路
電的發明
南美洲西班牙殖民地的叛亂
歐洲的民族獨立鬥爭
重建德意志帝國
貝多芬
華格納
西元 1900 年
大量生產
軍備競爭
世界大戰
國際聯盟
商業競爭
內燃機的完善
世界各地的經濟不穩定
德意志帝國與俄羅斯帝國的終結
許多新國家的成立
西元 2000 年
歷史未完、待續

譯後記

大概是受了翻譯托爾金（J.R.R. Tolkien）中洲神話系列（《魔戒》《精靈寶鑽》《貝倫與露西恩》等等）的影響，我現在會偏向選同一位作者的作品翻譯，因為熟悉作者的語言和背景，可以減少出岔子的機會。因此，當我翻譯完房龍的《聖經的故事》，我就和果麥的編輯茅懋說，我想把《人類的故事》也翻譯了。當然，當時不知道《人類的故事》比《聖經的故事》難多了，而且許多地方把譯者坑得欲哭無淚。

我按照翻譯《聖經的故事》的經驗去預估翻譯這書的時間，心想五個月綽綽有餘；結果，從頭到尾，我人生當中的七個月貢獻給了這本書。現在想想，還是值得，這書能歷百年而不衰，自有道理，尤其是十八世紀後的近代歷史，房龍的見解，至今毫不過時。

《人類的故事》是一九二一年出版的，當時歐洲剛經歷完第一次世界大戰，房龍書寫此書，多少盼人記取歷史的教訓，莫蹈覆轍。他在序言中對兩位晚輩說：「歷史是一座經驗的巨塔，是時間在過往歲月的無盡原野中堆建起來的。想要登上這座古老建築的頂端，獲得飽覽全景的優勢，並非易事。這座巨塔沒有電梯，但年輕的雙腳只要有力，總能爬得上去。現在，我將打

開歷史巨塔之門的鑰匙交給你們。」

房龍的初衷顯然是趁早讓孩子看見歷史中人性的自私、愚蠢與邪惡，教他們懂得善良與寬容的重要。他下筆的分寸，在一路寫到羅馬帝國衰亡時都還是適合孩子看的，但是到了宗教改革以後，書寫的走向就由不得他了。從十六世紀的宗教改革與戰爭開始，到十七、十八世紀從政治到工業的各種革命，歐洲的歷史哪裡是三言兩語能說得清的，無論房龍如何意簡言賅，翻著花樣吐槽（房龍真是吐槽高手，不但吐得精準，而且百年常新），到最後還是免不了對人類的愚昧和罪孽欲吐不勝吐，只能扶額嘆息。

我喜歡房龍的幽默，看他吐槽那些歷史人物或事件，讓我頗有苦中作樂之趣。比如，第一次世界大戰後，美國總統威爾遜倡議的「國際聯盟」形同虛設，房龍說：**「國際聯盟這個嬰兒被威爾遜總統隨隨便便丟在歐洲的門檻上……這個孩子沒死，但過著朝不保夕的日子，並且成長成一個軟弱膽怯的人，孱弱得無法以任何果斷的方式讓別人感受到其影響力，只能靠偶爾發出無用的責　和搖搖食指以示警告來激怒那些其實是朋友的人。」**

房龍當然很聰明又有見地，他在本書出版七年後所寫的〈七年之後〉與一九三八年寫給出版商的一封信（本書最後的〈結語〉），都十分深刻，放在二十一世紀的今天來看，一點都不過時。數百年前歐洲各國所發生的情況，在今天的世界上仍在發生。《人類的故事》出版都一百年了，世界也徹底改頭換面了好幾次，但是人性卻無甚長進，人類仍在奔向一個隨時可能砸鍋的忐忑未來。

翻譯此書，我等於把歐洲歷史又走了一遍。房龍的意簡言賅可把譯者坑慘了，翻譯過程中我不時翻看手頭幾本已經出版的《人類的故事》，對那些譯者充滿了同情。早年沒有谷歌和維基百科，真難為他們能把這書翻譯出來。是的，面對房龍東一個年份西一個事件，還有各式各樣不完整的人名地名，我都在谷歌和維基百科上認真打撈和閱讀，謹慎比對過了。無論是作者弄錯的地方，或原文在校對沒抓出來的筆誤，我在翻譯時都更正了。若讀者在閱讀中發現疑義，請務必告知，容我補正。翻譯過程中，我覺得最要小心拿捏的，是房龍故意沒有言明之處，我必須不多嘴，但有時又得稍添幾個字，好讓中文讀者明白。如何做到切勿過與不及，既考驗譯者，也見仁見智。

最後，於我最重要的是，在翻譯過程中給我全力支援與幫助的小夥伴：石中歌、杜蘊慈、張羽佳、崔國容，以及好閨蜜石磊。感謝你們一路相伴與協助。若沒有你們，這七個月會走得更艱難。

最最後，引一段房龍自己的話，鼓舞自己，也鼓舞閱讀此書之人：「我們碰巧生不逢時，或正好躬逢其盛，這完全以你的看法而定。但是那些生來具備了勇氣與上天恩賜好奇心的人，卻完全能感到滿足，因為時代給了我們機會，我們是目擊者，正見證著歷史舞臺上最引人入勝的一幕，而我這個還信仰著人類最終之命運的人，接受人類社會裡這些沒完沒了的劇變與動亂是一個新時代的序章，在那新時代裡，人類終將擁有信念的勇氣，終將無畏地擺脫自己最可怕的敵人——任性的無知，以及精神上的極度怯懦。」

二〇一七年七月
於臺北，貓窩

人類的故事
房龍傳世經典巨著，掌握領略九千年的全球通史
名家重譯精裝珍藏版
The Story of Mankind

作　　者　亨德里克·威廉·房龍
（Hendrik Willem Van Loon）
翻　　譯　鄧嘉宛
封面設計　莊謹銘
內頁排版　高巧怡
行銷企劃　林瑀、陳慧敏
行銷統籌　駱漢琦
業務發行　邱紹溢
營運顧問　郭其彬
責任編輯　劉文琪
總 編 輯　李亞南
出　　版　漫遊者文化事業股份有限公司
地　　址　台北市松山區復興北路331號4樓
電　　話　(02) 2715-2022
傳　　真　(02) 2715-2021
服務信箱　service@azothbooks.com
網路書店　www.azothbooks.com
臉　　書　www.facebook.com/azothbooks.read
營運統籌　大雁文化事業股份有限公司
地　　址　台北市松山區復興北路333號11樓之4
劃撥帳號　50022001
戶　　名　漫遊者文化事業股份有限公司
初版一刷　2021年8月
初版四刷　2022年1月
定　　價　台幣499元

ISBN　978-986-489-501-4

國家圖書館出版品預行編目 (CIP) 資料

人類的故事：房龍傳世經典巨著，掌握領略九千年的全球通史，名家重譯精裝珍藏版/ 亨德里克. 威廉. 房龍 (Hendrik Willem Van Loon) 著；鄧嘉宛譯. -- 初版. -- 臺北市：漫遊者文化事業股份有限公司出版：大雁文化事業股份有限公司發行, 2021.08
面；　公分
譯自：The story of mankind
ISBN 978-986-489-501-4(精裝)
1. 世界史
711　　110011819